7238

CATALOGUE

DE LA

BIBLIOTHÈQUE COMMUNALE

DE LA VILLE DE LIMOGES

CATALOGUE

MÉTHODIQUE

DE LA

BIBLIOTHÈQUE

COMMUNALE

DE LA VILLE DE LIMOGES

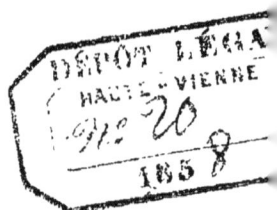

❰❰❰━❱❱❱

HISTOIRE

❰❰❰━❱❱❱

LIMOGES

IMPRIMERIE DE CHAPOULAUD FRÈRES

1858

A

M. ARMAND NOUALHIER

CHEVALIER DE LA LÉGION-D'HONNEUR

DÉPUTÉ AU CORPS LÉGISLATIF

MAIRE DE LIMOGES

TÉMOIGNAGE DE RECONNAISSANCE

DE LA PART

DE SON TRÈS-DÉVOUÉ ET RESPECTUEUX SERVITEUR

Emile Ruben.

La Bibliothèque de l'école Centrale de la Hte–Vienne, formée, pendant la révolution, des débris des différentes bibliothèques particulières, fut, en 1804, cédée par le Gouvernement à la commune de Limoges, grâce aux démarches de son maire, M. François-Joseph Noualhier. Elle se composait alors de dix mille volumes, parmi lesquels on remarquait plusieurs ouvrages dépareillés ou en très – mauvais état. Les revenus de la ville, restreints à cette époque, ne permirent pas de donner à cet établissement le développement qui était dans les projets de l'administration; et, là où il eût fallu faire pendant plusieurs années des sacrifices assez considérables pour seulement compléter et réparer les ouvrages, on ne put voter que quelques crédits insuffisants, qui durent même être souvent annulés faute d'emploi. Pendant une période malheureusement beaucoup trop longue, la Bibliothèque ne s'accrut guère que de rares dons faits par le Gouvernement et de quelques acquisitions indispensables. Ce n'est que sous les dernières administrations municipales, et notamment sous celle de M. Louis ARDANT, que la Bibliothèque commença à prendre un certain accroissement. Les crédits, généreusement votés, furent employés avec intelligence, et il fut question de faire dresser un catalogue ; mais la longue maladie qui conduisit au tombeau notre savant et regrettable prédécesseur ne lui permit pas d'exécuter ce projet.

Telle était la situation de la Bibliothèque lorsque, au mois de février 1855, à la mort de M. Léon DUBOYS, M. le maire de Limoges voulut bien nous confier la direction de ce dépôt. Nous eûmes à cœur tout d'abord de nous montrer digne de la bienveillance dont nous venions d'être l'objet. Nous comprîmes qu'une Bibliothèque publique ne peut rendre réellement des services qu'à la condition de présenter, dans un ordre méthodique, l'état exact des ressources qu'elle offre aux hommes studieux ; qu'ainsi, et à l'exemple de la plupart des bibliothèques de province, celle de Limoges ne pouvait différer plus long-temps de donner son catalogue. Répondant au désir si souvent exprimé par Son Exc. M. le ministre de l'instruction publique et des cultes, sans trop consulter nos forces, et croyant que la bonne volonté et le travail pourraient jusqu'à un certain point suppléer à l'expérience et aux connaissances bibliographiques, qui ne s'acquièrent qu'avec le temps, nous nous mîmes courageusement à l'œuvre.

Ce premier volume contient les titres de mil huit cent soixante-dix-huit ouvrages que nous avons cru devoir classer dans la division HISTOIRE, sans compter un très-grand nombre d'articles à astérisque ou rappels d'ouvrages qui figureront dans les autres divisions. Il sera prochainement suivi du catalogue des BELLES-LETTRES.

Au début de ces publications, nous sommes heureux de déclarer que, pour nous soutenir dans cette tâche longue et laborieuse, les encouragements de l'administration municipale ne nous ont pas fait défaut, non plus que le concours éclairé du conseil, qui a libéralement mis à notre disposition les fonds nécessaires pour mener à fin une œuvre éminemment utile en elle-même. Qu'ils reçoivent ici l'expression de notre sincère reconnaissance !

Le Conservateur de la Bibliothèque,

E. RUBEN.

ARRÊTÉ

Qui prescrit diverses mesures réglementaires pour la Bibliothèque communale de Limoges.

—

Le MAIRE de la ville de Limoges, Député au Corps législatif,

Vu l'article 11 de la loi du 18 juillet 1837 sur les attributions municipales ;

Vu l'article 42 de l'ordonnance royale du 22 février 1839 sur les biblothèques publiques,

ARRÊTE :

ARTICLE PREMIER.

La Bibliothèque de Limoges est ouverte au public, du 3 novembre au 25 août, tous les jours de la semaine (excepté les dimanches et les jours fériés), de dix heures du matin à quatre heures du soir.

ART. 2.

Il est défendu d'y mener des enfants ou des chiens, et d'y porter des paquets, qu'on ne pourrait d'ailleurs remporter sans les faire vérifier par le bibliothécaire.

ART. 3.

Il est également défendu de donner au même lecteur plus de deux ouvrages à la fois.

Art. 4.

Les lecteurs seront tenus de demander au bibliothécaire les ouvrages dont ils auraient besoin. Ils ne devront jamais se permettre de les prendre eux-mêmes dans les rayons où ils sont disposés, ou même sur la table où ils auraient été laissés par d'autres lecteurs. Après les avoir lus, ils les remettront au conservateur ou sur la table destinée à cet usage.

Art. 5.

Défense est aussi faite aux lecteurs d'écrire, calquer, dessiner sur les livres, ou de les surcharger lorsqu'ils sont ouverts. Ils sont d'ailleurs responsables de la totalité de l'ouvrage dont ils auraient perdu, gâté ou endommagé un seul volume.

Art. 6.

Il est expressément défendu de lire ou travailler partout ailleurs qu'autour des tables destinées à cet usage, et de se promener, causer ou gesticuler de manière à troubler les autres lecteurs. Les personnes qui ne se conformeraient pas scrupuleusement à ces prescriptions s'exposeraient à se voir interdire l'entrée de la Bibliothèque.

Art. 7.

Le bibliothécaire ne remettra jamais aux enfants ou aux jeunes gens les livres qu'il jugerait au-dessus de leur portée, et qu'il serait dangereux ou inutile de leur confier.

Il usera de la plus grande réserve pour les livres, cartons et gravures, ainsi que pour les ouvrages rares et précieux.

Art. 8.

Aucun livre ne sera prêté au dehors sans une autorisation spéciale et écrite du maire, et il n'en sera jamais accordé pour les ouvrages souvent demandés, tels que ceux qui concernent le Limousin, les dictionnaires, grammaires et encyclopédies, non plus que pour les manuscrits et les livres rares et précieux, les ouvrages à gravures, les gravures, atlas, etc., et même les volumes qu'il serait difficile de remplacer dans le cas où ils viendraient à être perdus.

Art. 9.

Ces autorisations ne sont valables que pour le courant de l'année, et devront être renouvelées au commencement de l'année scolaire suivante. Elles pourront toujours être retirées.

Art. 10.

Les personnes munies d'autorisations ne pourront garder un ouvrage plus de deux mois, et devront même, avant l'expiration de ce délai, le réintégrer à la Bibliothèque à la première réclamation du conservateur.

Art. 11.

Les manuscrits ne seront confiés, même dans l'intérieur de la salle, que sous une surveillance toute particulière. Le lecteur pourra y prendre des notes ; mais il lui est interdit de les copier sans une autorisation spéciale.

Art. 12.

Il sera ouvert un registre des dons faits à la Bibliothèque ; mention du donateur sera également inscrite autant que possible sur les ouvrages donnés.

Art. 13.

Le présent règlement sera publié et affiché partout où besoin sera pour être exécuté dans toutes ses dispositions.

Fait à Limoges, Hôtel-de-Ville, le 7 avril 1855.

Le Maire,

Armand NOUALHIER.

RÈGLES

—

1º Pour les ouvrages imprimés antérieurement à 1610, on a maintenu l'orthographe, les capitales et la ponctuation ; seulement on a substitué le *u* au *v*, et réciproquement.

2º Pour les ouvrages postérieurs à 1610, on a adopté l'orthographe et la ponctuation modernes, et l'on n'a employé les capitales que là où elles sont nécessaires.

3º On a conservé strictement l'orthographe des noms propres, à quelque époque que l'ouvrage ait été imprimé.

4º Toutes les fois qu'une partie du frontispice a dû être supprimée comme jugée peu utile, on l'a remplacée par trois points (...); lorsque cette partie a dû porter sur les titres et qualités de l'auteur, on a fait précéder les trois points d'une virgule.

5º Tout ce qui, dans le Catalogue, n'appartient pas au frontispice a été mis entre parenthèses ( ). — Lorsque le frontispice lui-même contient une parenthèse, ce signe a été remplacé par des [ ].

6º Toutes les fois qu'on a cru devoir faire mention d'un ouvrage classé dans une autre section, on l'a fait précéder d'un astérisque (*).

CATALOGUE

DE LA

BIBLIOTHÈQUE COMMUNALE

DE LIMOGES (HAUTE-VIENNE).

—◆—

HISTOIRE.

———

PROLÉGOMÈNES.

———

CRITIQUE DES HISTORIENS. — TRAITÉS SUR LA MANIÈRE
D'ÉCRIRE ET D'ÉTUDIER L'HISTOIRE.

1. — Gerardi Joannis Vossii de historicis latinis libri III,
editio altera, priori emendatior, et duplo auctior. — *Lugduni
Batavorum, ex officina J. Maire,* 1651, in-4.

* Bibliothèque universelle des historiens (par Ellies Dupin).
 (V. *ci-dessous.*)

* Comment il faut écrire une histoire, ou préceptes
pour les historiographes, par Lucien.
 (V. *ses œuvres.*)

* De l'usage de l'histoire, par l'abbé de Saint-Réal.
 (V. *ses œuvres,* T. II.)

* De l'étude de l'histoire, par Condillac.
 (V. *ses œuvres,* T. XXI.)

1

2. — Supplément à la manière d'écrire l'histoire, ou réponse à l'ouvrage de M. l'abbé de Mably, par M. G*** de L. B***. — (*Imp. de la Soc. typ.*, 1784, in–12.)

(Par Gudin de La Brenellerie, suivant Barbier.

* Leçons d'histoire, par Volney.
(*V. ses œuvres.*)

* Philosophie de l'histoire, par Voltaire.
(V. *ses œuvres.*)

3. — OEuvres choisies de Vico, contenant ses mémoires, écrits par lui–même, la science nouvelle, les opuscules, lettres, etc., précédées d'une introduction sur sa vie et ses ouvrages par M. Michelet,... — *Paris, L. Hachette*, 1835, 2 vol. in-8.

* Essai sur le principe et les limites de la philosophie de l'histoire, par J. Ferrari.
(V. *la division* PHILOSOPHIE.)

* Des systèmes historiques depuis le xvie siècle jusqu'à la révolution de 1789, par Augustin Thierry.
(V. *Revue des Deux-Mondes*, déc. 1838; — janv. 1839.)

4. — Traité des différentes sortes de preuves qui servent à établir la vérité de l'histoire, par le R. P. Henri Griffet. — *Rouen, Ve Besongne*, 1775, in–12.

OUVRAGES DE GÉOGRAPHIE ET D'HISTOIRE.

5. — Atlas historique, ou nouvelle introduction à l'histoire, à la chronologie et à la géographie ancienne et moderne, représentée dans de nouvelles cartes où l'on remarque l'établissement des états et empires du monde, leur durée, leur chute et leurs différents gouvernements; la chronologie des consuls romains, des papes, des empereurs, des rois... depuis le commencement du monde jusqu'à présent, et la généalogie des maisons souveraines de l'Europe, par M. C*** (Chatelain), avec des dissertations sur l'histoire de chaque état par M. Gueudeville (et Garillon, avec le supplément par de Limiers.) — *Amsterdam, L'Honoré et Chatelain*, 1708-21, 7 vol. in-fo.

6. — Atlas méthodique et élémentaire de géographie et d'histoire, dédié à M. le président Hénault, par M. Buy de Mornas, professeur de géographie et d'histoire,... — *A Paris, chez l'auteur,* 1761, in-fol.

7. — Dictionarium historicum, geographicum, poeticum, authore Carolo Stephano, gentium, hominum, deorum gentilium, regionum, locorum... ad sacras et prophanas historias poetarumq. fabulas intelligendas... — *Apud Jacobum Stoer,* M DC III, in-4.

8. — Dictionnaire théologique, historique, poétique, cosmographique et chronologique, contenant sommairement les vies les plus remarquables des SS. patriarches et docteurs de l'église... ensemble toutes les fables avec leurs mythologies... comme aussi la description et l'état des empires... avec la qualité des dignités, offices et magistratures, mœurs... de leurs habitants... par M. de Juigné-Broissinières, sieur de Mollières... dernière et nouvelle édition... — *Lyon, Guillaume Chaunod,* 1679, in-4.

9. — Dictionnaire pour l'intelligence des auteurs classiques grecs et latins, tant sacrés que profanes, contenant la géographie, l'histoire, la fable et les antiquités, dédié à Mgr le duc de Choiseul, par M. Sabbatier,... — *Châlons-sur-Marne et Paris, Seneuze,* 1766-70, 8 vol. in-8.

(Il manque les 29 derniers volumes.)

10. — Le grand dictionnaire historique, ou mélange curieux de l'histoire sacrée et profane, qui contient en abrégé l'histoire fabuleuse des dieux et des héros de l'antiquité païenne; les vies et les actions remarquables... l'histoire des religions et sectes, des auteurs anciens et modernes, des philosophes... l'établissement et le progrès des ordres religieux et militaires... les généalogies des illustres familles de France et des autres pays de l'Europe; la description des empires, royaumes, républiques... par M. Louis Moréri... Nouvelle édition, dans laquelle on a refondu les suppléments de M. l'abbé Goujet; le tout revu, corrigé et augmenté par M. Drouet. — *Paris, chez les libraires associés,* 1769, 10 vol. in-fol.

(Portrait de Moréri.)

11. — Dictionnaire universel d'histoire et de géographie, contenant : 1° l'histoire proprement dite : résumé de l'histoire de tous les peuples anciens et modernes... 2° la biographie

universelle... 3° la mythologie... 4° la géographie ancienne et moderne... par M. N. Bouillet ,... Quatrième édition... — *L. Hachette et Cie, Paris ; Alger,* 1847, 2 vol. in-8.

12. — Les éléments de l'histoire , ou ce qu'il faut savoir de chronologie , de géographie , de blason , de l'histoire universelle , de l'église de l'ancien Testament , des monarchies anciennes , de l'église du nouveau Testament et des monarchies nouvelles, avant que de lire l'histoire particulière. Quatrième édition , augmentée d'une suite de médailles impériales depuis Jules-César jusqu'à Héraclius, par M. l'abbé de Vallemont. — *A Lyon, et se vend à Paris chez Rigaud,* 1714 , 3 vol. in-12.

13. — Le même ouvrage , T. II , édition 1718 , in-12.

14. — Nouveaux éléments d'histoire et de géographie à l'usage des pensionnaires du collége de Louis-le-Grand, par le P. Buffier, de la compagnie de Jésus. — *Paris, Nicolas Le Clerc,* 1718 , in-12.

PREMIÈRE PARTIE.

GÉOGRAPHIE.

INTRODUCTION ET DICTIONNAIRES.

(Consultez, dans les Mémoires de l'Académie des Inscriptions et Belles-Lettres , les travaux sur les mesures géographiques publiés par de La Barre, T. XIV–XIX ; — Fréret, T. XIV–XXIV ; — B. d'Anville, T. XXVI–XXVIII ; — Gosselin , T. IX ; — Letronne , T. IV, etc.)

15. — Mercure géographique , ou le guide du curieux des cartes géographiques , par le R. P. A. Lubin , augustin... — *Paris , Christophe Remy,* 1678, in-8.

(C'est un manuel des termes de géographie.)

16. — Lexicon geographicum, in quo universi orbis oppida, urbes, regiones, provinciæ et regna; emporia, academiæ, metropoles; fontes, flumina et maria, antiquis recentibusque nominibus appellata suisque distantiis descripta recensentur... Cum indice copiosissimo latino–italico, auctore Fr. Philippo Ferrario Alexandrino,... — *Mediolani*, 1627, *apud Jo. Jacobum Comum*, in-4.

17. — Lexicon geographicum, in quo... (ut supra). Adnectitur tabula longitudinis et latitudinis urbium et oppidorum... ex ejusdem Philippi Ferrarii epitome geographica desumpta. — *Londini, ex officina Rogeri Danielis*, 1657, in-fol.

18. — Lexicon geographicum, in quo... (ut supra). Illud primum in lucem edidit Philippus Ferrarius,... nunc Michael Antonius Baudrand, Parisinus,... hanc editionem emendavit, illustravit, et dimidia parte auctiorem fecit. — *Parisiis, apud Franciscum Muguet*, 1670, in-fol.

19. — Michaelis Antonii Baudrand, Parisini, geographia ordine litterarum disposita. — *Parisiis, apud Stephanum Michalet*, 1682, 2 vol. in-fol.

20. — Dictionnaire historique des villes, îles, régions, royaumes, montagnes, fleuves, divisé en deux parties, dont la première contient les mots latins et français; la seconde, les français et les latins; avec un abrégé des choses les plus remarquables, spécialement des conciles généraux et particuliers... composé... par Me François Fondeur... — *Laon, A. Renesson, imp.*, 1680, in-4.

21. — Dictionnaire universel, géographique et historique, contenant la description des royaumes, empires, états, provinces, pays, contrées, déserts, villes... la situation, l'étendue, les limites, les distances de chaque pays; la religion, les mœurs, les coutumes, le commerce, les cérémonies particulières des peuples, et ce que l'histoire fournit de plus curieux touchant les choses qui s'y sont passées; le tout recueilli des meilleurs livres de voyages et autres qui aient paru jusqu'à présent, par M. Corneille,... — *Paris, J.-B. Coignard*, 1708, 3 vol. in-fol.

(Avec un portrait de Thomas Corneille.)

22. — Dictionnaire universel de la géographie commer-

cante, contenant tout ce qui a rapport à la situation et à
l'étendue de chaque état commerçant ; aux productions de
l'agriculture et au commerce qui s'en fait ; aux manufactures,
pêches, mines... aux lois, usages, tribunaux... au roulage,
à la navigation ; aux banques, compagnies de commerce,
poids, mesures et monnaies... par J.' Peuchet,.. —
Paris, Blanchon, ans VII-VIII, 5 vol. in-4.

GÉOGRAPHIE SACRÉE.

23. — Dictionnaire historique portatif de la géographie
sacrée ancienne et moderne, dans lequel on trouve la situation et la description des lieux de la terre sainte sous les
Hébreux, et tels qu'ils sont aujourd'hui, ainsi que de tous
ceux des quatre parties du monde par rapport à l'histoire
ecclésiastique, avec leurs noms anciens et modernes... (par
Morenas). — *Paris, Desaint et Saillant*, 1759, in-8.

* Epitome trium terræ partium, Asiæ, Africæ et Europæ
compendiariam locorum descriptionem continens, præcipue
autem quorum in actis Lucas, passim autem evangelistæ et
apostoli meminere, cum addito in fronte libri elencho regionum... quorum novo Testamento fit mentio... per Joachimum
Vadianum...
   (V. à la suite de l'ouvrage intitulé : *Geographia universalis, vetus et nova complectens...*)

24. — Quæ intus continentur : Syria, ad Ptolomaici operis
rationem, præterea Strabone, Plinio et Antonio auctoribus
locupletata. — Palestina, iisdem auctoribus, præterea historia
sacra et Josepho et divo Hieronymo locupletata. — Arabia
Petræa, sive itinera filiorum Israel per desertum, iisdem
auctoribus. — Ægyptus, iisdem auctoribus, præterea Joanne
Leone, arabe grammatico, secundum recentiorum locorum
situm illustrata. — Schondia, tradita ab auctoribus qui in
ejus operis prologo memorantur. — Holmiæ, civitatis regis
Suetiæ, deplorabilis excidii per Christiernum, Datiæ cimbricæ
regem, historia. — Regionum superiorum, singulæ tabulæ
geographicæ. — *Argentorati, apud Petrum Opilionem,*
ᴍ ᴅ xxii, in-fol.

(Jacques Ziegler, l'auteur de ce recueil, a eu pour but de suppléer à la
description de la Palestine par Ptolémée, afin de faciliter la lecture de la
Bible.)

25. — Theatrum terræ sanctæ et biblicarum historiarum cum tabulis geographicis ære expressis, auctore Christiano Adrichomio, Delpho.—(A la fin : *Colonia Agrippinæ, in officina Birckmannica, sumptibus Hermanni Mylii, anno* M DC XXIII.) In-fol.

(Contenant le plan de la ville de Jérusalem, qui n'est pas ordinairement dans l'ouvrage.)

* Terræ sanctæ descriptio. — Jacobi Bonfrerii annotationes in Christiani Adrichomii terræ sanctæ. — Johannis Light-foot,... animadversiones in tabulas chorographicas terræ sanctæ. — Templi hierosolymitani triplex delineatio...
  (V., *à la division* RELIGION : *Briani Waltoni biblicus apparatus.*)

* Descriptio terræ sanctæ, auctore Burchardo de Monte Sion, a Canisio in publicum data...! cum animadversionibus J. Basnagii.

* Descriptio terræ sanctæ, auctore Anshelmo, ordinis minorum de Observantia.
  (V., pour ces deux ouvrages, *Thesaurus monumentorum ecclesiasticorum*, T. IV.)

26. — Topographie des saints, où l'on rapporte les lieux devenus célèbres par la naissance, la demeure, la mort, la sépulture et le culte des saints (par Baillet.) — *Paris, Jean de Nully,* 1703, in-8.

27. — Table géographique et topographique des noms latins et français des provinces, villes, bourgs, villages et autres endroits dont il est fait mention dans les légendes des saints du bréviaire du Mans ; suivie de plusieurs autres tables commodes à l'usage de ceux qui récitent ce bréviaire (par Asseline, curé et doyen rural d'Evron.) — *Le Mans, Ch. Monnoyer, imp.,* 1773, in-12.

(Avec une carte du diocèse du Mans.)

GÉOGRAPHIE ANCIENNE. — TRAITÉS DIVERS, ATLAS.

28. — Κλαυδίου Πτολεμαίου,... περί τῆς γεωγραφίας βιβλία ὀκτώ... Claudii Ptolemæi,... de geographia libri octo summa cum vigilantia excussi. — *Froben. Basileæ, anno* M D XXXIII, in-4. (Tout grec)..

29. — In-fol. contenant :
1° Geographia universalis, vetus et nova, complectens Claudii Ptolemæi Alexandrini enarrationis libros VIII. Quorum primus nova translatione Pirckheimheri et accessione commentarioli illustrior quam hactenus fuerit redditus est. Reliqui cum græco et aliis vetustis exemplaribus collati, in infinitis fere locis castigatiores facti sunt. Addita sunt insuper scholia, quibus exoleta urbium, montium fluviorumque nomina ad nostri seculi morem exponuntur. Succedunt tabulæ Ptolemaicæ, opera Sebastiani Munsteri novo paratæ modo. His adjectæ sunt plurimæ novæ tabulæ, modernam orbis faciem litteris et pictura explicantes... Ultimo annexum est compendium geographicæ descriptionis, in quo varii gentium et regionum ritus et mores explicantur. Præfixus est quoque universo operi index memorabilium populorum, civitatum, fluviorum... Adjectæ sunt huic posteriori editioni novæ quædam tabulæ... — *Basileæ, per Henrichum Petrum, anno* M D XLV.

2° Epitomé trium terræ partium, Asiæ, Africæ et Europæ compendiariam locorum descriptionem continens, præcipue autem quorum in actis Lucas, passim autem evangelistæ et apostoli meminere, cum addito in fronte libri elencho regionum... quorum novo Testamento fit mentio... per Joachimum Vadianum, medicum. —*Tiguri, apud Christophorum Flotsch...* M D XXXIIII.

30. — Claudii Ptolemæi Alexandrini geographiæ libri octo græco-latini latine primum recogniti et emendati, cum tabulis geographicis ad mentem auctoris restitutis per Gerardum Mercatorem. Jam vero ad græca et latina exemplaria a Petro Montano iterum recogniti et pluribus locis castigati. Adjecta insuper ab eodem nomina recentia et æquipollentia ex variis auctoribus veteribus et recentiorib. magna cura collecta... — *Jodocus Hondius excudit sibi et Cornelio Nicolai in cujus officina prostant. Francofurti,* 1605, in-fol.

31. — Joannis Antonii Magini Patavini,... geographiæ tum veteris tum novæ volumina duo. In quorum priore Cl. Ptol. pelusiensis geographicæ enarrationis libri octo, quorum primus commentariis uberrimis illustratur. In posteriore ejusdem Ptol. antiqui orbis tabulæ 27, quibus accedunt 37 recentiores, universum orbem et singularum ejus regionum faciem repræsentantes. Additæ sunt copiosissimæ ipsarum tabularum explicationes, quibus singulæ orbis partes, imperia, regna, ducatus aliaque dominia, prout nostro tempore se habent, exactissime describuntur. — *Arnhemii, excudebat Joannes Janssonius anno* 1617, in-4.

*(Au premier feuillet blanc on lit une note manuscrite concernant l'entrée de Louis XIII à Limoges (1632) à son retour de Toulouse. — V. 2ᵉ *registre consulaire*, feuillet 152 vᵒ.)*

32. — Theatri geographiæ veteris tomus prior, in quo Cl. Ptol. Alexandrini geographiæ libri VIII græce et latine græca ad codices palatinos collata aucta et emendata sunt latina infinitis locis correcta. Opera P. Bertii, christianissimi Galliarum regis cosmographi. — *Amstelodami, ex officina Judoci Hondii, anno* 1618, in-fol.

33. — Strabonis geographicorum libri XVII (cum commentariis. —(A la fin : *Basileæ, in œdibus Valentini Curionis,* 1523.) In-fol.

(Le frontispice ayant été enlevé, le titre ci-dessus est le titre de départ.)

34. — Géographie de Strabon, traduite de grec en français (par MM. de La Porte, du Theil, Coray et Letronne, avec des notes et une introduction par M. Gosselin). — *Paris, de l'imprimerie impériale, an* XIII (1805), 5 vol. in-4.

(Avec figures).

*Mémoire sur les découvertes et les établissements faits le long des côtes d'Afrique par Hannon, amiral de Carthage, par M. de Bougainville.

(V. *Mémoires de l'Académie des Inscriptions,* T. XXVI et XXVIII)

*Rufi Festi Avieni descriptio orbis terræ, ora maritima...

(V. Classiques Lemaire : *Poetæ minores,* T. V.)

* Ausonii et variorum auctorum carmina geographica.

(V. *ibid,* T IV)

35. — Pomponii Melæ de orbis situ libri tres, accuratissime emendati, una cum commentariis Joachini Vadiani Helvetii castigatioribus et multis in locis auctioribus factis... adjecta

sunt præterea loca aliquot ex Vadiani commentariis summatim repetita et obiter explicata : in quibus æstimandis censendisq., doctissimo viro Joanni Camerti,... cum Joachimo Vadiano non admodum convenit. Rursum epistola Vadiani... ad Rudolphum Agricolam juniorem scripta... nec inutilis ad ea capienda quæ aliubi in commentariis suis libare magis quam longius explicare voluit... - *Basileæ, anno* M D XXII, in-fol. (A la fin :... *Apud Andream Cratandrum...*)

36. — Pomponii Melæ de situ orbis libri III. Æthici cosmographia. C. J. Solini Polyhistor. In Melam annotationes Joannis Olivarii. In Æthicum scholia Josiæ Simleri. In Solinum emendationes Martini Antonii Delrio, in–4. (s. l. n. d.)

37. — In–fol. contenant :

1° C. Julii Solini Polyhistor, rerum toto orbe memorabilium thesaurus locupletissimus. Huic ob argumenti similitudinem Pomponii Melæ de situ orbis libros tres, fide diligentiaque summa recognitos, adjunximus. Accesserunt his præter nova scholia, quæ loca autoris utriusq. obscuriora copiose passim illustrant, etiam tabulæ geographicæ permultæ, regionum, locorum, marium sinuumq. diversorum situs pulchre deliniantes... (A la fin : *Basileæ, apud Michaelem Isingrinum et Henricum Petri*, M D XXXVIII.)

2° Orontii Finei Delphinatis,... quadrans astrolabicus, omnibus Europæ regionibus inserviens : ex recenti et emendata ipsius authoris recognitione in ampliorem, ac longe fideliorem redactus descriptionem. — *Parisiis, apud Simonem Colinæum*, 1534.

3° Orontii Finei Delphinatis,... de mundi Sphæra sive Cosmographia... lib. V... ejusdem Orontii rectarum in circuli quadrante subtensarum (quos sinus vocant) demonstratio, supputatioq. facillima... ejusdem Orontii organum universale,... — *Parisiis, ex officina Simonis Colinæi*, 1542.

4° Joannis Fernelii Ambianatis monalosphærium, partibus constans quatuor. Prima, generalis horarii et structuram et usum in exquisitam monalosphærii cognitionem præmittit. Secunda mobilium solemnitatum criticorumq. dierum rationes... complectitur. Tertia quascunq. ex motu primi mobilis depromptas utilitates elargitur. Quarta geometricam praxin... dilucidat... — *Parisiis, in ædibus Simonis Colinæi*, 1526.

38. — Joannis Camertis Minoritani... in C. Julii Solini Πολυίστωρα enarrationes. Additus ejusdem *camertis index... — (A la fin : *Excusum est hoc opus... anno...* M D XX, *Viennæ*

Austriæ, per Joannem Singrenicum, impensis· honesti Lucæ Alantsæ.) In-fol.

39. — Cl. Salmasii plinianæ exercitationes in Caii Julii Solini Polyhistora. Item Caii Julii Solini Polyhistor ex veteribus libris emendatus. — *Parisiis, apud C. Morellum,* M D XXIX, 2 vol. in-fol.

40. — In-8 contenant :

1° Geographiæ poeticæ, id est universæ terræ descriptionis ex optimis ac vetustissimis quibusque latinis poetis libri quatuor : quorum primus Europam, secundus Africam, tertius Asiam, quartus mare universum et maris insulas continet... Lamberti Danæi opus...: — *Lugduni, apud Ludovicum Cloquemin,* M D. LXXX:

2° Rudimentorum cosmographicorum Joan. Honteri coronensis libri III, cum tabellis geographicis elegantissimis. De variarum rerum nomenclaturis per classes, liber I. — *Tiguri, apud Froschoverum juniorem,* M D LXIIII.

41. — Géographie ancienne abrégée, par M. d'Anville,... — *Paris, Merlin, 1768, in-12.*

GÉOGRAPHIE MODERNE. — TRAITÉS ÉLÉMENTAIRES.

* Joachini Vadiani trium terræ partium epitome... — *Basileæ, 1545.*
(V., n° 29, l'ouvrage intitulé : *Geographia universalis... Cl. Ptolemæi.*)

42. — P. Bertii tabularum geographicarum contractarum libri septem. In quibus tabulæ omnes gradibus distinctæ, descriptiones accuratæ, cetera supra priores editiones politiora auctioraque. — *Amsterodami, sumptibus et typis æneis Judoci Hondii, 1618, in-8 oblong.*

(Le titre est latin ; mais l'ouvrage est en français. On lit au privilége, qui se trouve au verso du frontispice...: « Le présent livre intitulé : *Les tables géographiques de Pierre Bertius,... corrigées et amendées avec leurs degrez, positions et descriptions, par Judocus Hondius.*)

43. — Mémoires géographiques de tous les pays du monde, avec plusieurs observations historiques, par P. du Val

d'Abbeville, 'géographe du roi. — *Lyon, Jean Certe*, 1676, in-12.

44. — La géographie du temps, qui fait voir l'état présent des IV parties du monde, c'est-à-dire les religions, les coutumes et les richesses des peuples, les forces et les gouvernements des états, ce qui est de plus beau et de plus rare dans chaque région, et autres particularités pour savoir l'histoire et l'intérêt des princes, par P. du Val,... — *Paris, l'auteur, et chez Nicolas Langlois*, 1682, in-12.

(Avec des notes marginales manuscrites.)

45. — La géographie universelle, qui fait voir l'état présent des 4 parties du monde, c'est-à-dire... par P. du Val, géographe ordinaire du roi. — *Paris, l'auteur*, 1676, in-12.

46. — Méthode abrégée et facile pour apprendre la géographie... avec un abrégé de la sphère et une table des longitudes et latitudes des principales villes du monde, conforme aux dernières observations de messieurs de l'Académie des Sciences, des RR. PP. jésuites et autres astronomes. Nouvelle édition, revue, corrigée et augmentée. — *Paris, Babuty fils*, 1751, in-12.

(C'est la méthode dite de Crozat. L'auteur est l'abbé Le François.)

47. — Le géographe manuel, contenant la description de tous les pays du monde... leurs villes capitales, avec leurs distances de Paris, et des routes qui y mènent, tant par terre que par mer; les changes et les monnaies des principales places de l'Europe en correspondance avec Paris; la manière de tenir les écritures de chaque nation; la réduction de toutes les espèces de l'Europe au pied courant de France, etc., par M. l'abbé Expilly,... Sixième édition, augmentée. — *Paris, Bauche*, 1763, in-18.

48. — Géographie des enfants, ou méthode abrégée de la géographie, divisée par leçons, avec la liste des cartes nécessaires aux enfants, par M. l'abbé Lenglet-Dufresnoy. — *Lausanne, J.-P. Heubach*, 1769, in-12.

49. — Géographie élémentaire à l'usage des colléges, avec un précis de la sphère et des cartes, par M. Robert,... Troisième édition. — *Paris, Bastien*, 1779, in-12.

50. — Géographie moderne, précédée d'un petit traité de la sphère et du globe, ornée de traits d'histoire naturelle et

politique, et terminée par une géographie sacrée et une géographie ecclésiastique, où l'on trouve tous les archevêchés et évêchés de l'église catholique et les principaux des églises schismatiques, avec une table des longitudes et latitudes... et une autre des noms des lieux contenus dans cette géographie, par M. l'abbé Nicolle de La Croix. Nouvelle édition revue par J.-L. Barbeau de La Bruyère. — *Paris, Delalain l'aîné*, 1780, 2 vol. in-12.

51. — Abrégé de géographie ancienne et moderne, par M. l'abbé Grenet,... pour servir à l'atlas portatif du même auteur... — *Paris, l'auteur, et chez Colas*, 1784, in-12.
(V. ci-après, pour l'atlas, *la division* ATLAS.)

52. — Choix de lectures géographiques et historiques présentées dans l'ordre qui a paru le plus propre à faciliter l'étude de la géographie de l'Asie, de l'Afrique et de l'Amérique, précédé d'un abrégé de géographie, avec des cartes, par M. Mentelle,... — *Paris, l'auteur*, 1783, 6 vol. in-8.

53. — Abrégé de géographie, rédigé sur un nouveau plan d'après les derniers traités de paix et les découvertes les plus récentes, précédé d'un examen raisonné de l'état actuel des connaissances géographiques et des difficultés qu'offre la description de la terre; d'un aperçu sur la géographie astronomique, physique et politique... les divisions politiques de 1789 comparées aux divisions politiques actuelles... suivi d'un tableau comparatif des monnaies et des poids et mesures anciens et modernes des principaux pays et des principales villes du globe... par Adrien Balbi. — *Paris, Jules Renouard*, 1833, in-8.

(L'atlas intitulé *le Globe*, par Dufour, Jomard et Balbi, est à *la division* ATLAS.)

54. — Précis de la géographie universelle, ou description de toutes les parties du monde sur un plan nouveau, d'après les grandes divisions naturelles du globe, précédée de l'histoire de la géographie chez les peuples anciens et modernes, et d'une théorie générale de la géographie mathématique, physique et politique; accompagnée de cartes, de tableaux analytiques, synoptiques, statistiques et élémentaires, et d'une table alphabétique des noms de lieux, de montagnes, de rivières, etc., par Malte-Brun. Quatrième édition, revue corrigée et augmentée de toutes les nouvelles découvertes par M. J.-J.-N. Huot... — *Paris, Aimé André*, 1836-37, 12 vol. in-8.

55. — Atlas complet du précis de la géographie universelle de Malte-Brun, dressé conformément au texte de cet ouvrage, et entièrement revu et corrigé par M. J.-J.-N. Huot,... (Cet atlas est composé de 72 cartes, dont 14 doubles.) — *Paris, Aimé André, 1837, in-fol.*

56. — Précis de géographie historique universelle, comprenant toutes les définitions générales nécessaires à l'intelligence de la géographie; une histoire résumée de la géographie d'après Malte-Brun et Gosselin; la géographie physique des cinq parties du monde; un résumé historique des principales révolutions dont le monde a été le théâtre depuis les temps les plus reculés jusqu'à nos jours; la description détaillée de tous les états de quelque importance dans les temps anciens, au moyen-âge et dans les temps modernes, par Charles Barberet et Alfred Magin,... — *Paris, Dezobry, 1841, 2 vol. in-8.*

TRAITÉS SCIENTIFIQUES. — COSMOGRAPHIE.

* Æneæ Sylvii Piccolomini (Pie II) cosmographia. (V. *ses œuvres.*)

57. — Cosmographiæ universalis libri VI, auctore Sebastiano Munstero. — (A la fin : *Basileæ, apud Henrichum Petri, anno* M D LII.) In-fol.

(Le frontispice a été enlevé.)

58. — Cosmographiæ universalis lib. VI, in quibus juxta certioris fidei scriptorum traditionem describuntur omnium habitabilis orbis partium situs propriæque dotes. Regionum topographicæ effigies, terræ ingenia... Animalium peregrinorum naturæ et picturæ. Nobiliorum civitatum icones et descriptiones. Regnorum initia, incrementa et translationes. Regum et principum genealogiæ. Item omnium gentium mores, leges, religio, mutationes, atque memorabilium in hunc usque annum 1559. Gestarum rerum historia. Auctore Sebastiano Munstero. — (A la fin : *Basileæ, apud Henricum Petri, anno salutis* M D LIX.) In-fol.

59. — La cosmographie universelle recueillie de chasque bon autheur, et approuvée tant des historiens comme de ceux

qui ont descrit les lieux particuliers, par Sébastien Munster.— *Basle*, 1555, in-fol.

(Le frontispice manque. — Les cartes géographiques sont gravées sur bois.)

60.— Les trois mondes, par le seigneur de La Popellinière. — *A Paris, à l'olivier de Pierre L'Huillier, 1582, in-4.*

(Lancelot Voisin, seigneur de La Popellinière — Malgré son titre, l'ouvrage s'occupe également de l'Amérique et même des terres australes, alors à peine connues.)

61.— La cosmographie universelle d'André Thevet, cosmographe du roi. Illustrée de diverses figures des choses plus remarquables veuës par l'auteur et incogneuës de nos anciens et modernes. — *Paris, Guillaume Chaudière, 1575, in-fol.*

(Deux tomes en 1 vol. — La pagination continue d'un tome à l'autre.)

62. — Le relationi universali di Giovanni Botero Benese, divise in sette parti alle quali vi sono aggiunte unovamente i capitani dell' istesso auttore, con le relationi di Spagna ; del stato della Chiesa e di Savoia... con le figure e due copiosissime tavole. Inoltrev. s'aggiunge nel ultimo un breve racconto di mostri et usanze di quelle Indie, con le sue figure al naturale d'Alessandro de Vecchi. Novamente ristampati et ricorrette. — *In Venetia, apresso Alessandro Vecchi, 1618,* in-4.

63. — Cosmographie ou traité général des choses tant célestes qu'élémentaires, avec les accidents et propriétés plus remarquables d'icelles, par D. Henrion,... Seconde édition. — *Paris, l'auteur, 1626, in-8.*

(Le livre V traite spécialement de la géographie.)

64. — Les états, empires, royaumes et principautés du monde, représentés par l'ordre et véritable description des pays, mœurs des peuples, forces, richesses, gouvernements, religions, princes, magistrats et souverains qui ont gouverné et gouvernent aujourd'hui chaque état, selon que le tout subsiste à présent, après la mort des princes et les changements qui sont arrivés à l'occasion des guerres dernières ; illustrée de l'institution de toutes les religions, compagnies régulières, monastères... avec la noble et célèbre origine de tous les ordres militaires et de chevalerie de toute la chrétienté, tant anciens que modernes... par le sieur D. T. V. Y. (Davity),... exactement revue, corrigée et augmentée... d'un

grand nombre de très-curieuses recherches de tous lesdits
états, généalogies de maisons impériales, royales et souveraines. — *Paris, Pierre Chevalier*, 1628, in-fol.

(On trouve à la fin : 1° « Discours de toutes les religions qui ont été
parmi les Hébreux, tant en la loi de nature qu'en la loi écrite, et de celles
qui sont aujourd'hui. . ; » 2° « Discours de l'état des chevaliers de Malte...,
etc. » Cette partie de l'ouvrage a une pagination particulière.)

65. — Les états, empires et principautés du monde, représentés par la description des pays, mœurs des habitants,
richesses des provinces, les forces, le gouvernement, la religion et les princes qui ont gouverné et gouvernent chacun
état jusques à présent. Avec l'origine de toutes les religions et
de tous les chevaliers et ordres militaires, et sous quels
papes, monarques et républiques ils ont commencé jusqu'à ce
jour. Dernière édition, revue et augmentée par le sieur
D. T. V. Y. (Davity),... — *Genève, Jacques Stoer*, 1648, in-4.

66. — Description générale de l'Asie, première partie du
monde, (de l'Afrique, seconde partie du monde, de l'Europe,
quatrième partie du monde), avec tous ses empires,
royaumes, états et républiques, où sont déduits et traités par
ordre leurs noms, assiettes, confins, mœurs, richesses,
forces, gouvernement et religion, et la généalogie des empereurs, rois et princes souverains, lesquels y ont dominé
jusques à présent. Composé premièrement par Pierre Davity,
seigneur de Montmartin..., et dans cette nouvelle édition,
revue, corrigée et augmentée, tant pour les descriptions
géographiques que pour l'histoire, jusques à notre temps, par
Jean-Baptiste de Rocoles,... — *A Troyes et à Paris, chez Denys
Béchet et L. Billaine*, 1640-60, 3 vol. in-fol.

(Le tome III, « Description générale de l'Europe », est lui-même en deux
tomes, dont le premier traite des différentes parties de l'Europe, et le second
spécialement de la France ; voici quel est son titre : « L'Europe, quatrième
partie du monde..., » composé par François Ranchin, natif d'Usez en
Languedoc,... T. II. — *Paris, Claude Sonnius et Denys Béchet*, 1643.)

67. — Le monde, ou la description générale de ses quatre
parties avec tous ses empires, royaumes, états et républiques.
Où sont déduits et traités par ordre leurs noms, assiettes,
confins, mœurs, richesses, forces, gouvernements et religion.
Et la généalogie des empereurs, rois et princes souverains,
lesquels y ont dominé jusques à présent. Avec un discours
universel comprenant les connaissances générales du monde
céleste et terrestre et un état de tous les ordres tant ecclésiastiques que militaires, et de toutes les hérésies anciennes et

modernes. Composé premièrement par Pierre Davity,... et, dans cette nouvelle édition, revu, corrigé et augmenté... jusques à notre temps par Jean-Baptiste de Rocoles,... — *Paris, D. Béchet et L. Billaine, 1660, in-fol.*

68. — Nouveau théâtre du monde, contenant les états, empires, royaumes et principautés, représentés par l'ordre et véritable description des pays, mœurs des peuples, forces, richesses, gouvernements, religions, princes, magistrats et souverains qui ont gouverné et gouvernent aujourd'hui chaque état... illustré de l'institution de toutes les religions... par le sieur D. T. V. Y. (Davity),... avec un nouveau supplément contenant en abrégé l'état présent de la France et de ses officiers, depuis la régence de la très-auguste Anne d'Autriche, reine de France et de Navarre,... ensemble les progrès des armées depuis la déclaration de la guerre jusques au traité de paix, avec le contrat de mariage de Sa Majesté Très-Chrétienne et de la sérénissime infante d'Espagne, ici insérés, comme aussi les traités de Munster et de Vervins entre les couronnes de France, d'Espagne et de l'Empire, divisé en deux tomes. — *Paris, par la compagnie des marchands libraires et imprimeurs, 1664, 2 vol. in-fol.*

69. — Supplément au nouveau théâtre du monde, divisé en deux parties, contenant l'état présent de la France et de ses officiers, avec un abrégé des progrès des armées depuis la déclaration de la guerre jusqu'à celle de la paix (1635–57), par Antoine Estienne, premier imprimeur et libraire ordinaire du roi. — *Paris, A. Estienne, 1664, in-fol.*

(Suite de l'ouvrage précédent. La pagination continue des deux premiers volumes au supplément.)

70. — Cosmographie et pèlerinage du monde universel, dénombrement de toutes ses parties. Abrégé contenant les descriptions, situations, bornes, limites et grandeurs des empires, royaumes, principautés, républiques et autres états, avec des plus curieux points des histoires ; un abrégé des naissances, vies et morts des fondateurs des grands empires, des hommes qu'on appelle de fortune, et des sages législateurs grecs et autres (par Jourdain). — *Paris, Gervais Clousier et François Promé, 1669, in-8.*

71. — Description de l'univers, contenant les différents systèmes du monde, les cartes générales et particulières de la géographie ancienne et moderne, les plans et profils des principales villes et des autres lieux considérables de la terre ; avec

les portraits des souverains qui y commandent, leurs blasons,
titres et livrées, et les mœurs, religions, gouvernements et
divers habillements de chaque nation... par Allain Manesson
Mallet,... — *Paris, Denys Thierry,* 1683, 5 vol. in–8.

(Avec un portrait de Louis XIV au premier volume.)

72. — Géographie universelle, historique et chronologique,
ancienne et moderne, où l'on voit l'origine, les changements,
les mœurs, les coutumes; la religion, le gouvernement, les
qualités de chaque état, et ce qu'il y a de plus rare et de plus
remarquable. On y fait aussi mention des inventeurs et des
inventions d'une infinité de choses, des hommes célèbres soit
dans les lettres, soit dans la guerre, par rapport aux villes où
ils ont pris naissance. On y a joint une géographie ecclésiastique... avec un petit abrégé des conciles généraux, que l'on a
mis au bas des villes où ils se sont tenus, les chefs d'ordres...
par M. Noblot. — *Paris, Antoine-Claude Briasson,* 1725,
4 vol. in–12.

73. — Géographie historique, ecclésiastique et civile, ou
description de toutes les parties du globe terrestre, enrichie
de cartes géographiques, par dom Joseph Vaissète, religieux
bénédictin de la congrégation de St-Maur. — *Paris, Desaint
et Saillant,* 1755, 10 vol. in–12.

74. — Bulletin des sciences géographiques, etc., économie
publique, voyages. — Sixième section du Bulletin universel
des Sciences et de l'Industrie, publié sous la direction de
M. le baron de Férussac. — *Paris, au bureau central du
Bulletin :*

(Année 1828 complète, plus le 1er vol. supplémentaire (T. XIV), 2 vol in-8.
 —   1829   —   in–fol.
 —   1830   —   plus T. XVI (2e vol. suppl. de 1828), 2 vol. in-8.
 —   1831   —   les cinq 1ers nos, de janvier à mai.
Le Bulletin de l'année 1829 est rédigé par M. Aubert de Vitry; celui de
l'année 1830, par M. Thomas à partir du n° 4 (avril), et celui de 1831,
également par M. Thomas. Les couvertures imprimées servent de titre.)

75. — L'Isole piu famose del Mondo, descritte da Thomaso
Porcacchi da Castiglione Arretino, e intagliate da Girolamo
Porro Padovano, con l'aggiunta di molte Isole... — *In Venetia,
appresso Simon Galignani et Girolamo Porro,* M D LXXVI, in fol.

ATLAS GÉNÉRAUX.

76. — Mercator de universo... (s. d.), in-fol.

(Le frontispice a été enlevé — Le titre ci-dessus est le titre courant.
— Cet atlas, augmenté et illustré par Josse Hondius, paraît, d'après l'avis
au lecteur, avoir été imprimé à Amsterdam vers 1607. — Plusieurs feuillets
et plusieurs planches manquent.)

77. — Atlas minor Gerardi Mercatoris, a J. Hondio plurimis
æneis tabulis auctus atque illustratus. — *Arnhemii, apud
Joannem Janssonium*, 1621, in-4.

  * L'Asie (l'Afrique et l'Amérique) en plusieurs cartes nouvelles exactes... par le S. Sanson d'Abbeville.

  (V. *l'histoire de chacune de ces parties.*)

78. — Atlas français, contenant les cartes géographiques,
dans lesquelles sont très-exactement remarqués les empires,
monarchies, royaumes et états de l'Europe, de l'Asie, de
l'Afrique et de l'Amérique, avec les tables et cartes particulières de France, de Flandre, d'Allemagne et d'Italie... par...
Hubert Jaillot,... — *Paris, Jaillot,...* 1700-4, 2 vol. in-fol.

  (Le second volume porte au frontispice : *Second volume de l'Atlas français, contenant les cartes générales et particulières de la haute et basse
Allemagne.*)

79. — Atlas portatif des colléges, pour servir à l'intelligence
des auteurs classiques... par M. l'abbé Grenet,... — *Paris,
l'auteur,* 1779, in-4.

  (V. *n° 54 pour l'Abrégé de géographie du même auteur.*)

80. — Le Globe, atlas classique universel de géographie
ancienne et moderne, pour servir à l'étude de la géographie
et de l'histoire, dressé par M. A.-H. Dufour, et revu par
M. Jomard,... avec une statistique jointe à chaque carte par
M. A. Balbi. — *Paris, J. Renouard,* 1833, in-4.

  (V. *n° 53 pour l'Abrégé de géographie de Balbi.*)

84. — Mappemonde philosophique et politique, où sont
tracés les voyages de Cook et de La Pérouse, par L. Brion
père. — *Paris, an* VIII, in-fol. plano.

VOYAGES.

Voyages autour du monde.

82. — Le flambeau de la navigation, montrant la description et délinéation de toutes les côtes et havres de la mer occidentale, septentrionale et orientale, selon les instructions des plus entendus auteurs des écrits de marine et déclarations des plus expérimentés pilotes; illustré de diverses cartes marines, et compris en deux livres. A quoi est ajoutée une instruction de l'art de marine, avec tables de la déclination du soleil, suivant les observations de Ticho Brahé, dressées sur le méridien d'Amsterdam; ensemble nouvelles tables et représentation du droit usage de l'étoile du Nord et autres étoiles fixes... — *A Amsterdam, Jean Jansson, 1620, in-4* oblong.

83. — Nouveau voyage autour du monde, par M. Le Gentil, enrichi de plusieurs plans, vues et perspectives des principales villes et ports du Pérou, Chili, Brésil et de la Chine, avec une description de l'empire de la Chine beaucoup plus ample et plus circonstanciée que celles qui ont paru jusqu'à présent... — *Amsterdam, Pierre Mortier, 1728, 2 vol. in-12.*

84. — Voyage de d'Entrecasteaux, envoyé à la recherche de La Pérouse, publié par ordre de S. M. l'empereur et roi, sous le ministère de S. E. le vice-amiral Decrès, comte de l'empire, rédigé par M. de Rossel, ancien capitaine de vaisseau. — *Paris, imprimerie impériale, 1808, 2 vol. in-4.*

— Atlas du voyage de Bruny d'Entrecasteaux... fait, par ordre du gouvernement, en 1791, 1792 et 1793, publié par ordre de S. M. l'empereur et roi... par C.-F. Beautemps-Beaupré,... — *Paris, au dépôt général des cartes et plans de la marine et des colonies, 1807, gr. in-fol.*

85. — Méthodes pour la levée et la construction des cartes et plans hydrographiques, publiées, en 1808, sous le titre de « Appendice à la suite de la relation du voyage du contre-amiral Bruny d'Entrecasteaux », par C.-F. Beautemps-Beaupré,... et réimprimées par ordre de... le comte Decrès,... — *Paris, imprimerie impériale, 1811, in-4.*

86. — Voyage autour du monde, entrepris par ordre du roi, sous le ministère et conformément aux instructions de

S. Exc. M. le vicomte du Bouchage,... exécuté sur les corvettes de S. M. *l'Uranie* et *la Physicienne* pendant les années 1817, 1818, 1819 et 1820 ; publié sous les auspices de S. E. M. le comte de Corbières,... pour la partie historique et les sciences naturelles; et de S. E. M. le comte Chabrol de Crouzol,... pour la partie nautique ; par M. Louis de Freycinet,... — Navigation et hydrographie. — *Paris, Pillet aîné,* 1826, 2 vol. in-4.

'Avec atlas grand in-fol.)

87. — Voyage autour du monde, exécuté, par ordre du roi, sur la corvette de S. M. *la Coquille* pendant les années 1822, 1823, 1824 et 1825, sous le ministère et conformément aux instructions de S. Exc. M. le marquis de Clermont-Tonnerre, et publié sous les auspices de S. Exc. M. le comte de Chabrol,... par l'amiral Duperrey. — *Paris, de l'imprimerie de F. Didot,* — *Arthus Bertrand ;* — 1828 *et an. suiv.*

T. II, partie II, 1re division : crustacés, arachnides et insectes, par F.-C. Guérin-Menneville, — in-4.
— 2e division : zoophites, par R.-P. Lesson, — in-4.
(Cet ouvrage, inachevé, se compose de : 1° Partie historique (incomplète), 1 vol. et pl. ; — 2° Zoologie, par MM. Lesson et Garnot, 2 vol. et pl. ; — 3° Botanique, par MM. Dumont d'Urville, Bory-St-Vincent et Ad. Brongniart, 2 vol. et pl.)

88. — Voyage pittoresque autour du monde, résumé des voyages et découvertes de Magellan, Tasman, Dampier, Anson, Byron, Wallis, Carteret, Bougainville, Cook, La Pérouse, G. Bligh, Vancouver, d'Entrecasteaux, Wilson, Baudin, Flinders, Krusenstern, Porter, Kotzebue, Freycinet, Bellinghausen, Basil Hall, Duperrey, Paulding, Béechey, Dumont d'Urville, Lutke, Dillon, Laplace, B. Morell, etc., publié sous la direction de M. Dumont d'Urville,... accompagné de cartes et de nombreuses gravures en taille-douce sur acier d'après les dessins de M. de Sainson,... — *Paris, L. Tenré,* 1835, 2 vol. in-4.

89. — Voyage autour du monde par les mers de l'Inde et de la Chine, exécuté sur la corvette de l'état *la Favorite* pendant les années 1830, 1831 et 1832, sous le commandement de M. Laplace,... publié par ordre de M. le vice-amiral comte de Rigny,... — *Paris, impr. royale,* 1835, 2 vol. in-8.

(Le 3e et le 4e vol. seulement.)

90. — Campagne de circumnavigation de la frégate *l'Artémise* pendant les années 1837, 1838, 1839 et 1840, sous le

commandement de M. Laplace ,... publié , par ordre du roi ,
sous les auspices du ministre de la marine. — *Paris , Arthus
Bertrand , 1841-42 , 2 vol. in-8.*

(Avec gravures. — Les 2 premiers volumes seulement.)

91. — Souvenirs d'un aveugle : Voyage autour du monde
par Jacques Arago. Nouvelle édition , revue et augmentée ,
illustrée de 22 grandes vignettes , portraits , et de 150 gravures dans le texte , enrichie de notes scientifiques par
M. François Arago ,... et précédée d'une introduction par
M. Jules Janin. — *Paris , Lebrun* (s. d.), 2 vol. in-8.

Voyages dans les deux continents.

92. — Novus orbis regionum ac insularum veteribus
incognitarum una cum tabula cosmographica et aliquot aliis
consimilis argumenti libellis , quorum omnium catalogus
sequenti patebit pagina. His accessit copiosus rerum memorabilium index. — *Parisiis , apud Joannem Parvum* (s. d.),
in-fol.

(On lit au verso du frontispice : « Catalogus... — Præfatio Simonis Gry-
næi ad Collimitium. — In tabulam Cosmographiæ introductio per Sebastianum Munsterum.. — Aloysii Cadamusti Navigatio ad terras ignotas ,
Archangelo Madrignano interprete. — Christophori Columbi Navigatio...
eodem Madrignano interprete. — Petri Alonsi Navigatio. , eodem interprete.
— Pinzoni Navigatio , eodem interprete. — Alberici Vesputii Navigationum
epitome. — Petri Aliaris Navigationis et epistolarum quorumdam mercato-
rum opusculum. — Josephi Indi Navigationes. — Americi Vesputii Navigationes IIII. — Epistola Emanuelis , regis Portugalliæ , ad Leonem X ,... de
victoriis habitis in India et Malacha , etc. — Ludovici Romani Patricii
Navigationum Æthiopiæ , Ægypti , utriusque Arabiæ , Persidis , Syriæ ,
Indiæ intra et extra Gangem , libri VII , Archangelo Madrignano interprete.
— Locorum terræ sanctæ exactissima descriptio , auctore F. Brocardo ,
monacho. — Marci Pauli Veneti de regionibus Orientalibus libri III. —
Haitoni Harmeni , ordinis Præmonstrat. , de Tartaris liber. — Mathiæ a
Michou de Sarmathia Asiana atque Europea , lib. II. — Pauli Jovii Novoco-
mensis de Moschovitarum legatione liber. — Petri Martyris de insulis nuper
repertis liber. — Erasmi Stellæ de Borussiæ antiquitatibus lib. II. »).

93. — Recueil de divers voyages faits en Afrique et en
l'Amérique qui n'ont point été encore publiés ; contenant
l'origine , les mœurs , les coutumes et le commerce des habitants de ces deux parties du monde. Avec des traités curieux
touchant la Haute-Ethiopie , le débordement du Nil , la mer
Rouge et le Prête-Jean. Le tout enrichi de figures et de
cartes géographiques , qui servent à l'intelligence des choses
contenues en ce volume. — *Paris , Louis Billaine , 1674 ,*
in-4.

(Cette collection comprend : « Histoire de l'île des Barbades, par Richard Ligon. — Relation de la rivière de Nil... — Extrait de l'histoire d'Ethiopie, par le P. Balth. Tellez — Description de l'empire du Prête-Jean. — Relation du voyage fait sur les côtes d'Afrique en 1670 et 1671... — Relation des îles Antilles de l'Amérique, par le sieur de La Borde. — Description de l'île de la Jamaïque et de toutes celles que possèdent les Anglais dans l'Amérique... » — Le tout traduit de l'anglais, et publié, selon Barbier, par les soins du P. Justel.

94. — Le voyageur français, ou connaissance de l'ancien et du nouveau monde, mis au jour par M. l'abbé Delaporte. Quatrième édition. — *Paris, L. Cellot*, 1772-90, 27 vol. in-12.

(Les 26 premiers tomes sont de l'abbé Delaporte; les T. XXVII et XXVIII, de l'abbé de Fontenay; les suivants, de Domairon. — Il manque les 15 derniers vol.)

95. — Abrégé chronologique ou histoire des découvertes faites par les Européens dans les différentes parties du monde. Extrait des relations les plus exactes et des voyageurs les plus véridiques, par M. Jean Barrow,... traduit de l'anglais par M. Targe. — *Paris, Saillant*, 1766, 11 vol in-12.

(Cette collection contient les voyages de Colomb, Gama, Cabral, F. Cortes, Pizarre, F. de Soto, Magellan, Barbosa, Drake, Raleigh, Cavendish, Van Noort, Spilbergen, Schouten et Lemaire, Rove, Fenning et Collyer, Monck, James, Nieuhoff, Tasman, Baldœus, Dampier, Wafer, Gemelli, Rogers et Courtney, A. Selkirk, G. Juan et Ant Ulloa, Anson, Ellis et Martin. — Le 1er vol. manque.)

96. — Lettres édifiantes et curieuses concernant l'Asie, l'Afrique et l'Amérique, avec quelques relations nouvelles des missions, et des notes géographiques et historiques, publiées sous la direction de M. L. Aimé-Martin. — Tome Ier : Grèce, Turquie, Syrie, Arménie, Perse, Egypte, Amérique septentrionale. — Tome II : Guyanes, Pérou, Californie, Chili, Paraguay, Brésil, Buenos-Ayres, Indoustan, Bengale, Gingi, Golconde, Maduré, Carnate, Tanjaour, Mahrattes. — *Paris, Auguste Desrez*, imp.-édit., 1838-39, 2 vol. in-8.

(Collection du Panthéon littéraire.)

(V. aussi division RELIGION.)

97. — Relation d'un voyage fait, en 1695, 1696 et 1697, aux côtes d'Afrique, détroit de Magellan, Brésil, Cayenne et îles Antilles, par une escadre de vaisseaux du roi commandée par M. de Gennes, faite par le sieur Froger,... enrichie d'un grand nombre de figures dessinées sur les lieux. — *Paris, Nicolas Le Gros*, 1700, in-8.

98. — Voyage du chevalier des Marchais en Guinée, îles voisines et à Cayenne, fait en 1725, 1726 et 1727 contenant une description très-exacte et très-étendue de ces pays et du commerce qui s'y fait, enrichi d'un grand nombre de cartes et de figures en taille-douce, par le R. P. Labat,... — *Amsterdam, aux dépens de la compagnie*, 1731, 4 vol. in-12.

99. — Histoire des pêches, des découvertes et des établissements des Hollandais... dans les mers du Nord, ouvrage traduit du hollandais... enrichi de notes, et orné de cartes et de figures à l'usage des navigateurs et des amateurs de l'histoire naturelle, par le C. Bernard de Reste. — *Paris, Nyon aîné et Vᵉ Nyon*, an IX, 3 vol. in-8.

(On croit que cet ouvrage, en hollandais, est une compilation de celui de Zordrager, et que le rédacteur est peut-être Van der Plaats. — Barbier.)

Voyages en plusieurs parties de l'ancien continent.

100. — Journal des voyages de Monconys (1628-1664)... où les savants trouveront un nombre infini de nouveautés en machines de mathématiques, expériences physiques, raisonnements de la belle philosophie... outre la description de divers animaux et plantes rares, plusieurs secrets inconnus pour le plaisir et la santé, les ouvrages des peintres fameux, les coutumes et mœurs des nations... enrichi de quantité de figures en taille-douce des lieux et des choses principales, avec des indices très-exacts et très-commodes pour l'usage. Publié par le sieur de Liergues, son fils. — Première partie : voyage de Portugal, Provence, Italie, Egypte, Syrie, Constantinople et Natolie. — Troisième partie : voyage d'Espagne ; mort du sultan Hibrahim ; lettres savantes ; algèbre ; vers et secrets. — *Lyon, Horace Boissat et Georges Remeus*, 1665-66, 2 vol. in-4.

(Le tome II manque.)

101. — Les fameux voyages de Pietro della Valle, gentilhomme romain,... avec un dénombrement très-exact des choses les plus curieuses et les plus remarquables qu'il a vues dans la Turquie, l'Egypte, la Palestine, la Perse et les Indes orientales, et que les auteurs qui en ont ci-devant écrit n'ont jamais observées ; le tout écrit en forme de lettres adressées au Schipano, son plus intime ami. — *Paris, Gervais Clousier,* 1662.

(Avec un portrait de Pietro della Valle, et une mappemonde coloriée. — Cet ouvrage a été traduit par Carneau, célestin.)

102. — Le même ouvrage. — *Paris, Gervais Clousier*, 1664, 2 vol. in-4.

(Le second tome porte : « Suite des fameux voyages... avec une description très-curieuse de tous les lieux par où il a passé, de l'estime qu'il s'est acquise en la cour de Perse, et du succès en ses négociations en faveur des chrétiens du pays, et des parents de M. Maani, son épouse; ensemble l'entrée magnifique des ambassadeurs d'Espagne, de Moscovie, de Turquie, de l'Inde et du Grand Mogol dans Cazuin et Ardebil. — *Paris, G. Clousier*, 1663. »)

103 — Voyages de M. de Thévenot, contenant la relation de l'Indoustan, des nouveaux Mogols et des autres peuples et pays des Indes. — *Paris, Claude Barbin*, 1684, in-4.

104. — Voyages d'un missionnaire de la compagnie de Jésus en Turquie, en Perse, en Arménie, en Arabie et en Barbarie (par le P. Jacques Villotte). — *Paris, Jacques Vincent*, 1730, in-12.

105. — Lettres de Mme Wortley Montague, écrites pendant ses voyages en Europe, en Asie et en Afrique, etc., traduites de l'anglais sur la seconde édition (par le P. J. Burnet). — *Amsterdam, J.-F. Boitte et Cie*, 1763, in-12.

106. — Voyage en Orient, par M. Gérard de Nerval. Troisième édition, revue, corrigée et augmentée. — *Paris, Charpentier*, 1851, 2 vol. in-12.

107. — Les six voyages de Jean-Baptiste Tavernier, écuyer, baron d'Aubonne, qu'il a faits en Turquie, Perse et aux Indes pendant l'espace de quarante ans et par toutes les routes que l'on peut tenir, accompagnés d'observations particulières sur la qualité, la religion, le gouvernement, les coutumes et le commerce de chaque pays; avec les figures, le poids et la valeur des monnaies qui y ont cours. — *Paris, Gervais Clousier*, 1677, 2 vol. in-4.

108. — Relation du voyage de Moscovie, Tartarie et de Perse, faite à l'occasion d'une ambassade envoyée au grand-duc de Moscovie et au roi de Perse par le duc de Holstein, depuis l'an 1633 jusques en l'an 1639, traduite de l'allemand du Sr Oléarius,... par L. R. D. B. (le résident de Brandebourg, c'est-à-dire de Wicquefort.) — *Paris, Antoine de Sommaville*, 1656, in-4.

(On trouve à la fin deux « Lettres du Sr de Mandeslo au sujet de son voyage des Indes ».)

109. — Voyage au Levant, c'est-à-dire dans les principaux endroits de l'Asie-Mineure, dans les îles de Chio, Rhodes, Chypre, de même que dans les plus considérables villes d'Egypte, Syrie et terre sainte, enrichi d'un grand nombre de figures en taille-douce, par Corneille Le Bruyn. Nouvelle édition, dont on a retouché le style en plusieurs endroits... et ajouté, à la fin des pages, des remarques tirées des auteurs anciens et modernes afin d'éclaircir par de nouvelles conjectures ce que l'auteur dit au sujet des monuments qu'il a découverts, d'accorder la géographie ancienne avec la moderne... On l'a aussi augmentée des dernières découvertes faites sur la mer Caspienne par les ordres du czar ; d'un extrait du mémoire que M. de L'Isle a composé sur ce sujet, et de plusieurs autres remarques importantes pour la topographie de cette mer, auxquelles on a joint la nouvelle carte du même académicien, et, à la fin du cinquième volume, l'extrait d'un voyage de M. des Mouceaux, qui n'avait point encore été imprimé. — *Paris, J.-B.-Claude Bauche le fils,* 1725, 5 vol. in-4.

(Portrait de l'auteur. — A partir du tome III, le frontispice est ainsi modifié : « Voyages de Corneille Le Bruyn par la Moscovie en Perse et aux Indes-Orientales, ouvrage enrichi d'un grand nombre de figures en taille-douce... représentant les plus belles vues de ces pays.. On y a ajouté la route qu'a suivie M. Isbrants, ambassadeur de Moscovie, pour se rendre en Chine, et quelques remarques contre MM. Chardin et Kempfer, avec une lettre écrite à l'auteur sur ce sujet. Nouvelle édition, augmentée considérablement. »)

110. — Voyages de Corneille Le Brun par la Moscovie en Perse et aux Indes-Orientales ; ouvrage enrichi de plus de 320 tailles-douces... — *Amsterdam, frères Wetstein,* 1718, in-fol.

(Le tome II seulement.)

* Voyages du professeur Pallas dans plusieurs provinces de l'empire de Russie et dans l'Asie septentrionale.
(V. ci-après : *Histoire de Russie.*)

111. — Voyage de Levant, fait, par le commandement du roi, en l'année 1621, par le Sr D. C. (des Hayes de Courmenin). — *Paris, Adrian Taupinard,* 1632, in-4.

112. — Voyage archéologique en Grèce et en Asie-Mineure, fait, par ordre du gouvernement français, pendant les années 1843 et 1844, et publié, sous les auspices du ministère de l'instruction publique, par Philippe Le Bas,...

avec la coopération d'Eugène Landron, architecte,... gravure de Lemaître. — *Paris, F. Didot,* 1850–18..., in-fol.

(Les 37 premières livraisons (in–4), texte et gravures; les 19 premières livraisons (in–fol.), architecture. — En publication.)

113. — L'Orient, par Eugène Flandin,... — *Paris, Gide et Baudry,* 1853–18.., in-fol.

(Les 6 premières livraisons. — En publication.)

114. — Ministère de l'instruction publique et des cultes. — Instructions à l'usage des voyageurs en Orient, publiées sous les auspices du comité de la langue, de l'histoire et des arts de la France. — *Paris, impr. impériale,* 1856–18..., in-8.

Ce recueil, en cours de publication, contient jusqu'à ce jour :

1º Histoire : les croisades, par M. le marquis de Pastoret, in-8 ;

2º Monuments de l'ère chrétienne, par M. Albert Lenoir, in-8.

115. — Voyage dans la péninsule arabique du Sinaï ,et l'Egypte moyenne : histoire, géographie, épigraphie, par M. Lottin de Laval,... — *Paris, Gide et Baudry,* 1856–18..., in-4.

(Avec atlas in-fol. — En cours de publication. — Livraisons 1 à 8 de texte, et 1 à 8 de planches.)

Voyages en Europe.

(V. *Histoires générales et particulières de l'Europe.*)

Voyages en Asie.

116. — Les voyages aventureux de Fernand Mindez Pinto, fidèlement traduits de portugais en français par le sieur Bernard Figuier, gentilhomme portugais,... — *Paris, Hénault,* 1628, in-4.

(On lit au verso du frontispice : « En la présente histoire sont contenues plusieurs choses étranges et prodigieuses par lui vues et ouïes aux royaumes de la Chine, de Tartarie, de Sornau, vulgairement appelé Siam, de Calaminham, de Pegu, de Martabane, et en divers autres endroits des contrées orientales... avec... un abrégé de la vie miraculeuse et de la mort du S. P. M. François–Xavier.... »)

117. — Voyage d'Orient du R. P. Philippe de la Très-Sainte Trinité,... où il décrit les divers succès de son voyage ; plusieurs régions d'Orient, leurs montagnes, leur mers et leurs fleuves ; la chronologie des princes qui y ont dominé, leurs habitants... les animaux, les arbres, les plantes... et enfin les missions des religieux qui y ont été fondées et les divers évènements qui y arrivèrent ; composé, revu et augmenté par lui-même, et traduit du latin par un religieux du même ordre (Pierre de Saint-André). — *Lyon, Antoine Julliéron, impr.,* 1652, in-8.

118. — Voyages de François Bernier, docteur en médecine de Montpellier, contenant la description des états du Grand Mogol, où il est traité des richesses, des forces, de la justice et des causes principales de la décadence des états de l'Asie, et de plusieurs évènements considérables, et où l'on voit comment l'or et l'argent, après avoir circulé dans le monde, passent dans l'Hindoustan, d'où ils ne reviennent plus. Nouvelle édition, revue et corrigée. — *Amsterdam, Paul Marret,* 1724, 2 vol. in-12.

* Locorum terræ sanctæ exactissima descriptio, auctore F. Brocardo, monacho.

(V. ci-dessus, n° 92, *Novus orbis...*)

119. — Itinerarium Hierosolymitanum et Syriacum, in quo variarum gentium mores et instituta ; insularum, regionum, urbium situs una ex prisci recentiorisq. sæculi usu ; una cum eventis quæ auctori terræ mariq. acciderunt, dilucide recensentur. Accessit synopsis reipublicæ Venetæ. — Auctore Joanne Cotovico,... — *Antverpiæ, apud Hieronymum Verdussium,* M DC XIX, in-4.

120. — Le voyage de la terre sainte, contenant une véritable description des lieux plus considérables que Notre-Seigneur a sanctifiés de sa présence, prédications, miracles et souffrances ; l'état de la ville de Jérusalem tant ancienne que moderne ; les guerres, combats et victoires que nos princes français ont remportées sur les infidèles... le tout conforme aux témoignages de l'écriture sainte... Plus une légère description des principales villes de l'Italie. Troisième édition, revue, corrigée, augmentée et enrichie de nouvelles figures par M. J. Doubdan,... — *Paris, F. Clouzier,* 1666, in-4.

* Itinéraire de Paris à Jérusalem, par Châteaubriand.
(V. ses *œuvres*, T. VIII-X.)

121. — Voyage autour de la mer Morte et dans les terres bibliques, exécuté de décembre 1850 à avril 1851 par F. de Saulcy,... publié sous les auspices du ministère de l'instruction publique. — *Paris, Gide et Baudry,* 1852-53, 2 vol in-8.

(Avec atlas in-4.)

122. — L'ambassade de D. Garcias de Silva Figueroa en Perse, contenant la politique de ce grand empire, les mœurs du roi Schach-Abbas, et une relation exacte de tous les lieux de Perse et des Indes où cet ambassadeur a été l'espace de huit années qu'il y a demeuré, traduite de l'espagnol par M. de Wicqfort. — *Paris, Jean Dupuis,* 1667, in-4.

123. — Journal du voyage du chevalier Chardin en Perse et aux Indes orientales par la mer Noire et la Colchide, qui contient le voyage de Paris à Ispahan. — *Amsterdam-Paris, Daniel Hortemels,* 1686, in-12.

124. — Recueil des voyages qui ont servi à l'établissement et aux progrès de la compagnie des Indes orientales formée dans les Provinces-Unies des Pays-Bas. — *Amsterdam, Etienne Roger,* 1702-6, 4 vol. in-12.

(Figures. — Recueil publié par de Constantin., au dire de Barbier. — Le 4ᵉ vol. manque.)

125. — Voyage du comte Duprat dans l'Inde, écrit par lui-même. — *Londres,* 1780, in-8.

(Les 64 premières pages seulement.)

126. — Voyage en retour de l'Inde par terre, et par une route en partie inconnue jusqu'ici, par Thomas Howel, suivi d'observations sur le passage dans l'Inde par l'Egypte et le grand désert, par James Capper; traduit de l'anglais par Théophile Mandar. — *Paris, imprimerie de la république, an v,* in-4.

(On trouve à la fin : « Itinéraire de l'Arabie déserte, ou lettres sur un voyage de Bassora à Alep par le grand et le petit désert, publié, en 1750, par MM. Plaistred et Eliot ».)

127. — Correspondance de Victor Jacquemont avec sa famille et plusieurs de ses amis pendant son voyage dans l'Inde (1828-32). — *Paris, H. Fournier,* 1833, 2 vol. in-8.

128. — Relation du voyage de monseigneur l'évêque de Béryte, vicaire apostolique du royaume de la Cochinchine, par la Turquie, la Perse, les Indes, etc., jusqu'au royaume de Siam et autres lieux, par M. de Bourges, prêtre, mis-

sionnaire apostolique; seconde édition. — *Paris, Denys Bechet*, 1668, in-8.

129. — Relation abrégée des missions et des voyages des évêques français envoyés aux royaumes de la Chine, Cochinchine, Tonquin et Siam, par messire François Pallu,... — *Paris, Denys Bechet*, 1668, in-8.

130. — Relation des missions des évêques français aux royaumes de Siam, de la Cochinchine, de Camboye et du Tonkin, etc... — *Paris, Pierre Le Petit, impr.*, 1674, in-8.

131. — Le même ouvrage, même édition, in-8.

132. — Relation des missions et des voyages des évêques, vicaires apostoliques et de leurs ecclésiastiques ès années 1676 et 1677. — *Paris, Charles Angot*, 1680, in-8.
(Mission de l'archevêque de Beryte dans la Chine, la Cochinchine, à Siam, etc.)

133. — 'Voyage de Siam des pères jésuites envoyés par le roi aux Indes et à la Chine, avec leurs observations astronomiques, et leurs remarques de physique, de géographie, d'hydrographie et d'histoire (par le P. Guy Tachard). — *Paris, Arnould Seneuze*, 1686, in-4.

134. — Journal du voyage de Siam, fait, en 1685 et 1686, par M. L. D. C. (l'abbé de Choisy.) — *Paris, Sébastien Mabre-Cramoisy*, 1687, in-4.

135. — Journal d'un voyage en Chine en 1843, 1844, 1845, 1846, par M. Jules Itier. — *Paris, Dauvin et Fontaine*, 1848, 2 vol. in-8.

136. — Théodore de Ferrière Le Vayer. — Une ambassade française en Chine. — Journal de voyage. — *Paris, Amyot*, 1854, in-8.

* Voyage en Sibérie fait... en 1761, par Chappe d'Auteroche.
(V. ci-après : *Histoire de Russie*.)

Voyages aux terres australes.

* Voyage de Robertson aux terres australes, traduit sur le manuscrit anglais. — *Amsterdam*, 1767, in-12.
(Voyage imaginaire. — V. *la division* BELLES-LETTRES.)

137. — Voyage de découvertes fait aux terres australes, par ordre du gouvernement, sur les corvettes le *Géographe*, le *Naturaliste* et la goëlette *le Casuarina*, pendant les années 1800, 1801, 1802, 1803 et 1804. Historique : rédigé par Péron, et continué par M. Louis de Freycinet. Seconde édition, revue, corrigée et augmentée par M. Louis de Freycinet,... Ouvrage enrichi d'un superbe atlas, composé de 68 planches, dont 27 coloriées. — *Paris*, *Arthus Bertrand*, 1824, 4 vol. in-8.

(Avec atlas in-4 — Portrait de François Péron.)

Voyages en Afrique.

* Petri Cadamusti navigatio (sur les côtes d'Afrique, dans le Sénégal, la Gambie et au cap Vert, 1455–63.)
(V. ci-dessus, *n*° 92, *Novus orbis...*)

138. — Les voyages du sieur Le Maire faits aux îles Canaries, cap Vert, Sénégal et Gambie. — *Paris*, *Collombat*, 1695, in-12.

(Le frontispice a été enlevé. — Le titre ci-dessus est le titre de départ.)

139. — Voyage d'Egypte et de Nubie, par Frédéric-Louis Norden. Nouvelle édition, soigneusement conférée sur l'original, avec des notes et des additions tirées des auteurs anciens et modernes et des géographes arabes, par L. Langlès,... Ouvrage enrichi de cartes et de figures dessinées par l'auteur. — *Paris*, *impr. de Pierre Didot l'aîné*, 1795–98, 3 vol. in-4.

(Portrait de Norden.)

* Voyage en Egypte et en Syrie, par Volney.
(V. *ses œuvres.*)

140. — Voyage dans la Basse et la Haute-Egypte pendant les campagnes du général Bonaparte, par Vivant-Denon. — *Paris, P. Didot l'aîné, an* x (1802), 3 vol. in-12.

(L'atlas manque.)

141. — Campagne pittoresque du *Luxor*, par M. Léon de Joannis,... ouvrage contenant dix-huit planches reproduisant les détails des travaux exécutés par l'enlèvement de l'obélisque occidental de Luxor, et divers sites et costumes d'Egypte se rattachant aux lieux habités par l'expédition. — *Paris*, *M*ᵐᵉ *Huzard*, 1835, in-8.

(Avec atlas in-fol.)

142. — Voyage au Soudan oriental et dans l'Afrique septentrionale pendant les années 1847 et 1848, comprenant une
exploration dans l'Algérie, la régence de Tunis, l'Egypte, la
Nubie, les déserts, l'île de Méroé, le Sennaar, le Fa-Zoglo,
et dans des contrées inconnues de la Nigritie ; avec un atlas
contenant des vues pittoresques, des panoramas, des scènes
de mœurs, des dessins d'objets ethnographiques et scientifiques, des types de végétation très-remarquables, des cartes
géographiques et un parallèle des édifices antiques et modernes du continent africain, par Pierre Trémaux,... — *Paris,
Borrani et Droz*, in-fol.

(Les dix premières livraisons seulement.)

143. — Voyage dans l'intérieur de l'Afrique, aux sources du
Sénégal et de la Gambie, fait, en 1848, par ordre du gouvernement français, par G. Mollien; avec carte et vues dessinées
et gravées par Ambroise Tardieu. — *Paris, impr. de Vᵉ Courcier,* 1820, 2 vol. in-8.

144. — Mémoire sur la navigation aux côtes occidentales
d'Afrique depuis le cap Bojador jusqu'au mont Sousos, d'après
les reconnaissances hydrographiques faites, en 1847 et 1848,
par ordre du roi, dans les deux campagnes successives de la
corvette *la Bayadère* et de l'aviso *le Lévrier,* sous les ordres
de M. Albin Roussin, contre-amiral,... — *Paris, impr. royale,*
1827, in-8.

145. — Journal d'un voyage à Temboctou et à Jenné dans
l'Afrique centrale, précédé d'observations faites chez les
Maures, Braknas, les Nalons et d'autres peuples, pendant
les années 1824, 1825, 1826, 1827, 1828, par René Caillié.
Avec une carte itinéraire et des remarques géographiques par
M. Jomard,... — *Paris, impr., par autorisation du roi, à
l'impr. royale,* 1830, 3 vol. in-8.

(Avec atlas in-fol. — Portrait de Caillié.)

146. — Voyage en Abyssinie, dans les provinces du Tigré,
du Samen et de l'Amhara, dédié à S. A. R. monseigneur le
duc de Nemours, par MM. Féret et Galinier,... publié par
ordre du gouvernement. — *Paris, Paulin,* 1847, 3 vol. in-8.

(Avec atlas in-fol. — 1847-48.)

147. — Voyage sur la côte et dans l'intérieur de l'Afrique
occidentale, par Hyacinthe Hecquard,... ouvrage publié avec

l'autorisation du ministre de la marine et des colonies. — *Paris, imp. de Bénard et Cᵢₑ, 1853, in-8.*

(Avec cartes et gravures

* Voyage à l'île de France, par Bernardin de St-Pierre. (V. *ses œuvres.*)

Voyages en Amérique.

* Histoire générale des voyages et conquêtes des Castillans dans les îles et terre ferme des Indes-Occidentales (1492-1526), traduite de l'espagnol d'Antoine Herrera par N. de La Coste.
(V. *la division* HISTOIRE D'AMÉRIQUE.).

* Voyage en Amérique, par Châteaubriand...
(V. *ses œuvres,* T. VI et VII.)

148. — Voyage pittoresque dans les deux Amériques. Résumé général de tous les voyages de Colomb, Las-Casas, Oviedo, Gomara, Garcilazo de La Vega, Acosta, Dutertre, Labat, Stedman, La Condamine, Ulloa, Humboldt, Hamilton, Cochrane, Mawe, Aug. de Saint-Hilaire, Max. de Neuwied, Spix et Martius, Rengger et Longchamp, Azara, Frésier, Molina, Miers, Poeppig, Antonio del Rio, Beltrami, Pike, Long, Adair, Chastellux, Bartram, Collot, Lewis et Clarke, Bradbury, Ellis, Mackenzie, Franklin, Parry, Back, Phipps, etc., etc. Par les rédacteurs du voyage pittoresque autour du monde. Publié sous la direction de M. Alcide d'Orbigny,... accompagné de cartes et de nombreuses gravures en taille-douce sur acier, d'après les dessins de MM. de Sainson,... et Jules Boilly. — *Paris, L. Tenré, 1836, in-4.*

(Portraits de Ch. Colomb, de G. Penn, du baron de Humboldt et d'Alcide d'Orbigny.)

149. — Relation du voyage de la mer du Sud aux côtes du Chily et du Pérou, fait pendant les années 1712, 1713 et 1714... par M. Frézier,... Ouvrage enrichi de quantité de planches en taille-douce. — *Paris, Jean-Geoffroy Nyon, 1716, in-4.*

150. — Relation des missions du Paraguay, traduite de l'italien de M. Muratori. — *Paris, Bordelet, 1754, in-12.*

(Avec une carte du Paraguay, par d'Anville. — On trouve à la fin trois lettres du R. P. Gaetan Cattaneo,... à Joseph Cattaneo, son frère, concernant Buenos-Ayres (1729).)

151. — Voyage à la Martinique, contenant diverses observations sur la physique, l'histoire naturelle, l'agriculture, les mœurs et les usages de cette île, faites en 1751 et dans les années suivantes; lu à l'Académie royale des Sciences de Paris en 1761. — *Paris, Cl.-J.-B. Bauche, 1763*, in-4.

152. — Voyage à l'ouest des monts Alléghanys, dans les états de l'Ohio, du Kentucky et du Tennessée, et retour à Charleston par les Hautes-Carolines, contenant des détails sur l'état actuel de l'agriculture et les productions naturelles de ces contrées, ainsi que des renseignements sur les rapports commerciaux qui existent entre ces états et ceux situés à l'est des montagnes et la Basse-Louisiane, entrepris pendant l'an x (1802)... avec une carte très-soignée des états du centre, de l'ouest et du sud des Etats-Unis. Par F.-A. Michaux,... — *De l'imprimerie de Crapelet, Paris, Levrault, Schoell et Cie, an* xii (1804), in-8.

153. — Voyage aux sources du Rio de S.-Francisco et dans la province de Goyaz, par M. Auguste de St-Hilaire,... — *Paris, Arthus Bertrand, 1847-48*, 2 vol. in-8.

SECONDE PARTIE.

HISTOIRE.

CHRONOLOGIE.

Comput des temps; traités de l'année, des mois, des jours et du calendrier.

154. — Muhamedis Alfragani, arabis, chronologica et astronomica elementa, e palatinæ bibliothecæ veteribus libris versa, expleta, et scholiis expolita. Additus est commentarius,

qui rationem calendarii Romani, Ægyptiaci, Arabici, Persici, Syriaci et Hebræi explicat, et intervalla præcipuarum ærarum ita declarat, ut ab Olympiadibus et Urbe condita, usque ad nostram memoriam, per annos Nabonasari, Julii Cæsaris et Christi, certa temporum series constare possit. Autore M. Jacobo Christmanno,... — *Francofurdi ; apud Andreæ Wecheli heredes, Claudium Marnium et Joann. Aubrium*, M D XC, in-8.

155. — Methodo di computare i tempi. Opera utilissima a' laici e necessaria a tutti gli ecclesiastici, del R. P. maestro Fr. Gio : Battista Pagani,... — *In Palermo, per Gaspare Bayona*, 1726, in-4.

156. — Histoire du calendrier romain, qui contient son origine et les divers changements qui lui sont arrivés, par M. Blondel,... — *Paris, l'auteur*, in-4.

* Le calendrier romain depuis les décemvirs jusqu'à la correction de Jules-César, par M. de La Mauze.
    (V. *Mémoires de l'Académie des Inscriptions et Belles-Lettres*, T. XXVI, p. 249.)

* Antiquum calendarium sanctæ romanæ ecclesiæ.
    (V. *Martène, Thesaur. nov. anecd.*, T. V.)

157. — In-fol. contenant :

1° Calendarium romanum magnum, Cæsareæ majestati dicatum, D. Joanne Stœffler, justingensi Mathematico authore. — (s. l. n. d.) in-fol.

(On lit à la fin : « Exactum insigne hoc atq. preclarum opus Kalendarii... editum, impressum in Oppenheym per Jacobum Koebel,... anno 1518 ».)

2° Joannis Fernelii Ambianatis Monalosphærium, partibus constans quatuor. — Prima generalis horarii et structuram et usum in exquisitam Monalosphærii cognitionem præmittit. — Secunda, mobilium solennitatum criticorumq. dierum rationes... complectitur. Tertia quascumq. ex motu primi mobilis depromptas utilitates elargitur. — Quarta geometricam praxin... dilucidat... — *Parisiis, in œdibus Simonis Colinœi.* 1526.

158. — Romani calendarii a Gregorio XIII P. M. restituti explicatio, S. N. D. Clementis VIII. P. M. jussu edita. Auctore Christophoro Clavio,... Accessit confutatio eorum qui calendarium aliter instaurandum esse contenderunt. — *Romæ, apud Aloysium Zanettum*, M DC III, in-fol.

* Ephemerides Græcorum et Moschorum, horum figyratæ, istorum métricæ, latine redditæ et observationibus variis illustratæ.

(V. *Acta sanctorum*, 1er mai, p. 1.)

(Voyez aussi, dans les Mémoires de l'Académie des Inscriptions et Belles—Lettres, les travaux de Boivin, T. I, II; — Fréret, T. XVI, XVIII, XIX, XXIII, XXVII; — Gibert, T. XXIII, XXVII, XXXI, XXXV; — Lanauze, T. XIV, XVI, XXIII, XXVI; — Pingré, T. XLII)

Systèmes et traités de chronologie.

159. — In-fol. contenant :

1° Bedæ presbyteri anglosaxonis, monachi benedicti,... opuscula complura de temporum ratione diligenter castigata, atq. illustrata veteribus quibusdam annotationibus una cum scholiis in obscuriores aliquot locos, authore Joanne Noviomago. Nunc primum inventa ac in lucem emissa, quorum catalogum require pagina versa. — *Coloniæ excudebat Johannes Prael, anno* M D XXXVII, in–fol.

2° Paradoxorum medicinæ libri tres, in quibus sane multa a nemine hactenus prodita Arabum ætatisq. nostræ medicorum errata non tantum indicantur, sed et probatissimorum autorum scriptis, firmissimisq. rationibus ac argumentis confutantur, D. Leonardo Fuchsio,... obiter denique hic Sebastiano Montuo,... respondetur... — *Basileæ, ex ædibus Jo. Bebelii, anno* M D XXXV.

160. — In-fol. contenant :

1° Libri quatuor de scrupulis chronologor., in quibus non solum calculus Sacræ Scripturæ cum serie quatuor Monarchiarum, et Olympiadibus Græcorum, atq. annis ab Urbe Roma condita pulcherrima harmonia conciliatur; sed etiam quam plurimi et difficilimi scrupuli, qui hactenus in hanc harmoniam irrepserant, multosq. antiquitatis et Veritatis diligentissimos inquisitores non parum torserunt ita eximuntur, ut majore cum luce, fructu et voluptate tam Sacræ quam Profanæ Historiæ ab omnibus legi possint. Conscripti a Clemente Schuberto, Lusatio,... Nunc primum editi, cum præfatione Davidis Chytræi, et authoris Exemplari Chronologia. — 1575, *Argentorati, excussum apud Bernhardum Jobinum.*

2° Chronologia, sive series Annorum Mundi, ducta per sacram Scripturam et Tempora quatuor, Monarchiarum et Olympiadum Græcorum, atque Annorum ab Urbe Roma condita. In qua oculari demonstratione spectanda proponuntur ea quæ in Quatuor Libris Clementis Schuberti de Scrupulis Chronologorum prolixe tractantur... — *Argentorati excudebat Bernhardus Jobinus*, M D LXXV.

161. — Josephi Scaligeri Jul. Cæsaris F. Opus novum de emendatione temporum in octo libros tributum. — *Lutetiæ, apud Sebastianum Nivellium*, M D LXXXIII, in-fol.

162. — Dionysii Petavii Aurelianensis, e societate Jesu, opus de doctrina temporum, divisum in partes duas, quarum prior τὰ τεχνικά temporum, posterior τὰ ἱςορούμενα complectitur. — *Lutetiæ Parisiorum, sumptibus Sebastiani Cramoisy*, M DC XXVII, 2 vol. in-fol.

163. — D. Petavii aurelianensis,...rationarium temporum, in partes duas, libros tredecim distributum, in quo ætatum omnium sacra profanaque historia chronologicis probationibus munita summatim traditur. Editio ultima, nonnullis accessionibus auctior facta, et ab auctore recognita. — *Parisiis, apud Sebastianum Cramoisy*, 1663.

— D. Petavii,... pars secunda, quæ est τεχνική, hoc est chronologiæ methodum, et historicorum argumenta probationesque continet. — *Parisiis, apud Sebastianum Cramoisy*, 1662.

(Les deux parties dans le même volume in-12.)

164. — Le Mercure charitable, ou contre-touche et souverain remède pour désempierrer le R. P. Petau, jésuite d'Orléans, depuis peu métamorphosé en fausse pierre-de-touche. Par Jacques d'Auzoles-Lapeyre, fils de Pierre d'Auzoles et de Marie de Fabry d'Auvergne... Dédié à Mgr Charles de Schomberg,... — *Paris, Gervais Alliot*, 1638, in-fol.

165. — La sainte chronologie du monde, divisée en deux parties, et chacune d'icelles en cinquante-neuf siècles, y compris le siècle auquel nous sommes. En la première partie se voient les preuves démonstratives de la durée du monde... et, en la seconde, les discours et raisons qui se peuvent et se doivent dire sur lesdites preuves. Par Jacques d'Auzoles-Lapeyre,... — *Paris, Gervais Alliot*, 1632, in-fol.

166. — L'antiquité des temps, rétablie et défendue contre les Juifs et les nouveaux chronologistes (par le P. Paul Pezron). — *Paris, Vᶜ Edme Martin*, 1688, in-12.

167. — Défense de l'antiquité des temps, où l'on soutient

la tradition des Pères et des églises contre celle du Thalmud, et où l'on fait voir la corruption de l'hébreu des Juifs, par le R. P. dom Paul Pezron ,... — *Paris, Jean Boudot*, 1691, in-4.

168. — L'antiquité des temps détruite, ou réponse à la défense de l'antiquité des temps, par le R. P. Michel Lequien,... — *Paris, Jacques Villery*, 1693, in-12.

169. — L'abrégé royal de l'alliance chronologique de l'histoire sacrée et profane ; des patriarches , juges et rois de l'ancien Testament ; des souverains pontifes de l'église ; des empereurs de Rome, de Grèce, d'Allemagne, païens, chrétiens et ottomans ; des rois, princes, etc. ; avec le lignage d'outre-mer, les assises de Jérusalem, et un recueil historique de pièces anciennes... Par le R. P. Philippe Labbe ,... — *Paris, Gaspard Méturas*, 1651, 2 vol. in-4.

(Le tome II de l'*Alliance chronologique* est intitulé : « Eloges historiques des rois de France... — V. *Histoire de France*.)

170. — Concordia chronologica a Philippo Labbeo biturico ,... concinnata , et duas in partes tributa, technicam et historicam , quarum posteriorem absolvit Philippus Brietius ,... 'ab anno m cc i. ad annum m dc lxvi. — Chronologiæ technicæ pars prima (secunda). — *Parisiis, e typographia regia*, 1670, 2 vol. in-fol.

— Philippi Labbei ,... chronologiæ historicæ pars secunda (tertia). — *Parisiis, e typ. regia*, 1670, 2 vol. in-fol.

(La première partie de la chronologie historique manque.)

171. — Système chronologique sur les trois textes de la Bible , avec l'histoire des anciennes monarchies expliquée et rétablie. Ouvrage divisé en deux parties. La première comprend les antiquités des premiers Babyloniens , des premiers et seconds Assyriens, des seconds et troisièmes Babyloniens, avec l'histoire des Mèdes. La seconde partie comprendra l'ancienne histoire des Perses, des Egyptiens et des Scythes ; les antiquités chinoises , phéniciennes et lydiennes ; celles de l'Asie et de l'Afrique , avec l'ancienne histoire grecque et latine. Par M. Michel, de Toul. — *Toul, Paris, Briasson*, 1733, in-4.

(Le tome 1er est le seul qui ait paru.)

172. — Défense de la chronologie, fondée sur les monuments de l'histoire ancienne contre le système chronologique de M. Newton, par M. Fréret ,... publiée, depuis la mort de

l'auteur, pour servir de suite aux Mémoires de cette Académie (l'Académie Française). — *Paris, Durand*, 1758, in-4.

* Essai sur la chronologie générale de l'écriture, par M. Fréret.

> (V. *Mémoires de l'Académie des Inscriptions et Belles-Lettres*, T. XXIII, p. 65.)

Chronologie historique, ou histoire réduite en tab'es.

173. — Rerum toto orbe gestarum chronica a Christo nato ad nostra usque tempora, Auctoribus Eusebio, cæsariensi Episcopo; B. Hieronymo, presbytero; Sigeberto, Gemblacensi Monacho; Anselmo, Gemblacensi Abbate; Auberto Miræo Bruxel., aliisq. Omnia ad antiquos codices mss. partim comparata, partim nunc primum in lucem edita, opera ac studio ejusdem Auberti Miræi,... — *Antwerpiæ, apud Hieronymum Verdussium*, anno M DC VIII, in-4.

[Ce recueil contient les ouvrages suivants, ayant chacun leur frontispice et leur pagination particulière.]

1° Eusebii chronicon, Hieronymo interprete (sans pagination).

2° Hieronymi presbyteri chronicon (sans pagination).

3° Anselmi, Gemblacensis abbatis VIII, chronicon cum auctariis Gemblacensi, Affligemensi, Valcellensi et Aquicinctino, primum nunc erutum...

4° Rerum toto orbe gestarum chronicon ab anno Christi M CC ad nostra usque tempora. Aubertus Miræus... concinnavit.

5° Chronicon Sigeberti, Gemblacensis monachi... accessit Anselmi, Gemblacensis abbatis, chronicon, cum auctariis Gemblacensi, Affligemensi, Valcellensi et Aquicinctino, primum typis nunc editum...

* Eusebii chronicon.

(V. *la division* MANUSCRITS.)

174. — Thesaurus temporum Eusebii Pamphili, Cæsareæ Palestinæ episcopi, chronicorum canonum omnimodæ historiæ libri duo, interprete Hieronymo, ex fide vetustissimorum codicum castigati. Item autores omnes derelicta ab Eusebio et Hieronymo continuantes. Ejusdem Eusebii utriusque partis chronicorum canonum reliquiæ græcæ quæ colligi potuerunt.

Opera ac studio Josephi Justi Scaligeri,... Editio altera, in qua ejusdem Josephi Scaligeri tertia fere parte auctiores notæ et castigationes in latinam Hieronymi interpretationem et græca Eusebii suprema auctoris cura emendatæ. Ejusdem Josephi Scaligeri Isagogicorum chronologiæ canonum libri tres ad Eusebii chronica et doctrinam de temporibus admodum necessarii... — *Amstelodami, apud Joannem Janssonium*, 1658, in-fol.

175. — Mariani Scoti,... Chronica : ad Evangelii veritatem... magno judicio discussam et correctam... adjecimus Martini Poloni Archiepiscopi Consentini ejusdem argumenti Historiam... omnia nunc primum in lucem edita... — *Basileæ, apud Joannem Oporinum* (anno M D LIX), in-fol.

176. — Les Fastes des anciens Hébreux, Grecs et Romains, avec un traicté de l'an et des mois, où est amplement discouru sur la signification et diversité d'iceux entre les anciens et modernes, par N. Vignier,... — *Paris, Abel L'Angelier*, M D LXXXVIII, in-4.

177. — Chronologicarum demonstrationum libri tres Joannis Temporarii, quorum primo, temporum series a primordio rerum ad annum Epochæ Christianæ 1580; explicatur; secundo, demonstrationes e sacris et cœli voluminibus depromptæ, extruuntur; tertio, universa historia cum temporum ordinibus explicatis et demonstratis, componitur. — *Francofurti, apud Andreæ Wecheli heredes, Cl. Marnium et Joannem Aubrium*, M D XCVI, in-fol.

* Chronologie des douze siècles antérieurs au passage de Xercès en Grèce. — Chronologie d'Hérodote par Volney.
(V. *ses œuvres*.)

* Harduini chronologia veteris Testamenti.
(V. *Harduini opera selecta*.)

(Consultez également, pour la chronologie sacrée, les Commentaires sur la Bible de dom Calmet, etc.; — la Bible polyglotte de Walton, — et les histoires ecclésiastiques, qui sont, pour la plupart, précédées d'une chronologie sacrée.)

* Mémoire sur la chronologie de l'histoire des Macchabées, par Gibert. — Observations sur plusieurs époques de la chronique de Paros, par M. Fréret. — Eclaircissement sur la nature des années employées par l'auteur de la chronique de Paros, par le même.
(V. *Mémoires de l'Académie des Inscriptions et Belles-Lettres*, T. XXVI.)

178. — Chronologia seriem temporum et historiam rerum in orbe gestarum continens ab ejus origine usq. ad annum a Christi ortu millesimum ducentesimum. Auctore anonymo, sed cænobii S. Mariani apud Altissiodorum Regulæ Præmonstratensis monacho. Adjecta est ad calcem appendix ad annum usq. millesimum CC XXIII. Nunc primum in lucem edita opera et studio Nicolai Camuzæi Tricassini... — *Trecis, apud Natalem Moreau qui dicitur Le Coq*, 1608, in-4.

(Auctore Roberto , canonico regio hujus abbatiæ.)

179. — Opus chronologicum annorum seriem, regnorum mutationes, et rerum toto orbe gestarum narrationem, a mundi exordio ad annum usq. Christi 1617 complectens. Curis secundis auctum et recognitum. Auctore B. P. Jacobo Gordono, Lesmoreo Scoto, societatis Jesu... — *Augustoriti Pictonum, ex officina Antonii Mesnerii*, M DC XVII.

— Operis chronologici tomus alter... — *Augustoriti Pictonum*...

(Les 2 tomes en 1 volume in-fol.)

180. — In-fol. contenant :

1º Chronographia (Gilberti Genebrardi), in duos libros distincta... — *Parisiis, apud Martinum Juvenem*, 1567.

2º Liutprandi (Luitprand), Ticinensis ecclesiæ levitæ, rerum gestarum per Europam ipsius præsertim temporibus libri sex. — *Venundatur ab Jodoco Badio Ascensio et Joanne Parvo*. — (A la fin : *anno* M D XIIII.)

181. — Gilberti Genebrardi,... Chronographiæ libri quatuor. Priores duo sunt de rebus veteris populi... Posteriores, e D. Arnaldi Pontaci,... Chronographia aucti, recentes historias... complectuntur. Hac postrema editione accuratius emendati et ab anno 1584, in quo desiit G. Genebrardus, ad annum usque 1609 perducti per Joannem Marquisium Condriensem,... Universæ historiæ speculum, in Ecclesiæ præsertim sæculo, a mendaciis... Centuriatorum... detersum... subjuncti sunt libri Hebræorum Chronologici, eodem Genebrardo interprete. — *Lugduni, sumptibus Joannis Pillehotte*, M DC IX, in-fol.

182. — Opus chronologicum novum, pluribus partibus constans, elaboratum et concinnatum ab Ubbone Emmio, Frisio Grethano,... — *Groningæ excudebat Joannes Sassius sumptibus Elseviriorum*, M DC XIX. — Canon chronologicus...

— Chronologia rerum romanarum cum serie consulum...
— *Groningœ*... M DC XIX. — Appendix genealogica illustrando operi chronologico adjecta... auctore eodem Ubbone Emmio...
— *Groningœ*... M DC XX, in–fol.

483. — Annales mundi, sive chronicon universale secundum optimas chronologorum epochas, ab orbe condito ad annum Christi millesimum sexcentesimum sexagesimum perductum. Opera et studio Philippi Brietii, Abbavillæi,...
— *Parisiis, apud F. Muguet*, 1662–63, 5 vol. in–12.

(Il manque les T. IV et V.)

184. — L'art de vérifier les dates des faits historiques, des chartes, des chroniques et autres anciens monuments depuis la naissance de Notre-Seigneur (par les religieux bénédictins de la congrégation de Saint-Maur). — *Paris*, 1770, in–fol.

(L'ouvrage n'a pas de frontispice : il n'a que le faux titre ci–dessus.)

185. — Annales du monde, ou tableaux chronologiques qui présentent : 1° la naissance, les progrès, les réunions, les révolutions et les démembrements des empires... jusqu'en l'an 1816; — 2° le temps où ont vécu les hommes les plus célèbres... — 3° un précis des principaux faits qui appartiennent à l'église et des évènements relatifs à l'histoire des empires... par M. Anot,... seconde édition... — *Paris, A. Egron, imp.*, 1816, in–fol.

186. — Nouveau tableau de l'histoire universelle, d'après celui de Strass, avec des corrections et des additions nombreuses, depuis l'antiquité la plus reculée jusqu'à nos jours.
— *1827, à Paris, chez Daubrée*, in–fol. plano.

HISTOIRE UNIVERSELLE

(Ancienne et Moderne).

Introduction.

187. — Discours sur l'histoire universelle à monseigneur le dauphin pour expliquer la suite de la religion et les chan-

gements des empires, par messire Jacques-Bénigne Bossuet,...
— *Paris, David*, 1752, in-12.

188. — Suite de l'histoire universelle de M. l'évêque de
Meaux depuis l'an 800... jusqu'à l'an 1700 inclusivement (par
Jean de La Barre, avocat), seconde partie, nouvelle édition.
— *Paris, David*, 1752, in-12. *

189. — Discours sur l'histoire universelle, par M. Bossuet,
depuis le commencement du monde jusqu'à l'empire de Charlemagne, imprimé par ordre du roi pour l'éducation de
monseigneur le dauphin. — *Paris, de l'imprimerie de Didot
l'aîné*, 1784, in-4.

(Le faux titre porte : « Collection des auteurs classiques français et
latins ».)

190. — Introduction à l'histoire universelle, suivie du
discours d'ouverture prononcé, en 1834, à la faculté des
lettres, et d'un fragment sur l'éducation des femmes au
moyen-âge, par M. Michelet,... Troisième édition. — *Paris,
L. Hachette*, 1843, in-8.

* Résumé de l'histoire générale, par Voltaire.
   (V. *ses œuvres*.)

* Les ruines, ou méditations sur les révolutions des empires, par Volney.
   (V. *ses œuvres*.)

* Essai historique, politique et moral sur les révolutions
anciennes et modernes considérées dans leurs rapports avec
la révolution française... par M. de Châteaubriand.
   (V. *ses œuvres*, T. I et II.)

* De institutione historiæ universæ et ejus cum jurisprudentia conjunctione... Fr. Balduini...
   (V. *la division* NOMOLOGIE.)

* Antonii Possevini,... de apparatu ad omnium gentium
historiam.
   (V. *Antonii Possevini bibliotheca*.)

Traités divers.

191. — Sans frontispice. On lit au verso du premier feuillet :

Tabula brevis et utilis sup. libro quodam qui dicitur *fasci-*

culus temporum. Et ubi invenitur punctus ante numeruz est in primo latere folii. ubi vero post in secundo latere. Incipit feliciter. — In-fol.

(Ne va que jusqu'à l'année 1471, page 89. — La fin manque. — Caractères gothiques, figures sur bois. — Selon Brunet, cet ouvrage porte le titre suivant : « Chronica quæ dicitur *Fasciculus temporum*, autore quodam devoto carthusiensi.(Wernero Rolewinch) ». — Cette édition ne peut être celle de Cologne, 1474, car elle contient plus de 73 feuillets, et n'a pas d'intitulé imprimé en rouge. Peut-être est-ce l'édition de 1476, ou plutôt celle de Spire, 1477, à cause des figures sur bois. — Barbier, qui renvoie à Brunet, indique cet ouvrage comme ayant été imprimé à Strasbourg vers 1483.)

192. — Supplementum cronicorum fratris Jacobi Philippi Bergom. (Bergomensis) ordinis fratrum eremitar. divi Augustini. — *Brixiæ, per Boninum de Boninis, anno* 1485, in-fol.

(Le frontispice manque. Le titre ci-dessus est manuscrit. On lit au recto du feuillet suivant . « Incipit Tabula generalis Supplementi Chronicarum secundum ordinem Alphabeti ». — A la fin se trouve la mention suivante : « Impressum Brixie, per Boninum de Boninis de Ragusia, anno Domini M CCCC LXXXV (caractères gothiques). — Cet ouvrage est de J. Ph. de Foresti.)

193. — Registrum hujus operis libri Cronicarum cum figuris et ymaginibus ab initio mundi.

(Caractères gothiques et figures. — Le titre ci-dessus n'est qu'un faux titre. On lit au 2ᵉ feuillet : « Tabula operis hujus de Temporibus mundi...» — D'après Brunet, cet ouvrage porte le titre suivant : « Chronicarum liber (per Hartman Schedel). — Hunc librum Anth. Koberger Nurembergæ impressit anno 1493, in-fol. max. got.» Brunet ajoute : « Ce livre, connu sous le nom de *Chronique de Nuremberg*, n'est point rare, mais il est très-remarquable à cause des gravures en bois, assez belles, dont il est orné, et qui sont au nombre de plus de 2,000 ». Il faut ajouter encore que ces gravures ouvrage de Wolgemut, maître d'Albert Durer et de Guillaume Pleydenwurt, forment des matériaux très-précieux pour l'histoire de l'art.)

194. — Liber chronicarum per Hartman Schedel, in-fol.

(Même ouvrage que le précédent, mais en bien meilleur état, contenant de nombreuses notes manuscrites. On lit au recto du fol. 1ᵉʳ : « Epitoma operum sex dierum de mundi fabrica prologus ». Il manque les derniers feuillets de l'ouvrage et les premiers de la table, qui, dans cet exemplaire, se trouve à la fin.)

195. — Rapsodie historiarum Enneadum Marci Antonii Coccii Sabellici ab orbe condito. Pars prima, quinque complectens Enneades, Præmissis earumdem repertoriis auctis et recognitis ab Ascensio cum authoris Epitomis. — *Venundatur in Parrhisiorum academia ab Joanne Parvo : et ipso qui impressit Ascensio.* — (A la fin : *anno* M D XIII.)

—.Pars secunda... (On lit à la fin du second tome la mention suivante : « Rapsodia historiarum ab orbe condito in annum usque salutis nostræ M D IIII optatum iterum recepit finem... anni M D XIII ».) 2 vol. in fol.

(Le frontispice du tome II manque.)

196. — Rapsodie historiarum enneadum... pars prima (... postérior pars). —*Venundatur in Parrhisiorum academia...* (*anno* M D XVI), 2 vol. in-fol.

* Ottonis episcopi,... chronicon. — *Basileæ*, 1569.
(V. *Histoire d'Allemagne.*)

197. — Les œuvres de J. Sleidan qui concernent les histoires qu'il a escrites : assavoir : III livres de ses commentaires des quatre principaux empires du monde ; XXVI livres des histoires de la religion et république de nostre temps ; II remonstrances pleines d'histoires, l'une aux estats de l'empire, l'autre à l'empereur Charles V ; IIII volumes de Froissart, historien, abbregez d'un singulier artifice par Sleidan ; àvec quelques préfaces sur l'histoire de Ph. de Commines. Le discours de l'estat du royaume et des maisons illustres de France est adjousté à la fin. — *A Geneve, chez Eustache Vignon*, M D LXXIIII, in-fol.

198. — L'histoire universelle du monde, contenant l'entiere description et situation des quatre parties de la terre, la division et estendue d'une chacune région et province d'icelles. Ensemble l'origine et particulieres mœurs, loix, coustumes, religion et ceremonies de toutes les nations et peuples par qui elles sont habitees, divisee en quatre livres par François de Belle-Forest, comingeois. — *A Paris, chez Gervais Mallot*, 1577, in-4.

* Æneæ Sylvii Pii II... historia rerum ubique gestarum.
(V. *ses œuvres.*)

199. — Delle istorie del Mondo di M. Giovanni Tarcagnota ; lequali contengono quanto dal principio del Mondo e successo, fino all' anno 1543... con l'aggiunta di M. Mambrino Roseo, e dal reverendo M. Bartolomeo Dionigi da Fano, fino all' anno 1582. — *In Venetia*, M D LXXXV, *appresso i Giunti*, 5 vol. in-4.

200. — La bibliothèque historiale de Nicolas Vignier, de

Bar-sur-Seine,... contenant la disposition et concordance des temps, des histoires et des historiographes, ensemble l'estat tant de l'église que des principales et plus renommees monarchies et republiques selon leur ordre et succession... — *A Paris, chez Abel L'Angelier,* M D LXXXVII, 3 vol. in-fol.

201. — Republicas del mundo, dividas en tres partes, ordenadas por F. Hieronimo Roman,... — *En Salamanca, en casa de Juan Fernandez,* M D XCV, 3 vol. in-fol. .

*Bibliotheca mundi, seu speculi majoris Vincentii Burgundi, præsulis Bellovacensis,... tomus quartus qui speculum historiale inscribitur : in quo universa totius orbis omniumque populorum ab orbe condito usque ad auctoris tempus historia continetur, pulcherrimum actionum civilium et ecclesiasticarum theatrum. Omnia nunc accurate recognita... Illustrata opere et studio Benedictinorum collegii Vedastini in alma academia Duacensi. — *Duaci, ex officina Balthazaris Belleri,* 1624, in-fol.
(V. *la division* POLYGRAPHIE.)

202. — Horatii Tursellini, e societate Jesu, historiarum ab origine mundi usque ad annum 1630 epitome libri X. — *Parisiis, apud Joannem Branchu,* 1631.

— Continuatio epitomes historiæ Horatii Tursellini,... sumpta ex auctario ad annales Baronii, quod scripsit Henricus Spondanus ab anno 1598 usque ad annum currentem 1622, in-12.

203. — Christophori Helvici theatrum historicum et chronologicum, continuatum a J. J. Wynckelmanno. — *Malpurgi Cattorum,* 1638, in-fol.

204. — M. Henrici Kippingi recensus historiæ universalis novus et methodicus libri XXIV. Continentur res gestæ summorum orbis imperiorum et celebriorum per Europam, Asiam, Africam gentium : describuntur origines et successus domi ac militiæ, emigrationes, mutationes, occasus illustrium regum, principum populorum, virorum a reparato generis humani statu post diluvium ; serie continua ad usque præsentis anni curriculum... — *Bremæ et Francofurti, sumpt. Erhardi Bergeri,* 1665, in-4.

205. — Joh. Micrælii syntagma historiarum politicarum, tertia editione ad ær. Christi 1654 continuatum, ut indicum adjunctorum tabularumque genealogicarum et chronologica-

rum beneficio instar lexici historici esse possit. — *Stetini*, *typis et impensis Johannis Valentini Rhetii*, 1654, in-4.

(Portrait de l'auteur.)

206. — Histoire du monde, par M. Chevreau. — *Paris*, *Vᶜ Edme Martin*, 1686, 2 vol. in-4.

207. — Histoire du monde, par M. Chevreau, troisième édition... augmentée de la suite de l'histoire des empereurs d'Occident, etc.... — *Paris, Michel-Etienne David*, 1717, 8 vol. in-12.

208. — Le grand théâtre historique, ou nouvelle histoire universelle, tant sacrée que profane, depuis la création du monde jusqu'au commencement du xviiiᵉ siècle, contenant une fidèle et exacte description de ce qui s'est passé de plus mémorable sous les quatre premières monarchies des Assyriens, des Perses, des Grecs et des Romains comme aussi des monarchies qui leur ont succédé. Et ce qui concerne nommément le peuple juif... avec la suite de l'histoire romaine sous les empereurs d'Orient et d'Occident... Où l'on voit les actions les plus remarquables des papes, des empereurs, des rois et des grands capitaines; les invasions, les conquêtes, les révolutions des infidèles,... et en général tout ce qui concerne les papes et l'histoire ecclésiastique... ouvrage divisé en cinq parties avec des figures en taille-douce... — *Leyde, Pierre Vander*, 1703, 3 vol. in-fol.

(Les cinq parties en trois vol. — Cet ouvrage est de Gueudeville. — V. *l'Atlas historique du même auteur, n° 5*)

209. — L'histoire réduite à ses principes, dédiée à monseigneur le duc de Bourgogne (par le P. Galimard, jésuite). — *Paris, Pierre Ribou*, 1708, 2 vol. in-12.

210. — L'histoire profane depuis son commencement jusqu'à présent (par Louis-Ellies Dupin). — *Paris, Jacques Vincent*, 1744, 6 vol. in-12.

211. — Pratique de la mémoire artificielle pour apprendre et pour retenir l'histoire et la chronologie universelle et en particulier l'histoire sainte, l'histoire ecclésiastique et l'histoire de France. Nouvelle édition... augmentée d'une suite chronologique des souverains des principaux états du monde. Par le P. Buffier,... — *Paris, Pierre-François Giffart*, 1748, et *H.-C. de Hansy*, 1767, 2 vol. in-12.

(Les 2 premiers volumes seulement.)

212. — Histoire générale, civile, naturelle, politique et religieuse de tous les peuples du monde, avec des observations sur les mœurs, les coutumes, les usages... des différents peuples de l'Europe, de l'Asie, de l'Afrique et de l'Amérique, par M. l'abbé Lambert. — *Paris, David le jeune,* 1750, 15 vol. in-12.

(14 tomes en 15 vol. — Le tome I a deux parties.)

213. — Principes de l'histoire pour l'éducation de la jeunesse, par années et par leçons... par M. l'abbé Lenglet du Fresnoy. Nouvelle édition, revue, corrigée et augmentée. — *Paris, Rollin,* 1752, 6 vol. in-12.

214. — Histoire universelle sacrée et profane, composée par ordre de mesdames de France (par Jacques Hardion). — *Paris, G. Desprez, imp.,* 1756, et *Louis Cellot,* 1765, 16 vol. in-12.

215. — Histoire universelle du seizième siècle, par Simon-Nicolas-Henri Linguet, pour servir de suite à l'histoire universelle sacrée et profane, T. XIX et XX. — *Paris, L. Cellot,* 1769, 2 vol. in-12.

216. — Education complète, ou abrégé de l'histoire universelle, mêlé de géographie et de chronologie, par Mme Le P. de Beaumont (Le Prince de Beaumont). — *Lyon, F. Duplain,* 1762, 3 vol. in-12.

217. — Histoire universelle depuis le commencement du monde jusqu'à présent, composée en anglais par une société de gens de lettres ; nouvellement traduite en français par une société de gens de lettres, enrichie de figures et de cartes... — *Paris, Moutard,* 1779-89, 59 vol. in-8.

(Par Le Tourneur, d'Ussieux, Goffaux et autres, d'après Barbier. — Il manque les vol. 1-30, 40, 59, 60, 69, 71, 72, 94, 95-99.)

218. — Leçons élémentaires d'histoire et de chronologie... depuis la création jusqu'à nos jours, avec une courte notice des orateurs, poètes, historiens, philosophes, peintres et sculpteurs qui ont illustré les sciences et les beaux-arts, par l'auteur du Nouveau dictionnaire historique. — *Caen, impr. de G. Le Roy,* 1781, 2 vol. in-12.

Mélanges d'histoire universelle.

219. — Ephémérides politiques, littéraires et religieuses, présentant, pour chacun des jours de l'année, un tableau des évènements remarquables qui datent de ce même jour dans l'histoire de tous les siècles et de tous les pays jusqu'au 1er janvier 1812. Troisième édition,... — *Paris, Le Normant,* 1812, 12 vol. in-8.

(Par MM. Noël et Planche.)

220. — Bulletin des sciences historiques, antiquités, philologie, rédigé par M. Champollion. — 7e section du Bulletin universel publié, sous les auspices de monseigneur le dauphin, par la Société pour la propagation des connaissances scientifiques et industrielles, et sous la direction de M. le baron de Férussac. — *Paris, au bureau central, et chez M. Dondey-Dupré,* 1829-31, 3 vol. in-8.

Année 1829, 12 nos.
— 1830, 12 nos
— 1831, les 5 premiers nos.

221. — Mores, leges et ritus omnium gentium, per Joannem Boëmum Aubanum, Teutonicum, ex multis clarissimis rerum scriptoribus collecti, cum Indice locupletissimo. — *Lugduni, apud Joannem Tornœsium et Gul. Gazeium,* 1556, in-16.

222. — Histoire des différents peuples du monde, contenant les cérémonies religieuses et civiles, l'origine des religions, leurs sectes et superstitions, et les mœurs et usages de chaque nation,... par M. Contant d'Orville. — *Paris, Edme,* 1772, 6 vol. in-8.

223. — Dictionnaire universel historique et critique des mœurs, lois, usages et coutumes civiles, militaires et politiques, et des cérémonies et pratiques religieuses et superstitieuses, tant anciennes que modernes, des peuples des quatre parties du monde, par une société de gens de lettres (Costard, Fallet et Contant)... — *Paris, J.-P. Costard,* 1772, 4 vol. in-8.

224. — Théâtre du monde, où, par des exemples tirés des auteurs anciens et modernes, les vertus et les vices sont mis en opposition, par M. Richer Adrien. — *Paris, Defer de Maisonneuve,* 1788, 3 vol. in-8.

225. — Histoire des plus illustres favoris anciens et modernes, recueillie par P. D. P. (Pierre du Puy). Nouvelle édition, revue et augmentée de plusieurs pièces par le sieur Louvet,... — Lyon, Jean Girin et B. Rivière, 1677, 2 vol. in-12.

(Le tome III contient la « Relation exacte de tout ce qui s'est passé à la mort du maréchal d'Ancre ». — Le tome II manque.)

226. — Histoire générale des conjurations, conspirations et révolutions célèbres tant anciennes que modernes, dédiée à S. A. S. monseigneur le duc d'Orléans,... par M. Duport de Tertre. Nouvelle édition. — Paris, Duchesne, 1762-68, 10 vol. in-12.

(Continuée, à partir du tome IX, par Ripault-Desormeaux.)

HISTOIRE ANCIENNE.

Histoire ancienne générale ou de divers peuples.

227. — Bibliothèque universelle des historiens, contenant leurs vies, l'abrégé de la chronologie, la géographie et la critique de leurs histoires, un jugement sur leur style et leur caractère, et le dénombrement des différentes éditions de leurs œuvres; avec des tables chronologiques et géographiques. — Paris, Pierre Giffart, 1707, 2 vol. in-8.

(Par l'abbé Clairval, masque de du Pin. — Malgré la généralité du titre, ces deux volumes n'ont trait qu'à l'histoire ancienne. — On trouve au commencement du 1er vol. cinq cartes de géographie ancienne par Sanson.)

228. — Jugement sur les anciens et principaux historiens grecs et latins dont il nous reste quelques ouvrages (par de La Mothe-Le-Vayer.) — Paris, Augustin Courbé, 1646, in-4.

229. — De l'origine des lois, des arts et des sciences, et de leurs progrès chez les anciens peuples (par Ant. Goguet). — Paris, Desaint et Saillant, 6 vol. in-12.

(Le sixième volume contient à la fin « Extrait des historiens chinois, par M. La Roux des Hautes-Rayes, professeur royal ».).

230. — Histoire véritable des temps fabuleux... par

M. Guérin du Rocher, prêtre. — *Paris, Charles-Pierre Berton,* 1776, 3 vol. in-8.

(Le faux titre porte : « Histoire véritable... Ouvrage qui, en dévoilant le vrai que les histoires fabuleuses ont travesti ou altéré, sert à éclaircir les antiquités des peuples, et surtout à venger l'histoire sainte ».)

231. — L'histoire véritable des temps fabuleux, confirmée par les critiques qu'on en a faites, par M. l'abbé Ch. (l'abbé Chapelle), ancien professeur de philosophie. — *Liége et Paris, Charles-Pierre Berton,* 1779, in-8.

* L'antiquité dévoilée, par Boulanger.
(V. *ses œuvres*, T. I–II.)

* Dissertation sur les origines fabuleuses des nations, par Levesque de Burigny.
(V. *Mém. de l'Acad. des Inscript. et Belles-Lettres,* T. XXIX.)

* Mémoire sur les mœurs des siècles héroïques.
(V. *Mém. de l'Acad. des Inscript. et Belles-Lettres,* T. XXXVI.)

232. — Les mœurs, coutumes et usages des anciens peuples, pour servir à l'éducation de la jeunesse de l'un et de l'autre sexe ; par M. Sabbathier,... — *Châlons-sur-Marne et Paris, Delalain,* 1770, in-4.

* (V. *aussi la division* ARCHÉOLOGIE.)

233. — Justini ex Trogi Pompeii historiis externis libri xxxxiiii, veteris exemplaris beneficio repurgati. — *Parisiis : Ex officina Rob. Stephani,* M D XLIII, in-8.

234. — Justinus, Trogi Pompeii historiarum philippicarum epitoma : E. J. Cujacii, Cl. Puteani, utriusque Pithœi, aliisq. sex manuscriptis doctissimorum virorum optimis codicibus summo studio correcta, multisq. scholiis illustrata. Accessit viri Cl. Victorini Strigelii commentarius, nunquam ante hac editus... — *Argentorati, sumptibus Lazari Zetzneri,* M DCXIII, in-8.

* Justini historiarum philippicarum ex Trogo Pompeio, libri XLIV. — Textum Wetzelianum, tabulas chronologicas, argumenta, prologos, notas, indices rerum et verborum, novis additamentis illustravit N. E. Lemaire.
(V. *Bibliothèque Lemaire.*)

* Les histoires universelles de Trogue-Pompée... translatées de latin en français par messire Claude de Seyssel,...
    (V. *Histoire de Thucydide, Athénien, par Cl. de Seyssel.*)

235. — L'histoire universelle de Trague-Pompée (*sic*) réduite en abrégé par Justin. Traduction nouvelle, avec de savantes remarques, chronologiques, historiques et morales. — *Lyon, Antoine Molin*, 1726, in-12.

(Le 1er volume seulement. — Traduction française, latin en regard, de Louis Ferrier de La Martinière)

236. — L'histoire universelle de Trogue-Pompée, réduite en abrégé par Justin, et traduite en français par le sieur de Collomby-Cauvigny, in-8.

(Le frontispice a été déchiré.)

237. — Histoire universelle de Justin, extraite de Trogue-Pompée, traduite sur les textes latins les plus corrects ; avec de courtes notes critiques, historiques, et un dictionnaire géographique de tous les pays dont parle Justin. Par M. l'abbé Paul,... — *Paris, J. Barbou, imp.*, 1774, 2 vol. in-12.

(Latin en regard.)

    * Histoire universelle de Justin... Traduction nouvelle par Jules Pierrot,... et E. Boitard.
    (V. *Bibliothèque Panckoucke.*)

238. — Pauli Orosii Historiographi clarissimi opus prestantissimum. — *Venundantur in vico divi Jacobi, sub intersignio Leonis argentei*, in-4.

(A la fin : « ... *Impressum Parhisiis in Bellovisu pro Joanne Petit... anno* m ccccc vi *die* xxi *mensis Januarii* ».)

239. — Pauli Orosii, viri sane eruditi, historiarum liber, e tenebrarum faucibus in lucem æditus, unaçum indicibus tercissimis huic volumini, haud infrugaliter, adjectis. — *Parisiis, in taberna libraria Joannis Parvi...* in-fol.

(A la fin : « *Excudebat Petrus Vidovaeus... anno* m d xxiiii...».)

240. — Pauli Orosii Hispani historiarum liber primus — (septimus — cum annotationibus F. Fabrici Marcodurani), in-8.

(Le frontispice ayant été enlevé, le titre ci-dessus est le titre de départ. L'épître dédicatoire porte la date de 1561. — On trouve à la fin du volume : « Pauli Orosii,... liber apologeticus, contra Pelagium, de arbitrii libertate ».)

*Trois livres des commentaires des quatre grands empires du monde, par Sleidan.
(V. *ses œuvres.*)

241. — Histoire ancienne des Egyptiens, des Carthaginois, des Assyriens, des Babyloniens, des Mèdes et des Perses, des Macédoniens, des Grecs, par M. Rollin,... — *Paris, Vᵉ Estienne, 1740*, 7 vol in-4.

242. — Abrégé chronologique de l'histoire ancienne des empires et des républiques qui ont paru avant Jésus-Christ; avec la notice des savants et illustres, et des remarques historiques sur le génie et les mœurs de ces anciens peuples. Par M. Lacombe, avocat. — *Paris, Jean-Thomas Hérissant, 1757*, in-8.

243. — Abrégé de l'histoire ancienne, en particulier de l'histoire grecque, suivi d'un abrégé de la fable, à l'usage des élèves de l'école royale militaire. — *Paris, Nyon aîné, 1782*, in-12.

(Le faux titre porte : « Cours d'études à l'usage des élèves de l'école royale militaire ».)

244. — Galerie chronologique et pittoresque de l'histoire ancienne, par feu O. Perrin du Finistère, gravée sur acier par Normand fils et Réveil; avec texte explicatif, revu et augmenté par M. Alexandre Bouet; précédé d'une notice sur O. Perrin, par M. Alexandre Duval, de l'Académie Française. — *Paris, Isidore Pesron, 1836*, in-fol. oblong.

(La 34ᵉ planche est un plan de Rome ancienne pris à vol d'oiseau.)

*Histoire ancienne, par Condillac, T. IX–XIV.
(V. *ses œuvres.*)

*Recherches nouvelles sur l'histoire ancienne, par Volney.
(V. *ses œuvres.*)

*Histoire de Zénobie, reine de Palmyre.
(V. *Mémoires de littérature et d'histoire du P. Desmolets, T. IX.*)

245. — Histoire des rois de Thrace et de ceux du Bosphore-Cimmérien éclaircie par les médailles, par M. Cary, de l'Académie de Marseille et de celle de Cortone. — *Paris, Desaint et Saillant, 1752*, in-4.

(Avec des planches de médailles.)

246. — Fragments d'une histoire des Arsacides, ouvrage posthume de M. J. St-Martin, publié sous les auspices du ministère de l'instruction publique. — *Paris, impr. nat.,* 1850, 2 vol. in-8.

Histoire des Juifs.

247. — *Φλαβίου Ἰωσήπου,... τὰ εὑρισκόμενα.* — Flavii Josephi, Hierosolymitani sacerdotis, opera quæ extant, nempe : Antiquitatum Judaicarum libri XX, Sigismundo Gelenio interprete. De bello Judaico libri VII (interprete, ut vulgo creditum est, Rufino Aquileiensi); quibus appendicis loco accessit de vita Josephi. Adversus Apionem libri II, ex interpretatione Rufini a Gelenio emendata. De Machabæis, seu de imperio rationis liber I; cum paraphrasi Erasmi Roterodami. Quæ græco-latina editio Græcorum Palatinæ bibliothecæ manuscriptorum codicum collatione castigatior facta est. Cum indice locupletissimo. — *Genevæ, apud Jacobum Crespinum,* M DC XXXIIII, in-fol.

248. — Flavii Josephi Antiquitatum Judaicarum libri XX. Adjecta in fine appendicis loco Vita Josephi per ipsum conscripta, a Sigismundo Gelenio conversi. De bello Judaico libri VII. Ex collatione Græcorum codicum per Sig. Gelenium castigati. Contra Apionem libri II, pro corruptissimis antea, jam ex Græco itidem non solum emendati, sed etiam suppleti, opera ejusdem Gelenii. De imperio rationis, sive de Machabæis liber unus, a Des. Erasmo Roterodamo recognitus. Cum Indice accuratissimo. — *Froben. Basileæ,* M D LIX,... in-fol.

(Edition toute latine, avec des notes marginales manuscrites.)

249. — Flavii Josephi,... Opera omnia quæ extant ex Græcorum Codicum accurata collatione Latine expressa. Opus in Tomos duos distributum, Notis et annorum serie ad oram singulorum capitum illustratum. Cum indice locupletissimo. Tomus primus, continens libros XX de Antiquitatibus Judaicis. — *Excudebat Jacobus Stoer,* M D XCV, in-46.

(Le tome II manque.)

250. — Histoire des Juifs écrite par Flavius Josèphe sous le titre de *Antiquités judaïques;* traduite sur l'original grec revu sur divers manuscrits, par M. Arnauld d'Andilly. — *Paris, Pierre Le Petit, imp.,* 1667, in-fol.

(Edition toute française.)

251. — Histoire de la guerre des Juifs contre les Romains : réponse à Appion; martyre des Macchabées, par Flavius Josèphe, et sa vie écrite par lui-même ; avec ce que Philon a écrit de son ambassade vers l'empereur Caius Caligula. Traduit du grec par M. Arnauld d'Andilly. Troisième édition. — *Paris, Pierre Le Petit, imp.*, 1670, in-fol.

(Suite du n° précédent.)

252. — Histoire des Juifs écrite par Flavius Josèphe sous le titre de *Antiquités judaïques;* traduite par M. Arnauld d'Andilly. Nouvelle édition, augmentée de deux fragments et de notes historiques et critiques, avec des tables chronologiques et géographiques. — *Paris, Bordelet,* 1744, 4 vol. in-8.

253. — OEuvres complètes de Flavius Josèphe, avec notice biographique par J.-A.-C. Buchon... — *Paris, A. Desrez,* 1836, in-8.

(Collection du Panthéon littéraire. — Traduction d'Arnauld d'Andilly.)

254. — Histoire des Israélites, contenant les Antiquités judaïques, depuis la création du monde jusqu'à l'empire de Titus, avec l'ordre, la suite et le nom des grands-prêtres depuis Aaron jusqu'à l'entière destruction de la ville et du temple de Jérusalem, par M. Louis Coulon,... — *Paris, Gervais Cluuzier,* 1665, 3 vol. in-12.

* Chronologia Hebræorum major, quæ Seder Olam Rabba inscribitur, et minor, quæ Seder Olam Zuta, de mundi ordine et temporibus ab orbe condito usque ad annum Domini 1112, cum aliis opusculis ad res synagogæ pertinentibus ; interprete Gilb. Genebrardo ,...
(V. *Genebrardi,... Chronographia,* 1609.)

255. — Histoire du peuple de Dieu depuis son origine jusqu'à la naissance du Messie, tirée des seuls livres saints, ou le texte sacré des livres de l'ancien Testament réduit en corps d'histoire, par le P. Isaac-Joseph Berruyer,... — *Paris, Knapen,* 1728, 8 vol. in-4.

(7 tom. en 8 vol. — Le tome V a deux parties.)

256. — Histoire du peuple de Dieu depuis la naissance du Messie jusqu'à la fin de la synagogue... par le P. Isaac-Joseph Berruyer,... — *La Haye, Neaulme,* 1755, 3 vol. in-4.

257. — Précis de l'histoire des Hébreux depuis Moïse jusqu'à la prise de Jérusalem par les Romains; ouvrage dans lequel on

a tâché de concilier l'exactitude des faits avec les saines lumières de la raison ; à l'usage des écoles primaires et centrales de la république française, par Edme Mentelle,... — *Paris, l'auteur, an* VI, in-12.

* Histoire de Samuel, par Volney.
(V. *ses œuvres.*)

258. — Mœurs des Israélites et des Chrétiens, par M. l'abbé Fleury,... — *Paris, Gabriel Martin,* 1739, in-12.

259. — Les mœurs des Chrétiens, par M. Fleury,... Dernière édition, corrigée et augmentée. — *Bruxelles, Liége, J.-F. Broncart,* 1741, in-12.

* Sur les erreurs historiques des écrivains profanes au sujet des Juifs, par Levesque de Burigny.
(V. *Mém. de l'Acad. des Inscript.,* T. XXIX.)

Histoire de la Grèce.

Auteurs anciens.

260. — Παυσανίου τῆς Ἑλλάδος περιήγησις, Hoc est, Pausaniæ accurata Græciæ descriptio qua lector ceu manu per eam regionem circumducitur ; a Guilielmo Xylandro Augustano diligenter recognita, et ab innumeris mendis repurgata. Accesserunt annotationes quæ a G. Xylandra paulo ante obitum inchoatæ, nunc vero a Frid. Sylb. continuatæ... Addita etiam doctissima Romuli Amasæi versio... Appendice quoque... et aliis... — *Francofurti, apud hæredes Andreæ Wecheli,* M D LXXXIII, in-fol.

261. — Παυσανίου τῆς Ἑλλάδος περιήγησις, hoc est... (ut supra). — *Hanoviæ, typis Wechelianis, apud hæredes Claudii Marnii,* M DC XIII, in-fol.

262. — Choix des historiens grecs, avec notices biographiques par J.-A.-C. Buchon. — Hérodote : histoire ; vie d'Homère. — Ctésias : histoire de Perse ; histoire de l'Inde. — Arrien : expéditions d'Alexandre ; suivis de l'Essai sur la Chronologie d'Hérodote et du Canon chronologique de Larcher ; avec une carte des expéditions d'Alexandre, servant à l'éclaircissement de la géographie de l'Asie. — *Paris, A. Desrez,* 1837, gr. in-8.

(Collection du Panthéon littéraire. — Les traductions sont celles de Larcher pour Hérodote et Ctésias, et de Chaussard pour Arrien.)

263. — OEuvres complètes de Thucydide et de Xénophon, avec notices biographiques par J.-A.-C. Buchon. — *Paris, A. Desrez*, 1836, gr. in-8.

(Collection du Panthéon littéraire. — M. Buchon a donné, pour Thucydide, la traduction de Levesque, et, pour Xénophon, celles de Dacier, Levesque, Larcher, Dumont, La Luzerne, revues par Gail, et de P.-L. Courrier, qui en ont traduit les diverses parties)

264. — In-fol. contenant :

1° Ἡροδότου λόγοι ἐννέα... Herodoti libri novem, quibus Musarum indita sunt nomina... Ad hæc, Γεωργίου Γεμίστου... Georgii Gemisti, qui et Pletho dicitur, de iis quæ post pugnam ad Mantinæam gesta sunt, libri II. Una cum Joachimi Camerarii Præfatione, annotationibus, Herodoti vita : deq. figuris : Et qua usus est Dialecto : Omnia in Studiosorum utilitatem diligenter conscripta. — *Basileæ, in officina Hervagiana.* — (A la fin : *anno* M D XLI.)

(Texte grec seulement.)

2° Θεοφράστου,... τὰ μεχρὶ νῦν σωζόμενα... Theophrasti,... Opera quæ quidem a tot sæculis adhuc restant, omnia summo studio partim hinc inde conquisita, atq. in unum veluti corpus nunc primum redacta : partim a multis quibus etiam hactenus scatebant mendis, doctorum virorum industria ac meliorum exemplarium ope repurgata... — *Basileæ* (s. d.).

(Texte grec seulement.)

265. — Ἡροδότου,... ἱστοριῶν λόγοι θ· — Herodoti Halicarnassei Historiarum lib. IX, IX Musarum nominibus inscripti. Ejusdem Narratio de vita Homeri. Cum Vallæ interpret. Latina historiarum Herodoti, ab Henr. Stephano recognita. Item cum iconibus structurarum ab Herodoto descriptarum. Ctesiæ quædam de rebus Pers. et Ind. Editio secunda. — *Excudebat Henricus Stephanus anno* M D XCII, in-fol.

(Edition grecque-latine sur deux colonnes. — A la fin se trouve : 1° « De Persarum legibus et institutis, ex diversis historicis » (Xénophon, Strabon, Dion, Héraclide, Cléarque, etc...); 2° « De Ægyptiacis legibus et institutis e diversis historicis.., (Nymphodore, Strabon), etc., etc...)

266. — Les histoires d'Hérodote, traduites en français par M. du Ryer,... enrichies de tables géographiques pour servir à l'intelligence de l'histoire. — *Paris*, *Jean-Geoffroy Nyon*, 1743, 3 vol. in-12.

(Le français seulement.)

* Supplément à l'Hérodote de M. Larcher, ou Chronologie d'Hérodote conforme à son texte, par Volney.

(V. *ses œuvres.*)

* Fragments d'une traduction nouvelle d'Hérodote, par Paul-Louis Courier.

(V. *ses œuvres.*)

267. — Θουκιδίδης, μετὰ σχολιῶν... Thucidides, cum commentariis antiquis et valde utilibus, sine quibus author intellectu est quam difficillimus... — (s. l. n. d.)

(Tout grec.)

—.Thucididis Atheniensis historiographi de bello Peloponnensium Atheniensiumq. libri octo., Laurentio Valla interprete : Et nunc a Conrado Heresbachio ad Græcum exemplar dilligentissime recogniti.—*Eucharius Cervicornus Agrippinas excudebat ære et impensa M. Godefridi Hitlorpii, civis Coloniensis, anno* M D XLIII, in-fol.

268. — Θουκυδίδου, περὶ τοῦ Πελοποννησιακοῦ πολέμου βιβλία η'. Thucydidis de bello Peloponnesiaco libri VIII, iidem latine, ex interpretatione Laurentii Vallæ, ab Henrico Stephano recognita. In hac secunda editione quæ amplius quam in prima præstita fuerint extrema ad lectorem epistola docebit. — *Excudebat Henricus Stephanus anno* M D LXXXVIII, in-fol.

(Edition grecque—latine à deux colonnes.)

269. — In-fol. contenant :

1º L'histoire de Thucydide Athenien, De la guerre qui fut entre les Peloponnesiens et Atheniens, translatee de Grec en François par feu Messire Claude de Seyssel, Evesque de Marseille, et depuis Archevesque de Turin, addressee au Tres-chrestien Roy de France Loys XII, Reveue et corrigée sur l'exemplaire Grec. — *A Paris, de l'imprimerie de Michel de Vascosan*, M D LVIIII.

2º Les histoires universelles de Trogue-Pompee, abbregées par Justin Historien, translatees de Latin en François par Messire Claude de Seyssel,... Premiere edition. — *Paris, de l'imprimerie de Vascosan*, M D LVIIII.

270. — Le même ouvrage, même édition, in-fol.

271. — Xenophontis,... Opera, quæ quidem extant, omnia, tam Græca quam Latina hominum doctissimorum

diligentia, partim jam olim, partim nunc primum latinitate donata, ac multo accuratius quam antea recognita... — *Basileœ, apud Nicolaum Brylingerum, anno* M D XLV, in fol.

(Edition grecque-latine. — On lit au verso du frontispice : « Operum Xenophontis elenchus : De pœdia Cyri... Fr. Philelpho interprete. — De Cyri minoris expeditione... Romulo Amasæo interp. — De rebus Græcorum... Bilibaldo Pirckhemero interp. — De factis et dictis Socratis... Bessarione cardinale interp. — Æconomicus ; Raphaele Volateriano interp. — De Agesilaï,... Laudibus oratio, Fr. Philelpho interp. — Apologia pro Socrate, Leonardo Aretino interp. — Hieron,... Erasmo Rotterodamo interp. — Pori... Joanne Ribitto interp. — De re equestri... Joachimo Camerario, interp. — Hipparchicus. . Joanne Ribitto interp. — De venatione libellus, omnibono Leoniceno interp. — Symposium, Jo. Ribitto interp. — De republica et legibus Lacedemoniorum... Fr. Philelpho interp. — De Atheniensium republica, Seb. Castalione interp.)

272. — Ξενοφῶντος ἅπαντα τὰ σωζόμενα βιϐλία. — Xenophontis omnia quæ extant opera multorum veterum exemplarium ope (quorum bonam partem bibliotheca... Huldrici Fuggeri suppeditavit) a multis mendorum sordibus ita purgata ut longe majore cum fructu legi multoque facilius quam antea intelligi possint. Epistolarum Xenophontis fragmenta quædam hæc editio præter alias habet. In Xenophontem annotationes Henrici Stephani... — *An.* M D LXI *excudebat Henricus Stephanus, in-fol.*

(La traduction latine par les auteurs désignés à l'article précédent se trouve à la suite du texte grec, et semble former un ouvrage à part.)

273. — Francisci Porticretensis Commentarii, in varia Xenophontis opuscula... — *Excudebat Joannes Le Preux,* M D LXXXVI, in-4.

274. — La retraite des dix mille de Xénophon, ou l'expédition de Cyrus contre Artaxercès, traduite par M. Perrot d'Ablancourt; avec le portrait de la condition des rois. Dialogue de Xénophon intitulé *Hiéron*, traduit par M. Coste... — *Amsterdam, aux dépens de la compagnie,* 1758, in-12.

(Avec un portrait de Xénophon et une carte de la retraite des dix mille. — Le faux titre porte : « Trois ouvrages de Xénophon, T. I... »)

— Les choses mémorables de Socrate, ouvrage de Xénophon, traduit en français par M. Charpentier,... avec la vie de Socrate du même académicien. — *Amsterdam, aux dépens de la compagnie,* 1756, in-12.

(Tome II. — Le faux titre porte : « Trois ouvrages de Xénophon, T. II... »)

275. — Ξενοφῶντος Κύρου παιδείας βιβλία ὀκτώ. — Xenophontis Cyri.Pædiæ libri octo. — *Lovanii, aupd Theodoricum Martinum Alostensem ; an.* M D XXXII; in–4.

(Le texte grec avec quelques notes marginales manuscrites.)

276. — La Cyropédie, ou l'histoire de Cyrus, traduite du grec de Xénophon par M. Charpentier,... — *Paris, Didot,* 1749, 2 vol. in–12.

(Le T. II contient en outre l' « Floge d'Agésilaus » trad. par le même auteur.)

* Dissertation sur la Cyropédie de Xénophon, par M. l'abbé Fraguier.
　　(V. *Mémoires de l'Académie des Inscriptions et Belles-Lettres,*
　　　　T. II–VI.)

* Traductions de M. l'abbé de Saint-Réal. — Discours de Xénophon sur les revenus d'Athènes et sur la république de Lacédémone.
　(V. *OEuvres de St-Réal*, T. III.)

277. — Διοδώρου τοῦ Σικελιώτου βιβλιοθήκης ἱστορικῆς βιβλία πέντε καὶ δέκα... Diodori Siculi Bibliothecæ historic e libri quindecim de quadraginta. Decem ex his quindecim nunquam prius fuerunt editi. — *Anno* M D LIX *excudebat Henricus Stephanus...* — In-fol.

(Tout grec.)

278. — Sept livres des histoires de Diodore Sicilien, nouvellement traduyts de grec en françois (par Jacques Amyot). — *A Paris, de l'imprimerie de Michel de Vascosan,* M D LIIII.

279. — L'histoire des successeurs de Alexandre-le-Grand, extraicte de Diodore Sicilien, et quelque peu de vies escriptes par Plutharque ; translatée par messire Claude de Seyssel,... (s. l. n. d.) — (A la fin : *Laquelle histoire a été imprimée par M. Josse Badius... et achevée... l'an de grâce mil cinq cent et trente.*) — In-fol.

280. — Les guerres d'Alexandre, par Arrian (traduites par Perrot d'Ablancourt). — *Paris, Vᵉ Jean Camusat et Pierre Le Petit,* 1646, in–8.

(Avec une carte de l'expédition d'Alexandre dans l'Inde.)

281. — Q. Curtii Rufi historia Alexandri Magni cum supplementis Freinshemii. Editio novissima. — *Burdigalæ, apud Simonem Boé,* 1688, in-12.

282. — Matthaei Raderi ,... ad Q. Curtii Rufi de Alexandro Magno historiam, prolusiones, librorum synopses, capitum argumenta, commentarii, cum indice duplici, capitum et argumentorum, itemque rerum memorabilium copiosissimo. — *Coloniæ Agrippinæ, apud Joannem Kinckium,* 1628, in-fol.

* Q. Curtius Rufus ad codices parisinos recensitus cum... supplementis Jo. Freinshemii et selectis Schmiederi variorumque commentariis. Quibus notas, excursus, mappasque et indices addidit N. E. Lemaire.
(V. *Bibliothèque Lemaire,* T. XXVIII, XXIX, XXX.)

283. — Quinte-Curce : de la vie et des actions d'Alexandre-le-Grand, de la traduction de M. de Vaugelas, avec les suppléments de Jean Freinshemius sur Quinte-Curce, traduit par Pierre du Ryer. — *Paris, Augustin Courbé,* 1653, in-4.

284. — Histoire d'Alexandre-le-Grand, par Quinte-Curce, de la traduction de Vaugelas, avec les suppléments de Freinshemius, nouvellement traduits par M. l'abbé Dinouart et le latin à côté. — *Paris, Joseph Barbou,* 1760, 2 vol. in-12.

285. — Histoire d'Alexandre-le-Grand, par Quinte-Curce, traduite par M. Beauzée,... Cinquième édition, retouchée et augmentée des suppléments de Freinshemius, nouvellement traduits. — *Lyon, Blache et Boget,* 1810, 2 vol in-12.

* Histoire d'Alexandre-le-Grand, par Quinte-Curce, traduction nouvelle par MM. Aug. et Alph. Trognon.
(V. *Bibliothèque latine-française de Panckoucke.*)

Auteurs modernes.

* Vues générales sur les premiers temps de l'histoire de la Grèce, par M. de Bougainville.
(V. *Mémoires de l'Académie des Inscriptions et Belles Lettres,* T. XXIX.)

* Sur les premiers habitants de la Grèce, par M. Gibert.
(V. *Ibidem,* T. XXV.)

* Recherches sur l'origine des Pélasges, avec l'histoire de leurs émigrations, par l'abbé Geinoz.
(V. *Ibidem,* T. XIV-XVI.)

* Mémoire sur la différence des Pélasges et des Hellènes, par M. de La Nauze.
　(V. *Ibidem*, T. XXIII.)

286. — Lettres à M. Bailly sur l'histoire primitive de la Grèce, par M. Rabaut de Saint-Etienne. — *Paris, Debure l'aîné,* 1787, in-8.

287. — Caroli Sigonii de rep. Atheniensum libri IIII, ejusdem de Athenien. Lacedæmoniorumq. temporibus liber Propediem edetur. — *Bononiæ, apud Joannem Rubrium,* M D LXIV, in-4.

288. — Historicarum commemorationum rerum Græcarum libri duo... In quibus tam Helladis quam Peloponnesi, quæ in lucem antea non venerunt, explicantur. Authore Wolffgango Lazio.,... — *Hanoviæ, typis Wechelianis apud Claudium Marnium,* M DC V, in-fol.

289. — Lettres athéniennes, ou correspondance d'un agent du roi de Perse à Athènes pendant la guerre du Péloponnèse, traduites de l'anglais par Alexandre-Louis | Villeterque,... ornées de douze portraits gravés au burin; avec une carte de l'ancienne Grèce et un index géographique. — *Paris, Dentu,* an XI (1803), 3 vol. in-8.

290. — Voyage du jeune Anacharsis en Grèce, par l'abbé Barthélemy, avec figures et atlas. — *Paris, Etienne Ledoux,* 1825, 8 vol. in-8.
　(Portrait de l'auteur.)

* Histoire d'Alexandre-le-Grand, par Boulanger.
　(V. *ses œuvres*, T. VI.)

* Iconographie grecque, par E. Q. Visconti.
　(V. *la division* ARCHÉOLOGIE.)

* Parallèle de l'expédition d'Alexandre dans les Indes avec celle de Tahmas-Kouli-Khan, par de Bougainville.
　(V. HISTOIRE DE L'ASIE.)

Histoire romaine.

(Antiquités romaines. — V. *la division* ARCHÉOLOGIE.)

Auteurs anciens.

291. — Varii historiæ Romanæ scriptores, partim Græci, partim Latini, in unum velut corpus redacti, De rebus gestis ab Urbe condita usque ad imperii Constantinopolin translati tempora... — *Anno* M D LXVIII *excudebat Henricus Stephanus*, in-8.

(On lit au recto du feuillet qui suit le frontispice : « Nomina autorum historiæ Romanæ hic editorum. — Carolus Sigonius. — C. Velius Parterculus. — Της Δίωνος,... ἱςορίας ἐπίτομη. — Ἡρωδίανος. — C. Suet. Tranquillus. —. Ælius Spartianus. — Julius Capitolinus. — Ælius Lampridius. — Vulcatius Gallicanus. — Flavius Vopiscus. — Trebellius Pollio. — Pomponius Lætus. — Joan Bapt. Egnatius. — Amm. Marcellinus. — Eutropius.»)

292. — Historiæ Romanæ scriptores latini veteres qui extant omnes, regum, consulum, cæsarum res gestas ab urbe condita continentes; nunc primum in unum redacti corpus, duobus tomis distinctum, copiosissimoque... non rerum modo, sed etiam verborum et phraseων notatu digniorum indice locupletatum... — *Ebroduni, typis et sumptibus societatis Helv. Coldorianæ*, M DC XXI, 2 vol. in-fol.

(On lit au verso du 10ᵉ feuillet : « Index authorum... — *Tomus I.* — Titus Livius. — Messala Corvinus. — L. Florus,... — Velleius Paterculus. — Sex. Aurelius Victor... — Sex. Rufus, seu Festus Rufus. — Eutropius. — Pauli Diaconi, de Gestis Romanorum ad Eutropii historiam additiones. — Aur. Cassiodori Chronicon. — Jornandes, de regnorum ac temporum successione. — Ca. Julii Cæsaris commentaria. — C. Crisp Salustius. » *Tomus II.* — Suetonius Tranquillus. — Corn. Tacitus. — Ælius Spartianus. — Julius Capitolinus. — Vulcatius Gallicanus. — Ælius Lampridius. — Trebellius Pollio. — Flavius Vopiscus. — Ammianus Marcellinus. — Justinus. — Adjecti sunt et recentiores historiæ continuatores. — Pomponius Lætus. — Jo. Baptista Egnatius. — Ad. Jo. Bap Egnatium additio, cæsarum historiam continens a Maximiliano I. usque ad Rudolphum II. — Andreæ Alciati de magistratibus, civilibusque et militaribus officiis libellus. — P. Victoris de regionibus urbis Romæ libellus. — Historiarum aliarumque rerum memorabilium... index. »)

293. — Zosimi comitis, et exadvocati fisci, historiæ novæ libri VI, nunquam hactenus editi : Quibus additæ sunt historiæ Procopii Cæsariensis, Agathiæ Myrrinæi, Jornandis Alani. Zosimi libros Jo. Leunclaius primus ab se repertos de Græcis Latinos fecit, Agathiam redintegravit, ceteros recensuit. Adjecimus et Leonardi Aretini rerum Gothicarum commentarios, de Græcis exscriptos. Omnia cum indicibus copiosis. — *Basilæ, ex officina Petri Pernæ* (s. d.), in-fol.

294. — Histoire romaine, écrite par Xiphilin, par Zonare et par Zosime, traduite sur les originaux grecs par M. Cousin, président en la cour des monnaies. — *A Paris, en la boutique de P. Recolet, 1678, in-4.*

(La traduction française seulement.)

295. — Ouvrages historiques de Polybe, Hérodien et Zozime, avec notices biographiques par J.-A.-C. Buchon. — *Paris; A. Desrez, 1836, in-8.*

(Collection du Panthéon littéraire. — La traduction d'Hérodien est celle de Mongault; celle de Polybe est de dom Thuillier, et celle de Zozime, du président Cousin; ces deux dernières ont été remaniées par M. Buchon.)

296. — Διονυσίου Ἁλικαρνασσέως τὰ εὑρισκόμενα,... Dionysii Halicarnassei scripta quæ extant omnia, et historica et rhethorica. E veterum librorum auctoritate, doctorumq. hominum animadversionibus, quamplurimis in locis emendata et interpolata; cum Latina versione ad Græci exemplaris fidem denuo sic collata et conformata, ut plerisque in locis sit plane nova. Addita fragmenta quædam, cum Glareani chronologia et duplici appendice. Additæ etiam notæ, quibus de utriusq. textus vel emendatione vel explanatione agitur. Adjecti præterea duo locupletissimi rerum et verborum indices : alter Græcus, alter Latinus. Opera et Studio Frederici Sylburgii Veterensis. — *Francofurdi, apud heredes Andreæ Wecheli, m d lxxxvi, in-fol.*

(2 tomes en 1 vol. — Le 1er est sur 2 colonnes; le latin, en regard du grec.)

297. — T. Livii Patavini, Latinæ historiæ principis, decades tres cum dimidia, longe tamen quam nuper emaculatiores, quod nunc demum ad vetera contulerimus exemplaria, ubi quantum sit deprehensum mendorum, facile indicabunt doctissimæ in hunc autorem Beati Rhenani et Sigismundi Gelenii adjunctæ annotationes. Addita est Chronologia Henrici Glareani, ab ipso recognita et aucta : cum gemino indice. — *Basileæ, per Joan. Hervagium, anno m d xliii, in-fol.*

298. — Titi Livii Patavini, Romanæ historiæ principis, libri omnes, quotquot ad nostram ætatem pervenerunt. Cætera quæ hisce duobus tomis continentur catalogus statim post præfationem appositus fuse indicabit. — *Francofurti*

ad Mœnum, apud Georgium Corvinum... M D LXVIII, 2 vol. in-fol.

(On lit en effet après la préface : « Catalogus... Priore tomo : Epistola Erasmi ad Carolum Montioium. — Simonis Crynæi de utilitate legendæ historiæ, præfatio. — Bartholomæi Marliani,... de origine urbis Romæ... — Messalæ Corvini libellus ad Octavianum Augustum : in quo Romana historia ab exordio quam brevissime describitur. — Sexti Rufi; de historia Romanorum... — Tabula concionum... T. Livii... — Cœlii Secundi, libellus de Mensuris... — L. Flori, Epitome... — T. Livii,... libri omnes. . — Historiarum... T. Livii... Index. — Chronologia nova in T. Livii historiam accomodata ad tabulas capitolinas Verrii Flacci. — Fr. Robortelli, Utinensis de convenientia supputationis Livianæ ann. cum marmoribus Romanis quæ in Capitolio sunt. » — Le volume II commence par la fin du tome I : « Chronologia in Titi Livi historiam... » Le véritable frontispice du tome II se trouve après la page 56. Il est ainsi conçu : « In Titi Livii,... libros omnes,... Doctissimorum tam superioris quam nostri seculi virorum annotationes, castigationes et scholia... Sunt vero horum authorum : — Henrichi Glareani. — Caroli Sigonii. — Laurentii Vallæ. — Beati Rhenani. — Johannis Velcurionis. — Theodorici Morelli. — M. Antonii Sabellici. — Sigismundi Gelenii. — Johannis Saxonii. — Wilhelmi Godolevæi. Quibus præfixi sunt : Pomponii Læti de Antiquitatibus urbis Romæ, Joh. Bartholomæi Marliani, de Antiquæ Romæ Topographia, Publii Victoris de urbis Romæ regionibus et locis libelli... Cum orationibus M. Antonii Sabellici Philippi Beroaldi, et Stephani Nigri, habitis ab ipsis in enarratione Titi Livii... — (Figures dans le texte.)

299. — T. Livii,... libri omnes superstites recogniti pridem et emendati ad manuscriptorum codicum Fuldensium Moguntinensium et Coloniensium fidem [a Francisco Modio] : nunc vero etiam ad membranas Bibliothecæ Palatinæ Electoralis a Jano Grutero. Accedunt... observationes, emendationes, annotationes, denique variæ variorum, — Laurentii Vallæ, — M. Anton. Sabellici, — Beati Rhenani, — Sigis. Gelenii, — Henr. Lor. Glareani, — Caroli Sigonii, — Guliel. Godolœvii, — Frans. Modii, — Fulvii Ursini, — Marcel. Donati. Quorum interim scriptis admixta plurima e monumentis. — Cælii Rhodigini, — Alex. ab Alexand., — Guliel. Budæi, — Desid. Erasmi, — Petri Nannii, — Lazari Baifii, — Hadr. Turnebi, — Lilii Gyraldi, — Anton. Augustini, — Jacobi Cujacii, — Franc. Robortel. — Gabr. Faerni, — Onufr. Panvinii, — Jacobi Rævardi, — Barnab. Brissonii, — Petri Pithoei, — Justi Lipsii. Cum indice... — M DC VIII. *Francofurti ad Mœnum, ex officina typographica Joannis Saurii, impensis hæredum Petri Fischeri*, in-fol.

(2 tomes en 1 vol.)

300. — Titi Livii Romanæ historiæ qui extant quinque et triginta libri, una cum omnium ejusdem librorum qui alias extiterunt, epitomis, triplici opera insigniter hac editione

illustrati... hac porro editione accesserunt libri tricesimi tertii, hactenus desideratæ, septuaginta duæ sectiones... — *Lugduni; sumptibus Thomæ Soubron*, 1621, in-4.

301. — T. Livii Patavini historiarum ab urbe condita libri qui supersunt XXXV. Recensuit, et notis ad usum scholarum accomodatis illustravit, J.-B.-L. Crevier, emeritus rhetoricæ professor,... — *Parisiis, apud Desaint et Saillant*, 1747, 3 vol. in-12.

(Il manque les trois derniers volumes.)

* Titus Livius ,... ad codices parisinos recensitus, cum varietate lectionum et selectis commentariis, item supplementa J. Freinshemii curante N.-E. Lemaire.
(V. *Bibl. Lemaire*, T. XXIV–XXXVI.)

* Histoire romaine de Tite-Live, traduction nouvelle, par MM. A.-A.-J. Liez ,... N.-A. Dubois ,... V. Verger,... et Corpet.
(V. *Bibl. latine-française de Panckoucke*.)

302. — Titi Livii desz wolberedtesten und hochberümptesten Geschichtschreibers Roemische Historien... — ... *Zu Strasburg, im Jar...* (La place de la date a été déchirée.) In-fol.

(Texte allemand. — Figures encadrées dans le texte — On lit au frontispice de la quatrième partie : « Das vierde Theil der Romischen Historien ausz den fünff Büchern Titi Livii im Latein newlich erfunden und verteütscht zwey durch Nicolaum Carbackium ; Die andern drey durch Jacobum Micyllum. »)

303. — L'histoire romaine de Tite-Live Padouan, traduite de Latin en François par Ant. de la Faye. — *Genève, Jacob Stoer, impr.*, 1582, in-fol.

(Le frontispice ayant été enlevé, le titre ci-dessus est celui porté au privilége.)

304. — Les décades qui se trouvent de Tite-Live en français, avec des annotations et figures pour l'intelligence de l'antiquité romaine ; plus une description particulière des lieux et une chronologie générale des principaux potentats de la terre, par B. de Vignère B. En cette dernière édition est ajouté ce qui défaillait au troisième livre de la quatrième décade trouvé en un vieil livre de la bibliothèque du chapitre de Bamberque, et traduit en français par le sieur de Malherbe. — *A Paris, chez la veuve Langelier*, 1617.

— Le second tome des décades qui se trouvent de Tite-Live, par Blaise de Vignère,... — *A Paris, chez la veuve Langelier,* 1615, 2 vol. in-fol.

(Figures dans le texte.)

305. — Les décades de Tite-Live, avec les suppléments de J. Freinshemius de la traduction de P. du Ryer,... — *Rouen, chez Jore, imprimeur,* 1720-21, 6 vol. in-12. .

(Les deux premiers vol. manquent.)

306. — Les discours de Nicolas Macchiavel sur la première décade de Tite-Live, traduits d'italien en français (par Jacques Gohory). — *Paris, Robert Bertaut,* 1646, in-4.

(Le frontispice manque. Cet ouvrage n'est que la première partie détachée de l'ouvrage ci-après :)

* Discours de l'état de paix et de guerre de Nicolas Macchiavel,..., traduits d'italien en français ; ensemble un traité du même auteur intitulé « Le Prince »...

(V. *la division* POLITIQUE.)

* (V. aussi : *OEuvres de Macchiavel, T. I.* — *Collection du Panthéon littéraire.*)

307. — Lucii Annæi Flori rerum romanarum libri IV. — *Lemovicis, Barbou,* 1698, in-32.

* Lucii Annæi Flori epitome rerum romanarum, item Lucii Ampellii liber memorialis, quibus selectas variorum notas indicem Freinshemianum et novam passim interpretationem subjunxit N. E. Lemaire.

(V. *Bibliothèque Lemaire.*)

* Abrégé de l'histoire romaine de L. Annæus Florus, traduit par F. Ragon,... avec une notice par M. Villemain,...

(V. *Bibliothèque Panckoucke.*)

308. — Histoire romaine de Florus, traduction nouvelle, accompagnée de commentaires et de notes historiques et critiques par M. Ch. du Rozoir,... — *Paris, A. Belin,* 1829, in-8.

(Avec le texte.)

* V. encore ci-après l'*Histoire romaine de Coëffeteau.*

309. — Histoire de C. Velleius Paterculus, traduite nouvellement en français avec le latin à côté (ou plutôt nouvelle édition de la traduction de J. Doujat, suivie de l'index géographique du P. de Grainville.) — *A Limoges, chez Pierre Barbou, imp.,* 1710, in-12.

* Caius Velleius Paterculus qualem omni parte illustratum publicavit David Ruhnkenius, cui selectas variorum interpretum notas Kransii excursus cum duobus locupletissimis indicibus et novis adnotationibus subjunxit N.–E. Lemaire.

(V. *Bibliothèque Lemaire.*)

310. — Histoire romaine de Caius Velleius Paterculus... traduite par M. Desprez... — *Paris, Panckoucke,* 1825, in–8.

(Ouvrage détaché de la bibliothèque Panckoucke. — Voyez également cette bibliothèque.)

(V. également ci–après n°⁵ 331 et 333.)

* Eutropii epitome belli gallici...

(V. ci–après n° 322.)

311. — Πολυβίου,... ἰστοριῶν βιβλία ε΄, καὶ ἐπιτομαί ιϛ΄. — Polybii Megalopolitani Historiarum libri priores quinque , Nicolao Perotto, Episcopo Sipontino, interprete. Item epitome sequentium librorum usque ad decimum septimum, Vuolfgango Musculo interprete. Rerum quoq. et verborum in iisdem memorabilium Index. — *Basileæ, per Joannem Hernagium* (à la fin : M D XLIX), in fol.

(La traduction latine suit le texte grec.)

312. — Πολυβίου ἰστοριῶν τὰ σωζόμενα. — Polybii historiarum reliquiæ græce et latine cum indicibus, pars prima. — *Parisiis, editore Ambrosio Firmin Didot,* 1852, in–8.

(Bibliothèque grecque–latine de F. Didot. — Le 1ᵉʳ vol.)

313. — Histoire de Polybe, nouvellement traduit du grec par dom Vincent Thuillier, bénédictin de la congrégation de Saint-Maur, avec un commentaire ou un corps de science militaire, enrichi de notes critiques et historiques où toutes les grandes parties de la guerre... sont expliquées, démontrées et représentées en figures... par M. de Folard,... — *Amsterdam, aux dépens de la compagnie,* 1729, in-4.

(Deux tomes en un volume.)

(V. ci–dessus, n° 295.)

314. — Ἀππιανοῦ Ἀλεξανδρέως Ῥωμαϊκῶν. — Appiani Alexandrini Romanarum historiarum Celtica, Lybica, vel Carthaginensis, Illyrica, Syriaca, Parthica, Mithridatica, Civilis, quinque libris distincta. — *Lutetiæ, Typis Regiis, oura ac diligentia Caroli Stephani,* M D LI, in-fol.

(Tout grec.)

315. — Ἀππιανοῦ Ἀλεξανδρέως Ῥωμαϊκά. — Appiani Alexandrini Rom. Historiarum Punica... (etc. ut supra). Item de bellis civilibus libri V. Henr. Steph. Annotationes in quasdam Appiani historias, et in conciones per totum opus sparsas. — *Excudebat Henricus Stephanus anno* M D XCII, in-fol.

(Sur deux colonnes. — Traduction latine en regard du texte.)

316. — Appian Alexandrin, historien Grec, Des Guerres des Romains, Livres XI. Traduicts en François par feu Maistre Claude de Seyssel,... Plus y sont adjoustez deux livres, traduicts de Grec en langue Françoise, par le seigneur des Avenelles. — *A Paris, par Pierre du Pré*, M D LXIX, in-fol.

(Contenant en outre le 6e livre des guerres civiles . extrait de Plutarque, trad. par Cl. de Seyssel.)

317. — C. Crispi Sallustii de L. Sergii Catilinæ conjuratione, et Bello Jugurthino historiæ, cum reliquis orationibus quas index sequentis paginæ docebit. His accesserunt Philippi Melanchtonis... adnotationes. Præterea Flosculorum Sallustianorum, ac rerum notatu dignarum indices duo. — *Lugduni, apud Seb. Gryphium*, 1536, in-8.

(On lit au verso du frontispice : « C. Crispi Sallustii oratio contra M. Tullium Ciceronem. — M. T. Ciceronis oratio contra C. Crispum Sallustium.— Ejusdem orationes quatuor contra Lucium Catalinam. — Portii Latronis Declamatio contra L. Catalinam. — Fragmenta quædam ex libris historiarum C. Crispi Sallustii. »)

* Caius Crispus Sallustius ad codices Parisinos recensitus, cum varietate lectionum et novis commentariis. Item Julius Exsuperantius e codice nondum explorato emendatus, curante J. L. Burnouf,...
(V. *Bibliothèque Lemaire*.)

318. — Salluste, de la conjuration de Catalina et de la guerre de Jugurtha contre les Romains. Traduction nouvelle, augmentée d'une préface sur l'art historique et du jugement des savants sur les ouvrages de l'auteur. — *A Paris, chez les frères Barbou*, 1725, in-12.

(Nouvelle édition de la traduction de l'abbé de Cassagne, selon Barbier. — Sur deux col., trad. française en regard du texte.)

319 — OEuvres de Salluste. Traduction nouvelle, par Dureau de Lamalle,... Seconde édition, revue et corrigée. — *Paris, Michaud frères, impr.*, 1811, in-8.

(Edition latine-française.)

* OEuvres de Salluste, traduction nouvelle par M. Ch. du Rozoir,...
(V. *Bibliothèque Panckoucke.*)

320. — Les œuvres de C. Salluste, prince des historiens romains, de nouveau traduites en français, et illustrées d'annotations. Dédiées à Monsieur le marquis d'Alluye par J. Beaudoin. — *A Paris, chez Jean Gesselin*, 1617, in–4.

.[Traduction française seulement. — On trouve à la fin du vol. : « Recherches d'histoire et d'antiquités, divisées en xvii discours tirés des plus belles matières contenues dans les vies des xii Césars, de C. Suétone Tranquille. Par J. J. Beaudoin. — *Paris, chez Jean de Heuqueville*, 1621. »)

321. — Salluste, ou histoires de la conjuration de Catilina contre la république romaine et de la guerre des Romains contre Jugurtha ; traduites en français. On y a ajouté la traduction de tous les morceaux qui se trouvent en entier dans les fragments de cet historien. Le tout accompagné de dissertations, et de remarques critiques, historiques et géographiques, par M. l'abbé Thyvon. — *Paris, Huart l'aîné*, 1730, 2 vol in-12.

(Traduction française seulement.)

322. — In-fol. contenant :

C. Julii Cæsaris rerum ab se gestarum commentarii: De bello Gallico libri VIII. De bello civili Pompeiano libri III. De bello Alexandrino liber I. De bello Africo liber I. De bello Hispaniensi liber 1. Omnia collatis vetustis exemplaribus tam scriptis quam impressis accurate emendata. Pictura totius Galliæ, Pontis in Rheno, Avarici, Alexiæ, Uxelloduni, Massiliæ, per Jucundum Veronensem, ex descriptione Cæsaris. Veterum Galliæ locorum... descriptio. Eutropii epitome belli Gallici ex Suetonii Tranquilli monumentis quæ desiderantur. — *Parisiis, ex officina Michaelis Vascosani*, m d xliii.

2° Pauli Amylii Veronensis,... de Rebus gestis Francorum ; ad christianissimum Galliarum Regem Franciscum Valesium, ejus nominis primum libri Decem. Ex postrema auctoris recognitione. Additum est de Regibus item Francorum Chronicon ad hæc usque tempora... deductum... — *Ex officina Michaelis Vascosani*, m d xliiii.

323. — C. Julii Cæsaris de bello Gallico commentarii VII. A. Hircii de eodem liber Octavus : C. Cæsaris de bello civili Pompeiano commentarii III. A. Hircii de bello Alexandrino lib. I. De Bello Africano lib. I. De bello Hispaniensi lib. I. Cum

scholiis Franc. Hotomani jurisc. Fulvii Ursini,... Ald. Manutii.
— *Lugduni, apud Bartholomeum Vincentium*, M D LXXIIII, in-fol.

324. — C. Jul. Cæsaris quæ extant, ex emendatione
J. Scaligeri. — *Apud Claudium Thiboust* (s. d.), in-12.

325. — C. Julii Cæsaris quæ extant ex nupera viri docti
accuratissima recognitione. Accedit nunc vetus interpres
Græcus librorum VII de bello Gallico, ex bibliotheca P. Petavii.
Præterea, Notæ, Adnotationes, Commentarii partim veteres,
partim novi, in quibus Notæ tum Politicæ, tum Criticæ
Jo. Brantii Antverpiani. Ad hæc Indices rerum et locorum
utiles... Editio adornata opera et studio Gothofredi Jungerma-
ni Lipsiensis. — *Francofurti, apud Claudium Marnium et
heredes Joannis Aubrii*, M DC VI, in-4.

(Ce volume forme deux parties, ayant chacune leur pagination particulière. Le frontispice de la seconde est ainsi conçu : « In... Cæsaris Commentarios Notæ, Adnotationes commentarii Rhellicani, Glareani, Glandor-
pii, Camerarii, Bruti, Manutii, Sambuci, Ursini, Ciacconii, Hotmani,
Brantii. Nomenclator geographicus præterea duplex ; equibus alter R. Marliani. — *Francofurti, apud Claudium Marnium... anno* 1606.)

326. — C. Julii Cæsaris commentariorum de bello Gallico
libri septem ; — de bello civili libri tres. — *Parisiis, typis
Josephi Barbou*, 1755, 2 vol. in-12.

(Le faux titre porte : « C. Julii Cæsaris quæ extant opera cum A. Hirtii
sive Oppii commentariis de bellis gall., Alexand., afric., et hispaniensi.
Accesserunt ejusdem Cæsaris fragmenta, nec non et nomina populorum...
quæ apud Cæsarem reperiuntur. » — Cartes géographiques.)

327. — C. Julii Cæsaris commentaria de bello gallico et
civili cum notis gallicis et indice geographico. — *Parisiis,
apud Josephum Barbou*, 1763, petit in-12.

* Caius Julius Cæsar, ad codices parisinos recensitus, cum
varietate lectionum, Julii Celsi commentariis, tabulis geographicis, et selectissimis eruditorum notis quibus suas adjece-
runt N. L. Achaintre et N. E. Lemaire.
  (V. *Bibliothèque Lemaire*.)

* Mémoires de Jules-César, traduction nouvelle par
M. Artaud,...
  (V. *Bibliothèque Panckoucke*.)

328. — Les Commentaires de Cesar des Guerres de la
Gaule, Mis en François par Blaise de Vignere, Bourbonnois ;
Reveus et corrigez par lui-mesme en cette derniere edition.
Avec quelques annotations dessus. — *A Paris, pour Abel
L'Angelier*, CIƆ IƆ LXXXIV (1584), in-4.

(Figures dans le texte)

329. — Les Commentaires de Jules-Cesar, des Guerres de la Gaule. Plus ceux des guerres civiles contre la part Pompeïenne. Le tout de la Version de Blaise de Vigenere, Bourbonnois, et illustre d'Annotations. — *A Paris, chez Abel L'Angelier,* M D LXXXX.

— Les trois livres de la guerre civile contre Pompee et ses adherans, par Jules-Cesar. De la guerre d'Alexandrie contre les meurtriers' d'iceluy Pompee, I livre. — De celle d'Afrique contre le Roy Juba, Scipion et autres restes de la faction Pompeienne, I livre. — De celle d'Espaigne contre le jeune Pompee, I livre. Ces trois, de A. Hirtius ou Oppius. Le tout de la version encore de Blaise de Vigenere, Bourbonnois. Avec des annotations et recherches sur les lieux les plus obscurs. — *A Paris, chez Abel L'Angelier,* M D LXXXIX, in-fol.

(Les deux parties en un vol. — Figures dans le texte.)

330. — Les Commentaires de César (traduits par Perrot d'Ablancourt). — *Paris, Augustin Courbé,* 1650, in-4.

(Avec cartes et gravures.)

331. — C. Cornelii Taciti opera quæ extant. Justus Lipsius postremum recensuit. Additi Commentarii meliores plenioresque, cum curis secundis. Accessit seorsim C. Velleius Parterculus cum ejusdem LipsI auctioribus Notis. — *Antverpiæ, ex officina Plantiniana, apud Joannem Moretum,* CIƆ IƆ C (1600), in-4.

332. — C. Cornelii Taciti opera quæ extant ex recognitione Jani Gruteri. Cum indice rerum ac nominum accuratissimo. Accedunt seorsim ad eundem Emendd. Castigg. Observatt. Notæ virorum doctissimorum Alciati, Ferretti, Ursini, Merceri, Coleri, Rhenani, Vertranii, Donati, Pichenæ, Gruteri. — M DC VII. *Francofurti... sumtibus Jonæ Rhodii,* in-8.

333. — C. Cornelii Taciti et C. Velleii Paterculi scripta quæ extant. Recognita, emaculata : Additique Commentarii copiosissimi et Notæ non antea editæ, uti sequens pagina indicabit. — *Parisiis, e typographia Petri Chevalier,* M DC VIII, in-fol.

(On lit au verso du frontispice : «... Accedunt... commentarii XXI Virorum eruditissimorum quorum princeps Justus Lipsius, et in quibus insignis Cl. Puteanus suis in Velleium notis non antehac editis chronologia historiæ Taciti. Axiomata politica e Tacito collecta. Loci communes Jani Gruteri in Tacitum. Indices... » — L'histoire de C. Velleius Paterculus a une pagination particulière.)

334. — Novæ cogitationes in libros annalium C. Cornelii Taciti qui extant... Auctore Ludovico d'Orléans, Parisiensi. Quibus addita sunt reliqua ejusdem Taciti Opera. Cum indicibus copiosissimis. — *Parisiis, sumptibus ac impensis Thomæ Blasii, 1622, in-fol.*

335. — C. Corn. Tacitus et in eum M. Z. Boxhornii observationes. — *Amstelodami, ex officina Janssoniana, anno 1643, in-12.*

* Caius Cornelius Tacitus qualem omni parte illustratum postremo publicavit Jer. Jac. Oberlin. cui posthumas ejusdem annotationes et selecta variorum additamenta subjunxit Jos. Naudet,...
(V. *Bibliothèque Lemaire.*)

336. — Annales de Tacite en latin et en français, règnes de Tibère et de Caius, par J. H. Dotteville,... — *Paris, Moutard, imp., 1779, in-12.*

(T. II des Annales. Le faux titre porte : « Traduction complète de Tacite, tome troisième ».)

* OEuvres de Tacite, traduites par C.-L.-F. Panckoucke.
(V. *Bibliothèque Panckoucke.*)

337. — La Germanie, traduite de Tacite par C.-L.-F. Panckoucke, avec un nouveau commentaire extrait de Montesquieu et des principaux publicistes. Le rapprochement des mœurs germaines avec celles des Romains et de divers autres peuples, particulièrement avec celles de la nation française. Des notes historiques et géographiques, une table chronologique... La traduction des principales variantes extraites de tous les commentateurs de Tacite. — *Paris, imp. de C.-L.-F. Panckoucke, 1824, in-8, avec atlas in-4.*

(Français en regard du texte.)

338. — Tacite, avec des notes politiques et historiques. Première partie, contenant les six premiers livres de ses annales (trad. d'Amelot de La Houssaie). — *Paris, Vᵉ Edme Martin, 1690, in-4.*

339. — Tibère, Discours politiques sur Tacite du Sieur de La Mothe-Josseval d'Aronsel (Amelot de La Houssaie). — *A Amsterdam, chez les héritiers de Daniel Elzévier, 1683, in-4.*

340. — Tibère, Discours politiques sur Tacite du Sieur

A.-N. Amelot, Sieur de La Houssaie. — *A Amsterdam et à Paris, chez Frédéric Léonard, 1684, in-4.*

(Réimpression de l'ouvrage précédent.)

341. — Tibère, ou les six premiers livres des Annales de Tacite, traduits par M. l'abbé de La Bleterie,... — *Paris, imp. royale,* 1768, 3 vol. in-12.

(Figures.)

342. — Discours historiques, critiques et politiques sur Tacite, traduits de l'anglais de M. Th. Gordon par M. D. S. L. (Pierre Daudé.) — *Amsterdam, François Changuin,* 1751, 3 vol. in-12.

* Traduction du premier livre de l'histoire de Tacite par Jean-Jacques Rousseau.
' (V. *ses œuvres,* T. XIV.)

343. — Caii Suetonii Tranquilli duodecim Cæsares, cum Philippi Beroaldi Bononiensis, Marcique item Antonii Sabellici commentariis, et Bapt. Aegnatii, aliorumque... annotationibus. — *Lugduni, apud Joannem Frellonium,* M D XLVIII, in-fol.

344. — C. Suetonii Tranquilli de XII Cæsaribus libri VIII. Ejusdem de inlustribus grammaticis et de claris rhetoribus. Isaacus Casaubonus ex fide vetustissimorum librorum recensuit : et libros adjecit Animadversionum. Editio altera ab auctore emendata et locis quamplurimis aucta. Seorsim adjecti sunt Doctorum virorum in eundem Suetonium Commentarii aut aliæ lucubrationes. — *Parisiis, apud Hieronymum Drouart,* M DC X.

— Ad Caii Suetonii Tranquilli XII Cæsares Gram. Et Rhetores commentarii. Phil. Beroaldi, — M. Ant. Sebellici, — Lævini Torrentii, Theod. Pulmanni, J. Bapt. Egnatii, Des. Erasmi, Henr. Glareani, Ful. Ursini, Justi Lipsii, Achillis Statii, Eliæ Vineti, Theod. Marcilii. Cum indicibus certissimis. — *Parisiis, apud Hieronymum Drouart,* M DC X, in-fol.

(Les 2 ouvrages en un seul volume.)

345. — Caii Suetonii Tranquilli de XII Cæsaribus libri VIII. Ejusdem de illustribus grammaticis et de claris rhetoribus. Isaacus Casaubonus ex fide vetustissimorum librorum recensuit : et libros adjecit animadversionum. Editio altera, ab auctore emendata, et locis quam plurimis aucta. — *Genevæ, apud Samuelem Crispinum,* M DC XI, in-4.

(On trouve à la fin : « C. Suetonii,... Liber XII, sive tres imperatores Cæsares Vespasiani interpretati et emendati a Theod. Marcilio,... ».)

346. — Caius Suetonius Tranquillus cum annotationibus diversorum. — *Amsterodami., typis Ludovici Elzevirii, 1650.*, in-16.

* C. Suetonii ,... duodecim Cæsares et minora quæ super-sunt opera Baumgartenii Crusii commentario, excursibus Ernestii, et annotationibus variorum novisque illustravit Car. Benedict. Hase. — *Parisiis, 1828.*
 (V. *Bibliothèque Lemaire.*)

347. —Suétone, traduction nouvelle, par M. de Golbery. — *Paris; Panckoucke, 1830-33, 3 vol. in-8.*

(Ouvrage détaché de la bibliothèque Panckoucke. — V. également cette bibliothèque)

348. — C. Suétone Tranquille : De la vie des douze Césars, nouvellement traduit en français, et illustré d'annotations (par Jean Beaudoin). — *Paris, chez Jean Gesselin, 1611, in-4.*

(La traduction sans le texte. — Portraits.)

349. — Le même ouvrage, même édition, in-4.

350. — Τῶν Δίωνος τοῦ Κασσίου Ῥωμαϊκῶν ἱστοριῶν... Dionis Cassii Romanarum historiarum libri XXV, Ex Guilielmi Xylandri interpretatione... — *Excudebat Henricus Stephanus anno M D XCII, in-fol.*

(Sur deux colonnes. — Traduction latine en regard du texte.)

351. — Ἐκ τῶν Δίωνος τοῦ Νικαέως Ῥωμαϊκῶν ἱςοριῶν... Dionis Nicæi rerum Romanarum a Pompeio Magno ad Alexandrum Mamæeæ Epitome, autore Joanne Xiphilino... — *Lutetiæ, ex officina Roberti Stephani, M D LI, in-4.*

(Tout grec.)

* V. aussi le même ouvrage, même édition, à la suite de l'ouvrage intitulé : « Aphtonii sophistæ progymnasmata... »

352. — Ἐκ τῶν Δίωνὸς Ἐκλογαί Ἰωαννου τοῦ Ξιφιλινου. E. Dione excerptæ historiæ ab Joanne Xiphilino. Ex interpretatione Guilielmi Blanci, a Guilielmo Xylandro recognita. Henrici Stephani in Joannem Xiphilinum post duos egregios messores spicilegium. — *Excudebat Henricus Stephanus anno M D XCII, in-fol.*

(Sur deux colonnes. — Traduction latine en regard du texte.)

* Herodiani historiæ de imperio post Marcum... liber primus (octavus) e græco translatus, Angelo Politiano interprete...

 (V. *Opera Politiani.*)

* V., pour la traduction française, n° 295.

353. — Vitæ Cæsarum quarum scriptores hiC. Suetonius Tranquillus, Ælius Spartianus, Ælius Lampridius, Trebellius Pollio, Herodianus Pomponius Lætus, Dion Cassius, Julius Capitolinus, Vulcatius Gallicanus, Flavius Vopiscus, Sex. Aurelius Victor, Jo. Baptista Egnatius. Eutropii libri X,... Ammianus Marcellinus,... Annotationes Des. Erasmi, et Bap. Egnatii... Accesserunt in hac editione Velleii Parterculi libri II,... addito Indice copiosissimo. — *Froben. Basileæ,* M D XLVI, in-fol.

354. — Historiæ Augustæ Scriptores VI : Ælius Spartianus, Julius Capitolinus, Ælius Lampridius, Vulcatius Gallicanus, Trebellius Pollio, Flavius Vopiscus. Claudius Salmasius ex veteribus libris recensuit, et librum adjecit notarum ac emendationum. Quib. adjunctæ sunt notæ ac emendationes Isaaci Casauboni jam antea editæ. — *Parisiis,* M DC XX, in-fol.

355. — Historiæ Augustæ scriptores VI : Ælius Spartianus... (ut supra.) Cum notis selectis Isaaci Casauboni, Cl. Salmasii et Jani Gruteri, cum indice locupletissimo rerum ac verborum. Accurante Cornelio Schrevelio. — *Lugduni Batavorum, ex officina Francisci Hackii,* 1664, in-8.

356. — Ammiani Marcellini rerum gestarum qui de XXXI supersunt libri XVIII. Ex Ms. codicibus emendati ab Henrico Valesio et annotationibus illustrati. Adjecta sunt excerpta de gestis Constantini nondum edita. — *Parisiis, apud Joannem Camusat,* 1636, in-4.

357. — Ammien Marcellin, ou les dix-huit livres de son histoire qui nous sont restés. Nouvelle traduction (par M. de Moulines). — *Lyon, Jean-Marie Bruysset,* 1778, 3 vol. in-12.

(La traduction française sans le texte.)

358. — Onuphrii Panvinii ,... Fastorum libri V, a Romulo rege usque ad Imp. Cæsarem Carolum V Austrium Augustum. Ejusdem in fastorum libros commentarii... — *Venetiis, ex officina Erasmiana Vincentii Valgrisii*, M D LVIII, in-fol.

(Ayant appartenu à Jean de Cordes. Nombreuses notes marginales mss. de l'écriture du temps. — On trouve à la fin : « Onuphrii Panvinii de ludis sæcularibus et de antiquis Romanorum nominibus ».)

359. — Annales Magistratuum et Provinciar. S. P. Q. R. (Senatus populique Romani) ab Urbe condita incomparabili labore et industria ex auctorum antiquitatumq. varieis monimenteis suppleti per Stephanum Vinandum Pighium Campensem. In queis Republicæ mutationes potestatum ac imperatorum, successiones, acta, leges, bella, clades, victoriæ, manibiæ, atq. triumphi, necnon inlustria stemmata Familiarumq. propagines ad annos et tempora sua reducuntur. Opus non solum Historiæ Rom. Artiumq. liberalium, sed etiam omnis humani Juris et antiqui Politeumatis studiosis utilissimum. — *Antverpiæ, ex officina Plantiniana, apud Joannem Moretum*, M D XCIX, in-fol.

360. — Histoire romaine, contenant tout ce qui s'est passé de plus mémorable depuis le commencement de l'empire d'Auguste jusques à celui de Constantin-le-Grand. Avec l'épitome de L. Florus depuis la fondation de la ville de Rome jusques à la fin de l'empire d'Auguste... Par le R P. en Dieu F.-N. Coeffeteau,... — *Paris, Mathurin Henault*, 1642, in-fol.

... Tome deuxième, ou suite du premier... contenant ce qui s'est passé de mémorable dans les empires d'Occident et d'Orient depuis Constantin-le-Grand,... jusques à Charlemagne. Illustrée des devises et symboles des empereurs, leurs explications, et d'une briève chronologie à la fin de chaque livre. Le tout recueilli des anciens monuments de l'histoire grecque et latine des auteurs contemporains,... par C. M. (Malingre) S. dit de Saint-Lazare,... — *Paris, Robert Fouet*, 1630, in-fol.

... Tome troisième, contenant tout ce qui s'est passé de mémorable dans les deux empires d'Occident et d'Orient depuis le commencement du règne de Charlemagne jusques à Ferdinand II... Illustré de devises... par C. M. S. sieur de S.-Lazare,... — *Paris, Robert Fouet*, 1630, in-fol.

... Suite du tome III de l'Histoire romaine. — *Paris, Robert Fouet*, 1630, in-fol.

361. — Histoire romaine depuis la fondation de Rome jusqu'à la bataille d'Actium... par M. Rollin,... — *Paris, Vᵉ Estienne*, 1744, 7 vol. in-4.

(A partir du T. VI, le titre est ainsi modifié : « T. VI (—VIII) par M. Crevier,... pour servir de continuation à l'ouvrage de M. Rollin. — *Paris, Vᵉ Estienne et fils*, 1746-49. — Le T. V manque.)

362. — Le même ouvrage. — *Paris, Frᵉˢ Etienne*, 1774, 16 vol. in-12.

363. — Eléments de l'histoire romaine, divisés en trois parties : avec des cartes et des tableaux analytiques. Nouvelle édition, revue, corrigée et considérablement augmentée d'une géographie ancienne de l'Italie, par M. Mentelle,... — *Paris, Délalain*, 1773, 2 vol. in-12.

364. — Abrégé de l'histoire romaine, in-12.

(Le frontispice manque. — Le faux titre porte : « Cours d'études à l'usage des élèves de l'école royale militaire, ivᵉ division ».)

365. — Histoire romaine de M. B.-G. Niebuhr, traduite de l'allemand sur la troisième édition par M. P.-A. de Golbery,... — *Paris, F.-G. Levraut*, 1830-40, 7 vol. in-8.

366. — Annales romaines, ou abrégé chronologique de l'histoire romaine depuis la fondation de Rome jusqu'aux empereurs (par Philippe Macquer). — *Paris, Jean-Thomas Hérissant*, 1756, in-8.

367. — Voyage de Polyclète, ou lettres romaines par M. le baron Alexandre de Théis,... Quatrième édition,... — *Paris, Gimbert*, 1828, 3 vol. in-12.

* Incertitude de l'histoire des quatre premiers siècles de Rome par M. de Pouilly.
(V. *Mém. de l'Acad. des Inscript.*, T. VI.)

* Reipublicæ romanæ, in exteris provinciis bello acquisitis, constitutæ commentaria... autore Wolfgango Lazio,...
(V. *la division* ANTIQUITÉS ROMAINES.)

368. — Figures de l'histoire de la république romaine, accompagnées d'un précis historique. Ouvrage exécuté, par

ordre du gouvernement, pour servir à l'instruction publique,
d'après les dessins de S. D. Mirys. Première partie ; imprimée
sur papier vélin. — *Paris, chez le citoyen Mirys, an* VIII, *in-4.*

* Histoire de la conjuration des Gracques, par l'abbé de
Saint-Réal.

(V. *ses œuvres*, T. II.)

369. — Histoire des deux triumvirats, depuis la mort de
Catilina jusqu'à celle de César ; depuis celle de Brutus jusqu'à
celle d'Antoine (par Citry de La Guette.) Nouvelle édition,
augmentée de l'histoire d'Auguste, de Larrey. — *Amsterdam,
David Mortier,* 1715, 2 vol. in-12.

(4 tomes en 2 volumes.)

* Joannis Cuspiniani,... De Cæsaribus atq. Imperatoribus
Romanis opus insigne. Dedicatio operis ad... Carolum Quintum per Christophorum Scheurle... Vita Joannis Cuspiniani
et de utilitate hujus historiæ, per D. Nicolaum Gerbelium. —
(*Argentorati*), *anno* M D XL.

(V. *la division* HISTOIRE D'ALLEMAGNE.).

370. — Historia Imperialy Cesarea : En la qual en summa
se contienen las vidas y hechos de todos los Cesares empera-
dores de Roma : desde Julio Cesar hasta el emperador Maximiliano ...Laqual compuso y ordeno el muy magnifico caval-
lero Pero Mexia,... — *Anno de* M D LXIIII , in-fol.

(Texte espagnol sur deux colonnes.)

371. — Histoire des empereurs et autres princes qui ont
régné durant les six premiers siècles de l'église ; de leurs
guerres contre les Juifs ; des écrivains profanes, et des personnes les plus illustres de leur temps ; justifiée par les cita-
tions des auteurs originaux, avec des notes pour éclaircir les
principales difficultés de l'histoire... Par M. Lenain de Tille-
mont, seconde édition,... — *Paris, Charles Robustel,* 1700,
et Rollin fils, 1738, 6 vol. in-4.

372. — Histoire des empereurs romains depuis Auguste
jusqu'à Constantin, par M. Crevier,... — *Paris, Desaint et
Saillant,* 1749-55, 12 vol. in-12.

373. — Le même ouvrage. — *Paris, Desaint et Saillant,*
1775, 12 vol. in-12.

374. — Nouvel abrégé chronologique de l'histoire des empereurs (par Adrien Richer). — *Paris, V⁰ David jeune*, 1767, 2 vol. in-8.

* Iconographie romaine, par Visconti.
(V. *la division* BIOGRAPHIE.)

* Précis de l'histoire des empereurs romains et de l'église pendant les quatre premiers siècles, par M. Dumont,...
(V. ci-après : *Histoire du Moyen-Age.*)

375. — Les Césars. — Tableau du monde romain sous les premiers empereurs, par M. le comte Franz de Champagny. — *Paris, au comptoir des imprimeurs unis*, 1843, 4 vol. in-8.

* Traité de la nature du gouvernement romain sous les empereurs, par de La Bléterie.
(V. *Mém. de l'Académie des Inscriptions et Belles-Lettres*, T. XXIV, XXV.)

* Essai sur les règnes de Claude et de Néron, par Diderot.
(V. *ses œuvres.*)

* Libro di Marco Aurelio, con l'horologio de' principi... composto per... Antonio di Guevara... *In Venitia*, 1581, in-4.
(V. *la division* PHILOSOPHIE.)

376. — Considérations sur les causes de la grandeur des romains et de leur décadence, par Montesquieu. — *Paris, A. Pougin*, 1838, in-12.
(V. aussi pour cet ouvrage : *OEuvres de Montesquieu.*)

* Histoire de la décadence et de la chute de l'empire romain, par Edouard Gibbon.
(V. ci après : *Histoire Byzantine.*)

* Chute de l'empire romain, par Châteaubriand.
(V. *ses œuvres*, T. IV, V et V *bis.*)

* Réflexions sur le génie du peuple romain, par Saint-Evremont.
(V. *ses œuvres*, T. II.)

* Fragments sur l'histoire romaine, par l'abbé de Saint-Réal.
(V. *ses œuvres*, T. II.)

HISTOIRE DU MOYEN-AGE.

—

Ouvrages généraux et Mélanges.

377. — Précis de l'histoire des empereurs romains et de l'église pendant les quatre premiers siècles, par M. Dumont,... suivi du précis de l'histoire du moyen-âge depuis la décadence de l'empire romain jusqu'à la première croisade, par M. Desmichels,... — *Paris, Louis Colas,* 1828, in-8.

378. — Histoire générale du moyen-âge, par C.-O. Desmichels,... — *Paris, Louis Colas,* 1827-31, 2 vol. in-8.

379. — Manuel de l'histoire du moyen-âge, pour servir à l'étude et à l'enseignement de l'histoire générale, et particulièrement de l'histoire de France, dans les collèges de l'université, par M. C. Desmichels,... Seconde édition,... — *Paris, Louis Colas,* 1825, in-8.

380. — Précis de l'histoire du moyen-âge par M. Desmichels,... — *Paris, Louis Colas,* 1836, in-8.

381. — Histoire de la décadence et de la chute de l'empire romain, par Edouard Gibbon, avec une notice par J.-A.-C. Buchon. — *Paris, A. Desrez,* 1837, 2 vol. in-8.

. (Collection du Panthéon littéraire. — C'est la traduction de Septchênes. Demeunier, Boulard, Cantwel de Mokarky et Marigué, revue par Mme Guizot et remaniée par M. Buchon. — Louis XVI est le traducteur de la partie publiée sous le nom de M. de Septchênes.)

* Etudes ou discours historiques sur la chute de l'empire romain, la naissance et les progrès du christianisme et l'invasion des barbares, par Châteaubriand.
(V. *ses œuvres,* T. IV-V *bis.*)

382. — De Gentium aliquot migrationibus, sedibus fixis, reliquiis, linguarumque initiis et immutationibus ac dialectis, Libri XII. In quibus, præter cæteros populos, Francorum, Alemannorum, Suevorum, Marcomanorum, Boiorum, Carnorum, Tauriscorum, Celtarumq. atq. Gallogræcorum tribus, Primordia et posteritas singulorum, quæq. ex his insigniores

principum Comitumq. ac nobilitatis totius pene Germaniæ,
Latiiq: et Galliæ stirpes processerunt, diligenti examine
historiæ, deniq. Autorum annaliumq. cum lectione tum
collatione traduntur atq. explicantur : Autore Wolfgango
l azio ,... — *Francofurti, apud Andreæ Wecheli heredes,
Claudium Marnium et Joannem Aubrium*, M DC, in-fol.

383. — Histoire générale du douzième siècle, comprenant
toutes les monarchies d'Europe, d'Asie et d'Afrique, les
hérésies, les conciles, les papes et les savants de ce siècle,
par M. A*** (Augier) de Marigny. — *Paris, Louis-Estienne
Ganeau*, 1750, 2 vol. in-12.

(Les 2 premiers volumes seulement.)

Histoire Bysantine ou du Bas-Empire.

384. — Corpus universæ historiæ, præsertim Bizantinæ :
Joannis Zonaræ Annales, aucti additionibus Georgii Cedreni.
— Nicetæ Acominati Choniatæ lib. XIX.—Nicephori Gregoræ
libri XI. — Laonici Chalcocondylæ libri X historiæ Turcicæ.
— *Lutetiæ, apud Gulielmum Chaudiere*, 1567, in-fol.

(Edition latine, sur deux colonnes.)

385. — De byzantinæ historiæ scriptoribus... Publicam
in lucem... emittendis... Προτρεπτικόν. Proponente Philippo
Labbe,... — *Parisiis, e typographia regia*, 1648, in-fol.

(Ce volume contient : Delineatio apparatus historiæ Byzantinæ.
Excerpta de legationibus et variorum monumentis. Eclogæ historicorum de
rebus byzantinis. Theophilacti Simocattæ historiarum libri VIII. Sancti
Nicephori,... Breviarium historicum. — Le frontispice de la seconde partie
du volume porte : « Εκλογαι... Excerpta de legationibus ex Dexippo Athe-
niense, Eunapio Sardiano, Petro patr. et magist., Prisco Sophista, Malcho
Philadelph Menandro protect., Theophylacto Simocatta. Omnia e cod.
Mss. a Davide Hoeschelio Augustano edita, interprete Carolo Cantoclaro,...
cum ejusdem notis. Accedunt notæ et animadversiones Henrici Valesii. —
*Parisiis, e typ. regia,*1648.»—Un troisième frontispice porte :«Θεοφυλακτου...
Theophylacti Simocattæ.... Historiarum libri VIII, Interprete Jacobo Pontano,... editio priore castigatior, et glossario græco-barbaro auctior. Studio
et opera Caroli Annibalis Fabroti. —*Parisiis,...* 1607.» — Edition grecque-
latine sur deux colonnes)

386. — Theophilacti Simocattæ,... historiæ Mauricii
Tiberii Imp. lib. VIII. Item Georgii Phranzæ, Protovestiarii
Chronicorum de ultimis Orientalis Imperii temporibus, de

Sultanorum Osmanidarum origine, successione, rebus gestis, usque ad Mahometem II. De rebus denique Peloponnesiacis ante et post captam Constantinopolim libri III. — Epistola Georgii Trapezuntii, qua Joannem Paleologum Imp. hortatur ut ad Synodum in Italia celebrandum proficiscatur. Omnia ex bibliotheca,.... Maximiliani, utriusque Bavariæ principis, deprompta, in latinum conversa, et notis illustrata a Jacobo Pontano,... — *Anno* M DC IV. *Ingolstadii, ex typographia Adami Sartorii., in-4.*

(*Historia Mauricii* est sur deux colonnes, la traduction latine en regard du texte grec.)

* Originum rerumque Constantinopolitanarum manipulus, variis auctoribus. F. Franciscus Combefis,... ex vetustissimis mss. codd. partim eruit, omnia reddidit, ac notis illustravit,... — *Parisiis, sumptibus Simeonis Piget, 1664.*

(Edition grecque-latine, sur deux colonnes)

(V. l'ouvrage intitulé : « *Leonis Allatii, de Simeonum scriptis diatriba* ».)

387. — Joannis Cantacuzeni eximperatoris de rebus ab Andronico Palæologo Juniore, Imp. Constantinopolitano, necnon a se gestis libri quatuor. Per Jacobum Pontanum,... nunc primum de Græco in Latinum conversi... Adjectæ sunt in finem Notæ perutiles, Et rerum verborumq. Indices.,... — *Ingolstadii, ex typographia Adami Sartorii,* M DC III, in-fol.

(La traduction latine seulement.)

388. — Histoire de Constantinople depuis le règne de l'ancien Justin jusqu'à la fin de l'empire, traduite sur les originaux grecs par M. Cousin,... — *A Paris, en la boutique de Pierre Rocolet,* 1672-74, 8 vol. in-4.

* Histoire des conquêtes et de l'établissement des Français dans les états de l'ancienne Grèce sous les Ville-Hardouin... par Buchon.
(V. ci-après *n°* 406.)

389. — Oriens Christianus, in quatuor patriarchatus digestus, quo exhibentur ecclesiæ, patriarchæ, cæterique præsules totius Orientis, studio et opera R. P. F. Michaelis Le Quien,... Opus posthumum. — *Parisiis, ex typographia regia,* 1740, 2 vol. in-fol.

(Le 1er tome manque.)

390. — Laonici Chalcondylæ Atheniensis, de origine et rebus gestis Turcorum Libri Decem, nupere Græco in Latinum conversi : Conrado Clausero,... interprete. Adjecimus Theodori Gazæ et aliorum quoq. doctorum virorum ejusdem argumenti de rebus Turcorum adversus Christianos, et Christianorum contra illos hactenus ad nostra usq. tempora gestis, diversa Opuscula:... — *Basileæ, per Joannem Oporinum* (M D LVI), in-fol.

(On lit après la préface : « Eorum quæ toto opere continentur Catalogus :... Baptistæ Egnatii de origine Turcarum lib I. — Nicolai Euboici,... de origine et rebus gestis Turcarum. — Joannis Rami, de Rebus a Turcis gestis. . — Andreæ a Lacuna,... de origine regum Turcarum. — Vuolfgangi Drechsleri, de Turcorum et Sarracenorum origine... — Petri Pecondini Pratensis, de vita Tamerlanis. — P Callimachi Experientis, de clade Varnensi. — Leonardi Chiensis,... de capta Constantinopoli. — Isidori cardinalis Rutheni, de capta Constantinopoli. — Incerti autoris de capta Chalcide. — M. Antonii Cocii Sabellici, de clade Sontiaca. — Coriolani Cepionis, de rebus Petri Mocænici imp. Veneti contra Turcas,... — ¦Guilhelmi Canoerfin, de oppugnatis a Turca Constantinopoli, Nigroponto, Rhodo, ex commentariis Breidenbachii. — Ejusdem de captione Hydruntinæ urbis. — Marini Barletii, de Scodrensi urbe a Turca expugnata. — Henrici Peniæ de Gestis Sophi contra Turcas, Epistola. — Jacobi Fontani Brugensis, de bello Rhodio... — Melchioris Soitteri a Vinda, de bello Pannonico. — Aloisii Armerii de Gouleta et Tuneto expugnatis... — Joannis Etrobii, de Tuniceæ urbis et Gouletæ expugnatione.— Joannis Crispi,... de Naxo insula a Turcis occupata, Epistola. — Nicolai Villagagnoni de expeditione ad Argieram. — Joannis Martini Siellæ de Turcarum in Regno Hungariæ anno 1543 et 1544 gestis, Epistola. — Ejusdem de Alba in Hungaria a Turcis expugnata, Epistola. — Item de Altenburgi munitione. — Item de munitione urbis Viennæ. — Joannis Christophori Calveti Stellæ, de expugnato Aphrodisio Commentarius. »)

391. — L'histoire de la decadence de l'Empire Grec, et establissement de celuy des Turcs, Comprise en dix livres, par Nicolas Chalcondyle, Athenien. De la traduction de Blaise de Vigenere, Bourbonnois. — *Paris, pour Abel L'Angelier,* M D LXXXIIII, in-4.

392. — L'histoire de la décadence de l'empire grec et établissement de celui des Turcs, par Chalcondile, athénien. De la traduction de Blaise de Vigenère,... et illustrée par lui de curieuse recherche trouvée depuis son décès. Avec la continuation de la même histoire depuis la ruine du Péloponèse jusqu'à l'an 1612, par Thomas Arthus sieur d'Embry. — *Paris, Sébastien Cramoisy,* 1653, 2 vol. in-fol.

(Le frontispice du tome II porte en plus : « Continuée... par Thomas Arthus, et, en cette édition, par le sieur de Mézeray jusqu'à l'année 1661. De plus, Histoire du sérail par le sieur Baudier. Les figures et descriptions des principaux officiers et autres personnes de l'empire turc, par Nicolai. Les tableaux prophétiques sur la ruine du même empire, et la traduction des annales des Turcs, pièce très-nécessaire pour l'intelligence de tout le corps de cette histoire, mise du latin en français par ledit sieur de Mézeray. — *Paris, Séb. Cramoisy*, 1662 ».)

393. — Historia byzantina duplici commentario illustrata. Prior familias ac stemmata imperatorum Constantinopolitanorum, cum eorundem augustorum nomismatibus et aliquot iconibus, præterea familias dalmaticas et turcicas complectitur. Alter descriptionem urbis Constantinopolitanæ, qualis extitit sub imperatoribus christianis. Auctore Carolo du Fresne, domino du Cange,... — *Lutetiæ Parisiorum, apud Ludovicum Billaine*, 1680, in-fol.

394. — Notitia utraque cum Orientis tum Occidentis ultra Arcadii Honoriique Cæsarum tempora, illustre vetustatis monumentum, imo thesaurus prorsum incomparabilis. Præcedit autem D. Andreæ Alciati libellus de magistratib. civilibusq. ac militaribus officiis, partim ex hac ipsa Notitia, partim aliunde desumptus. Cui succedit descriptio urbis Romæ quæ sub titulo Pub. Victoris circumfertur. et altera urbis Constantinopolitanæ, incerto autore,... Subjungitur Notitiis vetustus liber de rebus bellicis ad Theodosium Aug. et filios ejus Arcadium atque Honorium,... incerto autore. Item, ne quid de antiquo exemplari omitteretur, Disputatio Adriani Aug. et Epicteti philosophi. — *Basileæ*, M D.LII (*apud Hieronymum Frobenium*), in-fol.

(Avec figures)

395. — Notitia dignitatum utriusque imperii Orientis scilicet et Occidentis ultra Arcadii Honoriique tempora. Et in eam G. Panciroli,... commentarium. Ejusdemque de magistratibus municipalibus, rebusque bellicis et tam novæ quam veteris Romæ libellus... Accessit præterea huic editioni totius imperii romani typus... Editio postrema, auctior et emendatior. — *Genevæ excudebat Stephanus Gamonetus*, 1623, in-fol.

(Avec figures.)

396. — Histoire du Bas-Empire, en commençant à Constantin-le-Grand, par M. Le Beau,... — *Paris, Saillant et Nyon*, 1757-1811, 27 tomes en 28 vol.

(A partir du tome XXII, le frontispice porte en plus : « Continuée par R. P. Ameilhon,... »

* Anecdotes sur Bélisaire, par Voltaire.
(V. *ses œuvres*, T. XXIV, page 257.)

397. — Histoire de Constantin-le-Grand, premier empereur chrétien, par le R. P. D. Bernard de Varenne,... — *A Paris, chez la Vᵉ d'Antoine-Urbain Coustelier*, 1728, in-4.

398. — Vie de l'empereur Julien, par M. l'abbé de La Bleterie,... Nouvelle édition,... — *Paris, Desaint et Saillant*, 1746., in-12.

399. — Histoire de l'empereur Jovien, et traduction de quelques ouvrages de l'empereur Julien, par M. l'abbé de La Bleterie,... — *Amsterdam, Henri de Sauzet*, 1750, in-12.

(Deux tomes en un vol. — Ces *quelques ouvrages* sont : Le *Misopogon;* les *Lettres choisies*, et une *Fable allégorique*.)

400. — Histoire de Théodose-le-Grand, pour monseigneur le dauphin, par Monsieur Fléchier, abbé de St-Séverin. — *Sur l'imprimé, à Paris, chez Sébast. Mabré-Cramoisy*, 1679, 2 vol. in-12.

* Lascaris, ou les Grecs au xvᵉ siècle, par M. Villemain. (V. *Villemain, Mélanges*.)

Histoire des Croisades.

* V., pour la description de la terre sainte, *la division* GÉOGRAPHIE SACRÉE.

* V., dans la collection Guizot, ci-après, nº 561, les ouvrages suivants :

T. IX–X. — Histoire des croisades, par Guibert de Nogent.
T. XIV–XIX. — Histoire des faits et gestes dans les régions d'outre-mer, par Guillaume de Tyr, avec la continuation par Bernard Le Trésorier.
T. XX–XXI. — Histoire des croisades, par Albert d'Aix.
T. XXI. — Histoire des Francs qui ont pris Jérusalem, par Raimond d'Agiles.
T. XXII. — Histoire des croisades, par Jacques de Vitry.
T. XXIII. — Histoire de Tancrède, par Raoul de Caen. — Histoire de la première croisade, par Robert-le-Moine.
T. XXIV. — Histoire des croisades, par Foulcher de Chartres. — Histoire de la croisade de Louis VII, par Odon de Deuil.

* V. aussi, dans la collection universelle de Londres, ci-après, nº 665 :

T. I–II. — Mémoires de Joinville, avec les dissertations de du Cange.
T. III. — Extrait des manuscrits arabes sur l'expédition de saint Louis. — Fin des dissertations de du Cange. — Liste des chevaliers qui accompagnèrent saint Louis dans la terre sainte.

401. — Recueil des historiens des croisades, publié par les soins de l'Académie royale des Inscriptions et Belles-Lettres : Historiens occidentaux. — *Paris, imp. royale*, 1841-44, 2 vol. in-fol.

(Un vol. en deux parties. Ce volume a pour titre : « Historia rerum in partibus transmarinis. gestarum a tempore successorum Mahumeth, usque ad annum Domini M C LXXXIV; edita a venerabili Willermo Tyrensi archiepiscopo. — L'Estoire de.Eracles empereur et la conqueste de la terre d'Outremer; c'est la translation de l'Estoire de Guillaume, arcevesque de Sur ». En tête du vol. se trouve une carte du théâtre de la guerre sainte, dressée par J.-S. Jacobs en 1842, et une notice sur cette carte. — Il manque les deux autres volumes qui ont été publiés, formant la seconde partie sous la rubrique *Lois*.)

402. — Historia belli sacri verissima, lectu et jucunda et utilissima, libris vigentitribus ordine comprehensa. In qua Hierosolyma ac terra populo Dei olim promissa et data, una cum tota fere Syria, per occidentis principes Christianos, anno reparatæ salutis millesimo nonagesimo nono... recuperata fuit. Certa narrationis serie, per annos octoginta quatuor, ad regnum Balduini quarti usq. continuata et descripta, Authore olim Vuilhermo Tyrio,... Nunc vero multo castigatior quam antea in lucem edita. Una cum continuatione totius de bello sacro Historiæ, quæ libris sex ad nostra tempora usq. extenditur... Cum præfatione Henrici Pantaleonis, atq. ipsius Authoris vita, multarumq. nobilissimarum urbium vera depictione... — *Basileæ, apud Nicolaum Brylingerum, anno* M D LXIIII.

— De bello sacro continuatæ historiæ libri VI. commentariis rerum Syriacarum Guilhelmi Tyrensis,... additi,... Basilio Johanne Herold authore. — Adjecimus de Expugnatione urbis Ptolemaidos, Monachi Florentini Archiepiscopi Accoriensis Rythmum. Insuper etiam de Sarracenis profligatis ab Alphonso X, Hispaniarum rege, rescriptum, cum Epistola procerum eorum, quorum opera et industria Albigenses hæretici et devicti et deleti fuerunt, omnia ab hinc tricentesimo ac paulo plus minusve quadragesimo anno gesta et scripta, ac cum enarratione Historiæ illustrata... — *Basileæ, per Nicolaum Brylingerum, anno* M D LX, in-fol.

(Les deux ouvrages dans le même vol. — Figures dans le texte.)

* Narratio patriarchæ Hierosolymitani coram summo Pontifice.de statu Terræ Sanctæ, sive Jacobi de Vitriaco, episcopi Acconensis, et postea S. R. E. cardinalis episcopi Tusculani, Historiæ Orientalis lib. III... (etc.)

(V. *Martène, Thesaurus novus anecdotorum*, T. III.)

* Bellum Christianorum principum, præcipue Gallorum, contra Sarracenos, anno salutis M LXXXVIII, pro Terra Sancta gestum : autòre Roberto Monacho. — Carolus Verardus, de Expugnatione regni Granatæ... — Christophorus Colom, de prima insularum, in Mari Indico sitarum, lustratione... — De legatione Regis Aethiopiæ ad Clementem Pontificem VII, ac Regem Portugalliæ, item de regno, hominibus atque moribus ejusdem populi qui Troglodytæ hodie esse putantur. — Joan. Baptista Egnatius, de origne Turcarum. — Pomponius Lætus, de exortu Mahometis... — *Basileæ excudebat Henricus Petrus* (in fine : D M XXXIII (*sic*)).

(V. à la suite de l'ouvrage intitulé : « *De Germanorum prima Origine* »).

* Ekkehardi, abbatis Uraugiensis, libellus de expeditione Jerosolymitana.

* Chronicon Terræ Sanctæ, auctore Radulfo Coggeshale.

* Guillelmi, Arch. Tyriensis, continuata belli sacri Historia ab antiquo auctore (Hugone Plagone), Gallico idiomate ante annos CCCC. conscripta.

(V. *Martène et Durand, Amplissima collectio*, T. V.)

* Gesta Tancredi in expeditione Hierosolymitana, auctore Radulfo Condomensi.

* Historia gestorum viæ Hierosolymitanæ, auctore Gilone Parisiensi.

(V. *Martène, Thesaurus anecdoctorum vet.*, T. III.)

* Epitome bellorum quæ a christianis principibus pro recuperatione Terræ Sanctæ suscepta sunt : in qua etiam descriptio Palestinæ et multa de Mahomete ab incerto auctore conscripta (vers 1422.)

(V. *Thesaurus monumentorum ecclesiasticorum*, T. IV.)

* Friderici Primi Imp. cognomento Barbarossæ, expeditio Asiatica ad sepulchrum Domini, ab æquævo auctore conscripta (anno 1194.)

(V. *ibid.*, T. III.)

* Guilielmi de Badenfeld,... Hodoeporicon ad Terram Sanctam anno 1336 ab ipso scriptum, rogatu Thalayrandi, comitis Petragorensis,... una cum Epistola ad Petrum, abbatem Aulæ regiæ, Cisterciensis ordinis, Diæcesis Pragensis.

(V. *ibid.*, T. IV.)

403. — Histoire des croisades pour la délivrance de la terre sainte, par le P. Louis Maimbourg, de la compagnie de Jésus. — *Paris, Sébastien Mabre-Cramoisy,* 1675, in-4.

(Le 1ᵉʳ vol. seulement. — Avec une gravure.)

404. — Histoire des croisades... par le sieur Louis Maimbourg, ci-devant jésuite. — *Paris, Vᵉ Séb. Mabre-Cramoisy,* 1687, 4 vol in-12.

(Les deux derniers vol. sont de l'édition de 1680.)

* Histoire des croisades, par Voltaire.
(V. *ses œuvres : Essai sur les mœurs.*)

405. — Histoire des croisades, par Michaud,... Nouvelle édition, faite d'après les derniers travaux et les dernières intentions de l'auteur. Précédée d'une vie de Michaud, par M. Poujoulat, et augmentée d'un appendice, par M. Huillard Bréholles,... — *Paris, Furne et compagnie,* 1854, 4 vol in-8.

(Gravures. — A la fin du dernier vol. se trouve une carte coloriée de l'itinéraire de l'histoire des croisades de Michaud.)

* Chroniques étrangères relatives aux expéditions françaises pendant le XIIIᵉ siècle, publiées pour la première fois, élucidées et traduites par J. A. C. Buchon. — Anonyme grec : chronique de la principauté française d'Achaïe (texte grec inédit). — Ramon Muntaner : chronique d'Aragon, de Sicile et de Grèce (traduction nouvelle du catalan). — Bernard d'Esclot : chronique de Pierre III et expédition française de 1285 (texte catalan inédit). — Anonyme sicilien, chronique de la conspiration de J. Prochyta (traduite du sicilien). — *Paris, A. Desrez,* 1840.
(V. ci-après, nº 562.)

406. — Histoire des conquêtes et de l'établissement des Français dans les états de l'ancienne Grèce sous les Villehardoin, à la suite de la quatrième croisade, par J. A. C. Buchon. — *Paris, J. Renouard,* 1846, in-8.

(Le tome premier.)

* Influence des croisades sur notre commerce et sur celui des Européens en général, par de Guignes.
(V. *Mémoires de l'Académie des Inscriptions,* T. XXXVII.)

* Instructions à l'usage des voyageurs en Orient. — Histoire.

— Les croisades, par M. le marquis de Pastoret. — *Paris,*
impr. impériale, 1856, in-8.
(V. ci-dessus, n° 114.)

HISTOIRE MODERNE.

Histoire moderne universelle.

* Introduction à l'histoire moderne... commencée par le
baron de Pufendorff, augmentée par M. Bruzen de La Martinière...
(V. ci-après, n° 427.)

407. — Introduction à l'histoire de l'Asie, de l'Afrique et
de l'Amérique, pour servir de suite à « l'Introduction à
l'Histoire » du baron de Pufendorff, par M. Bruzen La Martinière,... — *Amsterdam, Zacharie Chatelain,* 1738, 2 vol.
in-12.

408. — Histoire moderne des Chinois, des Japonnais, des
Indiens, des Persans, des Turcs, des Russiens, etc., pour
servir de suite à « l'Histoire ancienne de M. Rollin ». Nouvelle
édition, revue et corrigée. — *Paris, Desaint et Saillant,*
1754-78, 30 vol. in-12.

(Par l'abbé de Marsy. — A partir du tome XVII, le frontispice porte :
« Continuée par M. Richer depuis le douzième volume ».)

* Essai sur les mœurs et l'esprit des nations et les prin-
cipaux faits de l'histoire depuis Charlemagne jusqu'à
Louis XIII, par Voltaire.
(V. *OEuvres de Voltaire,* T. XVI-XIX.)

409. — Abrégé de l'histoire universelle depuis Charlemagne
jusques à Charles-Quint, par M. de Voltaire. — *Londres,*
Jean Nourse, 1753, 2 vol. in-12.

410. — Tableau de l'histoire moderne depuis la chute de
l'empire d'Occident jusqu'à la paix de Westphalie, par M. le
chevalier de Méhégan. — *Paris, Saillant,* 1766, 2 vol. in-12.

(Le premier volume manque.)

411. — Abrégé de l'histoire générale des temps modernes

depuis la prise de Constantinople par les Turcs, en 1453, jusqu'à la fin de la guerre d'Amérique, en 1783, par M. Ragon,... — *Paris , L. Colas ,* 1824–26 , 3 vol. in–8.

412. — Tableau chronologique de l'histoire moderne depuis la prise de Constantinople par les Turcs jusqu'à la révolution française, 1453–1789, par M. Michelet,... Seconde édition. — *P ris , L. Colas ,* 1826 , in–8.

413. — Précis de l'histoire moderne, par M. Michelet,... Seconde édition. — *Paris, L. Colas ,* 1829, in–8.

414. — Delle Historie del mondo , descritte dal sig. Cesare Campana,... volume primo, che contiene Libri dieci... dal anno 1570 fino al 1580. (Volume secondo... dal anno 1580 fino al 1596. Con un discorso intorno allo scrivere Historie.) Novamente. Stampate... con una Tavola de' Nomi proprij et delle Materie. — *In Venetia , Appresso Giorgio Anglieri.,* M D XCIX , 2 vol. in–4.

(Le tome II est de 1597.)

415. — L'esprit des usages et des coutumes des différents peuples , ou observations tirées des voyageurs et des historiens, par M. Demeunier. — *Londres–Paris , Pissot ,* 1776 , 3 vol. in–8.

* Fragments sur l'histoire, par Voltaire.
(V. *ses œuvres ,* T. XXVIII.)

416. — Etudes d'histoire moderne, par M. Villemain. — *Paris, Didier,* 1846 , in–8.

(Ce volume contient : 1o Vue générale de l'Europe au xve siècle; — 2o Lascaris ; — 3e Essai sur l'état des Grecs depuis la conquête musulmane ; — 4o Vie de L'Hôpital.)

417. — OEuvres complètes de Robertson , précédées d'une notice par J.–A.–C. Buchon. — *Paris, A. Desrez ,* 1837, 2 vol. in–8.

(Collection du Panthéon littéraire. — Le premier vo'ume contient : Histoire de l'empereur Charles-Quint; Recherches sur l'Inde ancienne. — Le deuxième volume renferme : Histoire d'Ecosse ; Histoire d'Amérique.)

* Annuaire des Deux-Mondes, histoire générale des divers états , années 1850–56 , 5 vol. in–8.
(V. *Revue des Deux-Mondes.*)

Histoire moderne de l'Europe.

Géographie. — Statistique.

418. — L'Europe, dédiée à monseigneur, monseigneur Le Tellier, secrét. d'Estat, etc., par N. Sanson le fils, géographe du roy. — *Paris, l'auteur* (s. d.), in-4.

419. — Voyages historiques de l'Europe, divisés en huit volumes, qui comprend tout ce qu'il y à de plus curieux en France, revus et augmentés par l'auteur (Claude Jordan). — *Paris, Nicolas Le Gras*, 1700-1, 8 vol. in-12.

(Le faux titre porte : « Voyages historiques de l'Europe, contenant l'origine, la religion, les mœurs, les coutumes et les forces de tous les peuples qui l'habitent et une relation exacte de ce que chaque pays renferme de plus digne de la curiosité d'un voyageur ». — Avec cartes géographiques.)

420. — Itinéraire des routes les plus fréquentées, ou Journal de plusieurs voyages aux villes principales de l'Europe depuis 1768 jusqu'en 1783, où l'on a marqué, en heures et minutes, le temps employé à aller d'une poste à l'autre ; les distances en milles anglais mesurées par un odomètre appliqué à la voiture ; les productions des différentes contrées,.... etc. On y a joint le rapport des monnaies et celui des mesures itinéraires, ainsi que le prix des chevaux de poste des différents pays. Quatrième édition, augmentée d'un voyage en Espagne et en Portugal... et d'une carte géographique, par M. L. Dutens,... — *Paris, Th. Barrois jeune*, 1783, in-8.

421. — Voyages en Russie, en Tartarie et en Turquie, par M. Edouard-Daniel Clarke, D. LL., professeur de minéralogie à l'université de Cambridge, traduits de l'anglais avec plans et cartes géographiques. — *Paris, Fantin*, 1812, 2 vol. in-8.

422. — Mémoire sur les courants de la Manche, de la mer d'Allemagne et du canal de Saint-George, suivi de quelques documents sur la navigation dans la Déroute et le Raz-Blanchart, et sur les courants particuliers à ces deux passages ; publié, sous le ministère de l'amiral Duperré,... par P. Monnier,... — *Paris, imp. roy.*, 1835, brochure in-8.

(Avec une carte.)

423. — Les souverains du monde, ouvrage qui fait connaître la généalogie de leurs maisons, l'étendue et le gouvernement de leurs états, leur religion, leurs revenus, leurs forces, leurs titres, les lieux de leurs résidences, leurs prétentions, leurs armoiries et l'origine historique des pièces et des quartiers qui les composent (traduit de l'allemand de Ferdinand-Louis Bresler,...), avec un catalogue des auteurs qui en ont le mieux écrit. Nouvelle édition, corrigée, augmentée, et conduite jusqu'à la fin de l'année 1733. — *Paris, G. Cavelier,* 1734, 4 vol. in-12.

(Le tome V manque.)

424. — État des cours de l'Europe et provinces de France pour l'année 1785, publié, pour la première fois, en 1783, par M. Poncelin de La Roche-Tilhac,... — *Paris, l'auteur,* 1785, in-8.

425. — État des cours de l'Europe... (etc.) pour l'année 1786 (par le même). — *Paris, l'auteur,* 1786, in-8.

426. — Tableau statistique de l'Europe, par M. Beaufort, ancien secrétaire de légation de France. Première partie, 1787 (seconde, troisième et quatrième parties, année 1788). — *Chez Didot fils aîné,* in-fol.

(Quatre tableaux reliés ensemble. Le frontispice ayant été enlevé, le titre ci-dessus est le titre de départ du premier tableau.)

Histoire générale de l'Europe.

427. — Introduction à l'histoire moderne, générale et politique de l'univers, où l'on voit l'origine, les révolutions et la situation présente des différents états de l'Europe, de l'Asie, de l'Afrique et de l'Amérique; commencée par le baron de Pufendorff, augmentée par M. Bruzen de La Martinière. Nouvelle édition, revue, considérablement augmentée, corrigée sur les meilleurs auteurs, et continuée jusqu'en 1750, par M. de Graïe. — *Paris, Mérigot,* 1753-59, 8 vol. in-4.

428. — Burcard Gotthelf Struvens kurtzer Begriff der universal Historie, darinnen der Ursprung und Fortgang der europæischen Reiche und Staaten bis auf gegenwærtige Zeit beschrieben, und mit gehœrigen Anmerckungen und Beweisztehemern erlæutert wird... — *Jena, bey Johann Felix Bielcken,* 1733, 2 vol. in-8.

* Histoire moderne de Condillac.
(V. *ses œuvres,* T. XV-XX.)

429. — Histoire générale de la civilisation en Europe depuis la chute de l'empire romain jusqu'à la révolution française, par M. Guizot,... cinquième édition. — *Paris*, *Didier*, 1842, in-8.

(Avec un portrait de l'auteur. — Le faux titre porte : « Cours d'histoire moderne, I. ».)

Ouvrages relatifs à certaines époques.

* Æneæ Sylvii Pii II,... in Europam sui temporis varias continentem historias...
(V. *Opera.*)

* Histoire des révolutions arrivées dans l'Europe en matière de religion (1374-1658), par M. Varillas.
(V. *la division* RELIGION.)

* Supplément à l'histoire de la rivalité de la France et de l'Angleterre et à l'histoire de la querelle de Philippe de Valois et d'Edouard III... (1559-1715), par Gaillard.
(V. ci-après : *Histoire de France.*)

430. — Histoire du seizième siècle, par M. Durand, ministre de Saint-Martin,... — *La Haye, Pierre de Hondt*, 1734, 4 vol. in-12.

431. — Anecdotes historiques, militaires et politiques de l'Europe depuis l'élévation de Charles-Quint au trône de l'empire jusqu'au traité d'Aix-la-Chapelle en 1748, par M. l'abbé Raynal. — *Amsterdam, Arkslée et Merkus*, 1753, 2 vol. in-12.

* Histoire politique des grandes querelles entre l'empereur Charles V et François Ier.
(V. ci-après : *Histoire de France.*)

* Continuation de l'histoire de nostre temps depuis l'an 1550 jusqu'en 1556, par Guil. Paradin.
(V. ci-après : *Histoire de France.*)

* La vraie et entière histoire des guerres civiles pour le fait de religion tant en France, Allemagne que Pays-Bas, par Le Frère de Laval.
(V. ci-après : *Histoire de France.*)

432. — L'histoire universelle du sieur d'Aubigné. Première

partie., qui s'étend de la paix entre tous les princes chrétiens et de l'an 1550 jusques à la pacification des troisièmes guerres en l'an 1570. — *A Maille, Jean Moussat, impr.,* 1616. — Les histoires du sieur d'Aubigné, tome second... — *Maille, Jean Moussat,* 1618, in-fol.

(Les tomes I et II en 1 vol. ; le tome III manque.)

433. — Histoire ou commentaires de toutes choses memorables avenues depuys LXX. ans en ça par toutes les parties du monde., tant au faict seculier que Ecclesiastic : composez premierement par Laurens Surius, et nouvellement mis en François par Jacq. Estourneau Xainctongeois... — *Paris, Guillaume Chaudiere,* M D LXXI, in-4.

＊Histoire universelle de Jacques-Auguste de Thou (1543-1607).

(V. ci-après : *Histoire de France.)*

434. — Mémoires pour servir à l'histoire universelle de l'Europe depuis 1600 jusqu'en 1716, avec des réflexions et remarques critiques (par le P. d'Avrigny). — *Paris, veuve Raymond Mazières,* 1724-25, 4 vol. in-12.

435. — Mercure de Vittorio Siri ,... contenant l'histoire générale de l'Europe depuis 1640 jusqu'en 1655. Traduit de l'italien par M. Requier. — *Paris, Didot,* 1756, 3 vol. in-4.

(Les trois premiers volumes seulement (jusqu'à 1643).

436. — Abrégé de l'histoire de ce siècle de fer... Quatrième édition, revue, corrigée, augmentée, amplifiée en plusieurs endroits, et continuée jusques à l'an 1655, par J.-N. de Parival. — Sur l'imprimé à Bruxelles, 1664, 5 vol. in-12.

Le second et le troisième volume portent ·

L'abrégé de l'histoire de ce siècle de fer, seconde (troisième) partie... œuvre nouveau... — Sur l'imprimé à Bruxelles, 1660-64.

Le quatrième et le cinquième volume sont intitulés :

Continuation de ce siècle de fer, contenant... tout ce qui est arrivé de mémorable de la conclusion de la paix entre les deux couronnes d'Espagne et de France jusques à l'année 1664... Premier (second) volume. — *Lyon, Barthélemy Rivière,* 1666.

(Il manque de cette dernière partie le troisième volume, qui est le sixième de l'ouvrage.)

437. — Histoire des guerres et des négociations qui précédèrent le traité de Westphalie sous le règne de Louis XIII et le ministère des cardinaux Richelieu et Mazarin, composée sur les mémoires du comte d'Avaux, ambassadeur du roi très-chrétien dans les cours du Nord, en Allemagne et en Hollande, et plénipotentiaire au traité de Munster, par le P. Bougeant, de la compagnie de Jésus. — *Paris, Musier fils,* 1767, 3 vol. in-4.

(Le faux titre porte : « Histoire du traité de; Westphalie ».)

438. — Histoire du traité de Westphalie ou des négociations qui se firent à Munster et à Osnabrug pour établir la paix entre toutes les puissances de l'Europe, composée principalement sur les mémoires de la cour et des plénipotentiaires de France, par le P. Bougeant,... — *Paris, P.-J. Mariette,* 1744, 4 vol. in-12.

(Les Ier, IVe, Ve et VI. vol seulement.)

439. — Histoire politique du siècle, où se voit développée la conduite de toutes les cours d'un traité à l'autre, depuis la paix de Westphalie jusqu'à la dernière paix d'Aix-la-Chapelle inclusivement, avec une préface où l'éditeur du testament politique du C. Albéroni répond à ses critiques. — *A Londres, aux dépens de la compagnie,* 1754, 2 vol. in-12.

(Par Maubert de Couvest, suivant Barbier.)

Histoire diplomatique de l'Europe, ou traités de paix et d'alliance.

440. — Corps universel diplomatique du droit des gens, contenant un recueil des traités d'alliance, de paix, de trève, de neutralité, de commerce, d'échange, de protection et de garantie; de toutes les conventions, transactions, pactes, concordats et autres contrats qui ont été faits en Europe depuis le règne de l'empereur Charlemagne jusques à présent; avec les capitulations impériales et royales ; les sentences arbitrales et souveraines dans les causes importantes; les déclarations de guerre; les contrats de mariage des grands princes, leurs testaments, donations, renonciations et protestations ; les investitures des grands fiefs; les érections des grandes dignités, celles des grandes compagnies de commerce, et en général de tous les titres, sous quelque nom qu'on les désigne, qui peuvent servir à fonder, établir ou justifier les droits et intérêts des princes et états de l'Eu-

rope... par J. Dumont,... — *A Amsterdam, chez P. Brunel,
R. et G. Wetstein...* — *A La Haye, chez P. Husson et Ch.
Levier* (1726-1731), 7 vol. in-fol.

(Le 3ᵉ volume manque.)

— Supplément au corps universel diplomatique du droit
des gens, contenant un recueil des traités d'alliance, de
paix, de trève, de neutralité... et en général de tous. les
titres... qui ont échappé aux premières recherches de
M. Dumont, continué jusqu'à présent par M. Rousset,...
(315-1739) — *A Amsterdam... et La Haye, Pierre de Hondt,*
1739, 4 vol. in-fol.

(2 tomes en 4 vol.)

441. — Le cérémonial diplomatique des cours de l'Europe,
ou collection des actes, mémoires et relations qui concernent
les dignités, titulatures, honneurs et prééminences; les
fonctions publiques des souverains, leurs sacres, couronne-
ments, mariages, baptêmes et enterrements; les investitures des grands fiefs; les entrées publiques, audiences,
fonctions, immunités et franchises des ambassadeurs et autres
ministres publics; leurs disputes et démêlés de préséance,
et, en général, tout ce qui a rapport au cérémonial et à
l'étiquette; recueilli en partie par M. Dumont, mis en ordre
et considérablement augmenté par M. Rousset,...Tome second.
— *Amsterdam et La Haye, Pierre de Hondt, etc.*, 1739, in-fol.

(Le 2ᵉ volume seulement. — Le faux titre porte : « Supplément au corps
universel diplomatique du droit des gens, tome Vᵉ ».)

442. — Recueil des traités de paix, de trève, de neutralité, de confédération, d'alliance et de commerce, faits par
les rois de France avec tous les princes et potentats de
l'Europe et autres depuis près de trois siècles. En six tomes.
Assemblé, mis en ordre et imprimé par Frédéric Léonard,...
— *Paris,* 1693, 5 vol. in-4.

(Portrait de Frédéric Léonard. — Le tome IV manque.)

* Négociations diplomatiques entre la France et l'Autriche
durant les trente premières années du xviᵉ siècle... Publiées
par M. Le Glay.
(V. nᵒ 565, *Documents inédits sur l'histoire de France.*)

* Négociations de la France dans le Levant... Publiées...
par E. Charrière.
(V. *ibidem, lettre* Z ......)

* Négociations, lettres et pièces diverses relatives au règne de François II...
> (V. n° 565, *Documents inédits sur l'histoire de France,* lettre T.)

443. — Recueil des traités de paix, trèves et neutralité entre les couronnes d'Espagne et de France (1526-1659), in-12.

(Le frontispice manque. Le titre ci-dessus n'est que le faux titre.)

444. — Lettres et négociations du marquis de Feuquières, ambassadeur extraordinaire du roi en Allemagne en 1633 et 1634. — *Amsterdam et Paris, Desaint et Saillant,* 1753, 3 vol. in-8.

445. — Lettres de MM. d'Avaux et [Servien, ambassadeurs pour le roi de France en Allemagne, concernantes leurs différends et leurs réponses de part et d'autre en l'année 1644. — (S. l. n. n.), 1650, in-12.

446. — Mémoires et négociations secrètes de la cour de France touchant la paix de Munster ; contenant les lettres, réponses, mémoires et avis secrets envoyés de la part du roi, de S. E. le cardinal Mazarin, et de M. le comte de Brienne, secrétaire d'état, aux plénipotentiaires de France à Munster, afin de leur servir d'instruction pour la paix générale ; avec les dépêches et les réponses desdits plénipotentiaires. — *Amsterdam, chez les frères Chatelain,* 1710, 4 vol. in-8.

(Selon Barbier, ces mémoires ont été mis en ordre par Nicolas Clément.)

* Histoire des guerres et des négociations qui précédèrent le traité de Westphalie... par le P. Bougeant,...
> (V. ci-dessus, n° 437.)

* Histoire du traité de Westphalie..., par le P. Bougeant,...
> (V. ci-dessus, n° 438.)

447. — Recueil de divers traités de confédération, d'alliance, de commerce, etc., faits, depuis soixante ans, entre les états souverains de l'Europe, et qui sont les plus importants, les mieux choisis et les plus convenables au temps présent. — *La Haye, Adrian Moetjens,* 1707, in-12.

(Les 2 parties en 1 volume. — Ce recueil, suivant Barbier, a été mis en ordre par Jean Dumont.)

448. — Le droit public de l'Europe fondé sur les traités,

par M. l'abbé de Mably. Nouvelle édition (1648-1765). — *Genève-Paris, Bailly*, 1776, 3 vol. in-12.

449. — Histoire des négociations de Nimègue (1676-79) (par de Saint-Disdier). — *Paris, Cl. Barbier*, 1680, 2 vol. in-12.

450. — Actes et mémoires des négociations de la paix de Nimègue. Troisième édition,... (Recueillis et mis en ordre par Moetjens). — *La Haye, Adrian Moetjens*, 1697, 7 vol. in-12.

(4 tomes en 7 volumes.)

451. — Négociations de M. le comte d'Avaux en Hollande depuis 1679 jusqu'en 1688. — *Paris, Durand*, 1752-53, 3 vol. in-8.

(6 tomes en 3 volumes. — Ces négociations ont été publiées par l'abbé Edme Mallet.)

452. — Mémoires politiques pour servir à la parfaite intelligence de l'histoire de la paix de Ryswick, par M. Dumont. — *La Haye, François L'Honoré et Etienne Foulque*, 1699, 3 vol. in-12.

(Les 3 premiers volumes — Le tome IV manque.)

453. — Mémoires pour servir à l'histoire du xviiie siècle, contenant les négociations, traités, résolutions et autres documents authentiques concernant les affaires d'état ; liés par une narration historique des principaux évènements dont ils ont été précédés ou suivis, et particulièrement de ce qui s'est passé à La Haye, qui a toujours été comme le centre de ces négociations, par Mr de Lamberty. Seconde édition. — *La Haye, Henry Scheurleer*, 1731, 10 vol. in-4.

(Il manque les 4 derniers volumes.)

454. — Mémoires de M. de *** (Colbert, comte de Torcy) pour servir à l'histoire des négociations depuis le traité de Ryswick jusqu'à la paix d'Utrecht. — *La Haye* (s. n.), 1757, 3 vol. in-12.

* Négociations relatives à la succession d'Espagne sous Louis XIV...

(V. n° 565, *Documents inédits sur l'histoire de France,* lettre B.)

455. — Actes, mémoires et autres pièces authentiques

concernant la paix d'Utrecht depuis l'année 1706 jusqu'à présent (recueillis et mis en ordre par Casimir Freschot). — *Utrecht, Guillaume Van de Water*, 1712-13, 4 vol. in-12.

456. — Recueil in-4 (1713-18), contenant :

Traités de paix et de commerce, navigation et marine entre la France et l'Angleterre, conclus à Utrecht le 11 avril 1713. — *Paris, François Fournier*, 1713.

Traités de paix et de commerce, navigation et marine entre la France et les états-généraux des provinces unies des Pays-Bas, conclus à Utrecht le 11 avril 1713. — *Paris, F. Fournier*, 1713.

Traité de paix entre la France et la Savoie, conclu à Utrecht... — *Paris, F. Fournier*, 1713.

Traité de paix entre la France et le Portugal, conclu à Utrecht... — *Paris, F. Fournier*, 1713.

Traité de paix entre la France et la Prusse, conclu à Utrecht... — *Paris, F. Fournier*, 1713.

Traité de paix entre le roi et l'empereur, conclu à Rastadt le 6 mars 1714. — *Paris, F. Fournier*, 1714.

Traité de paix entre le roi, l'empereur et l'empire, conclu à Bade le 7 septembre 1714. — *Paris, F. Fournier*, 1714.

Traité de paix et de commerce entre le roi d'Espagne et les états-généraux des provinces unies des Pays-Bas, conclu à Utrecht le 26 juin 1714. — *Paris, F. Fournier*, 1714.

Traité d'alliance défensive entre la France, l'Angleterre et la Hollande, conclu à La Haye le quatrième janvier 1717. — *Paris, F. Fournier*, 1717.

Traité entre le roi et S. A. R. le duc de Lorraine, conclu à Paris le 21 janvier 1718. — *Paris, F. Fournier*, 1718.

Traité entre le roi, l'empereur et le roi de la Grande-Bretagne pour la pacification de l'Europe, conclu à Londres le 2 d'août 1718. — *Paris, F. Fournier*, 1719.

(Cette dernière pièce s'arrête à la page 112)

457. — Recueil historique d'actes, négociations, mémoires et traités depuis la paix d'Utrecht jusqu'au second traité de

Cambrai inclusivement, par M. Rousset. — *La Haye, Henri Scheurleer,* 1728-36, 10 vol. in-12.

(Les tomes IV et V portent : « Depuis la paix d'Utrecht jusqu'au congrès de Soissons inclusivement » — *La Haye*, 1728-31.

Les tomes VI-X portent : « Depuis la paix d'Utrecht jusqu'à présent (1732-36) ». — Il manque les 11 derniers tomes en 15 vol.)

458. — Les intérêts présents des puissances de l'Europe, fondés sur les traités conclus depuis la paix d'Utrecht inclusivement et sur les preuves de leurs prétentions particulières, par M. J. Rousset,... — *La Haye (Trévoux), Adrian Moetjens,* 1734 et an. suiv., 13 vol. in-12.

(Il manque les tomes II, XV, XVI et XVII.)

459. — Histoire des négociations pour la paix conclue à Belgrade, le 18 septembre 1739, entre l'empereur, la Russie et la Porte-Ottomane, par la médiation et sous la garantie de la France, par M. l'abbé Laugier. — *Paris, veuve Duchesne,* 1768, 2 vol. in-12.

(Avec une carte géographique.)

460. — Parallèle de la conduite du roi avec celle du roi d'Angleterre, électeur de Hanôvre, relativement aux affaires de l'empire, et nommément à la rupture de la capitulation de Closter-Seven par les Hanovriens (1756-57). — *Paris, imprim. royale,* 1758, in-8.

* Mémoires des commissaires du roi et de ceux de Sa Majesté Britannique sur les droits respectifs des deux couronnes en Amérique.
(V. ci-après : *Histoire d'Amérique.*)

461. — Mémoire historique sur la négociation de la France et de l'Angleterre depuis le 26 mars 1761 jusqu'au 20 septembre de la même année, avec les pièces justificatives (par de Bastide). — *Paris, imprim. royale,* 1761, in-8.

— Le même ouvrage, même édition, in-8.

* Histoire des négociations diplomatiques relatives aux traités de Mortfontaine, de Lunéville et d'Amiens, pour faire suite aux Mémoires du roi Joseph.
(V. cet ouvrage ci-après.)

* Congrès de Vérone, vol. in-8.
(V. ci-après, n° 474.)

Mélanges historiques.

* Invasion des peuples barbares dans la Germanie, les Gaules, etc., par M. de Guignes.
(V. *Mémoires de l'Académie des Inscriptions*, T. XXVIII.)

* Johannis Trithemii opera historica.
. (V. ci-après : *Histoire d'Allemagne.*)

* Luitprandi,... rerum gestarum per Europam ipsius præsertim temporibus libri sex (xᵉ siècle).
(V. ci-dessus, nᵒ 180.)

462. — Recueil historique contenant diverses pièces curieuses de ce temps (par Louis Dumay). — *Sur l'imprimé, à Cologne, chez Christophe Van Dick, 1666, in-12.*

(Ce recueil contient : « Projet pour l'entreprise d'Alger ; — Relation des voyages faits à Tunis, par le S. de Bricard ; — Relation contenant diverses particularités de l'expédition de Gigery de 1664 ; — Relation de la campagne d'Hongrie et des combats de Kermain et de St-Godard entre les troupes allemandes et françaises et l'armée des Turcs ; — Discours abrégé des assurés moyens d'anéantir la monarchie des princes ottomans ; — Relation de tout ce qui s'est passé au voyage de Naples, par M. le duc de Guise ; — Discours historique et politique sur les causes de la guerre d'Hongrie ; — Discours politique sur le traité de paix fait entre Léopold Iᵉʳ, empereur des Romains, et Mahomet, dernier empereur des Turcs ».)

463. — Mémoires de ce qui s'est passé dans la chrétienté depuis le commencement de la guerre, en 1672, jusqu'à la paix conclue en 1679, par le M. chevalier Temple... Traduit de l'anglais. — *La Haye, Adrian Moetjens, 1693, in-12.*

* Histoire des quatre dernières campagnes du maréchal de Turenne, en 1672, 1673, 1674 et 1675, par le chevalier de Beaurain,... et le comte de Grimoard.
(V. ci-après : *Histoire de France.*)

* Lettres d'un Suisse à un Français, où l'on voit les véritables intérêts des princes de l'Europe qui sont en guerre...
(V. ci-après : *Histoire de France.*)

464. — Les intérêts de l'Angleterre mal entendus dans la guerre présente, traduits du livre anglais intitulé : « Englands interest muestaken in the present war » (par l'abbé Dubos). — *Amsterdam, George Gallet, impr., 1703, in-8.*

465. — La guerre d'Espagne, de Bavière et de Flandre, ou

mémoires du marquis D***; contenant ce qui s'est passé de plus secret et de plus particulier depuis le commencement de cette guerre jusqu'à la fin de la campagne de 1706, avec les plans des batailles qui se sont données (et divers portraits). — *Cologne, Pierre Marteau*, 1707, in-12.

(Par Sandraz de Courtilz.)

466. — Lettres de M. Filtz–Moritz sur les affaires du temps (1716-17), traduites de l'anglais par M. de Garnesai. — *Jouxte la copie imprimée à Londres, Rotterdam, chez les héritiers de Leers*, 1718, in-12.

(Lettres composées par l'abbé Margon par ordre du duc d'Orléans, régent.)

467. — Mémoires du marquis de Maffei, lieutenant-général des troupes de l'électeur de Bavière, contenant une description exacte de plusieurs des plus fameuses expéditions militaires de notre siècle, nouvellement traduits de l'italien (par J.-F. Séguier); enrichis de plusieurs remarques critiques, historiques et géographiques. — *Venise, Prosper Pasquali*, 1741, in-12.

(Portrait du marquis de Maffei — Le tome II manque.)

468. — Mémoires très-fidèles et très-exacts des expéditions militaires qui se sont faites en Allemagne, en Hollande et ailleurs depuis le traité d'Aix–la–Chapelle jusques à celui de Nimègue, auxquels on a joint la relation de la bataille de Senef par M. le prince et quelques autres mémoires sur les principales actions qui se sont passées durant cette guerre, par un officier distingué. — *Paris, Briasson*, 1734, 2 vol. in-12.

469. — Mémoires du baron de Pollnitz, contenant les observations qu'il a faites dans ses voyages et le caractère des personnes qui composent les principales cours de l'Europe. Cinquième édition... — *Londres, Jean Nourse*, 1747, 2 vol. in-12.

470. — Lettres du baron de Pollnitz... (etc.) — *Londres*, 1747, 3 vol. in-12.

471. — Le même ouvrage, même édition, 3 vol. in-12.

* L'espion dans les cours des princes chrétiens... (par Marana et Cotolendi).

(V. ci-après : *Histoire de France.*)

*Histoire de mon temps, par Frédéric II.
(V. *ses œuvres.*)

472. — Histoire de la guerre de mil sept cent quarante et un (par Voltaire). — *Amsterdam*, 1755, in-12.

(Les 2 parties en 1 volume.)

473. — Histoire de la guerre des Alpes, ou campagne de 1744 par les armées combinées d'Espagne et de France... où l'on a joint l'histoire de Coni depuis sa fondation, en 1120, jusqu'à présent, par M. le marquis de St-Simon,... — *Amsterdam, Marc-Michel Rey*, 1770, in-4.

(Avec une carte coloriée des Alpes entre la mer et le lac de Genève... et la marche d'Annibal à travers les Alpes depuis son passage du Rhône.)

474. — Congrès de Vérone; — guerre d'Espagne; — négociations; — colonies espagnoles, par M. de Châteaubriand. Deuxième édition. — *Paris, Delloye*, 1838, 2 vol. in-12.

*Fragments historiques, par Voisenon.
(V. *ses œuvres*, T. IV.)

475. — Situation générale de l'Europe, par M. Donoso Cortès, marquis de Valdegamas. [Discours prononcé, le 30 janvier, à la chambre des députés d'Espagne.] Extrait de *l'Univers*, n° du 21 février 1850. — *Paris, aux bureaux de l'Univers*, 1850, brochure in-8.

HISTOIRE DE FRANCE.

Bibliographie générale de l'histoire de France.

476. — Bibliothèque historique de la France, contenant le catalogue de tous les ouvrages, tant imprimés que manuscrits, qui traitent de l'histoire de ce royaume, ou qui y ont rapport, avec des notes critiques et historiques, par Jacques Le Long, prêtre de l'Oratoire,... — *Paris, Ch. Osmont*, 1719, in-fol.

477. — Bibliothèque historique de la France... par Jacques Le Long,... Nouvelle édition, revue, corrigée, et considéra-

blement augmentée par M. Fevret de Fontette, conseiller au parlement de Dijon. — *Paris, impr. de J.-T. Hérissant*, 1768-78, 5 vol. in-fol.

* Notices et extraits des manuscrits de la bibliothèque du roi et autres bibliothèques, publiés par l'Institut royal de France, T. XIV et XV.

(V. *Mémoires de l'Académie des Inscript. et Belles-Lettres.*)

* Catalogue général des manuscrits des bibliothèques publiques des départements, publié sous les auspices du ministre de l'instruction publique.

(V. *la division* BIBLIOGRAPHIE.)

478. — Bibliothèque impériale. — Département des imprimés. — Catalogue de l'histoire de France, publié par ordre de l'empereur. — *Paris, F. Didot frères*, 1855-185..., 3 vol. in-4.

(Les trois premiers volumes. — En cours de publication.)

Traités généraux sur la France.

479. — Dictionnaire historique des mœurs, usages et coutumes des Français, contenant aussi les établissements, fondations, époques, anecdotes, progrès dans les sciences et les arts, et les faits les plus remarquables et intéressants arrivés depuis l'origine de la monarchie jusqu'à nos jours. — *Paris, Vincent*, 1767, 3 vol. in-8.

(Par de La Chenaye-des-Bois, suivant Barbier.)

480. — Patria. — La France ancienne et moderne, morale et matérielle, ou collection encyclopédique et statistique de tous les faits relatifs à l'histoire physique et intellectuelle de la France et de ses colonies, par J. Aicard, Félix Bourquelot, A. Bravais, F. Chassériau, A. Deloye, Dieudonné Denne-Baron, Desportes, Paul Gervais, Jung, Léon Lalanne, Ludovic Lalanne, Le Chatelier, A. Le Pileur, Ch. Louandre, Ch. Martins, Victor Raulin, P. Régnier, Léon Vaudoyer, Ch. Vergé... — *Paris, J.-J. Dubochet*, 1847, 2 vol. in-18.

* Etat de la France (par les bénédictins de St-Maur). — *Paris*, 1749.

(V. ci-après : *Règne de Louis XIV.*)

Géographie générale, ancienne et moderne de la France.

(Nota. La géographie particulière se trouve en tête de l'histoire de chacune des provinces et des villes de France.)

* Description générale de l'Europe... par François Ranchin ,... T. II (traitant spécialement de la France.) (V. ci-dessus, n° 66.)

481. — Description historique et géographique de la France ancienne et moderne, enrichie de plusieurs cartes géographiques (par l'abbé de Longuerue) — (S. l.) 1722, in-fol.

(2 parties en 1 volume.)

482. — Nouvelle description de la France, dans laquelle on voit le gouvernement général de ce royaume... et la description des villes... avec des figures en taillé-douce, par M. Piganiol de La Force. 3ᵉ édition. — *Paris, G. Desprez,* 1753, 6 vol. in-12.

483. — La géographie ou description générale du royaume de France divisé en ses généralités... par M. de *** (Dumoulin). — Généralités de Paris, de Caen, d'Alençon, de Poitiers et de La Rochelle. — *Amsterdam, Marc-Michel Rey,* 1762, 4 vol. in-8.

(Cartes et plans — Le catalogue de la bibliothèque impériale porte 6 vol : c'est tout ce qui a paru. Il nous manque le xiiᵉ vol. et le viᵉ, qui traite des généralités de Lyon et de Limoges.)

484. — Géographie départementale classique et administrative de la France,... suivie d'un ‑Dictionnaire descriptif de toutes les communes et localités remarquables du département, et accompagnée d'une carte spéciale, publiée sous la direction de M. Badin et de M. Quantin. — *Paris., Dubochet,* 1847, 10 vol. in-12.

(Côte-d'Or, Aisne, Saône-et-Loire, Cher, Marne, Nièvre, Indre, Haute-Marne, Seine-et-Marne, Aube.)

485. — Voyages pittoresques et romantiques dans l'ancienne France, par MM. Ch. Nodier, J. Taylor et A. de Cailleux. — *Paris, Gide,* 1820-18..., 14 vol. in-fol.

(La bibliothèque ne possède de ce grand ouvrage, qui est en cours de publication, que les parties suivantes :
Languedoc (1831-37), 4 parties en 3 vol. — Picardie (1835-45), 3 tomes en 6 vol. — Bretagne (1845-46), 2 vol. — Dauphiné (1854), 1 vol. — Champagne, 2 vol., en publication.)

486. — Les rivières de France, ou description géographique et historique du cours et débordement des fleuves,

rivières, fontaines, lacs et étangs qui arrosent les provinces du royaume de France, avec un dénombrement des villes, ponts, passages, batailles qui ont été données sur leurs rivages, et autres curiosités remarquables dans chaque province... par le sieur Coulon. — *Paris, François Clousier,* 1644, 2 vol. in-8.

(La 1re et la 2e partie. — La 2e partie a pour titre : « Les rivières de France qui se jettent dans la Méditerranée ›)

Dictionnaires géographiques.

487. — L'alphabet de la France, par P. Du Val, géographe ordinaire du roi. — *Paris, l'auteur* (s. d.), in-12.

488. — Dictionnaire universel de la France ancienne et moderne et de la nouvelle France, traitant de tout ce qui y a rapport, soit géographie, étymologie, topographie, histoire... (par Claude-Marin Saugrain). — *Paris, Saugrain père,* 1726, 3 vol. in-fol.

489. — Dictionnaire géographique portatif de la France, où l'on donne connaissance exacte des provinces, villes, bourgs, villages, fleuves, rivières, abbayes, etc., qu'il y a dans ce royaume... — *Paris (Avignon),* 1765, *Desaint, Saillant,* 4 vol. in-8.

(Par le P. Dominique Magnan, minime, selon Barbier.)

Atlas généraux.

490. — Les plans et profils de toutes les principales villes et lieux considérables de France, ensemble les cartes générales de chacune province, et les particulières de chaque gouvernement d'icelles, par le sieur Tassin,... — *Paris, Melchior Tavernier,* 1636, in-4 oblong.

(La 2e partie seulement.)

491. — Carte de la France, publiée sous la direction de l'Académie des Sciences, par J. dom Cassini de Thury, Camus et Montigny,... — *Paris,* 1744-87.

(28 étuis in-8, formant 183 tableaux.)

492. — Carte topographique de la France levée par ordre

du gouvernement à l'échelle de 1 pour 20,000... continuée par l'état-major, 2 vol. in-fol.

(Les 2 premiers vol. — Le tome Ier contient de 1 à 50 cartes; le tome II, de 51 à 100.)

493. — Le pilote français. — La quatrième partie comprenant les côtes septentrionales de France depuis l'île Bréhat jusqu'à Barfleur, levées, en 1829, 1830, 1831, 1832, 1833, par les ingénieurs hydrographes de la marine, sous les ordres de M. Beautemps-Beaupré,... Publié par ordre du roi sous le ministère de M. Ducampe de Rosamel,... — *Au dépôt général de la marine*, 1838, in-fol.

— La cinquième partie, comprenant les côtes septentrionales de France depuis Barfleur jusqu'à Dunkerque, levées en 1833, 1834, 1835, 1836, par... (etc., comme ci-dessus). — *Au dépôt général de la marine*, 1841, in-fol.

Statistique générale.

494. — Nouveau dénombrement du royaume par généralités, élections, paroisses et feux... (par Saugrain aîné). — *Paris, Saugrain*, 1720, in-4.

(Les 2 parties en 1 volume.)

495. — Recherches sur la population des généralités d'Auvergne, de Lyon, de Rouen et de quelques provinces et villes du royaume, avec des réflexions sur la valeur du blé tant en France qu'en Angleterre, depuis 1674 jusqu'en 1764, par M. Messance, receveur des tailles de l'élection de Saint-Etienne. — *Paris, Durand*, 1766, in-4.

496. — Annales de statistique, ou journal général d'économie politique, industrielle et commerciale; de géographie, d'histoire naturelle, d'agriculture, de physique, d'hygiène et de littérature... (rédigées par L.-J.-P. Ballois,...) — *Paris, au bureau des Annales*, ans x–xi, 10 vol. in-8.

(Les n°s 1, 2, 3, 4, 5 de l'an X : floréal, prairial, messidor, thermidor, fructidor, et les n°s 6, 7, 9, 11 et 12 de l'an XI : vendémiaire, brumaire, nivôse, ventôse, germinal.)

497. — Statistique générale de la France. — *Paris, impr. de la république, ans* xi–xiii.

Mémoire statistique du département du Doubs, adressé au ministre de l'intérieur,... par M. Jean Debry, préfet, an xii, in-fol.

Mémoire statistique du département de l'Indre, adressé au ministre de l'intérieur,... par le citoyen d'Alphonse, préfet,... — An XII, in-fol.

Mémoire statistique du département de la Lys, adressé au ministre de l'intérieur, par M. C. Viry, préfet... — An XII, in-fol.

Mémoire statistique du département de la Meurthe, adressé au ministre de l'intérieur,... par M. Marquis, préfet,... — An XIII, in-fol.

Mémoire statistique du département de la Moselle, adressé au ministre de l'intérieur,... par le citoyen Colchez, préfet,... — An x, in-fol.

Mémoire statistique du département de Rhin et Moselle, adressé au ministre de l'intérieur,... par le citoyen Boucqueau, préfet,... — An XII, in-fol. — (Ce mémoire est l'ouvrage du citoyen Masson, secrétaire général de la préfecture de Rhin-et-Moselle.)

Mémoire statistique du département des Deux-Sèvres, adressé au ministre de l'intérieur,.,. par le citoyen Dupin, préfet,...— An XII, in-fol.

* Statistique générale de la France, publiée, par ordre de Sa Majesté l'empereur et roi, sur les mémoires adressés au ministre de l'intérieur par MM. les préfets. — Département de la Haute-Vienne, M. L. Texier-Olivier, préfet. — *Paris, Testu, impr., 1808.*
(V. *la division* HISTOIRE DU LIMOUSIN.)

498. — Statistique de la France, publiée par le ministre des travaux publics, de l'agriculture et du commerce. — *Paris, impr. royale, 1837.*

Division 1 et 2. — Territoire, population. — 1837-52. — 2 vol. in-4.

— 3. — Agriculture. — 1840-41. — 4 vol. in-4.

— 4. — Industrie manufacturière. — 1847-52. — 4 vol. in-4.

— 7. — Commerce extérieur. — 1838. — In-4.

— 10. — Administration publique. — 1843-44. — 2 vol. in-4.

Chronologie et tableaux chronologiques.

* Chronique abrégée de Jean du Tillet.
(V. ci-après, n°s 510 et 512.)

499. — Nouvel abrégé chronologique de l'histoire de France, contenant les évènements de notre histoire depuis Clovis jusqu'à Louis XIV, les guerres... nos lois, nos mœurs, nos usages, etc. (par le président Hénault). — *Paris, Prault père, 1768, 3 vol. in-8.*

500. — Abrégé chronologique des grands fiefs de la couronne de France, avec la chronologie des princes et seigneurs qui les ont possédés jusqu'à leurs réunions à la couronne. Ouvrage qui peut servir de supplément à « l'Abrégé chronologique de l'histoire de France, par M. le président Hénault » (par Brunet). — *Paris, Desaint et Saillant*, 1759, in-8.

501. — Histoire de France représentée par tableaux, commençant au règne de Hugues-Capet,... avec des discours et réflexions politiques, par le sieur Audin,... — *Paris, A. de Sommaville*, 1647, 2 vol. in-4.

502. — In-12 contenant :

1° Epoques les plus intéressantes de l'histoire de France servant d'explication au « Tableau chronologique de cette histoire », extrait des meilleurs historiens, par M. Viard,...— *Paris, Desaint et Delalain.*

2° Abrégé de l'histoire de France en vers. — Savants et illustres qu'a produits la France (par Viard fils).

Philosophie de l'histoire de France.

503. — Observations sur l'histoire de France, par M. l'abbé de Mably. Nouvelle édition, continuée jusqu'au règne de Louis XIV, et précédée de l'éloge historique de l'auteur, par M. l'abbé Brizard. — *Kehl*, 1788, 4 vol. in-12.

* Essai sur les guerres civiles de France, par Voltaire.
(V. *ses œuvres*, T. X, p. 289.)

504. — Principes de morale, de politique et de droit public, puisés dans l'histoire de notre monarchie, ou discours sur l'histoire de France, dédiés au roi, par M. Moreau,... — *Paris, impr. roy.*, 1777-89, 21 vol. in-8.

505. — Variations de la monarchie française dans son gouvernement politique, civil et militaire, avec l'examen des causes qui les ont produites, ou histoire du gouvernement de France depuis Clovis jusqu'à la mort de Louis XIV... par M. Gautier de Sibert. — *Paris, Saillant*, 1765, 4 vol. in-8.

Analyse raisonnée de l'histoire de France et fragments

depuis Philippe VI jusqu'à la bataille de Poitiers... par Châteaubriand.

(V. *ses œuvres*, T. V *bis* et V *ter.*)

506. — Lettres sur l'histoire de France pour servir d'introduction à cette histoire, par Augustin Thierry,... — *Paris, Tissier,* 1842, in-8.

507. — Histoire de la civilisation en France depuis la chute de l'empire romain, par M. Guizot,... Quatrième édition. — *Paris, Didier,* 1843, 4 vol. in-8.

Histoires générales.

508. — Aimoini monachi inclyti cœnobii D. Germani a Pratis, libri quinque de Gestis Francorum. Ejusdem Aimoini libri duo de Inventione et translatione corporis S. Vincentii Levitæ et Martyris, nunquam antea impressi. Abbonis Discipuli Aimoini libri duo, de obsessa a Nortmannis Lutecia. Chronicon casinense Leonis Marsicani, cardinalis,... Inventio SS. corporum Placidi Abbatis, ac sociorum ejus martyrum. Liber miraculorum B. Mauri Levitæ et Abbatis... — Benedictina, a Benedicto Papa XII, nomen sortita. Et alia plura... Omnia autem studio et opera Fratris Jacobi Du Breul, Monachi S. Germani a Pratis. — *Parisiis, apud Ambrosium et Hieronymum Drouart,* M D CII, in-fol.

509. — In-fol. contenant :

1° Les Croniques de France : excellens faictz et Vertueux gestes des treschrestiens Roys et princes qui ont regne audict pays depuis lexidion de Troye la grande jusques au regne du treschrestien... roy François premier... Composees en latin par frere Robert Gaguyn,... Et depuis en Lan mil cinq cens et quatorze translatees de latin en nostre vulgaire Francoys... Ensemble aussi plusieurs additions des choses advenues au temps et regne du roy Loys douziesme jusques à lheure de son trespas... — *Imprime, a Paris, par Michel le noir... mil cinq cens et* XVI...

(Caractères gothiques, figures en bois dans le texte.)

2° Compendium Roberti Gaguini super Francorum gestis : ab ipso recognitum et auctum.

(Cet ouvrage, dont le frontispice a été enlevé, contient 138 feuillets. On

lit à la fin : « Anno salutis Millesimo quadringentesimo nonagesimo nono...
In edibus dei Maturini parisiensis. » — Caractères gothiques.)

* Pauli Æmylii Veronensis,... de rebus gestis Francorum...
additum est de regibus item Francorum chronicon ad hæc
usque tempora... — M D XLIIII.
(V. ci-dessus, *n°* 322.)

510. — Pauli Æmylii Veronensis, de rebus gestis Francorum, a Pharamundo primo rege usq. ad Carolum octavum
libri X. — Arnoldi Ferronii Burdigalensis, regii consiliarii,
de rebus gestis Gallorum libri IX. Ad historiam Pauli
Æmylii additi, a Carolo octavo usque ad Henricum II. —
Continuatio Jacobi Henricpetri I.V.D. ad Æmylium et
Ferronum adjecta usque ad annum M D CI. — Ad hujus
historiæ lucem, in fine adjunctum est Chronicon Joan. Tilii
de regibus Francorum, a Pharamundo usque ad Henricum II,
a D. Jac. Henricpetri auctum usque ad Henricum IIII. —
Cum omnium Regum imaginibus, et gemino indice... Editio
ultima superioribus emendatior. — *Basileæ, per Sebastianum
Henricpetri.* (A la fin : « *anno* M D CI D »), in–fol.

511. — Les Treselegantes et Copieuses Annalles des
Trespreux Tresnobles Treschrestiens et excellens Modera-
teurs des belliqueuses Gaulles. Depuis la triste desolation...
de Troye jusques au regne du... roy François a present
regnant : Compilees par feu... Nicole Gilles jusques au temps
de... roy Loys XIᵉ. Et depuis additionnees selon les modernes
hystoriens jusques en lan M D XXXII. Nouvellement veues et
corrigees oultre les precedentes Impressions. — *On les vend a
Paris, a la rue Neufve-Nostre-Dame, a l'enseigne de lescu de
France.* — (A la fin : « ... Et furent achevees le XIIᵉ jour de
may mil cinq cens XXXIII »), in–fol.

(2 tomes en 1 vol. ; caractères gothiques ; figures en bois.)

* Chronicon Joannis Tilii.
(V. ci-dessus, *n°* 510.)

512. — Recueil des roys de France, leurs couronne et
maison, ensemble le rang des grands de France, par Jean du
Tillet, sieur de La Bussiere,... plus une Chronique abbregee
contenant tout ce qui est advenu, tant en fait de Guerre
qu'autrement, entre les Roys et Princes, Republiques et
Potentats estrangers : par M. J. du Tillet, Evesque de Meaux,
freres. — *Paris, Jacques du Puys,...* M D LXXXVII, in–fol.

— T. II, contenant les guerres et traictez... d'entre les Roys de France et d'Angleterre... — *Paris, Jacques du Puys,* M D LXXXVIII, in-fol.

513. — Recueil des roys de France... par Jean du Tillet,... en outre les Memoires dudit Sieur sur les Privileges de l'Eglise Gallicane, et plusieurs autres de la Cour de Parlement... En ceste dernière Edition a este adjouste les Inventaires sur chasque Maison des Roys et grands de France : et la Chronologie augmentee jusques à ce temps. — *Paris, Jean Houzé,* M DC VII, in-4.

514. — L'histoire de France, par Bernard de Girard, Seigneur du Haillan, Historiographe de France. — *Paris, à l'Olivier de Pierre L'Huillier,* M D LXXVI, 2 vol. in-fol.

(1 tome en 2 vol. — Portrait de Bernard de Girard.)

515. — Le véritable inventaire de l'histoire de France depuis Pharamond jusques à Louis XIV, à présent régnant, illustré par la conférence de l'église et de l'empire, par Jean de Serres; augmenté, en cette dernière édition, de ce qui s'est passé durant ces dernières années, tant en France qu'aux pays étrangers, jusques à la conclusion de la paix d'entre la France et l'Espagne, et du mariage du roi. — Suite du véritable inventaire... — *Rouen, Jean Viret, impr.,* 1660, 2 vol. in-fol.

516. — Mémoires des Gaules depuis le déluge jusques à l'établissement de la monarchie française, avec l'état de l'église et de l'empire depuis la naissance de Jésus-Christ, par M. Scipion Dupleix,... Quatrième édition. — *Paris, Claude Sonnius,* 1634, in-fol.

(Le faux titre porte : « Histoire générale de France, avec l'état de l'église et de l'empire... » — Dans le même vol. : « Histoire générale de France... » C'est le tome I des suivants) :

517. — Histoire générale de France, avec l'état de l'église et de l'empire, par M. Scipion Dupleix,... — *Paris, Claude Sonnius et Denys Bechet,* 1648, 2 vol. in-fol.

(Tomes II et III. — Le tome III est de 1554.)

518. — Histoire de Henri III, roi de France et de Pologne, par M. Scipion Dupleix. — *Paris, Claude Sonnius et Denys Bechet,* 1650.

— Histoire de Henri-le-Grand, IVᵉ du nom,... par

M. Scipion Dupleix. — *Paris, Claude Sonnius et Denys Bechet,* 1650 , in-fol.

(2 tomes en 1 vol. portant au dos : « Histoire de Dupleix, T. IV ».)

519. — Histoire de Louis-le-Juste, XIIIe du nom,... par M. Scipion Dupleix,... — *Paris, Cl. Sonnius et Denys Bechet,* 1643.

— Continuation de l'histoire du règne de Louis-le-Juste,... par messire Scipion Dupleix ,... — *Paris, Denys Bechet,* 1652, in-fol.

(2 tomes en 1 vol. portant au dos : « Histoire de Dupleix, T. V ». — Portrait de Louis XIII.)

520. — Histoire universelle de toutes nations, et spécialement des Gaulois ou Français... depuis la création du monde... jusques en l'an... 1621; à quoi a été ajoutée une apologie pour la défense de quelques auteurs qu'aucuns modernes rejettent comme fabuleux, et deux tables... le tout dédié au... roi... Louis XIII,... par Jacques de Charron, écuyer, sieur de Monceaulx,... — *Paris, Thom. Blaise,* 1621, in-fol.

521. — Histoire ou recueil des gestes, mœurs, âges et règnes des rois de France; leurs couronnement et sépulture; le nom des reines leurs épouses et de leurs enfants ; avec un inventaire des papes, historiens, illustres personnages; ensemble les évènements et autres choses remarquables advenues en chacun siècle jusques à présent; tiré des plus certains auteurs ecclésiastiques et profanes... divisé en six livres, par M. Pierre Aubert,... — *Paris, Ve C. Chastellain,* 1622, in-4.

522. — Histoire de France depuis Faramond jusqu'au règne de Louis-le-Juste , enrichie de plusieurs belles et rares antiquités et de la vie des reines, des portraits au naturel des rois... et d'un recueil des médailles... par le sieur F. de Mézeray,... Nouvelle édition , revue et augmentée par l'auteur d'un volume de l'origine des François. — *Paris, Denys Thierry,* 1685, 3 vol. in-fol.

523. — Abrégé chronologique, ou extrait de l'histoire de France, par le sieur de Mézeray... — *Paris, L. Billaine,* 1668, 3 vol. in-4.

(Les tom. II et III sont de 1667.)

524. — Abrégé chronologique de l'histoire de France sous les règnes de Louis XIII et Louis XIV, pour servir de suite à

celui de François de Mézeray (par de Limiers). Nouvelle édition, augmentée de la vie de Mézeray. — *Amsterdam, D. Mortier, 1728*, in-4.

525. — Abrégé chronologique de l'histoire de France, par le sieur de Mézeray,... — *Paris, Michel Guignard, 1717*, 10 vol. in-12.

(Les tomes II-X portent : « *Paris, par la compagnie des libraires, 1717* ».)

526. — L'empire français, ou l'histoire des conquêtes des royaumes et provinces dont il est composé, leurs démembrements et leur réunion à la couronne, avec les cartes généalogiques de la maison royale, et celles des princes et grands-seigneurs qui les ont possédées, par Laurens Turquoys,... mis en lumière par L. Turquoys, son fils. — *Orléans, Gilles Hottot, 1651*, in-fol.

527. — Même ouvrage, même édition, in-fol.

528. — Histoire de France depuis l'établissement de la monarchie française dans les Gaules... par le P. G. Daniel, de la compagnie de Jésus. — *Paris, Denis Mariette, 1713*, 3 vol. in-fol.

529. — Histoire de France depuis l'établissement de la monarchie française dans les Gaules, par le P. G. Daniel, de la compagnie de Jésus. Nouvelle édition, augmentée de notes, de dissertations critiques et historiques, de l'histoire du règne de Louis XIII et d'un journal de celui de Louis XIV (par le P. Griffet), et ornée de plans, de cartes géographiques et de vignettes... — *Paris, chez les libraires associés, 1755-57*, 17 vol. in-4.

530. — Nouvelle histoire de France depuis le commencement de la monarchie jusqu'à la mort de Louis XIII,... par M. Louis Le Gendre, chanoine de l'église de Paris. — *Paris, Cl. Robustel, 1718*, 3 vol. in-fol.

531. — Histoire de France; depuis l'établissement de la monarchie jusqu'à Louis XIV, par M. l'abbé Velly (et MM. Villaret et Garnier). — *Paris, Saillant et Nyon, 1770-86*, 45 vol. in-4.

(Le tome IV porte : « Par M. l'abbé Velly, et continué par M. Villaret ». A partir du tome V, il n'y a plus au frontispice que le nom de Villaret.

jusqu'au tome IX, qui porte : « Commencé par M. Villaret, et achevé par M. Garnier,... » Les tomes X et suivants ne portent plus que le nom de Garnier.)

532. — Anecdotes françaises depuis l'établisement de la monarchie jusqu'au règne de Louis XV (par l'abbé Bertoux). — *Paris, Vincent,* 1767, in-8.

533. — Anecdotes inédites de la fin du xviiie siècle, pour servir de suite aux « Anecdotes françaises », où se trouvent la clef de plusieurs évènements majeurs, des particularités inconnues sur la princesse Lamballe, sur le directeur Carnot, sur le président actuel des Etats-Unis de l'Amérique, une conversation intéressante de Louis XVI avec Bailly, etc... (par Serieys). — *Paris, Monory,* an ix-1801, in-8.

534. — Histoire de France depuis les Gaulois jusqu'à la mort de Louis XVI, par Anquetil,... — *Paris, Amable Costes,* 1817, 10 vol. in-12.

535. — Histoire de France depuis la mort de Louis XVI jusqu'au traité de paix du 20 novembre 1815, par M. Gallais, pour servir de suite à « l'Histoire de France de M. Anquetil ». — *Paris, Janet et Cotelle,* 1820, 3 vol. in-12.

536. — Histoire des Français, par J.-C.-L. Sismonde de Sismondi,... — *Paris, Treuttel et Wurtz,* 1821-44, 31 vol. in-8.

(Le titre du tome XXX porte en plus : « Continuée depuis l'avénement de Louis XVI jusqu'à la convocation des états-généraux de 1789, par Amédée Renée ».)

537. — La Gaule poétique, par M. de Marchangy. Cinquième édition, publiée sur les notes et les corrections laissées par l'auteur. — *Paris, L.-F. Hivert,* 1834-35, 8 vol. in-8.

(Portrait de l'auteur et gravures.)

538. — Histoire de France, par M. Michelet,... — *Paris, Hachette,* 1835-5..., 10 vol. in-8.

(En publication.)

539. — Histoire de France depuis les temps les plus reculés jusqu'en 1789, par Henri Martin. Quatrième édition. — *Paris, Furne,* 1855-5..., 7 vol. in-8.

(En publication. — Portrait de l'auteur.)

Histoires élémentaires.

540. — Abrégé de l'histoire de France, par feu M. Bossuet,... — *Paris, Desaint et Saillant, 1747, 4 vol. in-12.*

541. — Nouvel abrégé de l'histoire de France à l'usage des jeunes gens, où l'on trouvera en manière de discours les évènements les plus remarquables depuis Pharamond en 420 jusques au premier janvier 1763 ; en outre, une idée géographique, historique de cette monarchie : on a eu soin d'insérer des réflexions sur la noblesse, les fiefs, les titres de dignité, et l'institution des parlements. — *Avignon, 1763, in-12.*

542. — Tableau de l'histoire de France depuis le commencement de la monarchie jusqu'à la fin du règne de Louis XIV inclusivement, représentant le caractère et les actions principales de chaque roi... (par Pons-Augustin Alletz.) — *Paris, Lottin le jeune, 1766, 2 vol. in-12.*

543. — Tableau de l'histoire de France depuis le commencement de la monarchie jusqu'au règne de Louis XVI... (par Pons-Augustin Alletz.) — Nouvelle édition, exactement corrigée et augmentée du règne de Louis XV. — *Paris, Brocas, 1780, 2 vol. in-12.*

544. — Eléments de l'histoire de France depuis Clovis jusqu'à Louis XV, par M. l'abbé Millot,... Nouvelle édition... — *Paris, P.-E.-G. Durand, 1770, 3 vol. in-12.*

* Abrégé de l'histoire de France en vers (par Viard fils).
(V. ci-dessus, *n° 502.)*

545. — Abrégé de l'histoire de France jusqu'à Henry IV, à l'usage des élèves de l'école royale militaire. — *Paris, Nyon l'aîné, 1777, in-12.*

(Le faux titre porte : « Cours d'études à l'usage de l'école royale militaire ».)

Biographies et iconographies générales des rois et des reines de France.

546. — Les éloges de nos rois et des enfants de France qui ont été dauphins de Viennois, comtes de Valentinois et de Diois... avec des remarques curieuses... par F. Hilarion de Coste,... — *Paris, S. Cromoisy, 1643, in-4.*

* Eloges historiques des rois de France depuis Pharamond jusques au roi très-chrétien Louis XIV, avec l'histoire très-exacte des chanceliers, gardes des sceaux, anciens notaires et secrétaires, et le mélange curieux de plusieurs pièces rares et anciennes pour servir à l'histoire ecclésiastique et civile, tirées du trésor des chartes et de la bibliothèque du roi, des registres du parlement et de la chambre des comptes, des archives des églises et monastères, des chroniques manuscrites, etc., par le R. P. Philippe Labbe,... Tome II de l'Alliance chronologique. — *Paris, G. Méturas,* 1651.

(V. ci-dessus, *n°* 169.)

547. — Tablettes historiques et anecdotes des rois de France depuis Pharamond jusqu'à Louis XV, contenant les traits remarquables de leur histoire, leurs actions singulières, leurs maximes et leurs bons-mots, par M. D. D. R. A. (Dreux du Radier). — *Londres-Paris, Vᵉ Duchesne,* 1766, 3 vol. in-12.

548. — Histoire de la maison de Bourbon, par M. Desormeaux,... — *Paris, impr. royale,* 1772-88, 5 vol. 4.

(Portraits, vignettes, etc.)

549. — Portraits des rois de France, par M. Mercier. — *Neufchâtel, impr. de la société typ.,* 1783, 4 vol. in-12.

550. — Mémoires historiques, critiques, et anecdotes des reines et régentes de France. Nouvelle édition... — *Amsterdam, Michel Rey,* 1776, 6 vol. in-12.

(Par Dreux du Radier, suivant Barbier.)

* Galerie des portraits, tableaux et bustes du château d'Eu, par J. Vatout.

(V. ci-après, *division* BIOGRAPHIE.)

* Galeries historiques du palais de Versailles.

(V. *ibidem.*)

* Portraits des personnages français du xvıᵉ siècle... par P.-G.-J. Niel. — Première série : rois et reines de France. Maîtresses des rois de France.

(V. *ibidem.*)

Collections. — Inventaires d'archives. — Recueils de chartes.

551 — Catalogue général des cartulaires des archives dé-

partementales, publié par la commission des archives départementales et communales. — *Paris, impr. royale,* 1847, in-4.

552. — Rapport au ministre de l'instruction publique sur les bibliothèques et archives des départements du sud-ouest de la France, par M. Michelet. — *Paris, Ducessois,* 1836, brochure in-4.

553. — Notice des diplômes, des chartes et des actes relatifs à l'histoire de France, qui se trouvent imprimés et indiqués dans les ouvrages de diplomatique, dans les jurisconsultes et dans les historiens, rangés dans l'ordre chronologique depuis l'année 23 de l'ère vulgaire jusqu'en 844, par M. l'abbé de Foy,... T. Ier. — *Paris, impr. royale,* 1765, in-fol.

(C'est tout ce qui a paru.)

554. — Table chronologique des diplômes, chartes, titres et actes imprimés concernant l'histoire de France, par MM. de Breguigny, Mouchet et Pardessus. — *Paris, impr. royale et nationale,* 1769-1850, in-fol.

(Les tomes V et VI en 1 vol. (de 1214 à 1270.) — Le tome V n'a que le faux titre. — Le tome VI porte au frontispice : « Par M. de Bréguigny,... continuée par M. Pardessus ».)

555. — Diplomata, chartæ, epistolæ, leges aliaque instrumenta ad res gallo-francicas spectantia; prius collecta a W. C. C. de Bréguigny et La Porte du Theil, nunc nova ratione ordinata plurimumque aucta, jubente ac moderante Academia inscriptionum et humaniorum litterarum, edidit J.-M. Pardessus, ejusdem Academiæ sodalis. — *Lutetiæ Parisiorum, ex typ. regia,* 1843, in-fol.

(Les 2 premiers tomes en 1 volume.)

Collections de chroniques et mémoires.

556. — Corpus francicæ historiæ veteris et sinceræ, in quo prisci ejus scriptores... uno volumine exhibentur. (Editore Marquardo Frehero). — *Hanoviæ, typis Wechelianis, apud hæredes Joannis Aubrii,* M DC XIII.

(On lit au verso du 8e feuillet : « Elenchus scriptorum primæ partis : 1º Ivonis Carnotensis,... excerpta chronica de gestis quorumdam regum et imperatorum, usque ad Ludovicum Pium. — 2º Ejusdem chronicon de regibus Francorum. — 3º S. Gregorii Turonensis,... gesta Francorum epi-

tomata. — 4° Annalium fragmentum ex mss. Nazariano. — 5° Gregorii Turonensis excerpta chronica per Fredegarium scholasticum. — 6° Pauli Warnefridi chronicon de episcopis metensibus. — 7° Epistolæ francicæ regum et episcoporum variorum, tempore Clodovæi primi regis scriptæ... »
» — Elenchus secundæ partis : 1° Gregorii Turonensis historiarum lib. X... — 2° Aimoini monachi ,... historiæ Francorum libri IV... — 3° Adelmi vel, secundum alios, Ademari benedictini, annales francorum regum Pipini, Caroli M. et Ludovici Pii,... per annos continuatos lxxxvii. — 4° Einhardi, notarii regii, de vita et gestis Caroli M. commentarius... — 5° Ludovici Pii imp. Caroli M. F. vita per anonymum quemdam et incertum...— 6° Francorum regum sequentium continuatio usque ad nativitatem Philippi Aug .. e diversis et incertis... — His accedunt Michaelis Ritii Neapolitani, de regibus Francorum libri III. — Donati Acciaioli de vita Caroli M. commentarius. »)

(A la suite se trouve un autre corps d'historiens portant le même titre que l'ouvrage ci-après) :

557. — Historiæ Francorum ab anno Christi D CCCC. ad annum M CC LXXXV. Scriptores veteres XI, in quibus Glaber, Helgaudus, Sugerius Abbas, M. Rigordus, Guillermus Brito, Guillermus de Nangis et anonymi alii. Extrema stirpis carolinæ et capetiorum regum res gestas usque ad Philippum, D. Ludovici filium Regem, explicantes. Ex bibliotheca P. Pithoei ,... nunc primum in lucem dati. — *Francofurti, apud Andreæ Wecheli heredes C. Marnium et J. Aubrium,* M D XCVI, in-fol.

558. — Historiæ Francorum scriptores coætanei, ab ipsius gentis origine... (usque ad R. Philippi IV. dicti Pulchri tempora). Quorum plurimi nunc primum ex variis codicibus mss. in lucem prodeunt : alii vero auctiores et emendatiores. Cum epistolis regum, reginarum, pontificum, ducum, comitum, abbatum, et aliis veteribus... monumentis. Opera ac studio Andreæ du Chesne ,... — *Lutetiæ Parisiorum, sumptibus Seb. Cramoisy,* 1636–49, 5 vol. in-fol.

(A partir du tome III le nom d'André du Chesne est remplacé par celui de son fils François du Chesne.)

559. — Recueil des historiens des Gaules et de la France. — *Paris, aux dépens des libraires associés,* 1738-18..., 2 vol. in-fol.

Tome XX, contenant la première livraison des monuments des règnes de saint Louis, Philippe-le-Hardi, Philippe-le-Bel, Louis X, Philippe V et Charles IV (1226-1328), publié par MM. Daunou et Naudet. — *Paris, impr. royale,* 1840.

Tome XXI, contenant la deuxième livraison des monuments des règnes de saint Louis... depuis 1226 jusqu'en 1322, publié par MM. Guignaut et de Wailly, membres de l'Institut. — *Paris, impr. impériale,* 1855.

(Le faux titre porte : « Rerum gallicarum et francicarum scriptores ». — Le tome XXI contient plusieurs documents précieux relatifs à l'histoire du Limousin : 1° Chronicon Girardi de Fracheto et anonyma ejusdem operis continuatis. — 2° E floribus chronicorum... necnon e chronico regum Francorum, auctore Bernardo Guidonis, episcopo Lodovensi. — Fragmenta Bernardi Guidonis. — Priores Grandimontis, nomina episcoporum lemovicensium. — 3° Chronicon Bernardi Iterii, continuatum a Stephano de Salviniec et Helia de Broglio, armariis sancti Martialis Lemovicensis. — 4° Willelmi Godel Chronicon, ab anonymo continuatum. — 5° Majus chronicon lemovicense a Petro Coral et aliis conscript, etc...— 6°Anonymum S. Martialis chronicon.— 7° E chronico comodoliaci... auctore Stephano Maleu,...) .

560. — Collection des mémoires relatifs à l'histoire de France depuis la fondation de la monarchie française jusqu'au XIIIe siècle, avec une introduction, des suppléments, des notices et des notes, par M. Guizot,... — *Paris, dépôt central de la librairie*, 1823-35, 31 vol. in-8.

Introduction (non tomée).— Bourdon de Sigrais : Considérations sur l'esprit militaire des Gaulois, etc. — Auguste Trognon : Fragment sur l'histoire de France.

Tomes I-II. — Grégoire de Tours : Histoire des Francs. — Frédégaire : Chronique. — Vie de Dagobert Ier, par un moine de Saint-Denis, — Vie de Saint-Léger, par un moine de Saint-Symphorien d'Autun. — Vie de Pépin-le-Vieux.

— *III*. — Eginhard : Annales ; — Vie de Charlemagne. — Des faits et gestes de Charles-le-Grand, par un moine de St-Gall. — Thégan : De la vie et des actions de l'empereur Louis-le-Pieux. — Vie de Louis-le-Débonnaire, par L'Astronome. — Nithard : Histoire des dissensions des fils de Louis-le-Débonnaire.

— *IV*. — Ermold-le-Noir : Faits et gestes de Louis-le-Pieux, poème. — Annales de Saint-Bertin, par saint Prudence et Hincmar. — Annales de Metz, par un moine de Saint-Arnould.

— *V*. — Frodoard : Histoire de l'église de Reims.

— *VI*. — Abbon : Siège de Paris par les Normands, poème. — Frodoard : Chronique. — Raoul Glaber : Chronique. — Helgaud : Vie du roi Robert. — Adalberon : Poème adressé au roi Robert.

— *VII*. — Odon de Saint-Maur : Vie de Bouchard, comte de Melun. — Fragments de l'histoire des Français, de Hugues-Capet à Philippe Ier. — Hugues de Fleury : Chronique. — Procès-verbal du sacre de Philippe Ier. — Hugues de Poitiers : Histoire du monastère de Vézelai.

— *VIII*. — Suger : Vie de Louis-le-Gros. — Guillaume de St-Denis : Vie de Suger. — Vie de Louis-le-Jeune. — Galbert : Vie de Charles-le-Bon.

— *IX-X*. — Guibert de Nogent : Histoire des croisades; sa Vie, écrite par lui-même. — Guillaume de Saint-Thierri : Vie de saint Bernard. — Arnauld de Bonneval : Vie du même. — Geoffroi de Clairvaux : Vie du même.

Tome XI. — Rigord : Vie de Philippe-Auguste. — Guillaume Le Breton : Vie du même. — Vie de Louis VIII. — Nicolas de Bray : Des faits et gestes de Louis VIII.

— *XII.* — Guillaume Le Breton : La Philippide.

— *XIII.* — Guillaume de Nangis : Chronique.

— *XIV.* — Pierre de Vaulx-Cernay : Histoire de l'hérésie et guerre des Albigeois. — Dom Vaissette : Sur l'origine du nom d'Albigeois ; — Sur l'époque de la mission de saint Dominique en Languedoc. — Innocent III : Lettre au comte de Toulouse, 29 mai 1207. — Lettre des Toulousains à Pierre d'Aragon. — Raymond de Moissac : Lettre à Philippe-Auguste. — Actes de soumission souscrits par Raymond VI. — Abjuration des consuls de Toulouse.

— *XV.* — Histoire de la guerre des Albigeois — Guillaume de Puy-Laurens : Chronique des gestes glorieux des Français, 1202-1311.

— *XVI-XVIII.* — Guillaume de Tyr : Histoire des croisades.

— *XIX.* — Bernard Le Trésorier : Continuation de Guillaume de Tyr.

— *XX-XXI.* — Albert d'Aix : Histoire des croisades. — Raymond d'Agiles : Histoire des Francs qui ont pris Jérusalem.

— *XXII.* — Jacques de Vitry : Histoire des croisades ; — Lettre à ses amis sur la prise de Damiette.

— *XXIII.* — Raoul de Caen : Faits et gestes du prince Tancrède. — Robert Le Moine : Histoire de la première croisade.

— *XXIV.* — Foulcher de Chartres : Histoire des croisades. — Odon de Deuil : Histoire de la croisade de Louis VII.

— *XXV-XXVIII.* — Oderic Vital : Histoire de Normandie.

— *XXIX.* — Guillaume de Jumiéges : Histoire des ducs de Normandie. — Guillaume de Poitiers : Vie de Guillaume-le-Conquérant.

— *XXX.* — Table générale des matières.

561. — Chroniques étrangères relatives aux expéditions françaises du XIIIᵉ siècle, publiées pour la première fois, élucidées et traduites par J.-A.-C. Buchon, Anonyme grec,... Ramon Muntaner... Bernard d'Esclot... Anonyme sicilien... — *Paris, A. Desrez,* 1840, in-8.

562. — Choix de chroniques et mémoires sur l'histoire de France, avec notes et notices par J.-A.-C. Buchon. — *Paris, A. Desrez,* 1836-41, in-8.

(Collection du *Panthéon Littéraire.* — Cette collection se compose des ouvrages suivants) :

A. — Les chroniques de sire Jean Froissart... — *Paris,* 1837, 3 vol.

(A la fin du T. III : « Livre des faits du bon messire Jean Le Maingre, dit Boucîquant ».)

B. — Anonyme : Chronique de du Guesclin. — Romances espagnoles et limousines sur Blanche de Bourbon. — D'Orronville : Chronique de Louis de Bourbon. — Christine de Pisan : Vie de Charles. V. — Juvénal des Ursins : Chronique de Charles VI. — Miguel del Verms : Chronique des comtes de Foix en langue béarnaise. — Anonyme : Chronique inédite de Flandres (extrait des livres de Baudoin d'Avesnes). — G. Gaian et M. de Rochefort : Ambassade au Juge d'Arborée. — *Paris, Mairet et Fournier*, 1841, 1 vol.

C. — OEuvres historiques inédites de sire George Chastellain — *Paris*, 1837, 1 vol.

D. — Mathieu de Coussy : Chronique de 1444 à 1461. — Jean de Troyes : Chronique de Louis XI de 1461 à 1483. — Guillaume Gruel : Chronique du comte de Richemont. — Chronique anonyme de la Pucelle. — Interrogatoires de la Pucelle. — Divers documents sur la Pucelle. — Pierre de Fénin : Mémoires de 1407 à 1427. — Journal d'un bourgeois de Paris, de 1409 à 1449. — Poèmes anglais sur la bataille d'Azincourt. — *Paris*, 1838, 1 vol.

E. — Chroniques d'Enguerrand de Monstrelet. — *Paris*, 1836, 1 vol.

F. — Philippe de Commines : Mémoires sur les règnes de Louis XI et Charles VIII. — Guillaume de Villeneuve : Mémoire sur l'expédition de Naples. — Olivier de La Marche : Mémoire sur la maison de Bourgogne. — Georges Chastelain : Chronique de J. de La Lain. — J. Bouchet : Chronique de La Trémouille. — *Paris*, 1836, 1 vol.

G — Jacques du Clerc : Mémoires de 1448 à 1467. — Pièces relatives à la prise de Constantinople en 1453. — Jean Lefebvre de Saint-Rémy : Mémoires de 1407 à 1435. — Mémoires sur Jacques Cœur (par Bonamy) et actes de son procès. — *Paris*, 1838, 1 vol.

H. — Le loyal Serviteur : Chronique de Bayard. — Guillaume de Marillac : Vie du connétable de Bourbon. — Antoine de Laval : Continuation de Marillac. — Jacques Buonaparte : Sac de Rome en 1527. — R. de La Marck, Sgr de Fleurange : Mémoires du jeune adventureux. — Louise de Savoie : Journal. — Martin et Guillaume du Bellay : Mémoires. — *Paris*, 1836, 1 vol.

I. — Commentaires du maréchal Blaise de Montluc. — Mémoires sur le maréchal de Vieilleville, par Vinc. Carloix. — *Paris*, 1836, 1 vol.

J. — Mémoires de Gaspard de Saulx-Tavannes. — Mémoires de Boyvin du Villars. — *Paris*, 1836, 1 vol.

K. — B. de Salignac : (Siége de Metz par Charles V). — G. de Colligny : (Siége de Saint-Quentin). — La Chastre : (Prise de Calais et de Thionville). — G. de Rochechouart : (Mémoires du sacre de Henri II). — Michel de Castelnau : (Mémoire sur le règne de François II, duc de Guise; Catherine de Médicis; Marie Stuart; le siège de Rouen et du Havre). — J. de Mergey : (Journée de la Saint-Barthélemy). — F. de La Noue : (Guerres de religion). — Ach. de Gamon : (Guerres de religion). — J. Philippi : (Guerres de religion). — (Turenne) duc de Bouillon : (Mémoires de 1555 à 1586.) — Guillaume de Saulx-Tavannes : (Mort de Henri II; François II; guerre de Flandre; mort de Charles IX; assassinat du duc de Guise , Henri IV roi). — Marguerite de Valois : (Mémoires, 1561–82). — J.-Aug. de Thou : (Mémoires de 1553 à 1601). — J. Choisnin : (Mémoires de 1571 à 1573). — Merle : (Mémoires de 1568 à 1580). — *Paris*, 1836, 1 vol.

L. — Pierre de La Place : Commentaires de l'estat de la religion et republique. — L. Regnier de La Planche : Histoire de l'estat de France : livre des marchands. — Théod. Agrippa d'Aubigné : Mémoires. — Franç. de Rabutin : Commentaires des dernières guerres en la Gaule Belgique (1551–59). — *Paris*, 1836, 1 vol.

M. — Robert Macquéreau : Chronique de la maison de Bourgoigne de 1500 à 1527. — Comte de Cheverny : Mémoires de 1528 à 1599. — Phil. Hurault : Mémoires de 1599 à 1601. — J. Pape , seigneur de Saint-Auban : Mémoires de 1572 à 1587. — Satire Ménippée. — *Paris*, 1838, 1 vol.

N. — Palma Cayet : Chronologie novenaire , chronologie septenaire. — Mémoire de Michel de Marillac sur la ligue. — Mémoires d'estat de Villeroy (1564–1604). — Mémoires du duc d'Angoulesme (sur la mort d'Henri III et les combats d'Arque). — *Paris*, 1836 , 2 vol.

O. — Négociations du président Jeannin. — *Paris*, 1838 , 1 vol.

563. — Œuvres complètes de Pierre de Bourdeille, abbé séculier de Brantome , et d'André , vicomte de Bourdeille. Edition revue et augmentée d'après les manuscrits de la bibliothèque royale, avec notices littéraires par J.-A-C. Buchon. — *Paris ; A. Desrez*, 1838 , 2 vol. in-8.

(Fait suite au n° précédent.)

564. — Collection universelle des mémoires particuliers relatifs à l'histoire de France , T. I-LX. — *Londres et Paris, rue d'Anjou*, 1785-90 , 60 vol. in-8.

(Recueillis par Roucher, Ant. Perrin , Dussieux , etc., et publiés avec des observations par Duchesnay. — Barbier.)

Tomes I–III. — Mémoires de Joinville avec les dissertations de du Cange.

— *III-V.* — Mémoires de du Guesclin. — Mémoires de Christine de Pisan. — Mémoires de Pierre de Fénin.

— *VI.* — Mémoires de Boucicaut.

— *VII.* — Mémoires de la Pucelle d'Orléans. — Mémoires du connétable de Richemont, par G. Gruel. — Mémoires de Florent d'Illiers , par D. Godefroy.

— *VIII-IX.* — Mémoires d'Olivier de La Marche. — Mémoires de du Clercq.

— *X-XI.* — Mémoires de Philippe de Commines.

— *XIII.* — Mémoires de Jean de Troyes.

— *XIV-XV.* — Mémoires de Guillaume de Villeneuve. — Mémoires de La Trémouille , par Jean Bouchet. — Mémoires de Bayard, par le loyal serviteur.

565. — Collection de documents inédits sur l'histoire de France, publiée par ordre du roi et par les soins du ministre de l'instruction publique. — *Paris, impr. royale,* 1835-185...

PREMIÈRE SÉRIE. — HISTOIRE POLITIQUE.

A. — Mémoires militaires relatifs à la succession d'Espagne sous Louis XIV, extraits de la correspondance de la cour et des généraux, par le lieutenant–général de Vault,... revus, publiés et précédés d'une introduction par le lieutenant–général Pelet,... — 1835-55, 9 vol. in-4, avec atlas in-fol.

B. — Négociations relatives à la succession d'Espagne sous Louis XIV, ou correspondances, mémoires... accompagnés d'un texte historique, et précédés d'une introduction par M. Mignet,... — 1835-42, 4 vol. in-4.

C. — Journal des états–généraux de France tenus à Tours en 1484, sous le règne de Charles VIII, rédigé en latin par Jehan Masselin,... publié et traduit pour la première fois par A. Bernier,... — 1835, in-4.

D. — Procès-verbaux des séances du conseil de régence du roi Charles VIII pendant les mois d'août 1484 à janvier 1485, publiés... par A. Bernier,... — 1836, in-4.

E — Chronique des ducs de Normandie, par Benoît, trouvère anglo-normand du XII° siècle, publiée pour la première fois... par Francisque Michel. — 1837-44, 3 vol. in-4.

F. — Règlements sur les arts et métiers de Paris, rédigés au XIII° siècle et connus sous le nom du « Livre des métiers » d'Etienne Boileau; publiés... avec des notes et une introduction, [par J.*x*B. Depping,... — 1837, in-4.

G. — Histoire de la croisade contre les hérétiques albigeois, écrite en vers provençaux par un poète contemporain, traduite et publiée par M. C. Fauriel. — 1837, in-4.

H. — Paris sous Philippe-le-Bel, d'après des documents originaux. Publié pour la première fois par H. Géraud. — 1837, in-4.

I. — Relations des ambassadeurs vénitiens sur les affaires de France au XVI° siècle, recueillies et traduites par M. N. Tommaseo. — 1838, 2 vol. in-4.

J. — Chronique de Bertrand du Guesclin, par Cuvelier, trouvère du XIV° siècle, publiée pour la première fois par E. Charrière. — 1839, 2 vol. in-4.

（ A la suite : « C'est le livre du bon Jehan, duc de Bretaigne ».)

K. — Chronique du religieux de Saint-Denys, contenant le règne de Charles VI, de 1380 à 1422, publiée en latin pour la première fois et traduite par M. L. Bellaguet, précédée d'une introduction par M. de Barante. — 1839-52, 2 vol. in-4.

（ Les tomes V et VI seulement.)

L. — Archives administratives de la ville de Reims : Collection de pièces inédites... par Pierre Varin,... — 1839-48, 3 tomes en 5 vol. in-4.

LM. — Archives administratives et législatives de la ville de Reims... Table générale des matières, par M. L. Amiel,... — 1853, in-4.

M. — Archives législatives de la ville de Reims, collection de pièces inédites... par Pierre Varin. — 1840-52, 2 parties en 4 vol.

N. — Correspondance de Henri d'Escoubleau de Sourdis,... augmentée des ordres, instructions et lettres de Louis XIII et du cardinal de Richelieu à M de Sourdis,... et accompagnée d'un texte historique, de notes et d'une introduction... par M. Eugène Sue. — 1839, 3 vol. in-4.

O. — Lettres de rois, reines et autres personnages des cours de France et d'Angleterre depuis Louis VII jusqu'à Henri IV, tirées des archives de Londres, par Bréguigny, et publiées par M. Champollion-Figeac. — 1839-42, 2 vol. in-4.

P. — Les Olim, ou registres des arrêts rendus par la cour du roi sous les règnes de saint Louis, de Philippe-le-Hardi,... publiés par le comte Beugnot... — 1839-48, 3 tomes en 4 vol. in-4.

Q. — Collection des cartulaires de France.

Tome I-II. — Cartulaire de l'abbaye de Saint-Père de Chartres, publié par M. Guérard. — 1840, 2 vol in-4.

Tome III. — Cartulaire de l'abbaye de Saint–Bertin, publié par M. Guérard; cartulaire de l'abbaye de la Sainte-Trinité-du-Mont de Rouen, préparé pour l'impression par A. Deville. — 1840, in-4.

Tomes IV–VII. — Cartulaire de l'église Notre–Dame de Paris, publié par M. Guérard, avec la collaboration de MM. Géraud, Marion et Deloye. — 1850, 4 vol. in-4.

R — Papiers d'état du cardinal de Granvelle,... publiés sous la direction de M. Ch. Weiss. — 1841-52, 9 vol. in-4.

S — Procès des Templiers, publié par M. Michelet,... — 1841-51, 2 vol. in-4

T. — Négociations, lettres et pièces diverses relatives au règne de François II, tirées du portefeuille de Sébastien de L'Aubespine... par Louis Paris,... — 1841, in-4.

U. — Procès–verbaux des états-généraux de 1593, recueillis et publiés par M. Aug. Bernard,... — 1842, in-4.

V. — Recueil des lettres missives de Henri IV, publié par M. Berger de Xivrey,... — 1843-54, 6 vol. in-4.

X. — Négociations diplomatiques entre la France et l'Autriche durant les trente premières années du xvie siècle, publiées par M. Le Glay,... — 1845, 2 vol. in-4.

Y. — Captivité du roi François Ier, par M. Aimé Champollion-Figeac, 1847, in-4.

Z. — Négociations de la France dans le Levant, ou correspondances, mémoires et actes diplomatiques,... publiés pour la première fois par E. Charrière. — 1848-53, 3 vol. in-4.

Aa. — Recueils des monuments inédits de l'histoire du tiers-état :

1re série, par Augustin Thierry : chartes, coutumes, actes municipaux, statuts des corporations d'arts et métiers des villes et communes de France. — Région du nord : Amiens. — 1850-56, 3 vol. in-4.

Bb. — Li Livres de Jostice et de Plet, publié pour la première fois .. par Rapetti, avec un glossaire... par P. Chabaille.

Cc. — Correspondance administrative sous le règne de Louis XIV, entre le cabinet du roi, les secrétaires d'Etat,... etc, etc., recueillie et mise en ordre par G.-B Depping. — Tomes I–IV.

Dd. — Lettres, instructions diplomatiques et papiers d'état du cardinal de Richelieu, recueillis et publiés, par M. Avenel. — 1853-56, 2 vol. in-4.

Ee. — Cartulaire de l'abbaye de Savigny, suivi du petit cartulaire de l'abbaye d'Ainay, publiés par Aug. Bernard. — 1853, 2 vol in-4.

(La pagination continue d'une partie dans l'autre.)

Ff. — Priviléges accordés à la couronne de France par le St-Siége,... — 1855, in-4.

Gg. — Ouvrages inédits d'Abeilard pour servir à l'histoire de la philosophie scolastique en France, publiés par M. Victor Cousin. — 1836, in-4.

Hh. — Les quatre livres des rois, traduits en français du xii° siècle, suivis d'un fragment de moralités sur Job et d'un choix de sermons de saint Bernard, publiés par M. Le Roux de Lincy. — 1841, in-4.

Ii. — L'éclaircissement de la langue française, par Jean Palsgrave, suivi de la grammaire de Giles du Guez, publiés pour la première fois en France par F. Génin. — 1852, in-4.

Kk. — Iconographie chrétienne. — Histoire de Dieu, par M. Didron,... — 1848, in-4.

(Le faux titre porte : « Instructions du Comité historique des Arts et Monuments ».)

Ll. — Architecture monastique, par Lenoir. — 1852-56, 2 vol. in-4.

(Même faux titre que le précédent.)

Mm. — Statistique monumentale de Paris, atlas, cartes, plans et dessins, par Albert Lenoir,... — *Paris, impr. D. Desrez,* (s. d.), atlas in-fol.

(En publication.)

Nn. — Monographie de l'église de Notre-Dame de Noyon, par M. L. Vitet,... plans, coupes, élévations et détails par Daniel Ramée. — In-4, avec atlas in-fol.

Oo. — Notice sur les peintures de l'église de Saint-Savin, par M. P. Mérimée. (Dessins par Gérard-Seguin ; lithographies par Engelman). — 1845, in-fol.

Pp. — Comptes de dépenses de la construction du château de Gaillon, publiés... par A. Deville,... — In-4 avec atlas, in-fol.

Qq. — Monographie de la cathédrale de Chartres; architecture, sculpture d'ornements et peinture sur verre par J.-B-A. Lassus, statuaire, et peinture sur mur par Amaury Duval; texte descriptif par Didron. — Atlas in-fol.

(En publication.)

Rr. — Documents historiques inédits,... publiés par M. Champollion-Figeac. — Tomes I-IV.

(Pièces officielles relatives à la collection.)

Ss. — Rapports au ministre (en 1837 et 1838, par MM. Aug. Thierry. Francisque Michel, le comte Beugnot, Génin, Varin, le baron Thénard, de Gasparin, Danton). — In-4.

566. — Eléments de paléographie, par M. Natalis de Wailly,... — *Paris, impr. royale, 1838, 2 vol. gr. in-4.*

(Le faux titre porte en plus : « ... Pour servir à l'étude des documents inédits sur l'histoire de France, publiés par ordre du roi... ».)

567. — Bulletin des comités historiques. — Histoire, sciences, lettres. — Archéologie, beaux-arts. — *Paris, imprimerie nationale et impériale, 1849-52, 4 vol. in-8.*

568. — Bulletin du comité de la langue, de l'histoire et des arts de la France. — *Paris, impr. imp., 1853-56, 3 vol. in-8.*

569. — Pièces intéressantes et peu connues pour servir à l'histoire et à la littérature, par M. D. L. P. (M. de La Place, suivant Barbier). Nouvelle édition. — *Bruxelles-Paris, Prault, 1785, 6 vol. in-12.*

(Il manque les 2 derniers volumes.)

570. — Traités de matériaux manuscrits de divers genres d'histoire, par Amans-Alexis Monteil,... Nouvelle édition, augmentée de la manière de considérer ce traité et de s'en servir. — *Paris, impr. de E. Duverger, 1836, 2 vol. in-8.*

Recueils de dissertations et mélanges.

571. — Les recherches de la France d'Estienne Pasquier, reveues et augmentees d'un livre et de plusieurs chapitres par le mesme autheur. — *Paris, Laurens Sonnius, 1607, in-4.*

* Les œuvres d'Estienne Pasquier, contenant ses recherches de la France... Lettres de Nicolas Pasquier, fils d'Etienne... — *Amsterdam, 1723.*

(V. *la division* POLYGRAPHIE.)

572. — Les antiquitez et recherches de la Grandeur et majesté des Roys de France. Divisées en trois livres, le premier, de la religion, foy, vaillance, Autorité, Piété, Justice, Clémence et Preseance des Roys de France sur tous les Roys de la Terre. Le second, des habillemens royaux, et Cérémonies gardees de tout temps, tant aux Sacres, Couronnemens, Entrees et Lits de Justice, qu'autres Solemnitez publiques et Funérailles de Leurs Majestez. Le troisiesme, de la cour et suite royalle, Excellences et Grandeurs des Roynes,

Prerogatives des Enfans de France... Privileges des Princes du Sang, Institution des Chevaliers des Ordres, et première Origine des Grands-Officiers de la Maison de France. A monseigneur le Dauphin. — *Paris, Jean Petit-Pas*, M.D.CIX, in-8.

(Par André Du Chesne, Tourangeau, selon Barbier.)

573. — Dissertations historiques et critiques sur divers sujets, par Pierre Rival,... — *Amsterdam – Londres, J. Pelet*, 1726, 2 vol. in-12.

574. — Mémoires historiques et critiques sur divers points de l'histoire de France et plusieurs autres sujets curieux, par François-Eudes de Mézeray. — *Amsterdam, J.-F. Bernard*, 1732, 2 vol. in-8.

(En forme de dictionnaire.)

575. — Traités concernant l'histoire de France ; savoir : la condamnation des templiers avec quelques actes ; l'histoire du schisme, les papes tenant le siége en Avignon, et quelques procès criminels, composés par M. Du Puy. — *Paris, Vᵉ Mathurin Dupuys*, 1654, in-4.

(Portrait de l'auteur.)

576. — Pièces fugitives pour servir à l'histoire de France, avec des notes historiques et géographiques (par Ch.-D. Baschi, marquis d'Aubais et Léon Ménard). — *Paris, H.-D. Chaubert*, 1759, 2 tomes en 3 vol. in-4.

(Comprenant entre autres pièces : Voyage de Gabriel de Luetz, seigneur d'Aramont à Constantinople, en Perse, etc. — Histoire des guerres du Comté Venaissin, de Provence, de Languedoc, etc., par Louis de Perussis. — Voyage de Charles IX en France (par Abel Jouan). — Itinéraire des rois de France (de 1137 à 1745). — Exploits de Mathieu Merle, baron de Salavas (1576–80). — Voyage de l'amiral de Joyeuse en Gévaudan (1586). — Mémoires sur les guerres civiles du Haut-Vivarais (par Achille Gamon) (1558–76). — Histoire de la guerre civile en Languedoc (1560–90). — Jugements sur la noblesse de Languedoc, par M. de Besons.—Bataille de Cérizolles en 1544. — Histoire des deux siéges de Sommières, par Etienne Giry. — Journal de Charbonneau sur les guerres de Bésiers (1583–86). — Siége de Sarlat en 1587. — Mémoires du duc d'Angoulême en 1589. — Mémoires du baron d'Ambres : guerres de la ligue en Languedoc (1586–92). — Journal de Faurin sur les guerres de Castres (1541–1601). — Commentaires de Louis Freton, seigneur de Servas (1600–20). — Mémoires de Vignolles : affaires de Guienne (1621–22). — Histoire de la Guerre de Guienne par Baltazar (1651–53). — Jugements sur la noblesse de Languedoc (seconde partie, etc.)

577. — Recueil de pièces intéressantes pour servir à

l'histoire de France et autres morceaux de littérature trouvés dans les papiers de M. l'abbé de Longuerue. — *Genève*, 1769, in-12.

(Contenant : 1° Abrégé de la vie du cardinal de Richelieu. — 2° Abrégé de la vie du cardinal Mazarin, — 3° Traduction d'une lettre de fra Paulo, vénitien, à l'abbé de St-Médard de Soissons (22 juillet 1608). — 4° Introduction à l'histoire de France, ou annales des premiers rois de la monarchie. — 5° Histoire abrégée de la donation du Dauphiné. — 6° Dissertation sur la question : « Si Esdras a inventé de nouveaux caractères hébreux »)

HISTOIRE PAR ÉPOQUE.

Ethnographie.

578. — Histoire des races maudites de la France et de l'Espagne, par Francisque Michel,... — *Paris, A. Franck*, 1847, 2 vol. in-8.

Histoire des Gaules avant la domination romaine.

579. — Les Illustrations de Gaule et singularitez de Troye avec les deux Epîtres de l'Amant vert, par Jean Lemaire de Belges. (A la fin : « *Imprime a Paris Lan mil cinq cens et* xxiiii *par Philippe le Noir, marchant libraire...* ») — Le second livre des Illustrations de gaule et singularitez de Troye. On les vend a Paris Par Philippe le Noir,... (A la fin : « *Imprime... Lan mil* cccc *et* xxiiii. — Le tiers livré des Illustrations de Gaule... intitule nouvellement de France Orientalle et Occidentalle... (A la fin : « *Imprime a Paris, Lan mil cinq cens vingt et quatre...*) — Lettre du roy a hector de troye et aucunes autres œuvres assez dignes de veoir. — Le traicte de la difference des Scismes et des Concilles de leglise. Et de la preeminence et utilite des Conciles de la saincte église Gallicane compose par Jan Le Maire de Belges... Avec lequel sont comprises plusieurs autres choses curieuses et nouvelles et dignes de scavoir Sicomme de l'entretenement de lunion des princes. La vraye hystoire et non fabuleuse du prince Syachysmail dit Sophy. Et le saufconduyt que le souldan baille aux Francoys pour frequenter en la terre saincte. Avec le blason des Veniciens. — *Mil cinq cens et* xxiiii , in-fol.

(5 parties en 1 vol. — Caractères gothiques. Sans frontispice. Le volume commence par ces mots : « Linea Tuscorum Regum a quibus Trojani ». Le verso du premier feuillet et le recto du second contiennent deux figures sur bois.)

580. — Histoire des Gaules et conquêtes des Gaulois en
Italie, Grèce et Asie, avec ce qui s'est passé de plus mémo-
rable ès dites Gaules dès le temps que les Romains commen-
cèrent à les assujettir à leur empire jusques au règne du roi
Jean, par messire Antoine de l'Estang,... — *A Bourdeaus,
S. Millanges*, 1618, in-4

* Mémoires des Gaules depuis le déluge jusqu'à l'établissement de la monarchie française... par Scipion Dupleix.
(V. ci-dessus, *n°* 516.)

581. — Histoire des Celtes et particulièrement des Gaulois
et des Germains depuis les temps fabuleux jusqu'à la prise de
Rome par les Gaulois, par Simon Pelloutier,... Nouvelle
édition... augmentée d'un quatrième livre posthume de
l'auteur... par M. de Chiniac,... — *Paris, impr. de Quillau*,
1771, in-4.

(Le 2ᵉ volume seulement.)

* Considérations sur l'esprit militaire des Gaulois, par
Bourdon de Sigrais.
(V. *n°* 560 : *Collection Guizot : introduction.*)

582. — Précis historique de l'ancienne Gaule, ou recherches
sur l'état des Gaules avant les conquêtes de César, par
Théophile Berlier,... — *Bruxelles, impr. de Hayez*, 1822,
in-8.

583. — Histoire des Gaulois depuis les temps les plus
reculés jusqu'à l'entière soumission de la Gaule à la domination romaine, par Amédée Thierry,... — *Paris, Hachette*,
1835, 3 vol. in-8.

Histoire des Gaules sous la domination romaine.

* Commentaires de César.
(V. ci-dessus, *nᵒˢ* 322-330.)

584. — Précis historique de la Gaule sous la domination
romaine, par Th. Berlier,... — *Paris, Legrand et Bergognoux*,
1835, in-8.

585. — Histoire de la Gaule sous l'administration romaine,
par Amédée Thierry,... — *Paris, Perrotin*, 1847, 3 vol. in-8.

* Fragment sur l'histoire de France. Etat de la Gaule dans les derniers temps de l'administration romaine, par M. Aug. Trognon ,...
> (V. n⁰ 560 : *Collection Guizot : introduction.*)

Origine des Francs.

* La première partie de l'origine progrès et excellence du royaume et monarchie des françois et couronne de France, composé par messire Charles du Moulin, docteur ès droicts ,...
> (V. *Opera Molinœi*, T. II, page 1031 et suiv.)

* Caroli Molinæi ,... de origine progressu et præstantia monarchiæ regnique Francorum.
> (V. *ibidem*, p. 1051 et suiv.)

* Joannis Trithemii de origine Francorum.
> (V. *Joannis Trithemii opera historica.*)

* Histoire de l'origine des Français et de leur établissement dans les Gaules avec l'état de la religion jusqu'au règne de Clovis.
> (V. ci-dessus n⁰ 523 : *Abrégé chronologique de Mézeray*, T. Ier.)

586. — Histoire critique de l'établissement de la monarchie française dans les Gaules, par M. l'abbé Dubos ,... Nouvelle édition. — *Paris, Nyon,* 1742, 3 vol. in-4.

587. — Les Germains avant le christianisme. Recherches sur les origines, les traditions, les institutions des peuples germaniques, et sur leur établissement dans l'empire romain, par A.-F. Ozanam ,... — *Paris, S. Lecoffre,* 1847, 1 vol. in-8.

588. — La civilisation chrétienne chez les Francs. Recherches sur l'histoire ecclésiastique, politique et littéraire des temps mérovingiens et sur le règne de Charlemagne, par A.-F. Ozanam ,... — *Paris, J. Lecoffre,* 1849, 1 vol. in-8.

(Les deux nᵒˢ ci-dessus portent au faux titre : « Etudes germaniques pour servir à l'histoire des Francs , T. I, II. »

Histoire de France sous les deux premières races.

589. — Gregorii Turonensis episcopi Historiæ Francorum libri decem. Quibus non ita pridem adjectus est liber XI. centum et decem annorum historiam continens, alio quodam auctore. His Appendicem ad Gregorium, ante quingentos circiter annos concinnatam, aliaque nonnulla ejusdem seculi et argumenti opuscula... hactenus non edita adtexuimus. Ex bibliotheca Laur. Bocherii. — *Parisiis, apud Nicolaum Dufossé*, m.dc.x, 1 vol. in-8.

* Histoire des Francs, par Grégoire de Tours.
  (V. ci-dessus n° 560 : *Collection Guizot*, T. I, II.)

* Franciados, seu annalium Francorum quos aura benigniore Pindus afflavit. Tomus primus, Merovingiorum dynastiam, et tercentum eoque amplius annorum gesta complectens. Auctore, R. P. Petri Josset,...
  (V. *la division* BELLES-LETTRES.)

590. — Histoire de la Gaule méridionale sous la domination des conquérants Germains, par M. Fauriel,... — *Paris, Paulin*, 1836, 4 vol. in-8.

591. — Récits des temps mérovingiens, précédés de considérations sur l'histoire de France, par Augustin Thierry,... — *Paris, Just. Tessier*, 1840, 2 vol. in-8.

* Mémoire sur les Mérovingiens, par M. Gibert.
  (V. *Mémoires de l'Académie des Inscript. et Belles-Lettres*, T. XXX.)

* Chronique de Frédégaire.
  (V. ci-dessus n° 560 : *Collection Guizot*, T. II.)

* Vie de Dagobert Ier, par un moine de Saint-Denis.
  (V. *ibidem*, T. II.)

* Annales regum Francorum... auctore Eginharto.
  (V. ci-dessus n° 558 : *Du Chesne : Historiæ Francorum Scriptores*, T. II.)

* Annales d'Eginhart.
  (V. n° 560 : *Collection Guizot*, T. III.)

* Annales de Saint-Bertin et de Metz.
  (V. *ibidem*, T. IV.)

* Chronique de Frodoard.
(V. *ibidem*, T. V.)

* Chronique de Raoul Glaber.
(V. *ibidem*, T. VI.)·

* Chronique de Hugues de Fleury de l'an 949 à 1108.
(V. *ibidem*, T. VII.)

592. — Histoire de Charlemagne, précédée de considérations sur la première race, et suivie de considérations sur la seconde, par M. Gaillard. — *Paris, Moutard*, 1782, 4 vol. in-12.

(Le tome IV contient en plus : « Vie de monsieur le premier président de Lamoignon, écrite d'après les mémoires du temps et les papiers de la famille ».)

* Des faits et gestes de Charlemagne, par un moine de Saint-Gall.
(V. n° 560 : *Collection Guizot*, T. III.)

* Vie de Louis-le-Débonnaire, par Thégan. — Vie de Louis-le-Débonnaire, par L'Astronome.
(V. *ibidem*, T. III.)

* Faits et gestes de Louis-le-Pieux, par Ermold Le Noir.
(V. *ibidem*, T. IV.)

593. — Serments prêtés à Strasbourg, en 842, par Charles-le-Chauve, Louis-le-Germanique et leurs armées respectives, extraits de Nithard, mss. de la bibliothèque du roi, n° 1964, traduits en français avec des notes grammaticales et critiques, des observations sur les langues romane et francique, et un spécimen du manuscrit, par M. de Mourcin. — *Paris, impr. de P. Didot l'aîné*, 1815, in-8.

* Histoire des dissensions des fils de Louis-le-Débonnaire, par Nithard.
(V. n° 560 : *Collection Guizot*, T. III.)

* Siége de Paris par les Normands, poème d'Abbon.
(V. *ibidem*, T. IV.)

* Mémoire sur l'état de l'empire français lorsque les Normands y firent des incursions, par M. Bonamy.
(V. *Mémoires de l'Académie des Inscript. et Belles-Lettres*, T. XV, XVII.)

§ Histoire de France sous la troisième race.

* Chronique de Guillaume de Nangis de 1113 à 1300.
(V. n° 560 : *Collection Guizot*, T. XIII.)

Croisades.

(V. ci-dessus page 86 et suiv.)

Guerre des Albigeois.

* Histoire de l'hérésie des Albigeois et de la guerre sainte entreprise contre eux de l'an 1203 à l'an 1218, par Pierre de Vaulx-Cernay.
(V. n° 560 : *Collection Guizot*, T. XIV.)

* Histoire de la guerre des Albigeois (par un anonyme). — Chronique de Guillaume de Puy-Laurens, contenant l'histoire de l'expédition des Français contre les Albigeois. — Des gestes glorieux des Français de l'an 1202 à l'année 1311.
(V. *ibidem*, T. XV.)

* Histoire de la croisade contre les hérétiques albigeois, écrite en vers provençaux par un poète contemporain, traduite et publiée par M. C. Fauriel.
(V. n° 565 : *Documents inédits*, lettre G.)

Guerre contre les Anglais.

594. — Supplément à l'histoire de la rivalité de la France et de l'Angleterre et à l'histoire de la querelle de Philippe de Valois et d'Edouard III, etc. (par Gaillard). — *Paris, Moutard*, 1774, 4 vol. in-12.

Ouvrages relatifs à plusieurs règnes à partir de Philippe VI.

595. — Le premier (le second, le tiers et le quart) volume de messire Jehan froissart lequel traicte des choses dignes de memoire advenues tant es pays de France Angleterre Flandres Espaigne que Escoce et autres lieux circonvoisins. Nouvellement oultre les precedentes impressions Imprime a

Paris. — *On les vend en la Rue sainct-Jaques a l'enseigne de la fleur de lys dor en la bouticqué de Jehan petit*, Mil. V^c XXX, 3 vol. in-fol.

(4 tomes en 3 vol. — Caract. goth)

* Chroniques de Froissart.
  (V. n° 562 : *Collection Buchon*, lettre A.)

* IIII volumes de Froissart historien abbregez... par Sleidan.
  (V. ci dessus, n° 197.)

596. — Histoire de Philippe de Valois et du roi Jean (par l'abbé de Choisy). — *Paris, Cl. Barbin, 1685*, in-4.

Ouvrages relatifs à plusieurs règnes à partir de Charles VI.

597. — Le premier (le second) volume de Enguerran de monstrellet. Ensuyvant froissart : nagueres imprime a paris des croniques de france : dangleterre : descosse : despaigne : de bretaigne : de gascongne : de flandres : et lieux circonvoisins. Avecques les grandes croniques des roys de france Loys. XI. de ce nom : et charles. VIII. son filz : des papes regnans en leur temps : et plusieurs aultres nouvelles choses advenues en Lombardie : es ytalles et autres divers pays es temps du regne desditz roys : le tout fait et adjouste avecques la cronique dudit de monstrellet. — *Lan de grace mil. v. cens et. xii. le iiii. jour de decembre pour Jehan petit et Michel le noir. Libraires jurez en luniversite de paris demourans en la grant rue sainct-Jaques*, 2 tomes en 4 vol. in-fol.

(Le tome III manque. — Caractères gothiques.)

598. — (Chroniques de Monstrelet) : — Le prologue. — Selon ce que dit Saluste... — Cy finist le premier volume de Anguerrant de Monstrelet imprime a Paris pour Francoys Regnault libraire... in-fol.

(Caractères gothiques. — C'est l'édition de 1518. — Il manque les 2 derniers tomes en 1 vol)

* Chroniques de Monstrelet.
  (V. n° 562 : *Collection Buchon*, lettre E.)

* Mémoires de Pierre de Fénin (comprenant le récit des évènements passés en France sous les règnes de Charles VI et de Charles VII).
  (V. n° 564 : *Collection Roucher*, T. V.)

Ouvrages relatifs à plusieurs règnes à partir de Charles VII.

599. — Les memoires de Messire Olivier de La Marche. Avec les Annotations et corrections de I. L., D. G... — *Gand*, *Gerard de Salenson*, anno 1567, in-4.

(D'après Barbier, ces annotations et corrections sont de Jean Lautens de Gand.)

(V. aussi *n*° 562 : *Collection Buchon*, lettre F, et *n*° 564 : *Collection Roucher*, T. VIII et IX.)

600. — Histoire des règnes de Charles VII et de Louis XI, par Thomas Basin, évêque de Lisieux, jusqu'ici attribuée à Amelgard, rendue à son véritable auteur, et publiée pour la première fois, avec les autres ouvrages historiques du même auteur pour la société de l'histoire de France, par J. Quicherat. — *Paris*, *Jules Renouard*, 1855-5..., 2 vol. in-8.

(En publication.)

Ouvrages relatifs à plusieurs règnes à partir de Louis XI.

601. — Les mémoires de messire Philippe de Comines, seigneur d'Argenton, contenant l'histoire des rois Louis XI et Charles VIII, depuis l'an 1464 jusques en 1498. Revûs et corrigés sur divers manuscrits et anciennes impressions. Augmentés de plusieurs traités, contrats, testaments, autres actes, et de diverses observations, par Denys Godefroy,... — *Paris*, *impr. royale*, 1649, in-fol.

602. — Mémoires de messire Philippe de Comines... Dernière édition, divisée en III tomes et enrichie de portraits en taille douce, et augmentée de l'histoire de Louis XI, connue sous le nom de « Chronique scandaleuse ». — *Brusselle*, *F. Foppens*, 1706-14, 4 vol. in 8.

(Le tome III porte : « Divers traités, contrats, testaments... servant de preuves et d'illustrations .. ». — Le tome IV est intitulé : « Suppléments aux mémoires .. contenant l'addition à l'histoire du roi Louis XI avec plusieurs pièces, lettres, mémoires, recherches et remarques critiques et historiques sur le même sujet et diverses autres matières curieuses.)

(V. aussi *n*° 562 : *Collection Buchon*, lettre F, et *n*° 564 : *Collection Roucher*, T. X-XII.)

603. — De rebus Ludovici, ejus nominis undecimi, Gallia-rum Regis, et Caroli, Burgundiæ Ducis, Philippi Cominæi,... Commentarii... Ex Gallico facti Latini, a Joanne Sleidano : et jam ab eodem, multis locis in priori depravatis editione, castigati. Adjecta est brevis quædam illustratio rerum, et Galliæ descriptio. — *Parisiis, apud Joannem Roigny,... 1545, in-8.*

Guerres d'Italie.

(V. ci-après : *Histoire d'Italie.*)

Ouvrages relatifs à plusieurs règnes à partir de Charles VIII.

604. — Histoire du chevalier Bayard et de plusieurs choses advenues sous le règne de Charles VIII, Louis XII et François Ier (par le loyal serviteur) avec son supplément par Mre Claude Expilly,... et les annotations de Théodore Godefroy, augmentées par Louis Vidal... — *Grenoble, Jean Nicolas, 1650, in-8.*

Ouvrages relatifs à plusieurs règnes à partir de Louis XII.

605. — Les fastes des rois de la maison d'Orléans et de celle de Bourbon, depuis 1497 jusqu'à 1697 (par le P. du Londel, jésuite, suivant Barbier.) — *Paris, Janisson, 1697, in-8.*

* Guerres de religion, par Michelet.
  (V. ci-dessus *n*° 538, T. IX.)

* Mémoires du maréchal de Fleuranges...
  (V. *n*° 562 : *Collection Buchon*, lettre H.)

* Mémoires de Guillaume de Rochechouart.
  (V. *ibidem*, lettre K.)

* Relations des ambassadeurs vénitiens sur les affaires de France au XVIe siècle, recueillies et traduites par M. N. Tho-maseo.
  (V. *n*° 565 : *Documents inédits*, lettre l.)

* Négociations diplomatiques entre la France et l'Autriche durant les trente premières années du xvi⁰ siècle, publiées par M. Le Glay.

(V. *ibidem*, lettre X.)

* Portraits des personnages français les plus illustres du xvi⁰ siècle... par Niel.

(V. *la division* : BIOGRAPHIE.)

Ouvrages relatifs à plusieurs règnes à partir de François I⁰ʳ.

606. — Continuation de l'histoire de nostre temps, depuis l'an mil cinq cens cinquante, jusques à l'an mil cinq cens cinquante-six, par M. Guillaume Paradin, Doyen de Beau-jeu. — *Paris, Nicolas Chesneau...* 1575, in–8.

607. — Commentaires de messire Blaise de Montluc, maréchal de France, où sont décrits tous les combats, rencontres... ensemble diverses instructions qui ne doivent être ignorées de ceux qui veulent parvenir par les armes... (1521-74). — *Paris, Barois,* 1646, 4 vol. in–12.

(On trouve à la fin du tome IV : « Blasii Monluci ,... tumulus...)

(V. aussi *n°* 562 : *Collection Buchon,* lettre I , et *n°* 564 : *Collection Roucher,* T. XXII–XXVI.)

608. — Jac. Aug. Thuani historiarum sui temporis tomus primus (secundus). — *Parisiis, apud Amb. et Hiero. Drovart,* 1606, 2 vol. in-fol.

— Jac. Aug. Thuani... libri VI. — *Parisiis,* 1607 (le troisième volume), in-fol.

— Illustris viri Jac. Aug. Thuani,... continuatio. — *Genevæ, apud Petrum de La Roviere,* 1620 (le quatrième volume), in-fol.

— ... Tomus quintus. — *Genevæ...* 1620, in-fol.

609. — Histoire de monsieur de Thou, des choses arrivées de son temps, mise en français par P. du Ryer,... — *Paris, Augustin Courbé,* 1659, 3 vol. in-fol.

610. — Histoire universelle de Jacque-Auguste de Thou

depuis 1543 jusqu'en 1607, traduite sur l'édition latine de Londres. — *Londres*, 1734, 16. vol. in-4.

(Avec un portrait de l'auteur. — La traduction est des abbés Le Mascrier, Prévost, Desfontaines et Le Duc, de MM. Adam. et Ch. Le Beau. La préface est de Georgeon, et la table des matières du P. Fabre, de l'oratoire, d'après le continuateur du P. Lelong.)

611. — Nominum propriorum virorum, mulierum, populorum, etc., quæ in viri illustris Jacobi-Augusti Thuani, historiis leguntur Index cum vernacula singularum vocum expositione. (Auctore Petr. Bessin.) — *Genevæ, apud Petrum Aubertum*, 1634, in-4.

612. — Mémoires pour servir à l'histoire de France, contenant ce qui s'est passé de plus remarquable dans ce royaume depuis 1515 jusqu'en 1611, avec les portraits des rois, reines... (par P. de L'Estoile). — *Cologne, chez les héritiers de Herman Démen*, 1719, 2 vol. in-8.

613. — In-fol. contenant :

1°. — Mémoires de très-noble et très-illustre Gaspard de Saulx, seigneur de Tavanes, maréchal de France,... (1530-73). — (s. l. n. d.).

2°. — Mémoires de messire Guillaume de Saulx, seigneur de Tavanes, chevalier des deux ordres du roi, lieutenant général pour Sa Majesté au duché de Bourgogne (1560-96). — (s. l. n. d.).

(Portrait de Gaspard de Saulx. — Le tout a été recueilli par Charles de Saulx.)

(V. aussi *n° 562 : Collection Buchon*, lettre J, et *n° 564 : Collection Roucher*, T. XXVI-XXVIII.)

614. — Mémoires de la vie de François de Scepaux, sire de Vieilleville et comte de Duretal, maréchal de France, contenant plusieurs anecdotes des règnes de François Ier, Henry II, François II et Charles IX, composés par Vincent Carloix, son secrétaire (et publiés par Griffet). — *Paris, H. L. Guérin*, 1757, 5 vol. in-8.

(Portrait.)

(V. aussi *n° 562 : Collection Buchon*, lettre I, et *n° 564 : Collection de Londres*, T. XXVIII-XXXIII.)

* Histoire du cardinal de Tournon, ministre de France sous quatre de nos rois, par Ch. Fleury...

(V. *la division* RELIGION.)

Ouvrages relatifs à plusieurs règnes à partir de Henri II.

615. — Commentaire de l'estat de la religion et republique soubs les Rois Henry et François seconds, et Charles neufième (par P. de la Place). — (s. l.) M D LXV, in-8.
(V. aussi n° 562 : *Collection Buchon*, lettre L.)

616. — Histoire du maréchal de Matignon, gouverneur et lieutenant-général pour le roi en Guyenne, avec tout ce qui s'est passé de plus mémorable depuis la mort du roi François Ier jusqu'à la fin des guerres civiles, par M. de Caillère,...
— *Paris, Augustin Courbé*, 1661, in-fol.

(Avec un portrait du maréchal. — A la fin se trouve une gravure représentant son tombeau et un arbre généalogique de la maison de Matignon.—Le même vol. contient : « Réflexions militaires, politiques et morales sur la vie et sur la mort du maréchal de Matignon, par M. de Caillère. — *Paris, Aug. Courbé,* 1661. »)

617. — La vraye et entiere histoire des troubles et guerres civiles, avenuës de nostre temps pour le faict de la religion, tant en France, Allemaigne que païs bas. Recueillie de plusieurs discours François et Latins et reduicte en dix-neuf livres. Par J. le Frere de Laval. — *Paris, Marc Locqueneulx,* 1573, in-8.

* L'histoire universelle du sieur d'Aubigné.
(V. ci-dessus n° 432.)

* Lettres d'Etienne Pasquier (sur les affaires d'état et les guerres civiles de France).
(V. *OEuvres d'Etienne Pasquier.*)

618. — Mémoires du sieur Franç. de Boyvin, chevalier, baron du Villars,... sur les guerres démêlées tant en Piémont qu'au Monferrat et duché de Milan par feu messire de Cossé, comte de Brissac,... commençant en l'année 1550, et finissant en 1559, avec ce qui se passa les années suivantes sur l'exécution de la paix. Le tout divisé en douze livres répondant aux années que dura cette guerre piémontaise... Seconde édition, revue et augmentée de plus de la moitié par l'auteur.
— *Lyon, Pierre Rigaud,* 1610, 2 vol. in-8.

(1 tome en 2 vol.)

(V. aussi n° 562 : *Collection Buchon*, lettre J.)

* Mémoires de J. Aug. de Thou de 1553 à 1601.
(V. *ibidem*, lettre K.)

* Mémoires du sieur J. de Mergey, gentilhomme champenois.
(V. *ibidem*, lettre K.)

* Mémoires de Henry de La Tour d'Auvergne, souverain duc de Bouillon...
(V. *ibidem*, lettre K.)

619. — Histoire du maréchal duc de Bouillon, où l'on trouve ce qui s'est passé de plus remarquable sous les règnes de François II, Charles IX, Henry II, Henry IV, la minorité et les premières années du règne de Louis XIII. — *Amsterdam*, *chez Le Sincère*, 1726, 3 vol. in-12.

* Mémoires d'Achille Gamon, avocat et consul d'Annonai,
(V. *n° 562 : Collection Buchon*, lettre K.)

Ouvrages relatifs à plusieurs règnes à partir de François II.

620. — Mémoires de Condé servant d'éclaircissement et de preuves à l'histoire de M. de Thou, contenant ce qui s'est passé de plus mémorable en Europe. Ouvrage enrichi d'un grand nombre de pièces curieuses qui n'ont jamais paru et de notes historiques; orné de portraits, vignettes et plans de batailles. Augmenté d'un supplément, qui contient la légende du cardinal de Lorraine; celle de dom Claude de Guise, et l'apologie et procès de Jean Chastel, et autres avec des notes historiques, critiques et politiques. — *Paris, Rollin fils*, 1743, 2 vol. in-4.

(Par Secousse, avec un supplément recueilli par l'abbé du Fresnoy. — Il manque les 4 derniers volumes.)

621. — Les mémoires de messire Michel de Castelnau, seigneur de Mauvissière, illustrés et augmentés de plusieurs commentaires et manuscrits... servants à donner la vérité de l'histoire des règnes de François II, Charles IX et Henry III, et de la régence de Catherine de Médicis; avec les éloges des rois, reines, princes et autres personnes illustres de l'une et l'autre religion sous ces trois règnes, et l'histoire généalogique

de la maison de Castelnau , par J. Le Laboureur,... — *Paris*, *P. Lamy*, 1659-60 , 2 vol. in-fol.

(V. *n° 562* : *Collection Buchon*, lettre K.)

622. — Histoire des guerres civiles de France , contenant tout ce qui s'est passé de plus mémorable sous le règne des quatre rois François II, Charles IX , Henry III et Henry IV,... jusques à la paix de Vervins inclusivement, écrite en italien par H. C. Davila , mise en français par J. Beaudoin. — *Paris*, *P. Rocolet*, 1644 , 2 vol. in-fol.

623. — Mémoires de la vie de Théodore-Agrippa d'Aubigné, aïeul de Mme de Maintenon, écrits par lui-même ; avec les mémoires de Fréd.-Maur. de La Tour, prince de Sédan ; une relation de la cour de France en 1700 ; par M. Priolo,... et l'histoire de madame de Mucy (par Mlle D***.) — *Amsterdam*, *J.-F. Bernard*, 1731, in-12.

(2 tomes en 1 vol..)

* Mémoires de Théodore-Agrippa d'Aubigné.

(V. *n° 562* : *Collection Buchon*, lettre L.)

Ouvrages relatifs à plusieurs règnes à partir de Charles IX.

* Mémoires d'état de M. de Villeroy, conseiller d'état et secrétaire des commandements des rois Charles IX, Henry III, Henry IV et Louis XIII... (Publiés par du Mesnil-Basire.)

(V. *n° 562* : *Collection Buchon*, lettre N.)

624. — Mémoires de messire Philippe de Mornay, seigneur du Plessis-Marli,... contenant divers discours, instructions, lettres et dépêches... écrites aux rois, reines, princes, princesses, seigneurs et plusieurs grands personnages de la chrétienté depuis l'an 1572 jusques à l'an 1589 ; ensemble quelques lettres des dessus dits audit sieur du Plessis. — *Imprimé l'an 1624*, in-4.

(D'après le P. Lelong, ces mémoires ont été rédigés sur ceux de Charlotte Arbalestre, femme de Plessis de Mornay, par David Liques et Valentin Conrart, et publiés par Jean Daillé.)

*.Mémoires de Guillaume de Saulx, seigneur de Tavanes... (1560-96.)

(V. *n° 612*, et *n° 562* : *Collection Buchon*, lettre K.)

* Mémoires de Marguerite de Valois.
(V. n° 562 : *Collection Buchon*, lettre K.)

* Vie de Marguerite de Valois,... par A. Mongez.
(V. ci-après : *Règne de Henri IV.*)

625. — Les mémoires de M. le duc de Nevers, prince de Mantoue ,... gouverneur et lieutenant-général pour les rois Charles IX, Henri III et Henri IV... enrichis de plusieurs pièces du temps (publiés par le sieur de Gomberville). — *Paris, L. Billaine*, 1665 , 2 vol. in-fol.

(Portrait du duc de Nevers.)

626.— Les mémoires des troubles arrivés en France sous les règnes des rois Charles IX, Henri III, Henri IV; avec les voyages des sieurs de Mayenne et de Joyeuse au Levant et en Poitou, par M. de Villegomblain. — *Paris, Guil. de Luyne*, 1667, 2 vol. in-12.

627. — Histoire des édits de pacification et des moyens que les prétendus réformés ont employés pour les obtenir, contenant ce qui s'est passé de plus remarquable depuis la naissance du calvinisme jusqu'à présent, par le sieur Soulier, prêtre. — *Paris, Ant. Dezallier*, 1682 , in-8.

* Mémoires de Jean Philippi , président en la cour des aides de Montpellier.
(V. n° 562 : *Collection Buchon*, lettre K.)

* Mémoires de Mathieu Merle.
(V. *ibidem.*)

* Mémoires de Jacques Pape , seigneur de Saint-Auban.
(V. *ibidem*, lettre M.)

Ouvrages relatifs à plusieurs règnes à partir de Henri III.

* Mémoires de Messire Philippe Hurault, comte de Chiverny,... sous les rois Henri III et Henri IV.
(V. n° 562 : *Collection Buchon*, lettre M.)

* Mémoires du duc d'Angoulême pour servir à l'histoire de Henri III et de Henri IV.
(V. *ibidem*, lettre N.)

628. — Mémoires particuliers pour servir à l'histoire de France sous les règnes de Henri III, de Henri IV, sous la régence de Marie de Médicis et sous Louis XIII. — *Paris, Didot,* 1756, 4 tomes en 3 vol. in–12.

Tome Ier. — Mémoires du duc d'Angoulême.
Tome II. — Mémoires du duc d'Estrées.
Tome III. — Mémoires de M. Déageant.
Tome IV. — Mémoires du duc d'Orléans (rédigés par Algay de Martignac. — Même ouvrage que le suivant) :

629. — Mémoires contenant ce qui s'est passé en France de plus considérable depuis 1608 jusqu'en l'année 1636. — *Paris, Cl. Barbin,* 1685, in–12.

(Connus sous le nom de « Mémoires de Monsieur ou du duc d'Orléans », rédigés par Algay de Martignac. — Barbier.)

Ouvrages sur la Ligue.

630. — Le quatriesme tome des mémoires de la Ligue (par Simon Goulart, sous le pseudonyme de Samuel du Lis), in-8.

(Le titre ci-dessus est le titre de départ, page 5. On lit à la fin de la préface: « Fait ce 13 de mars 1595 ».)

631. — Histoire de la Ligue, par M. Maimbourg. — *Paris, Séb. Mabre-Cramoisy,* 1683, 2 vol. in-12.

632. — L'Esprit de la Ligue, ou histoire politique des troubles de France pendant les xvie et xviie siècles... (Par Anquetil.) — *Paris, J. T. Hérissant fils,* 1771, 3 vol. in–12.

* La Ligue et Henri IV, par Michelet.
(V. ci-dessus *n*° 538 : *Histoire de France,* T. X.)

Ouvrages relatifs à plusieurs règnes à partir de Henri IV.

633. — L'illustre destinée des Bourbons, ou anecdotes intéressantes des princes de l'auguste maison de Bourbon en France, en Espagne et en Italie depuis l'année 1256 jusqu'à nos jours. Ouvrage dédié à la nation. — *Paris, Defer de Maisonneuve,* 1790, 4 vol in–12.

(Avec un portrait de Louis XVI. — D'après Barbier, cet ouvrage est de Louis-Abel de Bonafons, plus connu sous le nom d'abbé de Fontenay.)

* Les lettres de Nicolas Pasquier, fils d'Estienne.
(V. *OEuvres d'Estienne Pasquier.*)

634. — Mémoires du maréchal de Bassompierre, contenant l'histoire de sa vie et de ce qui s'est fait de plus remarquable à la cour de France pendant quelques années. — *Cologne, Pierre du Marteau*, 1665, 2 vol. in-12.

635. — Mémoires du maréchal de Bassompierre... — *Amsterdam, aux dépens de la compagnie*, 1723, 4 vol. in-12.

636. — Mémoires de M. de Pontis, qui a servi dans les armées cinquante-six ans sous les rois Henri IV, Louis XIII et Louis XIV, contenant plusieurs circonstances remarquables des guerres, de la cour et du gouvernement de ces princes. (Rédigés par Th. Du Fossé.) — *Paris, G. Desprez*, 1678, 2 vol. in-12.

637. — L'intrigue du cabinet sous Henri IV et Louis XIII, terminée par la Fronde, par M. Anquetil,... — *Paris, impr. de Moutard*, 1780, 4 vol. in-12.

638. — Histoire de la vie du duc d'Espernon (1570-1642), par M. Girard. — *Rouen-Paris, Louis Billaine*, 1663, 3 vol. in-12.

Ouvrages relatifs à plusieurs règnes à partir de Louis XIII.

639. — Mémoires de M. L. C. D. R. (le comte de Rochefort), contenant ce qui s'est passé de plus particulier sous le ministère du cardinal de Richelieu et du cardinal Mazarin, avec plusieurs particularités remarquables du règne de Louis-le-Grand (par Sandras de Courtilz). — *Cologne, P. Marteau*, 1692, in-12.

640. — Les mémoires de messire Jacques de Chastenet, chevalier, seigneur de Puységur, colonel du régiment de Piémont et lieutenant-général des armées du roi sous les règnes de Louis XIII et de Louis XIV, donnés au public par M. du Chesne,... avec des instructions militaires. — *Paris, Ch. Ant. Jombert*, 1747, 2 vol. in-12.

(Avec un portrait.)

641. — Les mémoires de messire Roger de Rabutin, comte de Bussy, lieutenant-général des armées du roi et mestre de

camp général de la cavalerie légère. Deuxième édition. — *Paris, Rigaud*, 1704, 3 vol. in-12.

642. — Mémoires du comte de Brienne, ministre et premier secrétaire d'état, contenant les évènements les plus remarquables du règne de Louis XIII et de celui de Louis XIV jusqu'à la mort du cardinal Mazarin, composés pour l'instruction de ses enfants. — *Amsterdam, J.-Fréd. Bernard*, 1719, 3 vol. in-8.

643. — Lettres, mémoires et négociations de M. le comte d'Estrade, ambassadeur de Sa Majesté... en Italie, en Angleterre et en Hollande. — *La Haye, Abraham de Hondt*, 1719, 6 vol. in-12.

(Le faux titre porte en plus : « Depuis l'année 1637 jusqu'à l'année 1668 inclusivement. Dans lesquelles sont compris l'achat de Dunkerque, fait en l'an 1662, et plusieurs autres pièces curieuses ».)

644. — Mémoires de François de Paule de Clermont, marquis de Montglat,... contenant l'histoire de la guerre entre la France et la maison d'Autriche durant l'administration du cardinal de Richelieu et du cardinal Mazarin, sous les règnes de Louis XIII et de Louis XIV, depuis la déclaration de la guerre en 1635 jusques à la paix des Pyrénées en 1660. — *Amsterdam*, 1727, 4 vol. in-12.

645. — Le même ouvrage. — *Amsterdam*, 1728, 4 vol. in-12.

646. — Mémoires de feu M. Omer Talon, avocat-général en la cour du parlement de Paris (publiés par Joly). — *La Haye, Gosse et Neaulme*, 1737, 8 vol. in-12.

647. — Mémoires de Mathieu Molé, procureur général, premier président au parlement de Paris et garde des sceaux de France, publiés par la Société de l'Histoire de France sous les auspices de M. le comte Molé, l'un de ses membres, par Aimé Champollion-Figeac. — *Paris, J. Renouard*, 1855-5..., 2 vol. in-8.

(En publication.)

648. — Mémoire pour servir à l'histoire de la société polie en France, par P.-L. Rœderer (1620-83). — *Paris, F. Didot frères*, 1835, in-8.

649. — Vie de M. le marquis de Fabert, maréchal de

France, par le P. Barre,... — *Paris, J.-Thomas Hérissant,* 1752, 2 vol. in-12.

650. — Le trésor des harangues faites aux entrées des rois, reines, princes, princesses et autres personnes de condition, par M. L. G., avocat en parlement. — *Paris, Nicolas Le Gras,* 1680, in-12.

(Le premier volume seulement.)

Ouvrages relatifs à plusieurs règnes à partir de Louis XIV.

651. — Annales politiques de feu M. Charles-Irénée Castel, abbé de Saint-Pierre,... — *Londres,* 1758, 2 vol. in-12.

652. — Mémoires politiques et militaires pour servir à l'histoire de Louis XIV et de Louis XV, composés sur les pièces originales recueillies par Adrien-Maurice, duc de Noailles,... par M. l'abbé Millot,... — *Paris, Moutard,* 1777, 6 vol. in-12.

653. — Mémoires du maréchal duc de Richelieu,... pour servir à l'histoire des cours de Louis XIV, de la régence du duc d'Orléans, de Louis XV, et à celle des quatorze premières années du règne de Louis XVI,... Ouvrage composé dans la bibliothèque et sous les yeux du maréchal de Richelieu, et d'après les portefeuilles, correspondances et mémoires manuscrits de plusieurs seigneurs, ministres et militaires, ses contemporains. — *En France, chez les marchands de nouveautés,* 1790, 3 vol. in-8.

(Ces mémoires ont été publiés par J.-L. Soulavie. — Il manque les tomes III, V, VI, VII, VIII, IX.)

654. — Vie du maréchal duc de Villars,... écrite par lui-même, et donnée au public par M. Anquetil (1653-1734). — *Paris, Moutard,* 1784, 4 vol. in-12.

(Avec un portrait du maréchal de Villars.)

Ouvrages relatifs à plusieurs règnes à partir de Louis XV.

* Mémoires secrets pour servir à l'histoire de la république des lettres en France depuis 1762 jusqu'à nos jours, par Bachaumont.

(V. *la division* BELLES-LETTRES.)

655. — Mémoires du baron de Besenval, avec une notice sur sa vie, des notes et des éclaircissements historiques par MM. Berville et Barrière. — *Paris, Beaudoin frères, 1827,* 2 vol. in-8.

(Le faux titre porte : « Collection des mémoires relatifs à la révolution française ». — Ces mémoires ont été publiés en 1805 par Alexandre-Joseph de Ségur, exécuteur testamentaire du baron de Besenval.)

656. — Histoire de France pendant le xviiie siècle, par Ch. Lacretelle,... — *Paris, Delaunay, 1819,* 6 vol. in-8.

657. — Souvenirs de la marquise de Créquy de 1710 à 1803. Nouvelle édition, revue, corrigée et augmentée. — *Paris, H.-L. Delloye, 1840,* 9 vol. in-12.

(Portraits.)

HISTOIRE PAR RÈGNE DE HUGUES CAPET A LOUIS XVI.

Hugues Capet, Robert, Hugues et Henri (987-1060).

* Vie du roi Robert, par Helgaud,...
(V. n° 560 : *Collection Guizot,* T. VI.)

658. — Richer. — Histoire de son temps : texte reproduit d'après l'édition originale donnée par G.-H. Pertz, avec traduction française, notice et commentaire par J. Guadet. — *Paris, J. Renouard,* 1845; 2 vol. in-8.

(Publié par la Société de l'Histoire de France.)

Philippe Ier (1059-1108).

* Procès-verbal du sacre de Philippe Ier à Reims le 23 mai 1059.
(V. n° 560 : *Collection Guizot,* T. VII.)

* Histoire de la première croisade, par Robert Le Moine.
(V. *ibidem,* T. XXIII.)

Louis VI, le Gros (1108-1137).

* Vie de Louis-le-Gros, par Suger.
(V. n° 560 : *Collection Guizot,* T. VIII.)

Louis VII, le Jeune.

* Vie de Louis-le-Jeune.
 (V. n° 560 : *Collection Guizot*, T. VIII.)

* Histoire de la croisade de Louis VII, par Odon de Deuil.
 (V. *ibidem*, T. XXIV.)

659. — Histoire de Suger, abbé de St-Denis, ministre d'Etat et régent du royaume sous le règne de Louis-le-Jeune (par Dom Gervaise). — *Paris, Jean Musier*, 1721; 3 vol. in-12.

Philippe II, Auguste (1080-1223).

* Gulielmi Britonis Philippidos libri duodecim.
 (V. n° 558 : T. V.)

* La Philippide, poème, par Guillaume Le Breton.
 (V. n° 560 : *Collection Guizot*, T. XII.)

* Rigordus. — De Gestis Philippi Augusti.
 (V. n° 558 : T. V.)

* Vie de Philippe-Auguste, par Rigord.
 (V. n° 560 : *Collection Guizot*, T. XI.)

* Anecdotes de la cour de Philippe-Auguste, par Mlle de Lussan.
 (V. *la division* BELLES-LETTRES.)

Louis VIII Cœur-de-Lion. — Blanche de Castille (1223-26).

* Des faits et gestes de Louis VIII, poème historique, par Nicolas de Bray.
 (V. n° 560 : *Collection Guizot*, T. XI.)

* Vie de Louis VIII (par un anonyme).
 (V. *ibidem*.)

660. — Blanche, infante de Castille, mère de saint Louis, reine et régente de France (par le baron d'Auteuil). — *Paris, Ant. de Sommaville et Aug. Courbe*, 1644; in-4.

(La préface a pour titre : « Discours des régentes les plus célèbres de l'antiquité ». On trouve à la fin du vol. : « La suite des régentes de France depuis la mort de la reine Blanche de Castille ».)

Louis IX, le Saint (1226-70).

* Monuments du règne de saint Louis.
  (V. *n° 559 : Corps des historiens des Gaules*, T. XX et XXI.)

(Ces deux tomes contiennent : Geoffroy de Beaulieu ; — Guillaume de Chartres ; — Le moine de St-Denis (anonyme) ; — Miracles de saint Louis; — Joinville ; — Guillaume de Nangis ; — Chronique de Saint-Denis, etc.)

* Mémoires de Joinville avec les dissertations de du Cange.
  (V. *n° 564 : Collection Roucher*, T. I, II.)

* Extrait des manuscrits arabes sur l'expédition de saint Louis. — Liste des chevaliers qui accompagnèrent saint Louis dans la terre sainte.
  (V. *ibidem*, T. III, et ci-dessus : *Histoire des croisades*, page 86 et suiv.)

661. — Histoire de saint Louis, divisée en quinze livres (par Filleau de La Chaise). — *Paris, J.-B. Coignard*, 1688, 2 vol. in-4.

662. — La vie de saint Louis, par M. l'abbé de Choisy. — *Paris, Ant. Dezallier*, 1690, in-4.

Philippe III, le Hardi (1270-85).

* Conspiration de Jean Prochyta, traduction d'une chronique en langue sicilienne.
  (V. *n° 561.*)

* Cronica del rey en Pere e del seus antecessors passats, per Bernat d'Esclot.
  (V. *ibidem.*)

Philippe IV, le Bel (1285-1314).

663. — Histoire du différend d'entre le pape Boniface VIII et Philippe-le-Bel, roi de France, où l'on voit ce qui se passa touchant cette affaire depuis l'an 1296 jusques en l'an 1311 sous les pontificats de Boniface VIII, Benoist XI et Clément V. Ensemble le procès criminel fait à Bernard, évêque de Pamiers, l'an 1295. Le tout justifié par les actes et mémoires pris sur

les originaux qui sont au trésor des chartes du roi. — *Paris, Séb. Cramoisy, 1655,* in-fol.

(D'après Barbier, cet ouvrage est de Simon Vigor. — Le procès a été publié par Dupuy)

* Histoire de la condamnation des Templiers... par Pierre Dupuy.

(V. ci-dessus *n°* 575.)

* Procès des Templiers, publié par M. Michelet.
(V. *n°* 565 : *Documents inédits,* lettre S.)

* Paris sous Philippe-le-Bel , d'après des documents origi-naux, et notamment d'après un manuscrit contenant le rôle de la taille imposée sur les habitants de Paris en 1292 ; publié pour la première fois par H. Géraud ,...
(V. *ibidem,* lettre H.)

Louis X. — Jean I. — Philippe V. — Charles IV (1314-28).

(Aucun ouvrage.)

Philippe VI, de Valois. — Jean II. — Charles V (1328-80).

* Le siége de Calais, nouvelle historique (par la marquise de Tencin et Pont-de-Vesle.)—Histoires du comte d'Oxford et de Miledy d'Herby, et d'Eustache de St-Pierre et de Béatrix de Guines au siége de Calais.
(V. *la division* BELLES-LETTRES.)

* Histoires de Philippe de Valois et du roi Jean, par l'abbé de Choisy.
(V. ci-dessus *n°* 596.)

664. — Histoire de Charles cinquième, roi de France, par M. l'abbé de Choisy. — *Paris, A. Dezallier, 1689,* in-4.

* Vie de Charles V, par Christine de Pisan.
(V. *n°* 562 : *Collection Buchon,* lettre B.)

* Éloge de Charles V, par La Harpe.
(V. *ses œuvres,* T. III.)

665. — Mémoires pour servir à l'histoire de Charles II, roi

de Navarre. et comte. d'Évreux, surnommé le Mauvais, par
feu M. Secousse, de l'Académie royale des Inscriptions et
Belles-Lettres, pour servir de suite à l'histoire et aux
mémoires de cette académie. — *Paris, Durand,* 1758, 2 vol.
in-4.

(Le tome II porte au frontispice : « Recueil de pièces servant de preuves
aux Mémoires sur... Charles II ,... »)

* Chronique de Bertrand du Guesclin, par Cuvélier, trouvère
du xive siècle...
    (V. no 565 : *Documents inédits,* lettre J.)

666. — Histoire de Bertrand du Guesclin, comte de Longueville, connétable de France, par M. Guyard de Berville. —
Paris, H.-C. de Hansy, 1767, 2 vol. in-8.

Charles VI, l'Insensé (1380-1422).

667. — Histoire de Charles VI, roi de France, et des choses
mémorables advenues de son règne. dès l'an 1380 jusques en
l'an 1422, par très-révérend Père en Dieu messire. Jean
Juvenal des Ursins, archevêque de Reims, mise en lumière
par Théodore Godefroy,... — *Paris, Abraham Pacard,* 1614,
in-4.
    (V. aussi no 562 : *Collection Buchon,* lettre B.)

668. — Histoire de Charles VI, roi de France, écrite par
les ordres et sur les mémoires et les avis de Guy de Monceaux
et de Philippe de Villette, abbés de Saint-Denis, par un
auteur contemporain, religieux de leur abbaye, contenant
tous les secrets de l'état et du schisme de l'église avec les
intérêts et le caractère des princes de la chrétienté, des papes,
des cardinaux et des principaux seigneurs de France. Traduite
sur le manuscrit latin tiré de la bibliothèque de M. le président de Thou, par Mʳᵉ J. Le Laboureur, prieur de Juvigné,...
et par lui-même illustrée de plusieurs commentaires tirés de
tous les originaux de ce règne, avec un discours succinct des
vies et mœurs et de la généalogie et des armes de toutes les
personnes illustres du temps mentionnées en cette histoire et
en celle de Jean Le Fèvre, seigneur de St-Remy,... qui y est
ajoutée et qui n'avait point encore été vue. — *Paris, Louis
Billaine,* 1663, 2 vol. in-fol.

669. — Histoire de Charles VI,... par M. l'abbé de Choisy.
— *Paris, J.-B. Coignard,* 1695, in-4.

670. — Histoire et règne de Charles VI, par Mlle de Lussan. — *Paris, Pissot,* 1753, 9 vol. in-12.

* Mémoires de Pierre de Fénin de 1407 à 1427.
    (V. *n°* 562 : *Collection Buchon,* lettre D.)

* Poèmes anglais sur la bataille d'Azincourt.
    (V. *ibidem.*)

* Journal d'un bourgeois de Paris de 1409 à 1449.
    (V. *ibidem.*)

* Chronique du religieux de Saint–Denis, contenant le règne de Charles VI de 1380 à 1422, publiée en latin pour la première fois, et traduite par M. L. Bellaguet; précédée d'une introduction par M. de Barante.
    (V. *n°* 565 : *Documents inédits,* lettre K.)

* Livre des faits du bon messire Jean Le Maingre dit Bouciquaut.
    (V. *n°* 562 : *Collection Buchon,* lettre A.)

Charles VII, le Victorieux (1422-1461).

* Histoire du règne de Charles VII, par Thomas Bazin.
    (V. *ci-dessus* n° 600.)

* Histoire de Charles VII, par Alain Chartier.
    (V. *ses œuvres.*)

671. — Histoire de Charles VII, roi de France, par Jean Chartier, sous–chantre de Saint-Denys, Jacques Le Bouvier dit Berry, roi d'armes, Mathieu de Coucy, et autres auteurs du temps, qui contient les choses les plus mémorables advenues depuis l'an 1422 jusqu'en 1461; mise en lumière et enrichie de plusieurs titres, mémoires, traités et autres pièces histo-riques par Denys Godefroy,... — *Paris, impr. royale,* 1661, in-fol.

* Mémoires de Florent d'Illiers.
    (V. *n°* 564 : *Collection Roucher,* T. VII.)

* Chroniques de Mathieu de Coussy.
    (V. *n°* 562 : *Collection Buchon,* lettre D.)

* Journal d'un bourgeois de Paris.
    (V. *ibidem.*)

672. — Mémoires secrets de la cour de Charles VII,... par Mᵐᵉ D*** (Mᵐᵉ Durand). — *Paris, Prault père*, 1734, 2 vol. in-12.

(Cet ouvrage, qui est plutôt un roman qu'une histoire, est suivi de « l'histoire de la Pucelle ».)

673. — L'histoire et discours au vray du siége qui fut mis devant la ville d'Orleans par les Anglois, le Mardy xii. jour d'Octobre m. cccc. xxviii, regnant alors Charles VII. Roy de France. Contenant toutes les saillies, assauts, escarmouches... avec la venue de Jeanne la Pucelle... Prise de mot a mot sans aucun changement de langage, d'un vieil exemplaire escrit à la main en parchemin, et trouvé en la maison de ladite ville d'Orleans, illustree de belles annotations en marge. En ceste edition y a esté adjousté la harangue du Roy Charles VII. a ses gens, et celle de la Pucelle au Roy, avec la continuation de son histoire jusques a sa mort, ensemble le jugement contre elle donné par les Anglois à Rouen, rescindé par le privé conseil du Roy. Avec les antiquitez de ladite ville d'Orleans. — *A Orleans, chez Olivier Boynard et Jean Nyon*, 1606., in-8.

(Par Léon Tripault.)

* Mémoires concernant la Pucelle d'Orléans.
(V. *nᵒ* 564 : *Collection Roucher*, T. VII.)

* Chronique anonyme de la Pucelle. — Interrogatoires de la Pucelle. — Divers documents sur la Pucelle.
(V. *nᵒ* 562 : *Collection Buchon*, lettre D.)

674. — Examen critique de l'histoire de Jeanne d'Arc, suivi de la relation de la fête célébrée à Domremi en 1820, par M. de Haldat. — *Nancy, Gimblot*, in-8.

675. — Jeanne d'Arc, sa mission et son martyre, avec le plan du siége d'Orléans et la photographie de la statue équestre de M. Foyatier, par M. A. Renzi,... — *Paris et Orléans, Alphonse Gatineau*, 1855, in-8.

* Exposition de Georges Chastellain sur la vérité mal prise.
(V. *nᵒ* 562 : *Collection Buchon*, lettre C.)

Louis XI (1461-83).

676. — La cronique du treschrestien et victorieux Roy Loys unziesme du nom [que Dieu absolve] avec plusieurs

histoires advenues tant es pays de France, Angleterre, que Flandres et Artois, puis l'an mil quatre cens soixante et un jusq'en l'an mil quatre cens quatre-vingz et trois (par Jean de Troyes). — *On les vend à Paris... en la boutique de Galliot du Pré,... 1558, in-8.*

677. — Histoire de Louis XI , roi de France, et des choses advenues de son règne, depuis l'an 1460 jusques à 1483 ; autrement dite la Chronique scandaleuse, écrite par un greffier de l'hôtel-de-ville de Paris (Jean de Troyes). — *Imprimé sur le vrai original, 1620 , in-4.*

(Avec un portrait de Louis XI.)

678. — Même ouvrage, même édition, in-12.
 (V. aussi *n° 562 : Collection Buchon*, lettre D.)

679. — Histoire de Louis XI, Roy de France, et des choses memorables advenues en l'Europe durant vingt et deux annees de son Regne. Enrichie de plusieurs observations qui tiennent lieu de Commentaires. Divisée en unze livres (par Pierre Mathieu). — *Paris, P. Mettayer, imprim..., M. DC X, in-fol.*

680. — Histoire de Louis XI ,... (par Pierre Mathieu). — *Paris , Vᵉ Mathieu Guillemot, 1628, in-4.*

681. — Histoire de Louis XI, par M. Duclos,... — *Paris, frères Guérin, 1745, 3 vol in-12.*

(Portrait de Louis XI. — Le tome IV manque.)

682. — Histoire de Marie de Bourgogne, fille de Charles-le-Téméraire, femme de Maximilien, premier archiduc d'Autriche ; depuis empereur (par Gaillard, selon Barbier). — *Amsterdam-Paris, Leclerc, 1757, in-12.*

Charles VIII (1484-98).

683. — Histoire de Charles VIII, roi de France, et des choses advenues de son règne depuis l'an 1483 jusques à 1498, par Guillaume de Jaligny, secrétaire de Pierre II, duc de Bourbon, André de La Vigne, secrétaire d'Anne, reine de France, et autres. — *Paris, Abraham Pacard, 1617, in-4.*

684. — Histoire de Charles VIII, roi de France, par Guillaume de Jaligny, André de La Vigne, et autres historiens de ce temps-là ; où sont décrites les choses les plus mémorables

arrivées pendant ce règne depuis 1483 jusques en 1498. Enrichie de plusieurs mémoires, observations, contrats de mariage, traités de paix et autres titres et pièces historiques non encore imprimées ; le tout recueilli par feu M. Godefroy,... — *Paris, impr. royale*, 1684, in-fol.

685. — Histoire de Charles VIII, par M. Varillas. — *Paris, Cl. Barbin*, 1691, in-4.

* Journal des états généraux de France tenus à Tours en 1484... Rédigé en latin par Jean Masselin,... et traduit par A. Bernier,...
(V. n° 565 : *Documents inédits*, lettre C.)

* Procès-verbaux des séances du conseil de régence du roi Charles VIII pendant les mois d'août 1484 à janvier 1485... publiés par A. Bernier.
(V. *ibidem*, lettre D.)

* Mémoires de Guillaume de Villeneuve (1494-97), contenant la conquête du royaume de Naples...
(V. n° 562 : *Collection Buchon*, lettre F, et n° 564 : *Collection Roucher*, T. XIV-XV.)

(Pour ce qui a rapport aux guerres d'Italie, V. ci—après : *Histoire d'Italie.*)

686. — Cronique de Charles de Bourbon, connétable de France, commençant de l'an mil quatre cens quatre vingt neuf, et finissant en mil cinq cens vingt-un. Recueillie par Marillac, son secrétaire. — (S. l. n. d.), in-4.

Louis XII (1498-1515).

687. — Louis XII et François Ier, ou mémoires pour servir à une nouvelle histoire de leur règne ; suivis d'appendices comprenant une discussion entre M. le comte Daru et l'auteur concernant la réunion de la Bretagne à la France, par P.-L. Rœderer. — *Paris, Bossange frères*, 1825, 2 vol. in-8.
(Le tome Ier contient l'histoire de Louis XII ; le tome II, celle de François Ier.)

688. — Histoire de l'administration du cardinal d'Amboise,... où se lisent les effets de la prudence et de la sagesse politique, ensemble les félicités de la France sous un bon gouvernement,

par le sieur Michel Baudier de Languedoc,...— *Paris, Pierre Rocolet*, 1634, in-4.

689. — Lettres du roi Louis XII et du cardinal George d'Amboise, avec plusieurs autres lettres, mémoires et instructions écrites depuis 1504 jusques et compris 1514, divisées en 4 tomes, et enrichies de portraits en taille douce. — *Bruxelles, F. Foppens*, 1712, 4 vol. in-12.

* Tableau du siècle de Louis XII, par Voltaire.
(V. *ses œuvres*, T. XVIII.)

690. — Histoire de la ligue faite à Cambrai entre Jules II, pape ; Maximilien Ier, empereur ; Louis XII, roi de France ; Ferdinand V, roi d'Aragon, et de tous les princes d'Italie, contre la république de Venise (par l'abbé Dubos). — *Paris, Fl. Delaulne*, 1709, 2 vol. in-12.

François Ier (1515-1547).

691. — Histoire de François Ier, par le sieur de Varillas. — *Paris, C. Barbier*, 1685, 2 vol. in-4.

692. — Histoire politique des grandes querelles entre l'empereur Charles V et François Ier, roi de France, avec une introduction contenant l'état de la milice et la description de l'art de la guerre avant et sous le règne de ces deux monarques ; ensemble une notice des plus célèbres savants qui ont contribué par leurs lumières à la renaissance des lettres, par M. de G*** (Goezmann, d'après Barbier), de la Société royale des Sciences et Arts de Metz. — *Paris*, 1777, 2 vol. in-8.

* François Ier, par Rœderer.
(V. ci-dessus n° 687, T. II.)

693. — Les mémoires de mess. Martin du Bellay Seigneur de Langey. Contenans le discours de plusieurs choses advenues au Royaume de France, depuis l'an M. D. XIII jusques au trespas du Roy François Ier ; ausquels l'Autheur a inséré trois livres, et quelques fragmens des Ogdoades de Mess. Guillaume du Bellay, seigneur de Langey son frère ; Oeuvre mis nouvellement en lumière, et présenté au Roy par Mess. René du Bellay,... — *Paris, P. L'Huillier*, 1569, in-fol.
(V. aussi n° 562 : *Collection Buchon*, lettre H, et n° 564 : *Collection Roucher*, T. XVII-XXI.)

* Mémoires ou journal de Louise de Savoie, duchesse d'Angoulême, mère du grand roi François Ier.

(V. *les mêmes Collections*, lettre H et T. XVI.)

694. — Lettres de Marguerite d'Angoulême, sœur de François Ier, reine de Navarre, publiées, d'après les manuscrits de la bibliothèque du roi, par F. Génin,... — *Paris, J. Renouard,* 1842, in-8.

(Publiées par la Société de l'Histoire de France.).

* Captivité du roi François Ier, par M. Aimé Champollion-Figeac.

(V. *n*° 565 : *Documents inédits*, lettre Y.)

* Papiers d'État du cardinal de Granvelle, d'après les manuscrits de la bibliothèque de Besançon, publiés sous la direction de M. Ch. Weiss.

(V. *n*° 565 : *Documents inédits*, lettre R.)

Henri II (1547-1559).

* Commentaires des dernières guerres en la Gaule belgique entre Henri II du nom et Charles V., empereur et Philippe son fils... par Fr. de Rabutin,...

(V. *n*° 562 : *Collection Buchon*, lettre L.)

* Mémoires de François de Rabutin,... contenant ce qui s'est passé en Allemagne et dans les Pays-Bas depuis l'année 1551 jusqu'en 1559.

(V. *n*° 564 : *Collection Roucher*, T. XXXVII-XXXIX.)

* Mémoires de M. Henri de La Tour d'Auvergne, vicomte de Turenne et depuis duc de Bouillon.

(V. *n*° 562 : *Collection Buchon*, lettre K, et *n*° 564 : *Collection Roucher*, T. XLIX.)

695. — La vie de François de Lorraine, duc de Guise (par de Valincourt). — *Paris, Séb. Mabre-Cramoisy,* 1681, in-12.

696. — Le siége de Metz par l'empereur Charles V en l'an M D LII, où l'on voit comme M. de Guise et plusieurs grands seigneurs de France qui étaient dans ladite ville se sont comportés à la défense de la place (par Bertrand de Salignac). — *Metz, P. Collignon, impr.,* 1665, in-4.

(V. aussi *n*° 562 : *Collection Buchon*, lettre K, et *n*° 564 : *Collection Roucher*, T. XXXIX.)

* Mémoire du voyage de M. le duc de Guise en Italie, son retour, la prise de Calais et de Thionville (1556 et 1557), par M. de La Chastre.

(V. n° 562 : *Collection Buchon*, lettre K, et n° 564 : *Collection Roucher*, T. XL.)

* Discours de Gaspar de Colligny, seigneur de Chastillon, amiral de France, où sont sommairement contenues les choses qui se sont passées durant le siége de Saint-Quentin.

(V. n° 562 : *Collection Buchon*, lettre K, et n° 564, T. XL.)

François II (1559-60).

* Histoire de l'état de France, tant de la république que de la religion, sous le règne de François II (par Régnier, sieu de La Planche).

(V. n° 562 : *Collection Buchon*, lettre L.)

* Négociations, lettres et pièces diverses, relatives au règne de François II, tirées du portefeuille de Séb. de L'Aubespine,... par L. Paris,...

(V. n° 565 : *Documents inédits*, lettre T.)

* Pour l'histoire de Marie Stuart, V. *Histoire d'Angleterre, d'Ecosse et d'Irlande.*

Charles IX (1560-74).

697. — L'Histoire des neuf roys Charles de France : contenant la fortune, vertu, et heur fatal des Roys, qui sous ce nom de Charles ont mis à fin des choses merveilleuses. Le tout comprins en dix-neuf livres, avec la table sur chacune histoire de Roy. Par François de Belle-Forest Comingeois. — *A Paris, à l'Olivier de P. L'Huillier*, 1568, in-fol.

698. — Histoire de Charles IX, par le sieur Varillas. — *Paris, C. Barbin*, 1684, 2 vol. in-8.

* Mémoires de François, seigneur de La Noue.

(V. n° 562 : *Collection Buchon*, lettre K, et n° 564 : *Collection Roucher*, T. XLVII.)

* Le livre des marchands, par Regnier de La Planche.

(V. n° 562 : *Collection Buchon*, lettre L.)

699. — Le reveille-matin des Francois et de leurs voisins.
Composé par Eusebe Philadelphe. Cosmopolite, en forme de
Dialogues. — *A Édimbourg, de l'imprimerie de Jacques James,*
1574. — Dialogue second du reveille-matin des François et de
leurs voisins... — *Édimbourg, de l'impr. de Jaques James,*
1574, in-8.

(Cet ouvrage est attribué à Théodore de Bèze par Adrien Baillet, à
Hugues Donneau par Cujas, à Nicolas Barnaud par Struvius et Allard. —
Lelong: Bibliothèque historique, n° 18,152.)

700. — Histoire memorable de la ville de Sancerre. Contenant les Entreprinses, Siege, Approches, Bateries, Assaux
et autres efforts des assiegeans : les resistances, faits magnanimes, la famine extreme et delivrance notable des assiegez.
Le nombre des coups de Canons par journees distinguees. Le
catalogue des morts et blessez à la guerre sont à la fin du
livre. Le tout fidelement recueilli sur le lieu, par Jean de
Lery... — M. D. LXXIIII, in-8.

701. — Histoire des deux derniers siéges de La Rochelle, le
premier, sous le règne du roi Charles IX, en l'année 1573, et le
second, sous le roi Louis XIII, à présent heureusement régnant,
es années 1627 et 1628. — *Paris, F. Targa,* 1630, in-8.

702. — Caroli Lotharingi Card. et Francisci Ducis Guysii,
Litteræ et Arma, in funebri Oratione habita Nancii a N. Bo-
cherio Theologo, et ab eodem postea latine plenius explicata.
His accesserunt utriusque Icones, et ejusdem Card. Tumulus,
atque Concio, ab eodem Bocherio latine reddita. Ad serenis.
Principes Carolum Lotharingum et Carolum Vademontanum.
— *Lutetiæ, ex officina Frederici Morelli,* 1577, in-4.

Henri III (1574-89).

703. — Journal de Henri III, roi de France et de Pologne,
ou mémoires pour servir à l'histoire de France, par M. Pierre
de L'Estoile. Nouvelle édition accompagnée de remarques
historiques et des pièces manuscrites les plus curieuses de ce
règne. — *La Haye, Paris, veuve P. Gandouin,* 1744, 5 vol.
in-8.

(Avec un portrait de Henri III.)

704. — Histoire de Henri III, par M. de Varillas. — *Paris, C. Barbin, 1694, in-4.*

(Le tome Ier seulement.)

705. — Histoire de Henri III, roi de France et de Pologne, contenant des détails très-intéressants sur l'assemblée des états-généraux tenus deux fois sous le règne de ce prince (par l'abbé de Sauvigny). — *Paris, Régnault, 1788, in-8.*

(Portrait.)

* Mémoires de Jean Choisnin, ou discours au vray de tout ce qui s'est faict et passé pour l'entière négociation de l'élection au roy de Polongne.
(V. n° 562 : *Collection Buchon*, lettre K, et n° 564 : *Collection Roucher*, T. LIV.)

706. — Description de l'île des Hermaphrodites, nouvellement découverte ; contenant les mœurs, les coutumes et le ordonnances des habitants de cette île, comme aussi le discours de Jacophile à Limne, avec quelques autres pièces curieuses pour servir de supplément au journal de Henri III (par Arthus Thomas, sieur d'Embry). — *Cologne, chez les héritiers d'Herman Demen, 1724, in-8.*

707. — Les lettres de messire Paul de Foix, archevêque de Toulouse, et ambassadeur pour le roi auprès du pape Grégoire XIII, écrites au roi Henri III (1581-82). — *Paris, par Ch. Chappellain, 1628, in-4.*

Henri IV (1589-1610).

708. — Histoire de France et des choses memorables advenues aux Provinces estrangeres durant sept annees de Paix, du regne de Henri IIII, roy de France et de Navarre, divisée en sept livres (par Pierre Mathieu). — *Paris, Jamet Métayer, impr.,* M DC V, 2 vol. in-4.

(Figures. — Le faux titre du tome II porte : « |Histoire du Roy. Livre quatriesme M DC I ».)

* Chronologie Novenaire ; contenant l'histoire de la guerre, sous le règne du... Roi... Henri IV. Par Pierre-Victor Cayet,...
(V. n° 562 : *Collection Buchon*, lettre N, et n° 564 : *Collection Roucher*, T. LV-LIX.)

709. — Chronologie septenaire de l'histoire de la paix entre

les roys de France et d'Espagne. Contenant les choses. plus memorables advenues en France, Espagne, Allemagne, Italie, Angleterre, Escosse, Flandres, Hongrie, Pologne, Suece, Transsilvanie, et autres endroits de l'Europe : avec le succez de plusieurs navigations faictes aux Indes Orientales, Occidentales et Septentrionales, depuis le commencement de l'an 1598 jusques à la fin de l'an 1604. Divisee en sept livres (par Pierre-Victor-Palma Cayet). — *Paris, par Jean Richer,* M DC V, in-8.

* (V. aussi *n*° 562 : *Collection Buchon,* lettre N.)

710. — Histoire du roi Henri-le-Grand, composée par messire Hardouyn de Péréfixe,... — *Paris, impr. d'Edme Martin,* 1662, in-4.

(Portrait d'Henri IV.)

711. — Journal du règne de Henri IV,... par M. Pierre de L'Etoile... avec des remarques historiques et politiques du chevalier C. B. A. et plusieurs pièces historiques du même temps. — *La Haye, les frères Vaillant,* 1741, 4 vol. in-8.

(Portrait d'Henri IV. — Le 3e volume porte la date de 1761. — On s'accorde assez généralement à regarder l'abbé Lenglet du Fresnoy comme l'auteur caché sous le nom du chevalier C. B. A.)

* Recueil des lettres missives de Henri IV, publié par M. Berger de Xivrey, membre de l'Institut de France.
(V. *n*° 565 : *Documents inédits,* lettre V.)

712. — Lettres de l'illustrissime et révérendissime cardinal d'Ossat, évêque de Bayeux, au roi Henri-le-Grand et à M. de Villeroy depuis l'année 1594 jusques à l'année 1604. — *Paris, J. Bouillerot,* 1624, in-fol.

713. — Lettres du cardinal d'Ossat. Nouvelle édition, corrigée sur le manuscrit original, et notablement augmentée, avec des notes historiques et politiques de M. Amelot de La-Houssaie. — *Paris, J. Boudot,* 1698, 2 vol. in-4.

714. — Memoires des sages et royalles œconomies d'estat, domestiques, politiques et militaires de Henry le Grand,... Et des servitudes utiles obeissances convenables et administrations loyales de Maximilian de Bethune...—*A Amstelredam, chez Alethinosgraphe de Clearetimelee et Graphexechon de Pistariste* (s. d.), 2 tomes en 1 vol. in-fol.

(Cette édition, quoique aux trois V verts, n'est qu'une contrefaçon de l'édition originale.)

.715. — Mémoires ou économies royales d'Etat, domestiques, politiques et militaires de Henri-le-Grand, par Maximilien de Bethune, duc de Sully. — *Amsterdam, aux dépens de la compagnie*, 1725, 12 vol. in-12.

716. — Mémoires de Maximilien de Bethune, duc de Sully,... mis en ordre avec des remarques par M. L. D. L. D. L. (Pierre Mathurin, abbé de L'Ecluse des Loges). — *Londres*, 1767, 8 vol. in-12.

(Avec un portrait de Sully. — De cette édition on a retranché tout ce qui concerne les économies politiques.)

* Caractère du livre intitulé : Mémoire des sages et royales œconomies, etc., par M. Levesque de La Ravalière.

    (V. *Mémoires de l'Académie des Inscript. et Belles-Lettres*, T. XXI.)

* Mémoires de Philippe Hurault, abbé de Pontleyoy, évêque de Chartres.

    (V. *no* 562 : *Collection Buchon*, lettre M.)

* Mémoires de Michel de Marillac.

    (V. *ibidem*, lettre N.)

717. — Satyre Ménippée, de la vertu du Catholicon d'Espagne et de la tenue des états de Paris, à laquelle est ajouté un discours sur l'interprétation du mot de *Higuiero del Infierno*, et qui en est l'auteur. Plus le regret sur la mort de l'Ane ligueur d'une Damoiselle, qui mourut pendant le siège de Paris. Dernière édition, divisée en trois tomes, enrichie de figures en taille-douce, augmentée de nouvelles remarques et de plusieurs pièces qui servent à prouver et à éclaircir les endroits les plus difficiles,... — *A Ratisbonne, chez les héritiers de Mathias Kerner*, 1726, 3 vol. in-8.

(Par le P. Le Roy, Gillot, Passerat, Rapin, Florent-Chrétien et P. Pithou. Cette édition, selon Brunet, a quelques notes de Prospert Marchand, qui en fut l'éditeur.)

* (V. aussi *no* 562 : *Collection Buchon*, lettre M.)

* Recueil de poésies du temps sur la mort de Henri IV, par du Peyrat.

    (V. *la division* BELLES-LETTRES.)

718. — L'esprit de Henri IV, ou anecdotes les plus intéressantes, traits sublimes, réparties ingénieuses, et quelques lettres de ce prince (par L.-Laurent Prault). — *Amsterdam*, 1785, in-12.

719. — Mémoires historiques relatifs à la fonte et à l'élévation de la statue équestre de Henri IV sur le terre-plain du Pont-Neuf à Paris, avec des gravures à l'eau-forte représentant l'ancienne et la nouvelle statue, dédiés au roi par M. Ch.-J. Lafolie, conservateur des monuments publics de Paris. — *Paris, Le Normant,* 1819, in-8.

(A la fin se trouve une liste des souscripteurs pour le rétablissement de la statue.)

720. — Histoire de la reine Marguerite de Valois, première femme du roi Henri IV, par A. Mongez,... — *Paris, Ruault,* 1777, in-8.

Louis XIII (1610-43).

721. — Le tableau de la régence de Blanche-Marie de Médicis, reine-mère du roi et du royaume, contenant tout ce qui* s'est passé ès régences des régents et régentes depuis Clotilde jusques à présent, et de leurs droits et prérogatives, et principalement en la régence de la reine, par maître Florentin du Ruau. — *Poitiers, par A. Mesnier,* 1615, in-8.

722. — Les mémoires de la régence de la reine Marie de Médicis (par le maréchal d'Estrées, publiés par le P. Le Moine, avec une lettre de ce dernier). — *Paris, Th. Jolly,* 1666, in-12.

723. — Le septième (huitième... treizième) tome du Mercure français, ou suite de l'histoire de notre temps sous le règne du très-chrétien roi de France et de Navarre Louis XIII... — *Paris, Jean Richer,* 1622, 7 vol. in-8.

(Les tomes VII à XIII seulement.)

724. — Recueil de diverses pièces pour servir à l'histoire (par Paul Hay, sieur du Chastelet). — (S. l.), 1635, in-fol.

(De 1626 à 1634.)

* Mémoires de Mathieu Molé,... publiés... par Aimé Champollion-Figeac.
(V. ci-dessus n° 647.)

725. — Mémoires du duc de Rohan sur les choses advenues en France depuis la mort de Henri-le-Grand jusques à la paix faite avec les réformés au mois de juin 1629, augmentés d'un quatrième livre et de divers discours politiques du même

auteur ci-devant non imprimés; ensemble un traité de l'intérêt des princes. — *Paris, sur l'imprimé, à Leyde, chez Jean Elzevier,* 1661, 2 vol. in-12.

(Le tome second porte : « Véritable discours de ce qui s'est passé en l'assemblée politique des Eglises réformées de France tenue à Saumur par la permission du roi l'an 1611, servant de supplément aux mémoires du duc de Rohan ». — Ces mémoires, d'après Barbier, ont été publiés par les soins de Samuel Sorbière.)

    * Mémoires de Déageant.
      (V. ci-dessus n° 628, T. III.)

    * Mémoires (de feu M. le duc d'Orléans) contenant ce qui s'est passé en France de plus considérable depuis l'an 1608 jusqu'en l'année 1636. (Rédigés par Algay de Martignac). — *Paris, C. Barbin,* 1685.
      (V. ci-dessus n° 629.)

726. — Histoire du règne de Louis XIII,... par Michel Le Vassor... Quatrième édition, revue et corrigée. — *Amsterdam, Pierre Brunel,* 1712-17; 10 tomes en 22 vol. in-12.

(Le faux titre porte : « Histoire générale de l'Europe sous le règne de Louis XIII ».)

727. — Histoire de la mère et du fils, c'est-à-dire de Marie de Médicis, femme du grand Henri et mère de Louis XIII... contenant l'état des affaires politiques et ecclésiastiques arrivées en France depuis et compris l'an 1616 jusques à la fin de 1649, par François-Eudes de Mézeray,... — *Amsterdam, chez Michel-Ch. Le Cène,* 1730, 2 vol. in-12.

728. — Les historiettes de Tallemant des Réaux. Mémoires pour servir à l'histoire du xviie siècle, publiés sur le manuscrit autographe de l'auteur. Seconde édition, précédée d'une notice sur l'auteur, augmentée de passages inédits, et accompagnée de notes et d'éclaircissements, par M. Monmerqué,... — *Paris, Delloye,* 1840, 10 vol. in-12.

(Un portrait à chaque volume.)

    * Correspondance de Henri d'Escoubleau de Sourdis, archevêque de Bordeaux, chef des conseils du roi en l'armée navale. Augmentée des ordres, instructions et lettres de Louis XIII et du cardinal de Richelieu à M. de Sourdis,... et accompagnée d'un texte historique, de notes et d'une introduction par M. Eugène Sue.
      (V. n° 565 : *Documents inédits*, lettre N.)

729. — Histoire militaire du règne de Louis-le-Juste,

XIIIe du nom,... par Ray de Saint-Geniès,... — *Paris,
Durand*, 1755, 2 vol. in-12.

730. — L'histoire du cardinal duc de Richelieu, par le
sieur Aubery,... — *Paris, Ant. Bertier,* 1660, in-fol.

731. — Vie d'Armand-Jean cardinal duc de Richelieu,
principal ministre d'Etat sous Louis XIII,... — *Cologne,
chez* ***, 1696, 2 vol. in-12.

(Avec un portrait et un plan du siége de La Rochelle. — Cet ouvrage est
de Jean Le Clerc, selon Barbier.)

732. — Journal de M. le cardinal duc de Richelieu qu'il a
fait durant le grand orage de la cour (1630-31), tiré des
mémoires écrits de sa main, avec diverses autres pièces remarquables concernant les affaires arrivées de son temps. —
Paris, par la Société des libraires du palais, 1665, 2 vol.
in-12.

733. — Lettres du cardinal duc de Richelieu, où l'on voit
la fine politique et le secret de ses plus grandes négociations.
— *Cologne, chez* ***, 1695, in-12.

* Lettres, instructions diplomatiques et papiers d'état du
cardinal de Richelieu, recueillis et publiés par M. Avenel
(1853).
(V. n° 565 : *Documents inédits*, lettre Dd.)

734. — Mémoires de M. de Montrésor, contenant diverses
pièces durant le ministère du cardinal de Richelieu, la relation de M. de Fontrailles et les affaires de MM. le comte de
Soissons, ducs de Guise et de Bouillon, etc. — *Cologne,
J. Sambix le jeune,* 1723, 2 vol. in-12.

735. — Anecdotes du ministère du cardinal de Richelieu et
du règne de Louis XIII, avec quelques particularités du commencement de la régence d'Anne d'Autriche, tirées et
traduites de l'italien du Mercurio de Siri, par M. de V*** (de
Valdori, d'après le P. Lelong). —*Imprimé à Rouen, et se vend
à Paris chez J. Musier,* 1717, 2 vol. in-12.

* Ludovico XIII,... feliciter inaugurato, sacra rhemensia,
nomine collegii pictavensis societatis Jesu, Franciscus
Garassus, engolismensis, ex eodem societate. D. D. D.
(V. *la division* BELLES-LETTRES.)

* Recueil très-exact et curieux de ce qui s'est fait et passé
de singulier et mémorable en l'assemblée générale des états

tenus à Paris en l'année 1614, et particulièrement en chacune des séances du tiers-ordre, par maître Florimond Rapine, seigneur de Fourcheraine,... — *Paris, au Palais*, 1751.

(V. *la division* NOMOLOGIE.)

* Le trésor des trésors de France volé à la couronne,... découvert et présenté au roi Louis XIII... par Jean de Beaufort (1615).

(V. *ibidem.*)

736. — Les aventures du baron de Fœneste, par Théodore-Agrippa d'Aubigné. Édition nouvelle, augmentée de plusieurs remarques historiques, de l'histoire secrète de l'auteur, écrite par lui-même, et de la bibliothèque de M⁰ Guillaume; enrichie de notes par M. *** (Jacob Le Duchat, suivant Barbier). — *Cologne, héritiers de P. Marteau*, 1729, 2 vol. in-8.

737. — Ambassade du maréchal de Bassompierre en Espagne l'an 1621. — *Cologne, P. du Marteau*, 1668. — Négociation du maréchal de Bassompierre, envoyé ambassadeur extraordinaire en Angleterre... l'an 1626. — *Cologne, Pierre du Marteau*, 1668, in-12.

(Les 2 ouvrages dans le même volume.)

738. — Ambassade du maréchal de Bassompierre en Suisse, l'an 1625. — *Cologne, P. du Marteau*, 1668, 2 vol. in-12.

* Histoire des deux derniers siéges de La Rochelle.

(V. ci-dessus *n°* 704.)

739. — La première et seconde Savoisienne, où se voit comme les ducs de Savoie ont usurpé plusieurs états appartenant aux rois de France; comme les rois de France en ont eu plusieurs pour cruels ennemis, voire même tous ceux qui ont été les plus proches dans leur alliance; comme l'église en a reçu de grandes offenses, les feintes propositions de paix qui se faisaient à Paris, Lyon, Suze, Pignerol et ailleurs pour tromper le roi, faire périr ses armées et assujettir l'Italie, sans moyen de s'y pouvoir opposer, et par conséquent la nécessité de cette dernière guerre; plus une description sommaire de tous les princes de cette maison jusques à l'an 1630 (3 septembre). — (S. l.), 1630, in-8.

(La première Savoisienne est attribuée à Antoine Arnauld par Samuel Guichenon; la seconde, à Paul Hay du Chastelet, par Mathieu de Morgues, et par d'autres à Bernard de Rechignevoisin, seigneur de Guron.)

* Lettres et négociations du marquis de Feuquières, ambassadeur extraordinaire du roi en Allemagne en 1633 et 1634. (V. ci-dessus n° 444.)

740. — Recueil in-8 contenant :

1°. — Les vérités françaises opposées aux calomnies espagnoles, ou réfutation des impostures contenues en la déclaration imprimée à Bruxelles sous le nom du cardinal Infant, par un gentilhomme de Picardie (de Binville). — *A Beauvais*, 1735.

2°. — L'homme du pape et du roi.
> (Le titre ci-dessus est le titre de départ, le frontispice manquant. Le titre de cet ouvrage est ainsi porté dans Barbier : « L'homme du pape et du roi, ou répartie véritable sur les imputations calomnieuses d'un libelle diffamatoire semé contre Sa Sainteté, par Romule Courteguerre. — Jouxte la copie imprimée à Bruxelles, 1635. » — Cet ouvrage est attribué à l'abbé Richard, au P. Simon et à Benignet Milletot. — V. Barbier.)

3°. — Dialogue du Maheustre et du Manant, ainsi porté dans Barbier : « Dialogue d'entre le Maheustre et le Manant, contenant les raisons de leurs débats et questions en ces présents troubles du royaume de France, par Louis Morin dit Cromé, l'un des seize du parti de la ligue suivant Cayet, dans sa Chronologie novenaire, au verso de la page 11 ». — L'abbé d'Artigny attribué cet ouvrage à un nommé Crucé, procureur à Paris.)
> (Sans frontispice).

741. — Diverses pièces pour la défense de la reine-mère du roi très-chrétien Louis XIII, faites et revues par messire Mathieu de Morgues, sieur de Saint-Germain,... — *Jouxte la copie imprimée à Anvers*, 1637, in-8.
> (Ce recueil est opposé à celui de Paul Hay du Chastelet. V. n° 724. — Les 4 derniers volumes manquent)

742. — Recueil des pièces pour la défense de la reine mère du roi très-chrétien Louis XIII, par Mathieu de Morgues, sieur de Saint-Germain,... Dernière édition, revue, corrigée et augmentée de plusieurs choses qui ne sont point aux éditions contrefaites, auxquelles s'est commis des fautes contre l'intention de l'auteur. — *Sur la dernière copie imprimée à Anvers*, 1643, in-4.

Après la dédicace au roi on lit :
« Ordre des pièces contenues en ce volume :
La charitable remontrance du Caton chrétien. — *Imprimée l'an* 1631.
La très-humble... remontrance au roi. — *Imprimée l'an* 1631.
Le Français fidèle, ou réponse au libelle intitulé : « Défense du roi et des ministres ». — *Imprimé l'an* 1631.
La réponse de Nicocléon à Cléonville. — *Imprimée l'an* 1632.
Le génie démasqué. — *Imprimé l'an* 1632.

La réponse à la lettre de Balsac. — *Imprimée l'an* 1632.

La vérité défendue. — *Imprimée l'an* 1635.

Le jugement sur les diverses pièces. — *Imprimé l'an* 1635.

L'advis de ce qui s'est passé sur le sujet de certaines lettres, etc. — *Imprimé l'an* 1636

Les lumières pour l'histoire de France contre Dupleix — *Imprimées l'an* 1636.

La lettre de change protestée. — *Imprimée l'an* 1637.

L'épitre au roi et l'avis au lecteur. — *Imprimée l'an* 1637.

Les deux faces de la vie et de la mort de Marie de Médicis. — *Imprimées l'an* 1643.

Abrégé de la vie du cardinal de Richelieu pour lui servir d'épitaphe — *Imprime l'an* 1643. »

743. — Diverses pièces pour la défense de la reine mère du roi très-chrétien Louis XIII, faites et revues par messire Mathieu de Morgues,... — (S. l. n. d.), in-fol.

(2 tomes en 1 volume. — Le tome Ier est une réimpression du numéro précédent. Le frontispice du tome II est ainsi conçu : « Pièces curieuses en suite de celles du sieur de Saint-Germain, contenant plusieurs pièces pour la défense de la reine-mère... et autres traités d'Etat sur les affaires du temps depuis l'an 1630 jusques à l'an 1643, par divers auteurs... — *Jouxte la copie imprimée à Anvers,* 1644 » — Au second feuillet est la table suivante des matières :

Déclaration du roi sur la sortie de la reine sa mère et de Monsieur son frère hors de son royaume l'an 1631.

Lettre du roi écrite à MM. des parlements de France de l'an 1631.

Lettre écrite au roi par la reine sa mère l'an 1631.

Lettre de M. le cardinal de Lyon au cardinal de Richelieu l'an 1631.

Réponse... du cardinal l'an 1631.

Lettre de la reine-mère à MM. du parlement de Paris l'an 1632.

Réponse au libelle intitulé : « Très-humble... remontrance au roi », l'an 1633.

Réparties sur la réponse ..

Advis des marchands de la bourse d'Anvers à ceux de la place de Paris et du change de Lyon, l'an 1632.

Lettre d'un gentilhomme français sur les affaires de ce temps, l'an 1632.

Copie de la lettre écrite par Monsieur, frère du roi, à M. le maréchal de Schombert, l'an 1632

La conversation de messire Guillaume avec Mme la princesse de Conty.

Réponse véritable à une lettre supposée du nonce du pape à la reine-mère.

Questions d'Etat.

Discours sur la rencontre du temps et des affaires.

Lettre du roi au parlement de Bourgogne et à M. de Berchère, l'an 1632.

Lettre d'un vieux conseiller d'Etat à la reine-mère...

L'ambassadeur chimérique, ou le chercheur de dupes.

La satyre d'Etat.

Remerciement de Mgr le cardinal de Richelieu.

Lettre du P. de Chanteloupe aux nouvelles chambres de justice.

Lettre de la Cordonnière à la reine-mère.

Le Catholicon français.

Dernier avis à la France par un bon chrétien et fidèle citoyen.

Le Prophète français.

Les justes plaintes des Hollandais catholiques et pacifiques.

L'esprit bienheureux du maréchal de Marillac à l'esprit malheureux du cardinal de Richelieu.

Relation véritable de ce qui s'est passé au procès du maréchal de Marillac.

Ensuit l'arrêt donné contre le maréchal de Marillac.

Propositions faites à l'infante, gouvernante des Pays-Bas.

Manifeste de la maison d'Autriche.

Le bal des princes de l'Europe.

744. — Histoire du maréchal de Guébriant, contenant le récit de ce qui s'est passé en Allemagne dans les guerres des couronnes de France et de Suède et des États alliés contre la maison d'Autriche, avec l'histoire généalogique de la maison du même maréchal et de plusieurs autres des principales de Bretagne qui y sont alliées, ou qui en sont descendues, justifiée par titres, histoires et autres preuves authentiques, par J. Le Laboureur,... — *Paris, P. Lamy,* 1657. — Histoire généalogique de la maison de Budes avec les éloges de tous ceux qui en sont issus... Curieusement recherchée et justifiée par titres... par J. Le Laboureur. — *Paris,* 1657, in-fol.

* Histoire de Pierre de Bérulle, cardinal de la sainte Eglise romaine, ministre d'Etat, chef du conseil de régence sous Marie de Médicis,... par M. Tabaraud.

(V. *la divison* RELIGION.)

* Histoire de la vie du R. P. Joseph Le Clerc du Tremblay, capucin, instituteur de la congrégation des Filles du Calvaire, réformateur de l'ordre de Fontevrault ; employé par le roi Louis XIII dans les plus importantes affaires de l'Etat, nommé au cardinalat, par M. l'abbé Richard.

(V. *ibidem.*)

745. — Les mémoires de Michel de Marolles, abbé de

Villeloin, divisés en trois parties, contenant ce qu'il a vu de plus remarquable en sa vie depuis l'année 1600, ses entretiens avec quelques-uns des plus savants hommes de son temps, et les généalogies de quelques familles alliées dans la sienne, avec une brière description de la très-illustre maison de Mantoue et de Nevers. — *Paris, Ant. de Sommaville,* 1656. — Suite des mémoires de Michel de Marolles, abbé de Villeloin, contenant douze traités sur divers sujets curieux... — *Paris, Ant. de Sommaville,* 1657, in-fol.

746. — Mémoires de Michel de Marolles, abbé de Villeloin, avec des notes historiques et critiques (par C.-P. Goujet). — *Amsterdam (Paris),* 1755, 3 vol. in-12.

(L'éditeur a retranché de ces mémoires les généalogies qui sont dans l'édition in-fol.; mais il a ajouté le *dénombrement des noms de ceux qui ont donné de leurs livres à l'auteur.* — Barbier.)

Louis XIV (1643-1715).

747. — Benjamini Prioli ab excessu Ludovici XIII. de rebus Gallicis historiarum libri XII. ad serenissimum principem et augustum senatum republicæ Venetorum (1643-64). — *Carolopoli, typis Gedeonis Ponceleti,* 1665, in-4.

748. — Histoire du ministère du cardinal Mazarin, traduite de l'italien du comte Galeazzo Gualdo Priorato. — *Paris, Ch. de Sercy,* 1662, 2 vol. in-12.

749. — Joannis Labardæi, Matrolarum ad Sequanam Marchionis, regis ad Helvetios et Rhætos extra ordinem legati, de rebus gallicis historiarum libri decem, ab anno 1643 ad annum 1652. — *Parisiis, apud Dionysium Thierry,* 1671, in-4.

(Les deux parties en 1 vol.)

750. — L'esprit de la Fronde, ou histoire politique et militaire des troubles de France pendant la minorité de Louis XIV... (par J.-B. Mailly). — *Paris, Moutard,* 1772, 5 vol. in-12.

751. — Registres de l'hôtel-de-ville de Paris pendant la Fronde, suivis d'une relation de ce qui s'est passé dans la

ville et l'abbaye de Saint-Denis à la même époque; publiés pour la Société de l'Histoire de France par MM. Le Roux de Lincy et Drouet d'Arcq,... — *Paris*, *J. Renouard*, 1847, 3 vol. in-8.

752. — Recueil in-4 contenant :

1°. — Testament du feu R. P. Thomas Le Gauffre, vivant conseiller du roi, maître en sa chambre des comptes,... — *Paris*, 1646.

2°. — Oraison funèbre sur la vie et la mort de madame la princesse douairière de Condé, faite par M. D. L. B. E. — *Paris*, 1650.

3°. — Codicile et suite du testament de... Charlotte-Marguerite de Montmorency, princesse douairière de Condé... — *Paris*, 1651.

4°. — Testament de M. le duc d'Espernon. — 1650.

5°. — Testament de M. le cardinal duc de Richelieu.

6°. — Le trésor des épitaphes pour et contre le cardinal. — *Imprimé par J. J., à Anvers* (s. d.).

7°. — L'auguste convoi ou le récit véritable des dispositions du feu roi pour sa sépulture et des cérémonies faites à Saint-Denis en France pour sa pompe funèbre, avec une inscription pour mettre sur son tombeau. — (S. l. n. d.)

8°. — Le dernier triomphe de Louis-le-Juste... Stances. — *Paris*, *jouxte la copie imprimée par Henault* (s. d.).

9°. — Les larmes et soupirs de la France... sur la mort et le trépas de Louis XIII,... Ensemble tout ce qui s'est fait et passé à sa mort — *Paris*, 1643.

10°. — Lettre à M. le cardinal, burlesque (en vers). — *Paris*, 1649.

11°. — Le coup d'État de M. le prince de Condé. — *Paris*, 1651.

12°. — Advis à tous les peuples de France sur le manifeste publié sous le nom de M. le prince. — (S. l. n. d.)

13°. — Portrait de Malchus, qui donna le soufflet au bon Jésus, lequel Malchus est encore vivant en terre suivant les certificats ci-dessous — (A la fin : *Chez Alexandre Lesselin*,...)

14°. — Le procès du cardinal Mazarin, tiré du greffe de la cour, avec les chefs d'accusation proposés par la France contre l'insolence de son ministère, présenté à Son Altesse Royale par le sieur de Sandricourt — *Paris*, 1652.

15°. — L'accouchée espagnole, avec le caquet des politiques, ou la suite du politique lutin sur les maladies de l'Etat, par le sieur de Sandricourt. — *Paris*, 1652.

16°. — Arrêt contradictoirement rendu au conseil d'État du roi en faveur des marchands arméniens contre le... chevalier de Boullemont, portant condamnation et par corps de leur rendre et restituer les marchandises sur eux mal prises. — *Paris*, *N. Bessin*, 1651.

17°. — Lettre de la reine envoyée au cardinal Mazarin pour se retirer hors du royaume de France. — (S. l.), 1651.

18°. — Le burlesque remercîment des imprimeurs et colporteurs aux auteurs de ce temps. — (S. l.) , 1649.

19°. — Lettre d'un religieux, envoyée à M. le prince de Condé à Saint-Germain-en-Laye, contenant la vérité de la vie et mœurs du cardinal Mazarin, avec exhortation audit seigneur prince d'aban-donner son parti. — *Paris*, 1649.

20°. — Lettre du chevalier Georges de Paris à Mgr le prince de Condé. — *Paris* ; 1649.

21°. — Réponse faite par un religieux de l'ordre Saint-François au pape sur l'exhortation faite à Jules Mazarin, cardinal. — *Paris*, 1649.

22°. — Le trou fait à la nuit par Mazarin (burlesque), ou sa fuite hors du royaume, avec la route qu'il a tenue... — *Paris*, 1651.

23°. — La subtilité du cardinal découverte, sur la conférence faite à Ruel pour la paix. — *Paris*, 1649.

24°. — Les motifs de la tyrannie du cardinal Mazarin. — *Paris*, 1649.

25°. — Généalogie, ou extraction de la vie de Jules Mazarin ,... — (S. l), 1649.

26°. — Le foudroiement des géants mazarinistes, abimés sous les ruines du fameux et désolé bourg de Charenton. — *Paris*, 1649.

27°. — Le magnificat de la reine sur la détention des princes. — *Paris*, 1650.

28° — Lettre du roi sur la détention des princes de Condé et de Conty et du duc de Longueville, envoyée au parlement le 20 janvier 1650. — *Paris*, 1650.

29°. — La généalogie du prince, et comme tous ceux de cette maison ont été funestes au roi et au peuple. — (A la fin : *Paris*, 1650.)

30°. — La médaille, ou la chance retournée. — (S. l. n. d.)

31°. — Le Courrier français, apportant toutes les nouvelles véritables de ce qui s'est passé depuis l'enlèvement du roi tant à Paris qu'à Saint-Germain-en-Laye. — *Paris*, 1649.

32°. — Suite et seconde arrivée du Courrier français, apportant toutes les nouvelles de ce qui s'est passé depuis sa première arrivée... — *Paris*, 1649

33°. — Suite et troisième arrivée du Courrier français ,... — *Paris*, 1649.

34°. — Suite et quatrième (cinquième...dixième) arrivée du Courrier français. — *Paris*, 1649.

35°. — Le tout en tout du temps (satire en vers). — (S. l. n. d.)

36°. — La robe sanglante de Jules Mazarin, ou le véritable récit des fourbes, des impostures et autres vices, par le sieur de Mirand ,... — *Paris*, 1649.

37°. — Les deux nouvelles lettres coupées sur le sujet de Mazarin pour et et contre, où il y en a une qui lui servira de passe-port, trouvée dans le cabinet d'un curieux. — *Paris*, 1649.

38°. — Factum servant au procès criminel fait au cardinal Mazarin touchant ses intelligences avec les étrangers ennemis de l'Etat. — (A la fin : Paris, 1649.)

39°. — Lettre de nosseigneurs du parlement, envoyée à tous les autres parlements de France, touchant la mauvaise administration du cardinal Mazarin. — Paris, 1651.

40°. — Arrêt de la cour de parlement pour l'éloignement du cardinal Mazarin, ses parents et domestiques étrangers... — Paris, 1651.

41°. — Arrêt de la cour de parlement pour la liberté de MM. les princes et l'éloignement du cardinal Mazarin. — Du 7 février 1651. — Paris.

42°. — Les Larmes mazarines (satire en vers). — 1651.

43°. — Le soufflet de la fortune donné au prince de Condé. — (S. l.), 1650.

44°. — Le Courrier burlesque de la guerre de Paris, envoyé à Mgr le prince de Condé pour divertir Son Altesse durant sa prison (par J. Julien, selon Barbier). — 1650.

45°. — La menace que fait le prince de Condé de sortir du bois de Vincennes. — Paris, 1650.

46°. — Lettre de M. le prince à MM. du parlement, — Paris, 1651.

47°. — Lettre écrite par MM. les princes à nosseigneurs du parlement. — Paris, 1650.

48°. — Au prince du sang surnommé la Cuirasse (en vers). — (S. l. n. d.)

49°. — Arrêt de la cour du parlement... portant que le roi et la reine seront très-humblement suppliés... d'envoyer au plus tôt lettre de cachet pour mettre en liberté MM. les princes et duc de Longueville, et éloigner d'auprès la personne de S. M. le cardinal Mazarin. — Du 4 février 1651. — Paris, 1651.

50°. — Remontrances faites au roi et à la reine régente par nosseigneurs de parlement pour la liberté de MM. les princes. — Paris, 1651.

51°. — Le Courrier bordelais, apportant la nouvelle résolution prise par les habitants de Bordeaux contre le cardinal Mazarin, avec la requête présentée par Mᵐᵉ la princesse audit parlement sur ce sujet. — (S. l.), 1650.

52°. — Le second Courrier bordelais, apportant la délibération prise au conseil de guerre pour l'attaque du château Trompette, et les articles de la capitulation faite avec les sieurs Philouse et Talange, commis par le sieur de Haumond, gouverneur dudit château Trompette. — Paris, 1649.

53°. — Plaintes de la France à ses peuples sur l'emprisonnement des princes contre Mazarin (en vers). — (S. l.), 1651.

54°. — Suite de la relation apportée par le Courrier bordelais, contenant ce qui s'est passé à Bordeaux depuis le 24 juillet 1650...

55°. — Les remontrances du parlement de Bordeaux faites au roi et à la reine régente, suivant la copie présentée au parlement de Paris par MM. de Gourgue, président; Monjon, Guyonnet et Voisin, conseillers. . le 3 septembre 1650. — Paris (s. d.)

56°. — Extrait des registres du parlement de Paris, contenant la délibération dudit parlement, prise, y opinant M. le duc d'Orléans, toutes les chambres assemblées, sur la harangue faite par M. de Voysin....

57°. — Harangue faite au parlement de Paris par M. de Voysin, conseiller, député du parlement de Bordeaux, ensemble l'extrait des registres contenant la délibération du parlement de Paris. — *Paris*, 1650.

58°. — La relation véritable de la sédition faite à Bordeaux des principaux bourgeois de cette ville par l'assemblée de L'Ormière. Avec la trahison découverte d'un des jurats qui devait faire emparer le comte d'Harcourt de la place de Saline. — *Paris*, 1652.

59°. — Lettre écrite de Bordeaux, contenant l'inventaire de tout ce qui s'est trouvé dans le château Trompette après sa prise. Avec l'ordre qui a été gardé à la sortie de la garnison dudit château. — *Paris*, 1649.

60°. — Arrêt de la cour de parlement de Bordeaux, portant rabais de la moitié des tailles, et aussi faisant une fidèle relation des grandes cruautés commises dans ladite ville par l'ordre du sieur duc d'Espernon. — *Paris*, 1649.

61°. — Le courrier bordelais, apportant toutes les nouvelles de Bordeaux, tant dedans la ville que dehors. — *Paris*, 1649.

62°. — Les particularités de l'entrée de MM. les princes dans la ville de Paris, et de celle du cardinal Mazarin dans le Havre-de-Grâce. Avec la lettre envoyée au maréchal de Turenne sur l'élargissement des princes. — *Paris*, 1651.

63°. — Sommaire de ce qui s'est fait et passé en la ville de Bourg sur le sujet de la paix de Bordeaux. Ensemble les articles concédés par le roi à la supplication... de MM. les députés de Paris. — *Paris*, 1650.

64°. — Relation de ce qui s'est passé à Bordeaux au combat de Blanquefort et la reprise de l'île Saint-Georges par les troupes des Bordelais. Avec l'arrêt donné par le parlement contre le duc d'Espernon, le chevalier de La Valette, son frère, et leurs adhérents. — (S. l.), 1650.

65°. — Arrêt de la cour de parlement de Bordeaux, portant cassation des jugements, condamnations et ordonnances du sieur Foulé. Ensemble inhibitions et défenses aux gens de guerre de s'employer pour la levée des tailles. — *Paris*, 1650.

66°. — Arrêt de la cour de parlement de Dauphiné sur l'exécution des déclarations de Sa Majesté concernant le paiement des tailles, nonobstant l'ordonnance faite par le sieur Le Tillier, conseiller du roi en ses conseils,... — (S. l. n. d.)

67°. — Déclaration du roi, accordée pour la pacification des troubles de Bordeaux, du 1er octobre 1650, à Bourg sur la mer. — *Paris*, 1650.

68°. — Les deux combats donnés entre la flotte royale et l'armée navale des Bordelais. Avec le *Te Deum* chanté pour les articles de la paix. — (S. l. n. d.)

69°. — Lettre et déclaration du roi avec les articles en conséquence accordés par Sa Majesté pour le repos et la tranquillité publique de ses

sujets de... Bordeaux, vérifiés au parlement de ladite ville...
le 7 janvier 1650. — *Paris*, 1650.

70°. — Arrêt de la cour de parlement de Bordeaux pour la paix générale de
la province... — *Paris*, 1650.

71°. — Lettre du roi, écrite à sa cour de parlement de Bordeaux. Ensemble
sa déclaration et articles de paix, avec l'arrêt de ladite cour... —
Paris, 1650.

72°. — Soupirs français (en vers) sur la paix italienne. — *Jouxte la copie
imprimée à Anvers*, 1649.

73°. — Causes de récusation proposées par M. le duc de Beaufort, messire
Jean-François-Paul de Gondy,... coadjuteur de Paris; M. de
Broussel,... M. Charton,... et autres, contre Mre Mathieu Molé,
président au parlement de Paris; M. Molé de Champlatreux,
son fils,... et leurs parents et alliés... — (S. l. n. d.)

74°. — Arrêt de la cour de parlement sur l'accusation intentée contre M. de
Beaufort... — *Paris*, 1650.

75°. — La requête des trois états présentée à MM. du parlement. — *Paris*,
1648.

76°. — Le Courrier du temps, apportant ce qui s'est passé de plus secret en
la cour des princes de l'Europe. — (S. l.), 1649. — (A la fin :
Amsterdam, ce septembre...)

77°. — Avis aux Flamands sur le traité que les Espagnols ont fait avec la
duchesse de Longueville et le maréchal de Turenne. — 1650.

753. — Recueil in-4 contenant :

1°. — Les glorieux travaux du parlement pour le maintien de l'autorité du
roi et pour le soulagement de ses peuples, par L. D. M. E S. du
Bail. — *Paris*, 1649.

2°. — Suite du journal contenant tout ce qui s'est fait et passé en la cour
de parlement de Paris... sur le sujet des affaires du temps présent
(du 24 septembre au 24 octobre). — *Paris*, 1649.

3°. — Le Théologien d'État à la reine pour faire déboucher Paris. — *Paris*,
1649.

4°. — Ordonnance du roi, envoyée à MM. les prévot des marchands et
échevins de la ville de Paris pour le rétablissement du commerce,
du 20° mars 1649. — *Paris*, 1649.

5°. — Serment de l'union des princes et seigneurs ligués ensemble pour le
bien public contre le mauvais gouvernement de Jules Mazarin, en
janvier 1649. — (S. l.), 1649.

6°. — Moyen pour obtenir de Dieu une véritable paix par l'intercession
de sainte Geneviève en la solennité de la descente de sa châsse.
(6 juin 1652.) — (S. l. n. d.)

7°. — La relation du conseil tenu à Espernay, entre quatre maréchaux de
France et le cardinal Mazarin, sur l'arrivée de Mgr le duc de Guyse,
avec six mille hommes au service de Mgr le prince de Condé. Et
sur le dessein que ledit cardinal a de rentrer dans l'Etat à main
armée. — (S. l.), 1652.

8°. — Requête des bourgeois et habitants de... Paris à MM. du parlement sur leur union avec MM. les généraux. — *Paris*, 1649.

9°. — Le Courrier extraordinaire, apportant les nouvelles de la réception de MM. les gens du roi à Saint-Germain-en-Laye, et de celle du courrier d'Espagne au palais ; avec toutes les harangues qui ont été faites. — *Paris*, 1649.

10°. — Relation véritable de ce qui s'est fait et passé dans la ville d'Aix en Provence depuis l'enlèvement du roi Louis XIV fait à Paris le 6ᵉ janvier 1649 ; et en l'affaire du parlement, où le comte d'Alais, Mᵐᵉ sa femme et Mˡˡᵉ sa fille, le duc de Richelieu, M. de Scève, intendant, et plus de cent cinquante gentilshommes ont été arrêtés prisonniers... — *Paris*, 1649.

11°. — La liste générale de tous les mazarins qui ont resté dans la ville et faubourgs de Paris, avec leurs noms et surnoms, envoyée à Mgr le prince de Condé. — (S. l.), 1649.

12°. — Avis important et nécessaire, donné par un politique désintéressé à MM. du parlement sur le sujet de leur dernier arrêt donné contre le cardinal Mazarin. — (S. l.), 1652.

13°. — Lettre du cardinal Mazarin (du 5 janvier), écrite à Son Altesse Royale sur son retour en France. — *Paris*, 1652.

14°. — Les étrennes burlesques de M. Scarron envoyées à Mazarin. — *Paris*, 1652.

15°. — Les visions nocturnes de Mᵉ M. Questier, parisien, dans l'explication desquelles l'on verra naïvement dépeint les affaires du temps présent... — *Paris*, 1649.

16°. — Récit de ce qui s'est passé en l'assemblée des cours souveraines assemblées en la chambre de saint Louis (26 juin–8 juillet). — (S. l.), 1648.

17°. — Déclaration du roi portant révocation de toutes commissions extraordinaires, même de celles des intendants des justices ès provinces du royaume, avec décharge à ses sujets des restes des tailles avant l'année 1647, et remise d'un demi-quartier d'icelles pour les années 1648 et 1649, vérifiée en parlement le 18ᵉ jour de juillet 1648. — *Paris*, 1648.

18°. — Lettres-patentes du roi sur l'établissement d'une chambre de justice pour la recherche et punition des abus et malversations commises au fait de ses finances, vérifiées en parlement le 18 juillet 1648. — *Paris*, 1648.

19°. — Déclaration du roi portant révocation des intendants de justice, et remise des restes des tailles jusques en quarante-six inclusivement, et d'un demi-quartier pour les années quarante-huit et quarante-neuf, avec rétablissement des officiers en la fonction de leurs charges, vérifiées en la cour des aides le 18 juillet 1648. — *Paris*, 1648.

20°. — Déclaration du roi portant règlement sur le fait de la justice, police, finances, et soulagement des sujets de Sa Majesté, vérifiée en parlement le 24ᵉ jour d'octobre 1648. — *Paris*, 1648.

21°. — Ode à nosseigneurs de la cour de parlement de Paris sur l'arrêt d'union donné le... 1648. Et quelques autres pièces en suite. — *Paris*, 1649.

22°. — Les entretiens du roi à Saint-Germain. — (S. l.), 1649.

23°. — Lettre d'une religieuse, présentée au roi et à la reine régente le 1er février 1649 pour obtenir la paix. — *Paris*, 1649.

24°. — Arrêt de la cour de parlement, toutes les chambres assemblées, du 8e janvier 1649 (ordonnant qu'il sera fait des remontrances au roi et à la reine, et enjoignant au cardinal Mazarin de quitter le royaume sous huitaine). — *Paris*, 1649.

25°. — La déclaration de Mgr le prince de Conty et de MM les généraux, enregistrée en parlement pour l'exécution de l'arrêt du 8 janvier dernier contre le cardinal Mazarin, pour le soulagement des peuples et la paix générale, du samedi 20 mars 1649. — *Paris*, 1649.

26°. — Arrêt de la cour de parlement, donné, toutes les chambres assemblées, le 6... janvier 1649, pour la sûreté et police de Paris. — *Paris*, 1649.

27°. — Arrêt de la cour de parlement de Rennes en Bretagne contre le nommé Jules Mazarin et ses fauteurs et adhérents, par lequel ils sont tous déclarés criminels de lèze-majesté, tous leurs biens acquis et confisqués (18 janvier 1649). — *Paris*, 1649.

28°. — Arrêt de la cour de parlement, portant que tous les deniers publics qui se trouveront dus par tous les comptables et fermiers, tant de cette ville de Paris qu'autres de ce ressort, seront saisis, et mis ès coffres de l'hôtel-de-ville, du 19e janvier 1649. — *Paris*, 1649.

29°. — Lettre de M. de Balzac à Mgr le duc de Beaufort, du 31 janvier 1649. — *Paris*, 1649.

30°. — Autre arrêt de ladite cour de parlement de Normandie pour l'ordre et conduite de tous les deniers qui se lèvent en ladite province (du 1er février 1649). — (S. l. n. d.)

31°. — Arrêt de la cour de parlement de Paris, portant qu'il y aura parfaite jonction et intelligence de ladite cour avec celle de parlement de Normandie (du 5 février 1649).

32°. — Lettres et arrêts de la cour de parlement de Normandie, envoyés à la cour de parlement de Paris pour l'adjonction desdites cours, et affaires présentes. Avec l'arrêt portant ladite adjonction du 5 février 1649. — *Paris*, 1649.

33°. — Déclaration du roi pour faire cesser les mouvements et rétablir le repos et la tranquillité en son royaume, vérifiée en parlement le 1er avril 1649. — *Paris*, 1649.

34°. — Arrêt de la cour de parlement pour la décharge entière des loyers des maisons, du quartier de Pâques en la ville et faubourgs de Paris, rendu en interprétation de celui du dixième avril dernier, avec règlement pour les baux, du 14 avril 1649. — *Paris*, 1649.

35°. — Très-humble remontrance du parlement au roi et à la reine régente (31 janvier 1649). — *Paris*, 1649.

36°. — Harangue faite à M. le duc d'Orléans par M. Nicolaï, premier président en la chambre des comptes. — *Paris*, 1649.

37°. — Déclaration du roi contre les sieurs duc de Bouillon, maréchaux de Brézé, de Turenne et de Marsillac.. registrée en parlement le 7 février 1650. — *Paris*, 1650.

38°. — Arrêt notable de la cour de parlement, contenant un règlement entre les religieux et abbés commendataires, donné le 7ᵉ mai 1650. — *Paris*, 1650.

39°. — Déclaration du roi contre Mᵐᵉ la duchesse de Longueville, les sieurs duc de Bouillon, maréchal de Turenne, prince de Marsillac et leurs adhérents (16 mai 1650). — *Paris*, 1650.

40°. — La requête de M. le duc de Bouillon à nosseigneurs de parlement, présentée le 16ᵉ mai 1650. — (S. l.), 1650.

41°. — Remontrance burlesque au parlement. — (S. l.), 1649. (Pièce en vers.)

42°. — Lettre du roi envoyée à MM. de la cour de parlement de Paris sur son départ pour la Guyenne, lue le 8ᵉ juillet 1650. — *Paris*, 1650.

43°. — Lettre de MM. du parlement de Bordeaux, présentée, le samedi 6 août 1650, à MM. du parlement de Paris par MM. les députés dudit parlement de Bordeaux sur le sujet de la continuation des violences du sieur duc d'Espernon,... — (S. l. n. d.)

44°. — Déclaration de la volonté du roi, étant en son conseil, sur la rébellion de Bordeaux, publiée le 1ᵉʳ septembre 1650. — (S. l. n. d.)

45°. — Arrêt de la cour de parlement de Rouen, portant que le cardinal Mazarin, qui séjourne dans les places de ladite province... aye à s'en retirer promptement... autrement permis aux communes et autres de courir sus, du mercredi 15ᵉ février 1651. — *Paris*, 1651.

46°. — Arrêt de la cour de parlement... contre le cardinal Mazarin, du... 11 mars 1651. — *Paris* (s. d.).

47°. — Le manifeste de Mgr le prince de Condé touchant les véritables raisons de sa sortie hors Paris, faite le 6 juillet 1651. Avec une protestation qu'il fait à la France qu'il n'en veut qu'à l'ennemi commun de son repos... — (S. l. n. d.)

48°. — Relation de tout ce qui s'est passé au parlement, le 7 juillet 1651, touchant la déclaration de MM. les princes contre le cardinal Mazarin et ses adhérents. — *Paris*, 1651.

49°. — Relation de tout ce qui s'est passé au parlement le 8ᵉ juillet 1651. — (S. l. n. d.)

50°. — Avis de Mgr le coadjuteur, prononcé au parlement pour l'éloignement des créatures du cardinal Mazarin le 12 juillet 1651. — *Paris*, 1651.

51°. — Récit sommaire de ce qui s'est passé au parlement, sur le sujet de la retraite de M. le prince à Saint-Maur, dans la dernière délibération du 14 juillet 1651. — *Paris*, 1651.

52°. — Discours que le roi et la reine régente... ont fait lire en leurs présences aux députés du parlement, chambre des comptes, cour des aides et corps de ville de Paris, au sujet de la résolution qu'ils ont prise de l'éloignement pour toujours du cardinal Mazarin... Et sur la conduite présente de M. le prince de Condé. Le 17ᵉ jour d'août 1651. — *Paris*, 1651.

53°. — Réponse de Mgr le prince de Condé au discours de la reine régente, lu au Palais—Royal en présence des députés du parlement..., présentée au parlement... le 19 août 1651. — *Paris*, 1651.

54°. — Lettre du roi, écrite de Poitiers au parlement de Paris (du 11 novembre 1651), et extrait des registres du parlement (du 5 décembre 1651).

55°. — Le Courrier général, portant les nouvelles de tout ce qui se passe aujourd'hui dans l'Etat. — (S. l.), 1652.

(A la page 11 se trouve une note sur Limoges du 26 décembre.)

56°. — Les dernières résolutions prises en l'assemblée du parlement par lesquelles 1° le roi est déclaré prisonnier du cardinal Mazarin ; 2° et Son Altesse Royale, lieutenant—général de l'état et royaume ; 3° et M. le prince, lieutenant-général de ses armées... — *Paris*, 1652.

57°. — Déclaration du roi contre les princes de Condé, Conty et duchesse de Longueville, les ducs de Nemours et de La Rochefoucault, vérifiée en parlement le 5ᵉ décembre 1651. — *Paris*, 1651.

58°. — Lettre du roi, écrite de Bourges au parlement de Paris (du 8 octobre 1651).

59° — Relation de ce qui s'est passé en parlement... le vendredi 29 décembre 1651. Ensemble l'arrêt contre le cardinal Mazarin... — *Paris*, 1651.

60°. — Le manifeste véritable des intentions de M. le prince, qui ne tendent qu'au rétablissement de l'autorité souveraine et du repos des peuples, présenté à nosseigneurs de parlement... — (S. l.), 1651.

61°. — Avis important de M. de Chasteauneuf donné devant le départ de Sa Majesté à Fontainebleau, touchant la résolution qu'on doit prendre sur le mécontentement de M. le prince. — (S. l.), 1651.

62°. — La prise du courrier de Mazarin par les gens du prince de Condé, apportant deux lettres à la cour. — (S. l.), 1651.

63°. — Le Courrier burlesque de la guerre de Paris, envoyé à Mgr le prince de Condé pour divertir Son Altesse durant sa prison. Ensemble tout ce qui se passa jusques au retour de Leurs Majestés. — *Paris*, 1650.

(Le titre et une dédicace seulement. Le reste manque.)

64°. — Lettre de M. le prince de Conty, écrite au roi sur son voyage de Berry. — (S. l.), 1651.

65°. — Relation de ce qui s'est passé en la dernière assemblée du parlement le 2ᵉ jour de ce mois (août). — *Paris*, 1651.

66°. — Déclaration de Mgr le duc d'Orléans envoyée au parlement pour la justification de la conduite de M. le prince. — *Paris*, 1651.

67°. — Procès-verbal contenant ce qui s'est passé tant à Pons-sur-Yonne qu'en la ville de Sens, au voyage de MM. les députés du parlement de Paris, présenté à la cour par M. du Coudray-Geniers,... le 7 février 1652.... — *Paris*, 1652.

68°. — La véritable relation de ce qui s'est passé entre les habitants de la ville d'Angers et les troupes du cardinal Mazarin, conduites par le maréchal d'Hocquincourt... D'Angers, les 14 et 17 férier 1652. — *Paris*, 1652.

69°. — Lettre du roi au parlement de Paris, écrite de Saumur, le 22 février 1652, sur les affaires présentes. — *Paris*, 1652.

70°. — Discours politique sur un placard affiché dans toute la Guyenne par ordre de M. le prince, du 23 février 1652. — *Paris*, 1652.

71°. — Lettre du roi... à M. le maréchal de Lhospital, gouverneur de... Paris (28 février 1652). — *Paris*, 1652.

72°. — Lettre du roi,... à M. le maréchal de Lhospital,... sur la réduction de la ville de Xaintes à son obéissance. De Blois, 16 mars 1652. — *Paris*, 1652.

73°. — Arrêt notable du parlement de Paris... le... 20 juillet 1652, par lequel le roi est déclaré prisonnier entre les mains des ennemis de son Etat et Mgr le duc d'Orléans,... lieutenant-général et souverain du royaume pendant la captivité du roi... — *Paris*, 1652.

74°. — Arrêt de la cour de parlement portant qu'il sera fait assemblée en l'hôtel de cette ville pour la sureté d'icelle et éloignement du cardinal Mazarin, du... 24° juillet 1652. — *Paris*, 1652.

75°. — Arrêt de la cour de parlement, portant qu'il sera procédé à la vente des meubles et autres biens appartenant au cardinal Mazarin, du... 24° juillet 1652. — *Paris*, 1652.

76°. — Réponse pour MM. les princes au libelle séditieux intitulé « l'Esprit de paix », semé dans les rues de Paris la nuit du 25 juin 1652. Pièce académique par le sieur de Sandricourt. — *Paris*, 1652.

77°. — Relation véritable de tout ce qui s'est fait et passé au parlement... le 26 juillet 1652. Ensemble la teneur de l'arrêt dudit jour. — *Paris*, 1652.

78°. — Les véritables maximes du gouvernement de la France, justifiées par l'ordre des temps depuis l'établissement de la monarchie... servant de réponse au prétendu arrêt de cassation du conseil du 18 janvier 1652. Dédié à Son Altesse Royale. — *Paris*, 1652.

79°. — Lettre du parlement de Bordeaux,... à M. le duc d'Orléans (27 novembre 1651), avec la lettre circulaire envoyée à tous les parlements de France. — *Bordeaux*, 1651.

80°. — La défaite de l'armée de M. de Biron par celle de Mgr le prince de Conty, commandée par M de Marsin; avec la lettre de Son Altesse de Conty à M°° la princesse. — *Paris*, 1652.

81°. — Relation de la défaite de l'armée du marquis de Saint-Luc avec la levée du siége de la ville de Mont-de-Marsan. — *Paris*, 1652.

82°. — La lettre du roi écrite au duc de Lorraine pour la jonction de ses armes à celles de Sa Majesté. — *Paris, jouxte la copie imprimée à Bruxelles*. (Du 25 février 1652.)

83°. — La déclaration du duc de Lorraine, envoyée à Son Altesse Royale, faite à MM. du parlement contre Mazarin. — *Paris* (s. d.).

84°. — Articles du traité accordé entre le duc de Lorraine et le cardinal Mazarin pour retirer son armée d'avec celle de Son Altesse Royale. — *Paris*, 1652.

85°. — Le manifeste du duc de Lorraine, présenté à Son Altesse Royale. — *Paris* (s. d).

86°. — Les particularités du second combat donné entre l'armée de Son Altesse Royale, commandée par MM. les comtes de Tavannes et baron de Clinchamp, et l'armée commandée par le maréchal de Turenne, devant la ville d'Etampes. le 29° mai 1652... — *Paris*, 1652.

87°. — Le récit véritable apporté à Son Altesse Royale par le sieur de Béchereau,... le 1ᵉʳ juin 1652, contenant ce qui s'est... passé au siége... d'Estampes entre l'armée de Son Altesse Royale et celle des mazarins. — *Paris*, 1652.

88°. — Le dernier combat donné devant Estampes et la prise et reprise trois fois d'une demi-lune... la nuit du 2 au 3 juin, et les autres particularités du courrier d'aujourd'hui. — *Paris*, 1652.

89°. — La levée du siége de la ville d'Estampes, avec la défaite des troupes commandées par le maréchal de Turenne... et la mort du sieur de Baradas, conducteur des volontaires... — *Paris*, 1652.

90°. — Arrêt de la cour de parlement... contre Jean-Michel et Claude Guelphe, accusés... et convaincus de la sédition arrivée en l'hôtel de cette ville de Paris le 4 du présent mois de juillet par l'ordre et à la suscitation du cardinal Mazarin. — *Paris*, 1652.

91°. — Lettre du C. Mazarin... à Mgr le maréchal de ... (du 15 mars 1652). — *Paris*, 1652.

92°. — Querelle du C. Mazarin avec un capitaine frondeur, survenue pour la paix générale. — *Paris*, 1652.

93°. — La généreuse résolution de Son Altesse Royale dans la dernière assemblée du parlement; par laquelle on peut connaître... le désir qu'il a de donner la paix générale... — *Paris*, 1652.

754. — Recueil in-4 contenant :

1°. — L'ambitieux ou le portrait d'Ælius Sejanus en la personne du cardinal Mazarin. — *Paris*, 1649.

2°. — L'ombre du grand Armand, cardinal duc de Richelieu, parlante à Jules Mazarin. — *Paris*, 1649.

3°. — Panégyrique pour Mgr le duc de Beaufort,... adressé à M. de Palleteau par L. S. D. B. (le sieur de Bonair, Henri Stuart). — *Paris*, 1649.

4°. — Les généreux sentiments de la noblesse française contre le mauvais gouvernement de l'Etat, par un ministre étranger. — *Paris*, 1649.

5°. — Très-humble remontrance d'un gentilhomme bourguignon à Mgr le prince de Condé. Avec la réponse de l'Echo de Charenton aux plaintes de la France. — *Paris*, 1649.

6°. — Le foudroiement des géants mazarinistes abîmés sous les ruines du fameux et désolé bourg de Charenton. — *Paris*, 1649.

7°. — Lettre du comte duc d'Olivarès, ... à Jules Mazarin ; ... — *Paris*, 1649.

8°. — Les divines révélations et promesses faites à saint Denis, patron de la France, et à sainte Geneviève, patrone de Paris, en faveur des Français contre le tyran Mazarin, apportées du ciel en terre par l'archange saint Michel. — *Paris*, 1649.

9°. — Le court-bouillon de Mazarin, assaisonné pour toutes les bonnes villes de France. — *Paris* (s. d.).
(Portrait de Mazarin au frontispice).

10°. — Apologie curieuse pour les justes procédures du parlement de Paris, jusques au jour de la conférence, et pour servir de supplément aux motifs véritables. — *Paris*, 1649.

11°. — Question cardinale plaisamment agitée, ou dasthicotée (*sic*) entre un Hollandais et un Suisse, et décidée par un Français. — *Paris*, 1649.

12°. — Le secret de la paix, ou la véritable suite du Théologien d'Etat à la reine. — *Paris*, 1649.

13°. — La France désolée aux pieds du roi, où le gouvernement tyrannique de Mazarin est succinctement décrit.

14°. — Contre les ennemis de la conférence et de la paix. Alidor à Ariste. — *Paris*, 1649.

15°. — Le médecin politique, ou consultation pour la maladie de l'Etat. — *Paris*, 1649.

16° et 17°. — Dialogue entre le roi de bronze (Henri IV) et la Samaritaine sur les affaires du temps présent. — Second dialogue entre le roi de bronze et la Samaritaine. — *Paris*, 1649.

18°. — Lettre de M. de Balzac à Mgr de Beaufort, du 31 janvier 1619. — *Paris*, 1649.

19°. — Relation véritable de tout ce qui s'est fait et passé aux barricades de Paris les 26°, 27° et 28° d'août 1648. — (S. l. n. d.)

20°. — Relation véritable de ce qui s'est passé au combat qui se rendit mardi au matin, 16° février, entre Long-Jumeau et Huict-Sous, à l'escorte du convoi. — *Paris*, 1649.

21°. — Lettre d'une bourgeoise de la paroisse St-Eustache, présentée à Mademoiselle, suppliant Son Altesse de vouloir agir pour la paix du royaume. — *Paris*, 1649.

22°. — Le Génie démasqué et le temps passé et l'avenir de Mazarin, par un gentilhomme bourguinon. — *Paris*, 1649.

23°. — Avertissements charitables faits à Mazarin par son bon ange, par N. S. B. D. C. Beauceron. — *Paris*, 1649.

24°. — Discours adressé aux soldats français, dédié à M. Deslandes-Payen, conseiller en parlement. — *Paris*, 1649.

25°. — L'apparition de la guerre et de la paix à l'ermite du Mont-Valérien, et le dialogue de ce religieux avec un gentilhomme sur les desseins pernicieux du cardinal Mazarin , sur le mérite du sacerdoce et sur la gloire du parlement. — *Paris*, 1649.

26°. — Lettre de consolation... à... la duchesse de Rohan sur la mort... du duc de Rohan , son fils , surnommé Tancrède. — *Paris*, 1649.

27°. — Lettre du sieur de Nacar à l'abbé de La Rivière, à St-Germain-en-Laye , sur les affaires de ce temps, où est représenté les moyens pour faire la paix. — *Paris*, 1649.

28°. — La vérité reconnue, ou les intrigues de Saint-Germain. — *Paris*, 1649.

29°. — Lettre de consolation... à Mme de Chastillon sur la mort de M. de Chastillon. — *Paris* , 1649.

30°. — Discours prophétique contenant quarante-quatre anagrammes sur le nom de Jules Mazarin. — *Paris*, 1649.

31°. — Ballet ridicule des nièces de Mazarin, ou leur théâtre renversé en France, par P. D. P. sieur de Carigny. — *Paris*, 1649.

32°. — Lettre circulaire contenant un charitable avis à quelques villes de Champagne et Picardie pour les inciter de se résoudre à prendre le bon parti du roi et du parlement, du 12 février 1649. — *Paris*, 1649.

33°. — Lettre de la petite Nichon du Marais à M. le prince de Condé , à St-Germain (26 janvier 1649). — (S. l.), 1649.

34°. — Le procès-verbal de la canonisation du bienheureux Jules Mazarin, faite dans le consistoire des partisans , par Catalan et Tabouret, séant Emery, anti-pape. Apothéose ironique. — *Paris*, 1649.

35°. — Instruction prompte et facile aux Parisiens pour bien apprendre l'exercice du mousquet et de la pique... — *Paris*, 1649.

36°. — Le Crotesque (*sic*) carême-prenant de Jules Mazarin , par dialogue. *Paris*, 1649.

37°. — Le remerciement de toutes les provinces de France à nosseigneurs du parlement et aux bourgeois de Paris des nobles efforts qu'ils ont faits pour le soulagement du public. — *Paris*, 1649.

38°. — Relation véritable de ce qui s'est fait et passé dans la ville d'Aix en Provence depuis l'enlèvement du roi Louis XIV, fait à Paris le 6° janvier 1649 ; et en l'affaire du parlement, où le comte d'Alais... sa femme et... sa fille, le duc de Richelieu, M. de Scève , intendant, et plus de 150 gentilshommes ont été arrêtés prisonniers... — *Paris*, 1649.

39°. — Les glorieux travaux du parlement pour le maintien de l'autorité du roi et pour le soulagement de ses peuples , par L. D. M. E. S. du Bail. — *Paris* , 1649.

40°. — Les souhaits de la France à Mgr le duc d'Angoulême. — (S. l. n. d.)

41°. — La parabole du temps présent. — *Paris*, 1649.

42°. — Lettre d'un gentilhomme romain à un Français, contenant les discours que tiennent les politiques étrangers du gouvernement de la France, et comme ils connaissent que ses affections ne proviennent que des trahisons de ses ministres. Nouvellement... traduite d'italien en français. — (S. l.), 1649.

43°. — Récit de tout ce qui s'est passé à l'emprisonnement du père de Jules Mazarin, traduit d'italien en français par le sieur H. R. Dazor. — *Paris*, 1649.

44°. — La manne céleste, ou l'heureuse arrivée du premier convoi de vivres à Paris, avec la généreuse sortie des Parisiens. — *Paris*, 1649.

45o. — Inventaire des merveilles du monde rencontrées dans le palais du cardinal Mazarin. — *Paris*, 1649.

46°. — L'objet de la haine publique, ou la honte du ministre d'Etat découverte. — *Paris*, 1649.

47°. — Lettre du sieur La Fleur .. au sieur de L'Espine, à St-Germain-en-Laye, le 9e février 1649, contenant le grand nombre de pièces imprimées contre Jules Mazarin. — *Paris*, 1649.

48°. — Description des vies, mœurs et façons de faire des péagers, publicains, maltôtiers, monopoleurs... composée par Démophile... — *Paris*, 1649.

755. — Histoire de la monarchie française sous le règne de Louis-le-Grand, contenant tout ce qui s'est passé de plus remarquable depuis 1643 jusqu'en 1681. Quatrième édition, revue, corrigée et augmentée par M. *** (Charles de Souvigny-Sorel). — *Paris, Est. Loyson*, 1697, 2 vol. in-8.

756. — Histoire de France sous le règne de Louis XIV, par M. de Larrey,... — *Rotterdam, Michel Bohm*, 1721, 9 vol. in-12.

757. — Histoire de Louis XIV, surnommé Le Grand,... par M. Reboulet,... — *Avignon, François Girard*, 1744, 3 vol. in-4.

758. — Le même ouvrage. — *Avignon, François Girard, impr.*, 1746, 9 vol. in-12.

759. — Le siècle de Louis XIV (par Voltaire), publié par M. de Francheville,... — *Berlin, C.-F. Henning*, 1752, 2 vol. in-12.

*(V. aussi *OEuvres de Voltaire*, T. XX-XXI.)

760. — Histoire militaire du règne de Louis-le-Grand,... où l'on trouve un détail de toutes les batailles, sièges, combats particuliers et généralement de toutes les actions de guerre qui se sont passées pendant le cours de son règne, tant sur terre que sur mer ; enrichie des plans nécessaires. On y a joint un traité particulier de pratiques et de maximes de

l'art militaire, par M. le marquis de Quincy,... — *Paris, Denis Mariette,* 1726, 7 vol. in-4.

761. — Recueil de lettres pour servir d'éclaircissement à l'histoire militaire du règne de Louis XIV (publié par le P. Griffet). — *La Haye-Paris, Boudet,* 1760, 4 vol. in-12.

* Journal historique du règne de Louis XIV (par le P. Griffet).

(V. n° 529 : *Histoire de France du P. Daniel,* T. XVI.)

762. — Histoire de Mme de Maintenon et des principaux évènements du règne de Louis XIV, par le duc de Noailles,... — *Paris, comptoir des imprimeurs unis,* 1849-57, 3 vol. in-8.

(En publication.)

763. — Mémoires pour servir à l'histoire de Mme de Maintenon et à celle du siècle passé (par La Beaumelle). — *Amsterdam, aux dépens de l'auteur,* 1755-56, 2 vol. in-12.

(Les 4 derniers tomes en 2 volumes.)

764. — Lettres de Mme de Maintenon à diverses personnes et à M. d'Aubigné, son frère. — *Amsterdam, aux dépens de l'éditeur,* 1756, 4 vol. in-12.

(8 tomes en 4 volumes.)

* Maintenoniana, ou choix d'anecdotes intéressantes, de portraits, de pensées ingénieuses, de bons mots, de maximes morales, politiques, etc., tirées des lettres de Mme de Maintenon. Avec des notes historiques, critiques, etc., pour l'intelligence du texte, par M. B*** de B*** (Bosselman de Bellemont). — *Amsterdam,* 1773.

(V. ci-après : HISTOIRE DE RUSSIE, l'ouvrage intitulé « Le faux Pierre III ».)

765. — Lettres de messire Paul Godet des Marais, évêque de Chartres, à Mme de Maintenon, recueillies par M. l'abbé Berthier. — *Bruxelles, de l'imprimerie d'Ant. Bruyn,* 1755, in-12.

766. — Histoire de la maison royale de Saint-Cyr, par Théophile Lavallée. — *Paris, Furne et Cie,* 1853, in-8.

* Correspondance administrative, sous le règne de Louis XIV,

entre le cabinet du roi, les secrétaires d'Etat, le chancelier de France et les intendants et gouverneurs des provinces, les présidents, procureurs et avocats-généraux des parlements... etc..., etc., recueillie et mise en ordre par G.-B. Depping (1850).

(V. n° 565 : *Documents inédits*, lettre Cc.)

767. — Lettres de Louis XIV aux princes de l'Europe, à ses généraux, ses ministres, etc., recueillies par M. Rose, secrétaire de cabinet, avec des remarques historiques par M. Morelly. — *Paris-Francfort, chez Bassompierre*, 1755, 2 vol. in-12.

768. — Mémoires de M. d'Artagnan, capitaine-lieutenant de la première compagnie des mousquetaires du roi, contenant quantité de choses particulières et secrètes qui se sont passées sous le règne de Louis-le-Grand (par Sandras de Courtilz). — *Amsterdam, Pierre Rougé*, 1704, 4 vol. in-12.

769. — Mémoires du maréchal de Berwick, duc et pair de France, et généralissime des armées de Sa Majesté... — *Londres, Jean Nours*, 1738, 2 vol. in-12.

770. — Mémoires du comte de Bonneval, ci-devant général d'infanterie au service de Sa Majesté Impériale et Catholique. Nouvelle édition, augmentée d'un supplément, et divisée en cinq volumes. — *Londres*, 1755, 2 vol. in-8.

(Portrait du comte de Bonneval. — Les 2 premiers volumes seulement.)

*Mémoires du comte de Brienne,... contenant les évènements les plus remarquables du règne de Louis XIII et de celui de Louis XIV, jusqu'à la mort du cardinal Mazarin.
(V. ci-dessus n° 642.)

771. — Les souvenirs de Mme de Caylus sur les intrigues amoureuses de la cour, avec des notes de M. de Voltaire. Deuxième édition, augmentée de la « Défense de Louis XIV pour servir de suite à son siècle ». — *Au château Ferney*, 1770, in-12.

772. — Mémoires de Gaspard, comte de Chavagnac, maréchal de camp ès armées du roi... (1642-79). — *Amsterdam*, 1700, in-12.

(Par Gratien de Courtilz, d'après Barbier.)

773. — Mémoires pour servir à l'histoire de Louis XIV, par feu M. l'abbé de Choisy,... — *Utrecht, Van der Vater*, 1727, in-12.

774. — Mémoires de Daniel de Cosnac, archevêque d'Aix... publiés pour la Société de l'Histoire de France, par M. le comte Jules de Cosnac. — *Paris, J. Renouard*, 1852, 2 vol. in-8.

775. — Mémoires de M. de Coulanges, suivis de lettres inédites de Mme de Sévigné, de son fils, de l'abbé de Coulanges, d'Arnauld d'Andilly, d'Arnauld de Pomponne, de Jean de La Fontaine et d'autres personnages du même siècle, publiés par M. de Montmerqué,... — *Paris, J.-J. Blaise*, 1820, in-12.

776. — Abrégé des mémoires ou journal du marquis de Dangeau, extrait du manuscrit original... avec des notes historiques et critiques, et un abrégé de l'histoire de la régence, par Mme de Genlis (1684-1720). — *Paris, Londres et Strasbourg, Treuttel et Wurtz*, 1817, 4 vol. in-8.

777. — Mémoires de M. du Gué-Trouin, chef d'escadre,... (publiés par P. Villepontoux). — *Amsterdam, Pierre Mortier*, 1730, in-8.

778. — Mémoires de M. le marquis de Feuquières, lieutenant-général des armées du roi, contenant ses maximes sur la guerre et l'application des exemples aux maximes. Nouvelle édition... augmentée de plusieurs additions considérables. Ensemble, d'une vie de l'auteur, donnée par M. le comte de Feuquières, son frère, et enrichie de plans et de cartes. — *Londres et Paris, Rollin fils*, 1750, 4 vol. in-8.

779. — Mémoires du comte de Forbin, chef d'escadre (1656-1710). — *Amsterdam, F. Girardi*, 1740, 2 vol. in-12.

(Rédigés par Reboulet et le P. Le Comte.)

780. — Mémoires d'Anne de Gonzagues, princesse palatine (par Sénac de Meilhan). — *Londres-Paris*, 1786, in-8.

781. — Mémoires du maréchal de Gramont, duc et pair de France,... donnés au public par le duc de Gramont son fils,... — *Paris, M. David*, 1717, 2 vol. in-12.

782. — Les mémoires de feu M. le duc de Guise (publiés par Sainctyon, son secrétaire). — *Paris, Edme Martin*, 1668, in-4.

783. — Mémoires de Guy Joli, conseiller au châtelet de Paris, suivis d'un mémoire concernant le cardinal de Retz, extrait d'une histoire manuscrite composée par Claude Joli, chanoine de l'église de Paris, et mémoires de Mme la duchesse de Nemours. Nouvelle édition, exactement revue et corrigée. — *Genève, Fabry et Barillot*, 1777, 2 vol. in-12.

* Mémoires de M. de La Châtre.
(V. *n°* 785 : *Mémoires de La Rochefoucauld*.)

784. — Mémoires et réflexions sur les principaux évènements du règne de Louis XIV, par M. L. M. D. L. F. (le marquis de La Faré). — *Amsterdam, F. Bernard*, 1749, in-12.

785. — Mémoires de M. D. L. R. (M. de La Rochefoucauld) sur les brigues à la mort de Louis XIII, sur les guerres de Paris et de Guienne et la prison des princes. — *Rotterdam, Frisrch et Rohm*, 1718, in-12.

(A la fin se trouvent les « Mémoires de M. de La Chastre sur ce qui s'est passé à la fin de la vie de Louis XIII et au commencement de la régence ».)

786. — Mémoires de M. L*** (Lenet), conseiller d'Etat, contenant l'histoire des guerres civiles des années 1649 et suivantes, principalement celles de Guyenne et autres provinces... — (S. l.), 1729, 2 vol. in-8.

* Mémoires de Mathieu Molé.
(V. ci-dessus *n°* 647.)

787. — Mémoires de Mlle de Montpensier, fille de Gaston d'Orléans, frère de Louis XIII,... — *Maestricht, J.-Edme Dufour*, 1776, 8 vol. in-12.

(Le tome VIII est intitulé : « Suite des Mémoires... ou diverses pièces de la composition de cette princesse : 1° la relation de l'île invisible et l'histoire de la princesse de Paphlagonie, avec la clef, tirée des Mémoires anecdotes de M. de Ségrais; 2° divers portraits, imprimés en l'année 1659 ».)

788. — Divers portraits (de personnes de la cour de Louis XIV, composés par Mlle de Montpensier et autres, publiés par de Ségrais). — (S. l.), 1659, in-4.

(Édition originale, imprimée à Caen, aux dépens de Mlle de Montpensier et par les soins de Huet, évêque d'Avranches, et tirée à 60 exemplaires. — *Catalogue de la Bibliothèque impériale : histoire de France*, T. II, p. 13.)

789. — Mémoires pour servir à l'histoire d'Anne d'Autriche,... par Mme de Motteville,... — *Amsterdam, François Changuion*, 1750, 6 vol. in-12.

790. — Mémoires du duc de Navailles et de La Valette, pair et maréchal de France... (1635-83). — *Paris, veuve Cl. Barbin*, 1701, in-12.

791. — Mémoires de Mme la duchesse de Nemours, servant de critique aux Mémoires du cardinal de Retz, avec les différents caractères des personnes de la cour. — *Rotterdam, héritiers de Leers*, 1719, in-12.

'(Publiés par Mlle L'Héritier, d'après Barbier.)

792. — In-12 contenant :

1° Mémoires de Charles Perrault, de l'Académie Française, et premier commis des bâtiments du roi, contenant beaucoup de particularités et d'anecdotes intéressantes du ministère de M. Colbert. — *Avignon*, 1759.

2° Manière de bien juger des ouvrages de peinture, par feu M. l'abbé Laugier, mise au jour, et augmentée de plusieurs notes intéressantes, par M. *** (Cochin). — *Paris, Claude-Antoine Jombert*, 1771.

793. — Mémoires du cardinal de Retz, contenant ce qui s'est passé de remarquable en France pendant les premières années du règne de Louis XIV... — *Genève, Fabry et Barillot*, 1777, 4 vol. in-12.

794. — Mémoires de M. de St-H... (de St-Hilaire), contenant ce qui s'est passé de plus considérable depuis le décès du cardinal de Mazarin jusques à la mort de Louis XIV. — *Amsterdam, Arkstée et Merkus*, 1766, 4 vol. in-12.

795. — Mémoires de M. le duc de Saint-Simon, ou l'observateur véridique sur le règne de Louis XIV et sur les premières époques des règnes suivants. — *Londres-Paris, Buisson, et Marseille, J. Mossy père et fils*, 1788, 3 vol. in-12.

796. — Supplément aux « Mémoires de M. le duc de Saint-Simon », copié fidèlement sur le manuscrit original... pour

servir de suite et de complément aux trois volumes déjà
publiés ; avec des notes historiques et critiques. — *Londres-
Paris, Buisson*, 1789, 2 vol. in-8.

(Publié par Soulavie. — Les 2 derniers volumes manquent.)

797. — Mémoires complets et authentiques du duc de
Saint-Simon sur le siècle de Louis XIV et la régence, publiés
pour la première fois sur le manuscrit original entièrement
écrit de la main de l'auteur, par M. le marquis de Saint-
Simon,... — *Paris, A. Sautelet et Cie*, 1829-30, 21 vol.
in-8.

* Mémoires de ce qui s'est passé dans la chrétienté depuis
le commencement de la guerre, en 1672, jusqu'à la paix
conclue en 1679, par M. le chevalier Temple... Traduit de
l'anglais.
(V. ci-dessus n° 463.)

798. — Mémoires du maréchal de Tourville, vice-amiral
de France, et général des armées navales du roi. — *Amsterdam, aux dépens de la compagnie*, 1758, 3 vol. in-12.

(Par l'abbé Margon , d'après Barbier.)

799. — Mémoires de Henri-Charles de La Trémoille, prince
de Tarente. (Révisés par le P. Griffet). — *Liége, Bassompierre*,
1767, in-12.

(Contenant des détails intéressants sur la guerre de la Fronde.)

* Mémoires très-fidèles et très-exacts des expéditions
militaires qui se sont faites en Allemagne, en Hollande et
ailleurs depuis le traité d'Aix-la-Chapelle jusques à celui de
Nimègue, auxquels on a joint la relation de la bataille de
Senef, par M. le prince, et quelques autres mémoires sur les
principales actions qui se sont passées durant cette guerre,
par un officier distingué.
(V. ci-dessus n° 468.)

* Lettres de messieurs d'Avaux et Servien, ambassadeurs pour
le roi de France en Allemagne, concernant leurs différends et
leurs réponses de part et d'autre en l'année 1644.
(V. ci-dessus n° 445.)

* Vindiciæ hispanicæ... auctore Johanne Chiffletio (1645).
(V. HISTOIRE D'ESPAGNE.)

800. — Histoire du siége de Dunkerque (22 septembre-10 octobre 1646). — *Paris, Toussaint Quinet,* 1649, in-4.

(Par Sarrazin. — On trouve à la suite : « Ode sur la prise de Dunkerque », et « l'Ode de Calliope sur la bataille de Lens, à M. Arnaud ».)

801. — Mémoires pour l'histoire de Navarre et de Flandre, contenant le droit du roi au royaume de Navarre et aux duchés de Pegnafiel, de Gandie et de Montblanc, à la comté de Ribagorce, à la vicomté de Castelbon, à la ville de Balaguier et à la seigneurie de Castillon de Farfagna en Castille, Aragon et Catalogne, usurpées et détenues par les rois d'Espagne, avec le royaume de Navarre depuis l'an 1512... Avec l'histoire de 150 années des guerres d'entre la France et la Flandre depuis l'an 1180 jusques en 1331, qui justifient le droit de la couronne de France sur les villes et châtellenies de Lille, Douay et Orchies... Le tout dressé sur les titres et mémoires du cabinet de feu M. Auguste Galland,... — *Paris, M. Guillemot,* 1648, in-fol.

* Mémoires et négociations secrètes de la cour de France touchant la paix de Munster...
(V. ci-dessus n° 446.)

802. — De la prééminence de nos rois, et de leur préséance sur l'Empereur et le roi d'Espagne. Traité historique... par le sieur Aubery,... — *Paris, Michel Soly,* 1649, in-4.

(On trouve à la suite : « Relation italienne de Michel Suriano, vénitien, touchant son ambassade en France (en 1562) », et « Autre relation italienne de Bernard Navagero,... touchant son ambassade de Rome (1558) ».)

803. — Premier (— quatrième) factum, ou défenses de messire Philippe de La Mothe-Houdancourt, duc de Cardonne et maréchal de France, ci-devant vice-roi et capitaine général en Catalogne ; avec plusieurs requêtes, arrêts et autres actes... — *Paris, L. Sevestre et F. Noel,* 1649, in-4.

804. — Histoire de la prison et de la liberté de M. le prince (et du prince de Conty et du duc de Longueville, par Claude Joly). — *Paris, Aug. Courbé,* 1651, in-4.

805. — Le sacre et couronnement de Louis XIV,... dans l'église de Reims, le 7e juin 1654 ; où toutes les cérémonies, séances des cardinaux, prélats, officiers de la couronne et autres, avec leurs fonctions, sont fidèlement décrites (par J.-Michel Garnier). — *Paris, Jacques Chardon,* 1747, in-8.

806. — Traités touchant les droits du roi très-chrétien sur plusieurs états et seigneuries possédés par divers princes voisins, et pour prouver qu'il tient à juste titre plusieurs provinces contestées par les princes étrangers. Recherches pour montrer que plusieurs provinces et villes du royaume sont du domaine du roi ; usurpations faites sur les trois évêchés Metz, Toul et Verdun, et quelques autres traités concernant des matières publiques. Le tout composé et recueilli du trésor des chartes du roi, et autres mémoires par M. Dupuy, conseiller du roi en ses conseils. — *Paris, Augustin Courbé*, 1655, in-fol.

*Histoire des démêlés de la cour de France avec la cour de Rome au sujet de l'affaire des Corses (en 1662), par M. l'abbé Regnier-Desmarais. — (S. l.), 1707, in-4.
(V. à la suite de l'ouvrage intitulé : *Projet d'une dîme royale*... [par Vauban]).

807. — Recueil de pièces concernant le procès de Fouquet. — In-4 :

1°. — Avis sur les principaux points contenus dans les libelles exposés au public pour la justification de M. Fouquet, adressé aux auteurs. — (S. l. n. d.)

2°. — Plainte pour M. l'abbé Lucas, par un de ses amis, touchant la persécution que lui ont ci-devant faite messieurs Fouquet.

3°. — Suite des considérations sommaires sur le procès de M. Fouquet.

4°. — Discours au roi par un de ses fidèles sujets sur le procès de M. Fouquet.

5°. — Extrait du procès-verbal de scellé et inventaire fait en la maison de Fouquet à Paris.

6°. — Extraits des procès-verbaux des scellés et inventaires faits dans les maisons de M. Fouquet et de ses commis.

7°. — Extrait des papiers trouvés en la maison de M. Fouquet à Saint-Mandé.
(Il manque les 4 premières pages de la pièce.)

8°. — Extrait de l'inventaire fait à Fontainebleau... des papiers apportés de Nantes, et déposés ès mains de M⁰ Joseph Foucault.

9°. — Extrait de l'inventaire des papiers trouvés en la maison de M. Fouquet à Vaux.

10°. — Extrait de l'inventaire des papiers du sieur Pélisson à Paris.

11°. — Réponses aux observations faites sur la requête présentée par M. Fouquet le 25° jour de mai 1663.

12°. — A nosseigneurs de la chambre de justice (supplique de Fouquet tendant à obtenir communication de la production civile et littérale du procureur général, etc.).

13°. — Première partie de la production de M. Fouquet contre celle de M. Talon.

14°. — Inventaire des pièces que baille par devant vous, nosseigneurs de la chambre de justice, messire Nicolas Fouquet,... contre M. Talon,... pour faire voir l'oppression qui m'est faite...

15°. — Réponses au préambule de l'inventaire de production de M. Talon,... (Cette pièce contient quelques corrections manuscrites.)

16°. — A nosseigneurs de la chambre de justice (supplique de Fouquet tendant à la récusation de Talon)

17°. — Recueil de quelques points tirés des actes restants du procès qui fut fait sous le règne de François Ier à M. le chancelier Poyet.

808. — Deuxième recueil de pièces concernant le procès de Fouquet. — In-4 :

1°. — Défenses sur tous les points de mon procès que j'aurais à proposer si j'étais devant mes juges naturels. (Corrections manuscrites.)

2°. — Lettres de provision de MM. Servien et Fouquet, de la surintendance des finances (du 8 février 1653).

3°. — Lettres-patentes du roi en faveur des habitants de Belle-Isle (du 20 janvier 1660).

4°. — Marc d'or.

5°. — Arrêt du conseil par lequel les droits établis sur les rivières depuis l'avénement de S. M. à la couronne sont révoqués en faveur de sa bonne ville de Paris et en considération de la paix (10 décembre 1660).

6°. — Arrêt du conseil pour le retranchement du tiers sur tous les acquéreurs de droits sur le roi.

7°. — Réponse à la réplique de M. Talon. (Corrections manuscrites.)

809. — Les œuvres de M. Fouquet, ministre d'Etat, contenant son accusation, son procès et ses défenses contre Louis XIV,... — *Paris, veuve Cramoisy*, 1696, 12 vol. in-12.

810. — Histoire amoureuse des Gaules, par le comte de Bussy-Rabutin. — *Paris, Mame et Delaunay-Vallée*, 1829, 3 vol. in-8.

811. — Traité des droits de la reine Très-Chrétienne sur divers états de la monarchie d'Espagne (par Ant. Bilain ou Guy Joly). — *Paris, imprimerie royale*, 1667, in-4.

812. — Reginæ christianissimæ jura in ducatum Brabantiæ et alios ditionis hispanicæ principatus. — (S. l.), 1667, in-4.

(Cet ouvrage est la traduction du précédent, par J.-B. du Hamel.)

813. — La Méduse , bouclier de Pallas , ou défense pour la France contre un libelle intitulé : « Le bouclier d'Etat pour ce qui concerne le Portugal ». Traduction du portugais en français (par le chevalier de Jant, de Dijon, suivant le P. Lelong). — *Jouxte la copie imprimée à Lisbonne* (s. d.), in-12.

814. — Histoire des quatre dernières campagnes du maréchal de Turenne en 1672, 1673, 1674 et 1675, enrichie de cartes et de plans topographiques , dédiée et présentée au roi par M. le chevalier de Beaurain,... La partie historique de cet ouvrage est rédigée par M. le comte de Grimoard. — *Paris, chez le chevalier de Beaurain* , 1782 , in-fol.

* Négociations de M. le comte d'Avaux en Hollande depuis 1679 jusqu'en 1684.
(V. ci-dessus *n°* 451.)

* Histoire des édits de pacification et des moyens que les prétendus réformés ont employés pour les obtenir, contenant ce qui s'est passé de plus remarquable depuis la naissance du calvinisme jusqu'à présent , par le sieur Soulier, prêtre.
(V. ci-dessus *n°* 627.)

* L'explication de l'édit de Nantes , par M. Bernard , avec de nouvelles observations... par M. Soulier.
(V. *la division* NOMOLOGIE.)

815. — Histoire de l'édit de Nantes... jusques à l'édit de révocation en octobre 1685 , avec ce qui a suivi ce nouvel édit jusques à présent (par Elie Benoist, ministre à Delft). — *Delft , A. Beman* , 1693-96, 5 vol. in-4.

816. — Apologie de Louis XIV et de son conseil sur la révocation de l'édit de Nantes , pour servir de réponse à la « Lettre d'un patriote sur la tolérance civile des protestants de France ». Avec une dissertation sur la journée de la Saint-Barthélemy (par l'abbé de Caveirac). — (S. l.) , 1758 , in-8.

817. — Eclaircissements historiques sur les causes de la révocation de l'édit de Nantes et sur l'état des protestants en France depuis le commencement du règne de Louis XIV jusqu'à nos jours (par de Rhulières)... — (S. l.), 1788 , in-8.

818. — Recueil de ce qui s'est fait en France de plus considérable contre les protestants depuis la révocation de l'édit

de Nantes , avec une préface pour expliquer la conduite qu'on a tenue dans ce royaume pour porter les prétendus réformés à se réunir à l'église, par messire Jacques Le Fèvre ,... — *Paris, Frédéric Léonard , 1686, in-4.*

(On trouve à la suite de l'ouvrage la : « Liste des temples de la religion P. R. abattus depuis le règne de Louis–le–Grand , comme ayant été construits contre la disposition des édits... ».)

819. — Testament politique de messire Jean–Baptiste Colbert, ministre et secrétaire d'Etat , où l'on voit tout ce qui s'est passé sous le règne de Louis–le–Grand jusqu'en l'année 1684 (par Sandras de Courtilz)... — *La Haye , Henry van Bulderen , 1694 , in–12.*

* Journal du voyage de Siam , fait en 1685 et 1686 , par M. L. D. C. (M. l'abbé de Choisy).

(V. ci-dessus *n° 134.*)

820. — In-4 portant au dos : « Recueil des affaires de Rome », contenant :

1°. — Protestation de M. le marquis de Lavardin , ambassadeur extraordinaire de France à Rome. — (*Rome, 27 décembre 1687.*)

2°. — Arrêt rendu en la cour de parlement... sur la bulle du pape , concernant les franchises dans la ville de Rome, et l'ordonnance rendue en conséquence le 26 du mois de décembre dernier. — *Paris , 1688.*

3°. — Acte d'appel interjeté par M. le procureur général au concile au sujet de la bulle du pape concernant les franchises...

4°. — Réfutation d'un libelle italien en forme de réponse à la protestation du marquis de Lavardin ,... — 1688.

5°. — Ecrit italien en forme de réponse à la protestation du marquis de Lavardin ,...

6°. — Lettre du roi à M. le cardinal d'Estrées , écrite à Versailles le 6 septembre 1688. — *Paris , 1688.*

7°. — Mémoire des raisons qui ont obligé le roi à reprendre les armes, et qui doivent persuader toute la chrétienté des sincères intentions de S. M. pour l'affermissement de la tranquillité publique (24 septembre 1688). — *Paris , 1688.*

8°. — Acte d'appel interjeté au futur concile par M. le procureur général du roi, et arrêt rendu en conséquence par la chambre des vacations le 27 septembre 1688. — *Paris , 1688.*

9°. — Procès–verbal de l'assemblée de messeign" les archevêques et évêques qui se sont trouvés à Paris pour les affaires de leurs diocèses, tenue, par ordre du roi , dans l'archevéché, le jeudi 30° du moi de septembre 1688. — *Paris , 1688.*

10°. — Lettre-circulaire de MM. les agents généraux du clergé de France, écrite par ordre du roi à messeigneurs les archevêques et évêques du royaume (2 octobre 1688).

11°. — Actes des assemblées du clergé de la ville et faubourgs de Paris, tenues dans l'archevêché... les cinq et sept octobre 1688, à l'occasion de la lettre du roi écrite à M. le cardinal d'Estrées le 6 septembre dernier... — *Paris*, 1688.

12°. — Extrait des registres de l'université de Paris, contenant ce qui s'y est passé lorsque M. le procureur général du roi y a été, par ordre de Sa Majesté, le 8 du mois d'octobre 1688. — *Paris*, 1688.

13°. — Acte de l'assemblée de MM. les... trésorier, chantre et chanoines de la Sainte-Chapelle... convoquée extraordinairement... le 7... octobre 1688 à l'occasion de la lettre du roi... à M. le cardinal d'Estrées... — *Paris*, 1688.

14°. — Instrumentum quo universitas remensis adhæsit appellationi v° kal. octob... interjectæ ab illustrissimo regio cognitore catholico ad proxime futurum concilium generale. Die 27ª mensis novembris. — *Remis*, 1688.

15°. — Actes contenant les protestations solennelles publiées au sujet des nullités insoutenables faites en cour de Rome dans la confirmation de la prétendue élection du sérénissime prince Joseph Clément, duc de Bavière. — *Paris*, 1689.

16°. — Raisons qui ont obligé le roi d'Angleterre à se retirer de Rochester, écrites de sa propre main et publiées par son ordre; avec la lettre de Sa Majesté aux seigneurs et autres de son conseil privé. — *Paris*, 1689.

17°. — Ordonnance du roi, portant déclaration de guerre par mer et par terre contre les Hollandais... donnée à Versailles le 26 novembre 1688. — *Paris*, 1688.

18°. — Ordonnance du roi, portant déclaration de guerre... contre les Espagnols,... donnée à Versailles le 15 avril 1689, — *Paris*, 1689.

19°. — Ordonnance du roi qui enjoint à tous ses sujets de courre sus aux Anglais et Écossais qui se trouveront fauteurs de l'usurpateur des royaumes d'Angleterre et d'Écosse... le 25 juin 1689. — *Paris*, 1689.

20°. — Exposition du droit de M. le cardinal de Furstenberg, postulé archevêque et électeur de Cologne, contre la prétendue élection de M. le prince Joseph Clément de Bavière... avec les actes pour servir de preuves. — *Paris*, 1688.

21°. — Actes et mémoires pour servir de preuves à l'exposition du droit de M. le cardinal de Furstenberg... — (S. l. n. d.)

22°. — Réflexions sur la décrétale d'Innocent III pour l'élection du patriarche de Constantinople... — *Paris*, 1688.

821. — La France galante, ou histoires amoureuses de la cour. — La France devenue italienne, avec les autres

désordres de la cour. — *Cologne, Pierre Marteau*, 1688, in-12.

(La pagination continue d'un ouvrage à l'autre.)

822. — Le paravent de la France contre le vent du nord, ou réflexions sur un livre anonyme intitulé : « Le vrai intérêt des princes chrétiens... » (par P. Moret de La Fayole , suivant Barbier). — *Poitiers, J. Fleuriau*, 1692, in-12.

823. — La politique française démasquée, ou les desseins artificieux du conseil de France pénétrés et découverts au travers des dernières propositions de paix que le roi T.-C. a fait courir en divers lieux, et exposer à plusieurs princes de l'Europe. Le tout contenu en deux lettres, la première écrite de Paris par un des partisans de la France à un gentilhomme réfugié en Hollande (4 octobre), et la seconde écrite d'Amsterdam par ce même gentilhomme pour y servir de réponse. — *Utrecht, P. D****, 1695, in-12.

824. — Testament politique du marquis de Louvois, premier ministre d'Etat sous le règne de Louis XIV,... où l'on voit ce qui s'est passé de plus remarquable en France jusqu'à sa mort (par Sandras de Courtilz). — *Cologne, chez le Politique*, 1695, in-12.

825. — Annales de la cour et de Paris pour les années 1697 et 1698 (par Sandras de Courtilz), in-12.

(Frontispice enlevé. — Le tome Ier manque.)

* Mémoires militaires relatifs à la succession d'Espagne...
(V. n° 565 : *Documents inédits* , lettre A.)

* Négociations relatives à la succession d'Espagne...
(V. *ibidem*, lettre B.)

826. — L'état de la France, contenant tous les princes, ducs et pairs et maréchaux de France ; les évêques ; les juridictions du royaume ; les gouverneurs des provinces ; les chevaliers des trois ordres du roi, etc.; les noms des officiers de la maison du roi, leurs gages et priviléges, et ceux de Mgr le dauphin, de M. le duc de Bourgogne, de M. le duc de Berry, de Madame, de M. le duc d'Orléans et de Mme la duchesse d'Orléans. Suivant les états portés à la cour des aides. — *Paris, Jean et Michel Guignard*, 1702, 3 vol. in-12.

(Le tome Ier ne porte pas au frontispice d'indication de tomaison. Cette indication ne se trouve que sur les deux derniers volumes, dont le frontispice est ainsi modifié : « L'état de la France, tome second (troisième) ». — *Paris, au palais*, 1702.)

827. — Lettres, mémoires et actes concernant la guerre présente (par J. de La Chapelle). — *Bâle*, 1703, in-12.

(Ce recueil contient : 1° Les six premières lettres d'un Suisse à un Français ; 2° Les mémoires et actes servant de preuve à ces lettres ; 3° Copia del edicto Cesareo ; 4° Copie de l'édit de l'Empereur pour soulever tous les peuples d'Espagne contre leur roi légitime, traduit de l'espagnol ; 5° Traduction du mémoire présenté par M. le comte de Trautmansdorff à la diète de Bade le 9 septembre 1702 ; 6° Mémoire de M. le comte de Goëz ; 7° Résultat des trois collèges de l'empire sur la déclaration de la guerre contre la France et l'Espagne ; 8° Déclaration de la guerre de l'empire contre la France et l'Espagne.)

828. — Lettres d'un Suisse à un Français, où l'on voit les véritables intérêts des princes et des nations de l'Europe qui sont en guerre ; et divers mémoires et actes pour servir de preuves à ces lettres. — *Bâle*, 1704, 2 vol. in-12.

(Les 2 premiers volumes seulement. — Ces lettres sont de J. de La Chapelle. Elles ont été imprimées à Bâle de 1704 à 1708.)

829. — Histoire des troubles des Cévennes ou de la guerre des Camisards sous le règne de Louis-le-Grand, tirée de manuscrits secrets et authentiques et des observations faites sur les lieux-mêmes, avec une carte des Cévennes, par l'auteur du « Patriote français et impartial » (Court de Gebelin). — *Villefranche, Pierre Chrétien*, 1760, 3 vol. in-12.

(Le faux titre porte : « Mémoires pour servir à l'histoire de divers événements de ce siècle ».)

* Traité d'Utrecht.
(V. ci-dessus n°s 455 et 456.)

830. — Recueil de différentes choses, par le marquis de Lassay (de 1663 à 1726). — *Lausanne, Marc-Michel Rey*, 1756, 3 vol. in-12.

(Le tome IV manque.)

831. — L'espion dans les cours des princes chrétiens, ou lettres et mémoires d'un envoyé secret de la Porte dans les cours de l'Europe ; où l'on voit les découvertes qu'il a faites dans toutes les cours où il s'est trouvé, avec une dissertation curieuse de leurs forces, politique et religion, par M. ***. Nouvelle édition, augmentée dans le corps de l'ouvrage,

enrichie de figures en taille-douce, et divisée en 6 volumes. — *Cologne, Erasme Kinklius*, 1731, 6 vol. in-12.

(Les 4 premiers volumes de cet ouvrage, qui va de 1637 à 1682, sont de Marana ; les volumes V et VI sont de Cotolendi.)

832. — États au vrai de toutes les sommes employées par Louis XIV : 1° aux créations de Versailles, Marly et leurs dépendances ; 2° aux augmentations du Louvre, des Tuileries et d'autres résidences royales ; aux constructions de monuments et d'établissements publics à Paris et dans les provinces ; au canal du Languedoc en secours aux manufactures ; en pensions ou gratifications aux gens de lettres depuis 1661 jusqu'en 1710. Le tout extrait d'un travail fait sous les ordres de Colbert... supplément aux « Recherches sur Versailles », par M. Eckard. — *Versailles, Dufaure,* 1836, brochure in-8.

833. — A M. Jules Taschereau, directeur de la Revue rétrospective, au sujet des dépenses de Louis XIV à Versailles, par l'auteur des « Recherches historiques sur cette ville ». — *Versailles, Dufaure,* 1836, brochure in-8.

834. — Recueil des vertus de Louis de France, duc de Bourgogne, et ensuite dauphin, par le R. P. Martineau,... — *Paris, Mariette,* 1712, in-12.

835. — Vie du Dauphin, père de Louis XV, écrite sur les mémoires de la cour, enrichie des écrits du même prince, par M. l'abbé Proyart ;... — *Lyon, P. Bruisset Ponthus,* 1782, 2 vol. in-12.

836. — Histoire de la vie de Louis de Bourbon, prince de Condé (par P. Coste). — *Cologne, Richard Lenclume,* 1694, in-12.

(2 tomes en 1 vol.)

837. — Histoire de Louis de Bourbon, second du nom, prince de Condé... surnommé le Grand, orné de plans de siéges et de batailles, par M. Desormeaux. Seconde édition, revue et corrigée. — *Paris, Desaint,* 1768, 3 vol. in-12.

(Le 1er volume manque.)

* Vie du maréchal duc de Villars, écrite par lui-même.
(V. ci-dessus n° 654.)

Louis XV (1715-74).

838. — Mémoires de la régence de S. A. R. Mgr le duc d'Orléans durant la minorité de Louis XV,... enrichis de figures en taille-douce (par le chevalier de Piossens). — *La Haye, J. Van Duren*, 1737, 3 vol. in–12.

839. — La vie de Philippe d'Orléans, petit-fils de France, régent du royaume pendant la minorité de Louis XV, par M. L. M. D. M. (La Mothe dit de La Hode, d'après Barbier). — *Londres, aux dépens de la compagnie*, 1737, 2 vol. in–12.

(Portraits.)

840. — Vie privée du cardinal Dubois, premier ministre, archevêque de Cambrai, etc. (par Mongez). — *Londres*, 1789, in-8.

(Portrait du cardinal.)

841. — Siècle de Louis XV, par l'auteur du siècle de Louis XIV (Voltaire). — (S. l.), 1769, in-12.

(2 tomes en 1 vol.)

842. *— Précis du siècle de Louis XV, par M. de Voltaire... *Genève*, 1770, in–12.

(2 tomes en 1 vol.)

* (V. aussi *OEuvres de Voltaire*, tome XXII.)

843. — Vie privée de Louis XV, ou principaux évènements, particularités et anecdotes de son règne (par Moufle d'Angerville, avocat). — *Londres, John Peter Lyton*, 1781, 4 vol. in-12.

(Portraits.)

844. — Mémoires du marquis d'Argenson, ministre sous Louis XV, avec une notice sur la vie et les ouvrages de l'auteur, publiés par René d'Argenson. — *Paris, Beaudouin frères*, 1825, in-8.

(Le faux titre porte : « Collection de mémoires relatifs à la révolution française ».)

845. — Lettres originales de Mme la comtesse du Barry, avec celles des princes, seigneurs, ministres et autres qui lui ont écrit... On y a joint une grande quantité de notes... sur

les causes des principaux évènements de la fin du règne de Louis XV. — *Londres, 1779*, in-8.

(Par Pidanzat de Mairobert, selon Barbier.)

* Mémoires du cardinal Dubois.
  (V. *la division* BELLES-LETTRES.)

846. — Mémoires de Mme du Hausset, femme de chambre de Mme de Pompadour, avec des notes et des éclaircissements historiques. — *Paris, Beaudouin frères, 1825*, in-8.

(Le faux titre porte : « Collection de mémoires relatifs à la révolution française ».)

847. — Correspondance de M. le marquis de Montalembert, étant employé par le roi de France à l'armée suédoise, avec M. le marquis d'Avrincour, ambassadeur de France à la cour de Suède, M. le maréchal de Richelieu, les ministres du roi à Versailles, MM. les généraux suédois et autres, etc., pendant les campagnes de 1757-58, 59, 60 et 64, pour servir à l'histoire de la dernière guerre. — *Londres, 1777*, in-12.

(Les tomes II et III manquent.)

848. — Mémoires de M. l'abbé de Montgon, publiés par lui-même, contenant les différentes négociations dont il a été chargé dans les cours de France, d'Espagne et de Portugal, et divers évènements qui sont arrivés depuis l'année 1725 jusques à présent. — (S. l.), 1748-53, 9 vol. in-12.

(8 tomes en 9 vol. — Portrait de l'auteur. — A partir du tome VI le frontispice porté : « *Lausanne, Marc-Michel Bousquet et compagnie, 1752-53* ». — Le tome VI est en 2 volumes, dont l'un contient les pièces justificatives)

* Mémoires sur l'art de la guerre, de Maurice, comte de Saxe,... et lettres de cet illustre capitaine sur ses opérations militaires.
  (V. *la division* SCIENCES ET ARTS.)

849. — Mémoires de Mme de Staal, écrits par elle-même, T. I-III. — Œuvres de Mme de Staal, T. IV. — *Londres, 1755*, en tout 4 vol. in-8.

850. — Recueil général des pièces touchant l'affaire des princes légitimes et légitimés, mises en ordre. — *Rotterdam, 1717*, 4 vol. in-8.

851. — Mémoires présentés à Mgr le duc d'Orléans, régent

de France, contenant les moyens de rendre ce royaume très-puissant, et d'augmenter considérablement les revenus du roi et du peuple, par le C. de Boulainvilliers. — *La Haye et Amsterdam, aux dépens de la compagnie*, 1727, in-12.

(2 tomes en 1 vol.)

* Lettres de M. Filtz-Moritz sur les affaires du temps, traduites de l'anglais par M. de Garnesay; jouxte la copie imprimée à Londres.

(V. ci-dessus nº 466.)

852. — Le sacre de Louis XV, roi de France et de Navarre, dans l'église de Reims, le dimanche 25 octobre 1722. — (S. l. n. d.), grand in-fol.

(Les dessins sont d'Ulin, et les ornements, de Danchet.)

853. — Description des fêtes données par la ville de Paris à l'occasion du mariage de Mᵐᵉ Louise-Elisabeth de France et de don Philippe, infant et grand-amiral d'Espagne, les 29ᵉ et 30ᵉ août 1739. — *Paris, impr. de P.-G. Le Mercier*, 1740, grand in-fol.

(Relié en veau, aux armes de la ville de Paris.)

854. — Campagne de monsieur le maréchal duc de Noailles en Allemagne l'an 1743, contenant les lettres de ce maréchal et celles de plusieurs autres officiers généraux au roi et à M. d'Argenson, ministre au département de la guerre ; recueil très-intéressant, et d'autant plus digne de l'attention du public qu'il a été formé sur les originaux qui se trouvent au dépôt de la guerre de la cour de France. — *Amsterdam, Marc-Michel Rey*, 1760, in-12.

(Les deux parties en 1 vol.)

855. — Représentation des fêtes données (en 1744) par la ville de Strasbourg, pour la convalescence du roi, à l'arrivée et pendant le séjour de Sa Majesté en cette ville. Inventé, dessiné et dirigé par J.-M. Weis, graveur de la ville de Strasbourg. — *Impr. par L. Aubert, à Paris*, (s. d.), grand in-fol.

* Histoire de la guerre des Alpes, ou campagne de 1744.
(V. ci-dessus nº 473.)

856. — Fêtes publiques données par la ville de Paris, à

l'occasion du mariage de Mgr le Dauphin, les 23 et 26 février
1745. — (S. l. n. d.), grand in-fol. ·

(Rel. mar. rouge, aux armes de la ville de Paris.)

857. — Recueil in-4 contenant diverses pièces, en prose et
en vers, concernant la bataille de Fontenoy :

1". — Relation de la bataille de Fontenoy.

2°. — Epître (en vers) du sieur Rabot, maître d'école de Fontenoy, sur les
victoires du roi... augmentée d'une complainte à l'Apollon de la
France. — *A Fontenoy* (s. d.).

3°. — L'oracle ou la sybille de Fontenoy, ode par la servante du curé. —
Fontenoy, 1745.

4°. — Requête du curé de Fontenoy au roi. — *Fontenoy,* 1745.

5°. — Ode sur les victoires du roi, par un enfant de chœur de la paroisse
de Fontenoy. — *Paris,* 1745.

6°. — Vers sur la bataille de Fontenoy. — (S. l. n. d)

7°. — La victoire de Fontenoy, poème au roi par M. Guérin... — *Paris,*
1745.

8°. — La bataille de Fontenoy, poème (4e édition). — *Paris,* 1745.

9°. — La journée de Fontenoy, ode par M. Fréron. — (S. l.), 1745.

10°. — Le poème de Fontenoy. — *Paris,* 1745.

11°. — Réflexions sur un imprimé intitulé « la Bataille de Fontenoy, poème, »
dédiées à M. de Voltaire,... première édition... (par M. Dromgold,
Irlandais, professeur de rhétorique au collége de Navarre). —
(S. l.), 1745.

12°. — Epître en vers à l'imprimeur du Louvre, sur la belle édition du
poème de Fontenoy, par M. de Voltaire... — (S. l.), 1745.

13°. — (Pièce manuscrite) : La bataille ou le combat de Fontenoy, pièce
nouvelle dédiée à M. le chevalier A***. — Epître préliminaire et
dédicatoire. (A la fin : *à Leipsik, ce 1er octobre* 1745.)

14°. — La Muse gasconne, ou vers sur les succès de la campagne du roi et le
retour de Sa Majesté. — *Ostende,* 1745.

15°. — Epître au roi sur son retour. — *Paris,* 1745.
      (Par Roy, chevalier de l'ordre de St-Michel.)

16°. — Au roi, à son retour de l'armée. — *Paris,* 1744.
      (Par le P. ***, de l'Oratoire.)

17°. — Discours au roi, par M. C. G., soldat au régiment des gardes-fran-
çaises. — *Paris,* 1745.

18°. — Discours au roi sur le succès de ses armes. — *Paris,* 1745.

19°. — Essai d'un chant de la Louisiade, par M. Piron. — *Paris,* 1745.

20°. — La prise de Bruxelles par l'armée du roi, commandée par M. le maréchal comte de Saxe, le 20 février 1746. — *Paris,* 1746.

21*. — Ode au roi, traduite de l'anglais de M***. — 1744.

22*. — Adieux d'un poète à sa muse... par M. C**** de D*****, capitaine d'infanterie. — *Oudenarde*, 1745.

23*. — Les intérêts qui divisent les souverains de l'Europe depuis la mort de l'empereur Charles VI, examinés sur les principes de la nature, à l'égard de la société et de ses devoirs. — 1745.

858. — Fête publique donnée par la ville de Paris, à l'occasion du mariage de monseigneur le Dauphin, le 13 février 1747; exécutée sur les dessins de François Blondel. — (S. l. n. d.), grand in-fol.

(Rel. mar. rouge, aux armes de la ville de Paris.)

859. — Le petit dictionnaire du temps, pour l'intelligence des nouvelles de la guerre, contenant, par ordre alphabétique, la description des contrées où la guerre se fait présentement, celle des villes et places fortes qui s'y trouvent... les noms des souverains qui les possèdent, avec un recueil des principaux termes de la guerre... Seconde édition, revue, corrigée, ornée de planches en taille-douce, et augmentée 1° De la description des contrées et villes qui peuvent être le théâtre des guerres de la France; 2° Des évènements des différentes guerres qui se sont faites depuis la mort de Louis XIII jusqu'à présent... par M. L'Admiral. — *Paris, Ph. N. Lottin et J.-H. Butard*, 1747, in-12.

860. — L'état de la France (par les bénédictins de St-Maur). — *Paris, Legros*, 1749, 6 vol. in-12.

861. — Almanach royal. Année 1750. — *Paris, veuve d'Houry,* 1750, in-8.

* Mémoires des commissaires du roi et de ceux de Sa Majesté Britannique sur les droits respectifs des deux couronnes en Amérique.

(V. HISTOIRE D'AMÉRIQUE.)

862. — Recueil des fêtes, feux d'artifice et pompes funèbres ordonnées pour le roi par MM. les premiers gentilshommes de sa chambre...— *Paris, impr. de Ballard*, 1756, grand in-fol.

(Rel. mar. rouge.)

863. — Journal historique de la conquête de l'île Minorque. — (S. l.), 1756, in-12.

864. — Pièces originales et procédures du procès fait à Robert-François Damiens, tant en la prévôté de l'hôtel qu'en la cour de parlement. — *Paris, Pierre-Guillaume Simon,* 1757, in-4.

* Recueil des lettres de S. M. le roi de Prusse pour servir à l'histoire de la guerre dernière (1757). On y a joint une relation de la bataille de Rosbach.

(V. ci-après : HISTOIRE D'ALLEMAGNE.)

* Parallèle de la conduite du roi avec celle du roi d'Angleterre, électeur de Hanovre, relativement aux affaires de l'empire, et nommément à la rupture de la capitulation de Closter-Seven par les Hanovriens.

(V. ci-dessus *n*° 460.)

* Mémoires du colonel Lawrence, contenant l'histoire de la guerre dans l'Inde entre les Anglais et les Français... 1750-61.

(V. HISTOIRE D'ASIE.)

865. — In-8 contenant :

1° Eloge historique de Mgr le duc de Bourgogne (par Le Franc de Pompignan). — *Paris, impr. royale,* 1761.

2° Mémoire historique sur la négociation de la France et de l'Angleterre depuis le 26 mars 1761 jusqu'au 20 septembre de la même année, avec les pièces justificatives (et un avant-propos par de Bastide). — *Paris, impr. royale,* 1761.

866. — Testament politique du maréchal duc de Belle-Isle (par de Chevrier). — *Amsterdam, aux dépens des libraires associés,* 1761, in-12.

867. — La vie politique et militaire de M. le maréchal duc de Belle-Isle, prince de l'empire, publiée par M. D. C. (de Chevrier). — *La Haye,* 1762, in-12.

868. — Considérations sur le gouvernement ancien et présent de la France (par le marquis d'Argenson). — *Amsterdam, Marc-Michel Rey,* 1765, in-8.

869. — Considérations sur le gouvernement... de la France, comparé avec celui des autres états, suivies d'un nouveau plan d'administration, par M. le marquis d'Argenson. Deuxième édition, corrigée sur ses manuscrits. — *Liége, par C. Plompteux, impr.* 1787, in-8.

870. — Mémoires pour servir à l'histoire de Louis, dauphin de France, mort à Fontainebleau le 20 décembre 1765; avec un traité de la connaissance des hommes, fait par ses ordres en 1758. Seconde édition (par le P. Griffet). — *Paris, P.-G. Simon*, 1778, 2 vol. in-12.

871. — Oraison funèbre de... Mgr Louis, dauphin, prononcée dans l'église de Paris, le 1er mars 1766, par M. de Loménie de Brienne, archevêque de Toulouse. — *Paris, Hérissant fils*, 1766, brochure in-8.

872. — Maupeouana, ou correspondance secrète et familière du chancelier Maupeou avec son cœur Sorhouet, membre inamovible de la cour des pairs de France. — *Imprimé à la chancellerie*, 1775, 2 vol. in-12.

(Par Pidanzat de Mairobert, suivant Barbier.)

873. — Les efforts du patriotisme, ou recueil complet des écrits publiés pendant le règne du chancelier Maupeou pour démontrer l'absurdité du despotisme qu'il voulait établir, et pour maintenir dans toute sa splendeur la monarchie française; ouvrage qui peut servir à l'histoire du siècle de Louis XV pendant les années 1770, 1771, 1772, 1773 et 1774. — *A Paris, avec l'approbation unanime des bons et fidèles sujets de Sa Majesté Louis XVI*, 1775, in-12.

(Le faux titre porte : « Maupeoanerics, T. III ».)

* Eloge funèbre de Louis XV, par Voltaire.
(V. *OEuvres de Voltaire*, T. XLVII, p. 107.)

874. — Histoire de Maurice, comte de Saxe,... maréchal-général des camps et armées de Sa Majesté Très-Chrétienne, par M. le baron d'Espagnac,... — *Paris, impr. de Philippe-Denis Pierres*, 1775, 2 vol. in-4.

(Avec un portrait du comte de Saxe.)

875. — Vie du capitaine Thurot, par M. ***. — *Paris, impr. du Cercle social*, 1791, in-8.

Louis XVI jusqu'en 1789.

876. — Mémoires autographes de M. le prince de Montbarrey, ministre secrétaire d'Etat au département de la guerre sous Louis XVI,... — *Paris, A. Eymery*, 1826-27, 3 vol. in-8.

877. — Mémoires de la baronne d'Oberkirch, publiés par le comte de Montbrisson, son petit-fils. — *Paris, Charpentier,* 1853, 2 vol. in-18 anglais.

878. — Mémoires du comte Alexandre de Tilly,... pour servir à l'histoire des mœurs de la fin du xviiie siècle. Deuxième édition. — *Paris, Ch. Heideloff,* 1830, 3 vol. in-8.

879. — Mémoires de Weber, concernant Marie-Antoinette,... avec des notes et des éclaircissements historiques, par MM. Berville et Barrière. — *Paris, Baudouin frères,* 1822, 2 vol. in-8.

(Collection des mémoires relatifs à la révolution française.)

880. — Mémoires sur la vie privée de Marie-Antoinette,... suivis de souvenirs et anecdotes historiques sur les règnes de Louis XIV, de Louis XV et de Louis XVI, par Mme Campan, publiés et mis en ordre par F. Barrière. Tome troisième. Cinquième édition. — *Paris, Baudouin frères,* 1826, in-8.

(Le faux titre porte · « Œuvres de Mme Campan, T. III ».)

881. — Mémoires sur la vie de Marie-Antoinette,... suivis de souvenirs et anecdotes historiques sur les règnes de Louis XIV, de Louis XV et de Louis XVI, par Mme Campan,... avec une notice et des notes par M. F. Barrière. — *Paris, F. Didot,* 1849, in-18 anglais.

(Le faux titre porte : « Bibliothèque des mémoires relatifs à l'histoire de France pendant le xviiie siècle... tome X ».)

882. — Réflexions sur mes entretiens avec M. le duc de La Vauguyon, par Louis-Auguste, dauphin [Louis XVI]; précédées d'une introduction par M. de Falloux, représentant du peuple,... accompagnées d'un fac-simile du manuscrit. — *Paris, J.-P. Aillaud,* 1851, grand in-8.

883. — Sacre et couronnement de Louis XVI,... à Reims, le 11 juin 1775 (par l'abbé Pichon), précédé de recherches sur le sacre des rois de France depuis Clovis jusqu'à Louis XV, et suivi d'un journal historique de ce qui s'est passé à cette auguste cérémonie. Enrichi d'un très-grand nombre de figures en taille-douce, gravées par le sieur Patas, avec leurs explications. — *Paris, Vente,* 1775, in-4.

(Rel. mar. roug. dor. s. tr. — Les recherches sur le sacre des rois de France sont de Nicolas Gobet.)

884. — Compte rendu au roi par M. Necker, directeur général des finances, au mois de janvier 1781. Imprimé par ordre de Sa Majesté. — *Paris, impr. royale*, 1781, in-4.

885. — Le même ouvrage, même édition. — In-4.

886. — Les Numéros (par Peyssonnel, d'après Barbier), seconde partie. — *Amsterdam et Paris, rue et hôtel Serpente*, 1782, très-petit in-8.

(La 2ᵉ partie seulement)

887. — De l'administration des finances de la France, par M. Necker. — (S. l.), 1784, 3 vol. in-8.

888. — Introduction à l'ouvrage intitulé : « De l'administration des finances de la France, par M. Necker ». Nouvelle édition avec de petites notes. — (S. l.), 1785, in-8.

(Les mémoires secrets de Bachaumont, T. XXVIII, p. 68, attribuent cet ouvrage à Loiseau de Bérenger, fermier général; d'autres auteurs le donnent à Courboulon. Les notes sont de Blondel. — V. Barbier.)

* Du caractère de M. Necker et de sa vie privée, par Mᵐᵉ de Staël.
(V. *OEuvres de Mᵐᵉ de Staël*, T. II.)

889. — Les Francs. — (S. l.), 1785, in-8.

(Critique de l'ouvrage de M. Necker intitulé : « De l'administration des finances ».)

890. — Mémoire pour Louis-René-Edouard de Rohan, cardinal de la sainte Eglise romaine,... contre monsieur le procureur-général, en présence de la dame de La Motte, du sieur de Villette, de la demoiselle d'Oliva, et du sieur comte de Cagliostro, co-accusés. — *Paris, Cl. Simon, impr.*, 1786, in-4.

(Affaire du collier.)

* Etat des cours de l'Europe et provinces de France pour les années 1785 et 1786, par l'abbé de La Roche-Tilhac.
(V. ci-dessus nᵒˢ 424, 425.)

891. — Observations présentées au roi par les bureaux de l'assemblée des notables sur les mémoires remis à l'assemblée ouverte par le roi, à Versailles, le 23 février 1787. — *Versailles, impr. de Ph.-D. Pierres*, 1787, in-4.

892. — Procès-verbal de l'assemblée de notables tenue à Versailles en l'année 1787. — *Paris, impr. roy.*, 1788, in-4.

893. — Dénonciation de l'agiotage au roi et à l'assemblée des notables, par le comte de Mirabeau. — (S. l.), 1787, in-8.

894. — Second mémoire sur l'administration des finances, par M. le marquis de Crest,... — (S. l.), 1787, in-8.

895. — Requête au roi adressée à Sa Majesté par M. de Calonne, ministre d'état. — (S. l.), 1787, in-8.

896. — Recueil in-8 contenant :

1". — Discours prononcé par M. Antoine de Malvin de Montazet,... président de l'assemblée provinciale de la généralité de Lyon, à l'ouverture de ses séances, le 5 novembre 1787.

2o. — Mémoire présenté au roi par S. A. S. Mgr le duc d'Orléans le 20 août 1787. Signé le marquis du Crest. — A M. le marquis du Crest (pièce de vers), commençant par ces mots : « Moderne chancelier d'épée ». — Chanson commençant par ces mots : « Sans biens, sans talents, sans figure ».

3°. — Arrêtés du parlement de Paris du 30 juillet 1787. — Du dimanche 5 août 1787. — Du 13 août 1787.

4o. — Très-humbles et très-respectueuses remontrances qu'adressent au roi,... les gens tenant sa cour de parlement à Rennes (22 décembre 1787).

5°. — Arrêté du parlement de Toulouse (du 27 août 1787). — Lettre du parlement de Toulouse au parlement de Paris (du 1er septembre 1787).

6°. — Arrêté du parlement de Dauphiné (du 24 août 1787).

7°. — Arrêté de la cour de parlement de Bordeaux, qui, sous le bon plaisir du roi, persiste dans son arrêt du 8 du présent mois, portant défenses de se réunir en corps d'assemblées provinciales dans son ressort avant l'enregistrement de l'édit. Du 18 août 1787.

8°. — Réponse du roi au premier président de la cour des aides de Paris, le 25 août 1787.

9°. — Arrêté du parlement de Paris, séant à Troyes, du 27 août 1787.

10". — Arrêté de la cour des aides du 27 août 1787.

11°. — Arrêté du parlement de Besançon du 30 août 1787.

12°. — Arrêté du parlement de Bordeaux du 24 novembre 1787.

13°. — Délibération du bureau des finances de la généralité de Limoges du 17 septembre 1787.

14°. — Mémoire présenté au roi par les pairs du royaume le 24 novembre 1787.

15°. — Représentations du grand conseil au roi sur l'exil de M. le duc d'Orléans et sur l'enlévement des deux magistrats du parlement, présentées à Sa Majesté le 15 décembre 1787. — 1788.

16°. — Extrait des registres de l'hôtel commun de la ville et cité de Bordeaux du jeudi 24 janvier 1788.

17°. — Réponse du roi du 17 janvier 1788.

18°. — Remontrances du parlement de Paris concernant les non-catholiques, arrêtées le 18 janvier 1788. — Arrêté de l'assemblée du 18 janvier 1788. — Réponse du roi du dimanche 20 janvier 1788.

19°. — Discours de M. le duc d'Enghien à M. le premier président.

20°. — Supplications du parlement au roi au sujet de l'exil de M. le duc d'Orléans et de l'enlévement de MM. Fréteau de Saint-Just et Sabatier de Cabre, arrêtées aux chambres assemblées le vendredi 23 novembre 1787. — Réponse du roi aux supplications du parlement du 26 novembre 1787.

21°. — Lettre du parlement de Normandie au roi sur l'exil de Mgr le duc d'Orléans, la détention de deux magistrats du parlement de Paris, et la translation du parlement de Bordeaux à Libourne (17 janvier 1788).

22°. — Arrêtés du parlement de Franche-Comté des 4 et 9 janvier 1788.

23°. — Arrêté du 11 janvier 1788.

24°. — Supplications du parlement de Toulouse au roi du 5 janvier 1788.

25° — Réponse du roi du 17 janvier 1788.

26°. — Arrêtés du parlement de Franche-Comté des 4 et 9 janvier 1788.

27°. — (Même pièce que le n° 21.)

28°. — Très-humbles et très-respectueuses remontrances présentées au roi par le parlement de Navarre sur une lettre qui lui a été écrite le 2 janvier 1788 par M. le garde des sceaux, avec la réponse à cette même lettre.

29°. — Arrêté de la cour des aides de Paris du 18° août.

30°. — Arrêté du 11 janvier 1788.

31°. — Objets de remontrances et délibérations du parlement de Bretagne des 7 et 22 janvier 1788.

32°. — Supplications du parlement de Toulouse au roi du 5 janvier 1788.

33°. — Réquisition que les avocats au parlement de Bordeaux ont l'honneur d'adresser à MM. les maire, lieutenant de maire et jurats, gouverneurs de la même ville (19 janvier 1788). — Délibération du chapitre de l'église métropolitaine de Bordeaux pour demander la convocation de l'assemblée des Cent-Trente, du samedi 19 janvier 1788.

897. — **Réponse de M. de Calonne à l'écrit de M. Necker** publié en avril 1787 contenant l'examen des comptes de la situation des finances rendus en 1774, 1776, 1781, 1783 et

1787, avec des observations sur les résultats de l'assemblée des notables. — *Londres, impr. T. Spilsbury,* 1788, in-8.

898. — (Sans frontispice; au faux titre :) Pièces justificatives ou accessoires. — (S. l. n. d.) — Appendix. Réponse au chapitre IV de l'ouvrage que M. Necker a publié sur l'administration des finances ; remise à M. de Calonne par M. De.... au mois de février 1783. — In-8.

899. — Sur le compte rendu au roi en 1781, nouveaux éclaircissements par M. Necker. — *Paris, hôtel de Thou,* 1788, in-4.

900. — Le même ouvrage, même édition. — In-4.

901. — Compte rendu au roi au mois de mars 1788 et publié par ses ordres (par de Loménie de Brienne, rédigé par Soufflot de Merey). — *Paris, impr. royale,* 1788, in-4.

902. — Recueil de toutes les pièces qui constatent ce qui s'est passé au parlement de Toulouse et dans les sénéchaussées... depuis le 3 mai jusqu'au 20 octobre 1788... — (S. l.), 1738, in-8.

903. — Mémoire sur les états-généraux, leurs droits et la manière de les convoquer (par le comte d'Entraigues). — (S. l.), 1788, in-8.

904. — Le citoyen conciliateur, contenant des idées sommaires, politiques et morales sur le gouvernement monarchique de la France; suivi d'un projet de convocation des états-généraux du royaume, sans s'écarter des formes anciennes et usitées aux dernières assemblées nationales de ce genre... par M. l'abbé de Lubersac,... — *Paris, Gattey,* 1788, in-4.

905. — Mémoire sur les états-généraux, où l'on a réuni tous les détails relatifs à la convocation aux assemblées de baillages, de villes et de paroisses, au nombre et à la qualité des députés, enfin à la confection des cahiers et à la forme de délibération que l'on suit dans les états. On y a joint des fragments considérables du procès-verbal des états de 1356 et plusieurs autres pièces originales. — *Lausanne* et *Paris, rue Jacob,* 1788, in-8.

(Cet ouvrage est de l'abbé Despretz)

906. — Le bon sens, par un gentilhomme breton (le comte Armand-Guy de Kersaint). — (S. l.), 1788, in-4.

Révolution.

*Histoire de France depuis la mort de Louis XVI... par Gallais.
(V. ci-dessus n° 535.)

907. — Précis historique de la révolution française : assemblée constituante, suivi de réflexions politiques sur les circonstances, par J.-P. Rabaut; ouvrage orné de six gravures d'après les dessins de Moreau. Septième édition. — Paris, Treuttel et Würtz, 1819, in-18.

908. — Précis historique de la révolution française : assemblée législative, par Lacretelle jeune, avec deux gravures. Cinquième édition. — Paris, Treuttel et Würtz, 1819, in-18.

909. — Précis historique de la révolution française : convention nationale, par Lacretelle jeune. avec quatre gravures. Quatrième édition... — Paris, Treuttel et Würtz, 1816, 2 vol. in-18.

910. — Précis historique de la révolution française : directoire exécutif, par Lacretelle jeune, avec quatre gravures. — Paris, Treuttel et Wurtz, 1819, 2 vol. in-18.

(Les quatre numéros ci-dessus ont une reliure uniforme, et la tomaison marquée au dos se suit comme s'ils faisaient partie du même ouvrage.)

911. — Révolutions de Paris, dédiées à la nation. Sixième édition, augmentée. — 2 vol. in-8.

(Sans frontispice. — Le titre ci-dessus est le titre de départ. — D'après Barbier, ce journal a été rédigé par Loustalot, Sylvain Maréchal, Robert, Fabre d'Eglantine et autres. — Paris, 1789-93. — On en compte 17 volumes. Les deux volumes que possède la bibliothèque de Limoges vont du 12 juillet au 12 décembre 1789.)

* Anecdotes inédites de la fin du xviii° siècle, pour servir de suite aux Anecdotes françaises (par Serieys).
(V. ci-dessus n° 533.)

912. — Le spectateur français pendant le gouvernement républicain. Nouvelle édition, corrigée, suivie de discours sur les causes des dernières révolutions et sur les moyens d'asseoir le gouvernement sur une base inébranlable, par M. Delacroix, juge au tribunal civil de Versailles. — *Versailles, impr. de J.-A. Lebel, 1815, in-8.*

913. — Le même ouvrage, même édition. — In-8.

914. — Histoire de la révolution française, par M. A. Thiers,... — *Paris, au bureau des publications illustrées, 1839, 4 vol. in-8.*

(Les gravures forment 1 vol. in-8 en plus.)

915. — Histoire de la révolution française depuis 1789 jusqu'en 1814, par F.-A. Mignet,... Sixième édition. — *Paris, F. Didot frères, 1836, 2 vol. in-8.*

(Avec gravures)

916. — Résumé des victoires et conquêtes des Français. Histoire des batailles, siéges et combats qui ont eu lieu depuis 1792 jusques et y compris la dernière guerre d'Espagne en 1823, par une société de militaires et de gens de lettres. — *Paris, Bellavoine, 1826 4 vol. in-8.*

917. — Histoire numismatique de la révolution, ou description raisonnée des médailles, monnaies et autres monuments numismatiques relatifs aux affaires de la France depuis l'ouverture des états-généraux jusqu'à l'établissement du gouvernement consulaire, par M. H...., avec planches. — *Paris, J.-S. Merlin, 1826, 2 vol. in-4.*

(1 vol. de texte et 1 vol. de planches.)

918. — Les femmes de la révolution, par J. Michelet. — *Paris, A. Delahays, 1854, in-18 anglais.*

* Considérations sur les principaux évènements de la révolution française, par Mme de Staël-Holstein.
(V. *OEuvres posthumes de la baronne de Staël-Holstein.*)

919. — Mémoires de madame la duchesse d'Abrantès, ou souvenirs historiques sur Napoléon, la révolution, le directoire, le consulat, l'empire et la restauration. — *Paris, L. Mame, 1835, 12 vol. in-8.*

(Le faux titre porte : « Mémoires contemporains ».)

920. — Mémoires inédits de Charles Barbaroux, député à la convention nationale ; avec des éclaircissements historiques, par MM. Berville et Barrière. — *Paris, Baudouin frères,* 1822, in-8.

(Le faux titre porte : « Collection des mémoires relatifs à la révolution française ».)

* Mémoires du baron de Bésenval.
(V. ci-dessus *n°* 655.)

921. — Mémoires du marquis de Bouillé,... avec une notice sur sa vie des notes et des éclaircissements historiques par MM. Berville et Barrière. — *Paris, Baudouin frères,* 1823, in-8.

(Collection des mémoires relatifs à la révolution française.)

922. — Mémoires historiques et militaires sur Carnot, rédigés d'après ses manuscrits, sa correspondance inédite et ses écrits ; précédés d'une notice par P.-F. Tissot. — *Paris, Baudouin frères,* 1824, in-8.

(Collection des mémoires relatifs à la révolution française. — Portrait de Carnot.)

923. — Mémoires d'outre-tombe, par M. le vicomte de Chateaubriand. — *Paris, E. et V. Penaud frères,* 1849–50, 12 vol. in-8.

924. — Mémoires politiques et militaires du général Doppet, avec des notes et des éclaircissements historiques. — *Paris, Baudouin frères,* 1824, in-8.

(Collection des mémoires relatifs à la révolution française.)

925. — Mémoires du général Dumouriez, avec une introduction par M. Fs. Barrière. — *Paris, F. Didot,* 1848, in-18 anglais.

926. — Suite des mémoires du général Dumouriez. — Mémoires de Louvet, et mémoires pour servir à l'histoire de la convention nationale par Daunou, avec notice par M. Fs Barrière. — *Paris, F. Didot,* 1848, in-18 anglais.

(Les 2 n°" ci-dessus portent au faux titre ; « Bibliothèque des mémoires relatifs à l'histoire de France pendant le xviiie siècle, T. XI, XII ».)

927. — Mémoires de Joseph Fouché, duc d'Otrante,

ministre de la police générale. — *Paris*, *Le Rouge*, 1824, 2 vol. in-8.

(Portrait de Fouché. — Ces mémoires, d'après Barbier, ont été rédigés par Alp. de Beauchamp.)

928. — Mémoires et correspondance de Mallet du Pan, pour servir à l'histoire de la révolution française, recueillis et mis en ordre par A. Sayous,... — *Paris*, *Amyot*, 1851, 2 vol. in-8.

929. — Mémoires de Meillan, député par le département des Basses-Pyrénées à la convention nationale ; avec des notes et des éclaircissements historiques. — *Paris*, *Baudouin frères*, 1823, in-8.

(Collection des mémoires relatifs à la révolution française)

930. — Mémoires de S. A. S. Antoine-Philippe d'Orléans, duc de Montpensier, prince du sang. Troisième édition... — *Paris*, *Baudouin frères*, 1824, in-8.

931. — Mémoires de l'abbé Morellet,... sur le dix-huitième siècle et sur la révolution ; précédés de l'éloge de l'abbé Morellet, par M. Lémontey,... — *Paris*. *Ladvocat*, 1821, 2 vol. in-8.

(Portrait de l'abbé Morellet.)

932. — Souvenirs de la révolution et de l'empire, par Charles Nodier, de l'Académie française : nouvelle édition avec notes et augmentations considérables. — *Paris*, *Charpentier*, 1850, 2 vol. in-18 anglais.

933. — Mémoires du duc de Raguse, de 1792 à 1832, imprimés sur le manuscrit original de l'auteur, avec le portrait du duc de Reischstadt, celui du duc de Raguse et quatre *fac-simile* de Charles X, du duc d'Angoulême, de l'empereur Nicolas et du duc de Raguse. — *Paris*, *Perrotin*, 1857, 9 vol. in-8.

934. — Mémoires de Rivarol, avec des notes et des éclaircissements historiques, précédés d'une notice par M. Berville. — *Paris*, *Baudouin frères*, 1824, in-8.

(Collection des mémoires relatifs à la révolution française)

935. — Mémoires de Mme Roland, avec une notice sur sa vie, des notes et des éclaircissements historiques, par

MM. Berville et Barrière. — *Paris, Baudouin frères,* 1827, 2 vol. in-8.

(Portrait. — Collection des mémoires relatifs à la révolution française.)

936. — Mémoires de M. le comte de Vaublanc, avec avant-propos et notes par M. F. Barrière. — *Paris, F. Didot,* 1857, in-18 anglais.

(Bibliothèque des mémoires relatifs à l'histoire de France pendant les xviiie et xixe siècles. T. XIII.)

Émigration et Vendée.

937. — Mémoire concernant la trahison de Pichegru dans les années III, IV et V, rédigé en l'an VI par M. R. (Roques) de Montgaillard, et dont l'original se trouve aux archives du Gouvernement. — *Paris, imprimerie de la république, germinal an* XII, in-8.

938. — Mémoires sur la Vendée, comprenant les mémoires inédits d'un ancien administrateur militaire des armées républicaines, et ceux de Mme de Sapinaud. — *Paris, Baudouin frères,* 1823, in-8.

(Collection des mémoires relatifs à la révolution française.)

939. — Mémoires pour servir à l'histoire de la guerre de la Vendée, par le général Turreau. — *Paris, Baudouin frères,* 1824, in-8.

(Collection des mémoires relatifs à la révolution française.)

940. — Guerres des Vendéens et des Chouans contre la république française, ou annales des départements de l'Ouest pendant ces guerres... par un officier supérieur de la république, habitant la Vendée avant les troubles. — *Paris, Baudouin frères,* 1825-27, 6 vol. in-8.

(Collection des mémoires relatifs à la révolution française. — Ces mémoires sont de J.-J.-M. Savary, d'après M. Quérard.)

941. — Histoire des généraux et chefs vendéens, par Crétineau-Joly. — *Paris, H.-L. Delloye,* 183 , in-8.

942. — Vie de Melchior-Charles-Arthus marquis de Bonchamps, général vendéen, par M. Chauveau,... suivie de l'éloge prononcé sur sa tombe, et ornée de son portrait. — *Paris, Bleuet,* 1817, in-8.

943. — Fête de l'inauguration de la statue du général Charette. 4 septembre 1826. — *Nantes, impr. de Mellinet-Malassis*, 1826, brochure in-8.

944. — Résumé général, ou extrait des cahiers de pouvoirs, instructions, demandes et doléances remis par les divers bailliages, sénéchaussées et pays d'états du royaume à leurs députés à l'assemblée des états-généraux, ouverts à Versailles le 4 mai 1789; avec une table raisonnée des matières. Par une société de gens de lettres (Prudhomme et Laurent de Mézières). — (S. l.), 1789, 3 vol. in-8.

945. — Modèle d'un nouveau ressort d'économie politique, ou projet d'une nouvelle espèce de banque qu'on pourra nommer banque rurale, offerte aux observations du public, par P.-A., Vᵗᵉ D*** (vicomte d'Aubusson), membre de la Société royale d'agriculture de la généralité de Limoges, au bureau de Brive-la-Gaillarde. — *Paris, Laurens Junior...* 1789 (paru la première fois à Amsterdam, 1772). — Profession de foi politique d'un bon Français (par le vicomte d'Aubusson). — *Paris, Laurens Junior,* 1789. — Considérations sur la dette du gouvernement et sur les moyens de la payer. — Adresse à MM. de l'ordre de la noblesse. — Le tout en 1 vol. in-8.

946. — Exposition et défense de notre société monarchique française, précédée de l'historique de toutes les assemblées nationales... par M. Moreau,... — *Paris, Moutard,* 1789, 2 vol. in-8.

947. — Adresse aux états-généraux, aux états particuliers, aux assemblées provinciales et municipales du royaume, contenant des recherches et observations sur l'origine de l'impôt... par M. D***.... — *Dublin* et *Paris, Maradan,* 1789, in-8.

948. — Procédure criminelle instruite au chatelet de Paris sur la dénonciation des faits arrivés à Versailles dans la journée du 6 octobre 1789, imprimée par ordre de l'assemblée nationale. — Suite de la procédure... (etc.). — *Paris, Baudouin, impr.,* 1790, 2 vol. in-8.

949. — Appel au tribunal de l'opinion publique du rapport de M. Chabroud et du décret rendu par l'assemblée nationale le 2 octobre 1790. Examen du mémoire du duc d'Orléans et du plaidoyer du comte de Mirabeau, et nouveaux éclaircissements sur les crimes des 5 et 6 octobre 1789, par M. Mounier. — *Genève,* 1790, in-8.

950. — Lettre aux commettants du comte de Mirabeau (octobre 1789, par Servan). — (S. l.), 1789, brochure in-8.

951. — Mémoire de M. le comte de Lally-Tolendal, ou seconde lettre à ses commettants. — Pièces justificatives contenant différentes motions de M. le comte de Lally-Tolendal. — Paris, Desenne, 1790, in-8.

952. — De l'état de la France, présent et à venir, par M. de Calonne, ministre d'Etat. Nouvelle édition,... — Londres et Paris, Laurent, 1790, in-8.

953. — Droits de l'homme, en réponse à l'attaque de M. Burke sur la révolution française, par Thomas Paine,... traduit de l'anglais par F. S..... (François Soulès), avec des notes et une nouvelle préface de l'auteur. — Paris, F. Buisson, 1791-92, in-8.

(2 parties en 1 vol.)

954. — Mémoire de M. le baron de Goguelat, lieutenant-général, sur les évènements relatifs au voyage de Louis XVI à Varennes, suivi d'un précis des tentatives qui ont été faites pour arracher la reine à la captivité du Temple. Orné d'une carte de la route de Châlons à Montmédy, et de plusieurs fac-simile des lettres de la reine Marie-Antoinette. — Paris, Baudouin frères, 1823, in-8.

(Portrait. — Collection des mémoires relatifs à la révolution française.)

955. — Mémoire du marquis de Bouillé [comte Louis], lieutenant-général, sur le départ de Louis XVI au mois de juin 1791, avec des notes et observations en réponse à la relation de M. le duc de Choiseul, pair de France, extraite de ses mémoires inédits. Seconde édition. — Paris, Baudouin frères, 1827, in-8.

(Collection des mémoires relatifs à la révolution française. — Ce volume contient en plus : « Exposé de la conduite de M. le comte Charles de Raigecourt à l'affaire de Varennes. — Rapport de M. le comte Charles de Damas. — Précis historique du voyage, de l'arrestation et du retour de Louis XVI, par le comte Charles de Valory ».)

956. — Le martyrologe, ou l'histoire des martyrs de la révolution. — Coblentz et Paris, Artaud, 1792, in-8.

957. — Mémoires sur les journées de septembre 1792, par M. Jourgniac de Saint-Méard, Mme la marquise de Fausse-

Lendry, l'abbé Sicard et M. Gabriel-Aimé Jourdan, président du district des Petits-Augustins ; suivis des délibérations prises par la commune de Paris, et des procès-verbaux de la mairie de Versailles. — *Paris, Baudouin frères*, 1823, in-8.

(Collection des mémoires relatifs à la révolution française.)

958. — Révélations puisées dans les cartons des comités de salut-public et de sûreté générale, ou mémoires [inédits] de Sénart, agent du gouvernement révolutionnaire, publiés par Alexis Dumesnil,... Deuxième édition. — *Paris, chez les principaux libraires...* 1824, in-8.

959. — Histoire de la convention nationale, par Durand de Maillane ; suivie d'un fragment historique sur le 31 mai, par le comte Lanjuinais, pair de France. — *Paris, Baudouin frères*, 1825, in-8.

(Collection des mémoires relatifs à la révolution française.)

960. — Papiers inédits trouvés chez Robespierre, Saint-Just, Payan, etc., supprimés ou omis par Courtois ; précédés du rapport de ce député à la convention nationale ; avec un grand nombre de *fac-simile* et les signatures des principaux personnages de la révolution. — *Paris, Baudouin frères*, 1828, 3 vol. in-8.

(Collection des mémoires relatifs à la révolution française.)

961. — Histoire de la convention nationale, par M. de Barante,... — *Paris, Langlois et Leclercq*, 1851-53, 6 vol. in-8.

962. — Débats de la convention nationale, ou analyse complète des séances, avec les noms de tous les membres, pétitionnaires ou personnages qui ont figuré dans cette assemblée, précédée d'une introduction. — *Paris, A. Bossange et Baudouin frères*, 1828, 5 vol. in-8.

(Collection de mémoires sur la révolution française.)

963. — Journal de Cléry, suivi des dernières heures de Louis XVI, par M. Edgeworth de Firmont ; du récit des évènements arrivés au Temple, par Madame Royale, fille du roi, et d'éclaircissements historiques tirés de divers mémoires du temps. — *Paris, Baudouin frères*, 1825, in-8.

(Collection des mémoires relatifs à la révolution française.)

964. — Oraisons funèbres de Louis XVI,... de Marie-Antoinette,... de madame Elisabeth-Philippine-Marie-Hélène de France et de Louis-Charles, dauphin de France, prononcées, en 1793, 1794 et 1795, dans plusieurs églises du royaume d'Espagne... par feu M. l'abbé Vitrac ; suivies de Robespierre aux enfers, poème héroï-comique du même auteur. — *Limoges, Bargeas, impr.*, 1844, brochure in-8.

(Malgré le titre, cette brochure ne contient que l'oraison funèbre de Louis XVI.)

*(V. la division MANUSCRITS pour les originaux en langue espagnole et les traductions latines des pièces indiquées dans le frontispice ci-dessus.)

965. — Procès-verbal de la convention nationale, imprimé par son ordre. Tome sixième, contenant les séances depuis et y compris le 1er février 1793... jusques et y compris la séance du 28 du même mois. — *Paris, impr. nationale*, 1793, in-8.

966. — Plan de constitution présenté à l'assemblée nationale les 15 et 16 février 1793, l'an ii de la république. — *Paris, impr. nat.*, 1793, brochure in-8.

967. —Journal des décrets de la convention nationale pour les habitants des campagnes, par M. de S. M.... Tome IV, 1793 (octobre-décembre). — *Paris, de l'imprimerie du Journal des décrets...* 1793, in-8.

968. — Le vieux cordelier, journal politique, rédigé en l'an ii par Camille Desmoulins,... — Causes secrètes de la journée du 9 au 10 thermidor an ii, suivies des mystères de la mère de Dieu dévoilés, par Vilate,... — Précis historique inédit des évènements de la soirée du 9 thermidor an ii, par C.-A. Méda, gendarme chargé de réduire la commune de Paris et les conventionnels insurgés ; avec une notice sur la vie de l'auteur, mort général de brigade et baron. — *Paris, Baudouin frères*, 1825, in-8.

(Collection des mémoires relatifs à la révolution française.)

969. — Mémoire sur les opérations militaires des généraux en chef Custine et Houchard pendant les années 1792 et 1793, publié par le baron Gay de Vernon,... [avec deux cartes représentant le théâtre des opérations sur le Rhin et sur la frontière de Flandre entre la Sambre et la mer du Nord]. — *Paris, F. Didot frères*, 1844, in-8.

970. — (États de services des officiers de tous grades des armées de la république française :)

1°. — Chasseurs à cheval de la république française : services des officiers de tous grades. — *Paris, Tutot et fils*, 1793, in-4.

2° Hussards de la république française : services des officiers de tous grades. — Dragons de la république française... — (S. l.), 1793, in-4.

3° Carabiniers et cavalerie de la république française : services des officiers de tous grades. — (S. l.), 1793, in-4.

4° Infanterie de la république française : services des officiers de tous grades. — (S. l. n. d.), 2 vol. in-4.

5° Bataillons d'infanterie légère de la république française : services des officiers de tous grades. — (S. l.), 1793, in-4.

971. — Histoire chronologique des opérations de l'armée du Nord et de celle de Sambre-et-Meuse depuis le mois de germinal de l'an ii [fin de mars 1794] jusqu'au même mois de l'an iii [1795]. Tirée des livres d'ordre de ces deux armées. Par le citoyen David, témoin de la plupart de leurs exploits. — *Paris, impr. de Guerbart*, (s. d.), in-8.

972. — Mémoire historique sur la réaction royale et sur les massacres du Midi, par le citoyen Fréron,... avec les pièces justificatives, et augmenté d'éclaircissements et documents historiques. — *Paris, Baudouin frères*, 1824, in-8.

(Collection des mémoires relatifs à la révolution française.)

973. — An iv° de la république française. — Costume des représentants du peuple, membres des deux conseils, du directoire exécutif, des ministres, des tribunaux, des messagers d'Etat, huissiers et autres fonctionnaires publics, etc., dont les dessins originaux ont été confiés par le ministre de l'intérieur au citoyen Grasset-St-Sauveur ; gravés par le citoyen Labrousse, artiste de Bordeaux,... et coloriés d'après nature et avec le plus grand soin. Chaque figure est accompagnée d'une notice historique. — *Paris, Deroy* (s. d.), brochure in-8.

974. — In-8 contenant :

1° Considérations sur la France, par M. le comte Joseph de Maistre,... — *Lyon, J.-B. Pélagaud et C*, 1847.

2° Essai sur le principe générateur des constitutions

politiques et des autres institutions humaines, par le comte J., de Maistre. — *Lyon, J.-B. Pélagaud et C^{le}, 1846.*

975. — Manuel des autorités constituées de la république française, contenant : le calendrier républicain, avec un discours sur les institutions sociales ; la constitution de l'an III, avec des notes instructives et les lois y relatives ; les noms des directeurs exécutifs, des ministres... etc. ; orné d'une carte générale de la France, d'après la nouvelle division ; de figures représentant les attributs des fêtes décadaires, les costumes coloriés des législateurs, directeurs, juges, etc., etc... — *Paris, Dufart, impr., an v* [v. st. 1797], in-18.

976. — Bulletin décadaire de la république française (du 1er vendémiaire an VII à brumaire an VIII). — In-8.

(A la suite : « Exposé de la situation de la république » (au 1er frimaire an IX). — « Exposé de la situation de la république au 1er frimaire an X. » — « Robespierre aux frères et amis, et Camille Jordan aux fils légitimes de la monarchie et de l'église » (Attribué à M. Guyot des Herbiers). — *Paris, Gratiot*, 1799.

* Histoire des guerres d'Italie et campagnes des Alpes, par X.-B. Saintine.
(V. ci-après *n*° 986.)

* Campagnes d'Egypte et de Syrie.
(V. ci-après *n*° 990.)

Consulat, Empire.

* Le consulat, l'empire et leurs historiens, par M. Louis de Carné.
(V. *Revue des Deux-Mondes*, 1854, 1er trimestre.)

977. — Histoire du consulat et de l'empire, faisant suite à l'Histoire de la révolution française, par M. A. Thiers. — *Paris, Paulin*, 1845-57, 15 vol. in-8.

(En publication.)

978. — Plans et cartes pour l'histoire du consulat et de l'empire par M. A. Thiers. — *Paris, Paulin*, 1845-5..., livraisons I-X, in-4.

979. — Histoire de Napoléon, par M. de Norvins. Onzième édition. — *Paris, au bureau des publications illustrées*, 1839, 2 vol. grand in–8.

(Les gravures forment un 3ᵉ vol. à part.)

980. — Mémoires pour servir à l'histoire de France sous le règne de Napoléon, écrits à Ste–Hélène, sous sa dictée, par les généraux qui ont partagé sa captivité. Deuxième édition, disposée dans un nouvel ordre, et augmentée de chapitres inédits, etc., etc. — *Paris, Bossange père*, 1830, 9 vol. in–8.

(Les faux titres portent : « Mémoires de Napoléon »)

981. — Dictionnaire Napoléon, ou recueil alphabétique des opinions et jugements de l'empereur Napoléon Iᵉʳ; avec une introduction et des notes, par M. Damas Hinard. Deuxième édition. — *Paris, Plon frères*, 1854, in–8.

982. — Mémoires et correspondance politique et militaire du roi Joseph, publiés, annotés et mis en ordre par A. du Casse, aide–de–camp de S. A. I. le prince Jérôme Napoléon. Deuxième édition. — *Paris, Perrotin*, 1853–54, 10 vol. in–8.

(Avec atlas in–4.)

983. — Histoire des négociations diplomatiques relatives aux traités de Mortfontaine, de Lunéville et d'Amiens, pour faire suite aux « Mémoires du roi Joseph », précédée de la correspondance inédite de l'empereur Napoléon Iᵉʳ avec le cardinal Fesch. Publié par A. du Casse. — *Paris, E. Dentu*, 1855, 2 vol. in–8.

(Le 1ᵉʳ vol. manque.)

* Souvenirs de la révolution et de l'empire, par Ch. Nodier. (V. ci–dessus *n*° 932.)

* Mémoires du duc de Raguse. (V. ci–dessus *n*° 933.)

984. — Mémoires sur l'enfance et la jeunesse de Napoléon jusqu'à l'âge de vingt–trois ans; précédés d'une notice historique sur son père, par T. Nasica, conseiller à la cour d'appel de Bastia,... dédiés à Son Altesse Impériale le prince–président par l'abbé Nasica. — *Paris, Ledoyen*, 1852, in–8.

985. — Le même ouvrage, même édition. — In-8.

986. — Campagnes de Napoléon. — Histoire des guerres d'Italie et campagnes des Alpes, par M. X.-B. Saintine. — *Paris, Amb. Dupont et Cie, 1831, in-8.*

987. — Quelques mots à monsieur le maréchal Clausel, par Germain Sarrut. — *Paris, H. Krabbe*, 1837, brochure in-8.

(Sur l'abdication du roi de Sardaigne et la réunion de ce royaume à la France.)

988. — Mémoires du maréchal Berthier, prince de Neuchâtel et de Wagram,... — Campagne d'Egypte, 1re partie. — *Paris, Baudouin frères*, 1827, in-8.

(Le faux titre porte : « Mémoires des contemporains ».)

989. — Mémoires du comte Regnier, général de division. — Campagne d'Egypte, 2e partie. — *Paris, Baudouin frères,* 1828, in-8.

(Mémoires des contemporains.)

990. — Campagnes d'Egypte et de Syrie (1798-99). — Mémoires pour servir à l'histoire de Napoléon, dictés par lui-même à Ste-Hélène, et publiés par le général Bertrand, avec un atlas (in-4) de 18 cartes (gravées par Moisy). — *Paris, au comptoir des imprimeurs unis,* 1847, 2 vol. in-8.

* L'Egyptiade, poème héroïque, par P.-Tous. Aillaud...
(V. *la division* BELLES-LETTRES.)

* Description de l'Egypte, ou recueil des observations et des recherches qui ont été faites en Egypte pendant l'expédition de l'armée française...
(V. ci-après HISTOIRE D'AFRIQUE.)

991. — Mémoires historiques sur la catastrophe du duc d'Enghien. — *Paris, Baudouin frères*, 1824, in-8.

(Le faux titre porte : « Mémoires sur la révolution française ».)

992. — Précis historique de la campagne faite en 1807 dans la Poméranie suédoise par le corps d'observation de la grande-armée commandé par le maréchal Brune, suivi d'une notice sur ce maréchal, par le chevalier Vigier, de St-Junien,... — *Limoges, F. Chapoulaud,* 1825, in-8.

993. — Histoire de la guerre de la Péninsule sous Napoléon, précédée d'un tableau politique et militaire des puissances belligérantes, par le général Foy; publiés par Mme la comtesse Foy. Troisième édition. — *Paris, Baudouin frères*, 1828, 4 vol. in-8.

994. — Observations de M. le lieutenant-général comte Dupont « sur l'histoire de France, etc., par M. l'abbé de Montgaillard ». — *Paris, Dentu*, 1827, in-8.

(Avec une carte d'une partie de l'Andalousie, pour servir à l'histoire de la campagne de 1808. — A la suite : « Lettre sur l'Espagne en 1808 à M. le comte D***, par le lieutenant-général comte Dupont ».)

995. — Relation historique et militaire de la campagne de Portugal sous le maréchal Masséna, prince d'Essling; contenant les opérations militaires qui se rapportent à l'expédition de Masséna et les divers faits de l'armée de Portugal, jusqu'à la fin de la guerre d'Espagne; par M. Guingret, chef de bataillon... — *Limoges, Bargeas, impr.*, 1847, in-8.

* L'hymen et la naissance, ou poésies en faveur de Leurs Majestés Impériales et Royales. — 1812.
(V. la division BELLES-LETTRES.)

* De Buonaparte et des Bourbons. — 30 mars 1814.
(V., pour ce pamphlet et les autres ouvrages de Chateaubriand de ces époques : « *OEuvres de Chateaubriand : Mélanges politiques*.)

996. — Mémoires pour servir à l'histoire de France en 1815 (par Napoléon), avec le plan de la bataille de Mont-St-Jean. — *Paris, Barrois l'aîné*, 1820, in-8.

997. — Mémoires sur les cent-jours, en forme de lettres, avec des notes et documents inédits, par M. Benjamin Constant. Nouvelle édition, augmentée d'une introduction. — *Paris, Pichon et Didier*, 1829, 2 parties en 1 vol. in-8.

998. — Observations sur la relation de la campagne de 1815 publiée par le général Gourgaud; et réfutation de quelques-unes des assertions d'autres écrits relatifs à la bataille de Waterloo, par le comte de Grouchy. — *Paris, Chaumerot jeune*, 1819, in-8.

999. — Exposé de la conduite politique de M. le lieutenant-

général Carnot depuis le 1er juillet 1814. — *Paris*, *M*me *Vᵉ Courcier, impr.*, 1815; brochure in-8.

1000. — Le Mémorial de Ste-Hélène, par M. le comte de Las Cases, suivi de Napoléon dans l'exil, par O'Meara. — *Paris, A. Desrez*, 1836, 2 vol. grand in-8.

(Edition du Panthéon littéraire. — Gravures et portraits.)

1001. — Récits de la captivité de l'empereur Napoléon à Ste-Hélène, par le général Montholon,... — *Paris, Paulin*, 1847, 2 vol. in-8.

*Poème sur les derniers moments du captif de Ste-Hélène, par F. Coudamy, professeur autorisé par l'académie de Limoges.
(V. *la division* BELLES-LETTRES.)

1002. — Vie du maréchal Gouvion-St-Cyr, par le baron Gay de Vernon. — *Paris, F. Didot*, 1856, in-8.

(Portrait du maréchal.)

1003. — Le même ouvrage sur papier vélin. — In-8.

De la Restauration jusqu'à nos jours.

*De la restauration et de ses historiens, par M. Louis de Carné...
(V. *Revue des Deux-Mondes*, 1852, 2ᵉ trimestre.)

1004. — Mémoires sur la restauration, ou souvenirs historiques sur cette époque, la révolution de Juillet et les premières années du règne de Louis-Philippe Iᵉʳ, par Mme la duchesse d'Abrantès. — *Paris, J. L'Henry*, 1835-36, 6 vol. in-8.

1005. — Mémoires de M. le vicomte de Larochefoucauld, aide-de-camp du feu roi Charles X [1814-36]. — *Paris, Allardin*, 1837, 5 vol. in-8.

1006. — Chute de l'empire. — Histoire des deux restaurations jusqu'à la chute de Charles X, par Achille de Vaulabelle. Deuxième édition — *Paris, Perrotin*, 1847-54, 7 vol. in-8.

1007. — Dictionnaire des girouettes, ou nos contemporains

peints d'après eux-mêmes, ouvrage dans lequel sont rapportés les discours , proclamations, extraits d'ouvrages écrits sous les gouvernements qui ont eu lieu en France depuis 25 ans... par une société de girouettes; orné d'une gravure allégorique. — *Paris , Alexis Eymery*, 1815 , in-8.

(Par le comte de Proisy d'Eppe , selon Barbier.)

* Pamphlets de P.-Louis Courier.
(V. *ses œuvres.*)

1008. — Éloge de Louis XVIII, roi de France, par L.-M. Patris-Debreuil,... Deuxième édition... — *Paris , Le Normant* , 1816 , brochure in-8.

1009. — Le même ouvrage, même édition , in-8.

1010. — Mémoires, lettres et pièces authentiques touchant la vie et la mort de S. A. R. monseigneur Charles-Ferdinand d'Artois, fils de France , duc de Berry, par M. le vicomte de Chateaubriand. Seconde édition. — *Paris , Le Normant, impr.*, 1820 , in-8.

1011. — Eloge historique de Son Altesse Royale Charles-Ferdinand d'Artois, duc de Berry, fils de France , par M. le chevalier Alissan de Chazet... dédié à S. A. R. madame la duchesse de Berry. — *Paris, impr. royale,* 1820 , in-8.

(Portrait du duc de Berry.)

1012. — Allons à Paris , ou les fêtes du baptême, par A. E..... — *Paris , A. Egron, impr.,* 1821, in-12.

* Congrès de Vérone. — Guerre d'Espagne... par Chateaubriand.
(V. ci-dessus n" 474.)

1013. — Oraison funèbre de Sa Majesté Louis XVIII, par M. l'abbé Texier-Olivier, chanoine honoraire de Limoges. — *Paris, Adrien Le Clere et Cⁱʳ, impr.*, 1824, brochure in-8.

* Couronne poétique du général Foy, publiée par J.-D. Magalon.
(V. *la division* BELLES-LETTRES.)

1014. — Mémoire à consulter sur un système religieux et politique tendant à renverser la religion, la société et le trône, par M. le comte de Montlosier. Septième édition, revue, corrigée, augmentée et ornée du portrait de l'auteur. — *Paris, Ambroise Dupont et Roret*, 1826, in-8.

1015. — Voyage du roi au camp de St-Omer et dans les départements du Nord. Septembre 1827. — [Extrait du *Moniteur.*] — *Paris, impr. royale*, 1827, in-8.

1016. — Biographie nouvelle et complète des pairs de France, comprenant les 76 pairs de la promotion du 5 novembre 1827. Publiée par A. R. — *Paris, chez les marchands de nouveautés*, 1828, in-18.

1017. — Révolution française. — Histoire de dix ans, 1830-40, par M. Louis Blanc. Septième édition, augmentée de nouveaux documents diplomatiques. — *Paris, Pagnerre*, 1848, 5 vol. in-8.

(Portrait de l'auteur et gravures).

1018. — Discours, allocutions et réponses de S. M. Louis-Philippe, roi des Français, avec un sommaire des circonstances qui s'y rapportent. extraits du *Moniteur.* — *Paris, impr. de veuve Agasse*, 1830-33, 3 vol. in-8.

(Année 1830, 1 vol. — Année 1831, 1 vol. — Années 1832–33, 1 vol)

1019. — Relation de la fête du roi, des grandes revues et des deux voyages de Sa Majesté dans l'intérieur du royaume en mai, juin et juillet 1831. — *Paris, veuve Agasse*, 1831, in-8.

1020. — Supplément à la relation des deux premiers voyages du roi en 1831. — *Paris, veuve Agasse*, 1831, brochure in-8.

1021. — Communication du Gouvernement au sujet des évènements de Lyon, présentée à la chambre des députés, dans la séance du 17 décembre 1831, par M. le président du conseil des ministres. — Brochure in-8.

1022. — Discours prononcés à la chambre des députés par M. le président du conseil des ministres dans la discussion sur les troubles de Lyon et les embrigadements d'ouvriers. — Brochure in-8.

1023. — Compte rendu au roi sur les élections municipales de 1834. — *Paris, impr. royale*, 1836, brochure in-4.

1024. — Vues politiques historiques, dédiées à. M. le

Vᵗᵉ de Chateaubriand, par le Cᵗᵉ Alfred de La Guéronnière. — *Limoges., Blondel, impr., 1840, in-8.*

1025. — Discussion complète de l'adresse dans les deux chambres, comprênant le discours du roi à l'ouverture des chambres, le projet d'adresse des deux chambres, les discours de MM. les ministres... Extraite des Annales du parlement français. — Session de 1841. — 3ᵉ vol. — *Paris, Fleury... 1841*, grand in-8.

1026. — Miroir politique de la France, par un homme du peuple. — *Paris, Raymond-Bocquet, 1841*, in-8.

1027. — Eloge de Scipion de Dreux, marquis de Brézé, prononcé à la chambre des pairs, le 19 mars 1846, par M. le duc de Noailles. — Réflexions des divers organes de la presse dans cette circonstance. — Souvenirs, hommages, manifestations de la presse au moment même de la mort de M. de Dreux-Brézé. — Se distribue gratuitement au bureau du journal *La France*. — *1856*, brochure in-8.

1028. — Souvenirs numismatiques de la révolution de 1848. — Recueil complet des médailles, monnaies et jetons qui ont paru en France depuis le 22 février jusqu'au 20 décembre 1848. — *Paris, S. Rousseau, 1848*, in-4.

1029. — Le socialisme, nouvelle danse des morts, composée et dessinée par Alfred Rethel, lithographiée par A. Collette. — *Paris, Goupil, Vibert et Cⁱᵉ (s. d.)*, in-fol.

1030. — Message du président de la république... adressé à l'assemblée législative dans la séance du 6 juin 1849. — Brochure in-4.

(Trois exemplaires.)

1031. — Rome en 1848-49-50. Correspondance d'un officier français de l'armée expéditionnaire d'Italie, publiée par l'abbé T. Boulangé, et dédiée au général Oudinot, duc de Reggio. — *Limoges, Barbou frères, impr., 1851*, 2 vol. in-8.

1032. — Rapport de la commission mixte instituée à Rome pour constater les dégats occasionés aux monuments ou établissements artistiques par les armées belligérantes pendant le siége de cette ville. — *Paris, impr. nationale, 1850*, in-4.

1033. — Considérations politiques au point de vue du vrai

absolu et des concessions possibles, précédées de la suite des lettres diverses sur la révolution de février 1848, par M. le vicomte de La Tour-du-Pin-Chambly. — *Paris, Allouard et Kaeppelin,* 1851, in-8.

1034. — Essai de synthèse d'histoire. — Catholicisme, monarchie, socialisme. — Préface, la vraie fusion, par Elie Berton,... — *Nantes, impr. de Ch. Gailmard,* 1851, brochure in-8.

1035. — Récit complet et authentique des évènements de décembre 1851 à Paris et dans les départements, par A. Granier de Cassagnac. — *Paris, dépôt rue Monthyon,* 1851, brochure in-8.

1036. — Œuvres de Louis-Napoléon Bonaparte, publiées par M. Charles-Edouard Tremblaire. — *Paris, librairie napoléonienne,* 1848, 3 vol. in-8.

1037. — Œuvres de Napoléon III. — *Paris, Amyot,* 1854-56, 4 vol. in-8.

1038. — Même ouvrage, même édition. — 4 vol. in-8.

1039. — Réponse à la protestation des exécuteurs testamentaires du feu roi Louis-Philippe contre le décret du 22 janvier. — *Paris, impr. centrale de N. Chaix et Cⁱᵉ,* 1852, in-18.

Ouvrages divers sur la France.

Antiquités.

(V. *la division* ARCHÉOLOGIE.)

Histoire religieuse.

(V. *la division* RELIGION.)

Histoire du droit, des institutions judiciaires et du gouvernement.

(V. *la division* NOMOLOGIE.)

Histoire littéraire.

(V. *la division* BELLES-LETTRES.)

1040. *— Histoire de la milice française et des changements qui s'y sont faits depuis l'établissement de la monarchie dans les Gaules jusqu'à la fin du règne de Louis-le-Grand, par le R. P. Daniel,... — *Paris, J.-B. Coignard ; impr.*, 1721, in-4.

(Le T. II seulement.)

1041. — Ecole militaire ; ouvrage composé par ordre du Gouvernement (par l'abbé Raynal). — *Paris, Durand*, 1762, 2 vol. in-12.

(Le T. Ier manque.)

* Histoire militaire du règne de Louis-le-Juste, par Ray de Saint-Geniès.
(V. ci-dessus n° 729.)

* Histoire militaire du règne de Louis-le-Grand... par le marquis de Quincy.
(V. ci-dessus n° 760.)

1042. — Etat militaire de la France... par les sieurs de Montandre-Longchamps,... et chevalier de Montandre,... (et de Roussel.) — *Paris, Guillyn (et Onfroy)*, 1764-87, 24 vol. in-12.

(Anées 1761, 1765, 1767, 1768, 1769, 1770, 1771, 1772, 1773, 1775, 1776, 1777, 1778, 1779, 1780, 1782, 1783, 1784, 1785, 1786, 1787.)

* Victoires et conquêtes des Français de 1792 à 1823.
(V. ci-dessus n° 916.)

* Etats de services des officiers de tous grades des armées de la république française.
(V. ci-dessus n° 970.)

1043. — Commentaire sur les enseignes de guerre des principales nations du monde, et particulièrement sur les enseignes de guerre des Français, par Estienne-Claude Beneton,... — *Paris, Thiboust, impr.*, 1742, in-12.

1044. — Le même ouvrage, même édition. — In-12.

1045. — Essais historiques sur les régiments d'infanterie,

cavalerie et dragons , par M. de Roussel. — *Paris, Guillyn* ,
1767, in-12.

(Régiments de Normandie, de Bourbonnais, de Guyenne et Royal-
Vaisseaux.)

1046. — Essai historique sur l'organisation de la cavalerie
légère et principalement sur l'arme des chasseurs à cheval ;
suivi d'une notice historique sur le 8e de chasseurs , publié
par Jules Gay de Vernon , capitaine au 8e de chasseurs à
cheval. — *Paris , librairie militaire de J. Dumaine,* 1853 ,
in-8.

Histoire maritime.

1047. — Histoire maritime de France , par Léon Guérin.
Troisième édition... T. 1 et II (jusqu'à la révolution française).
— *Paris , Belin-Leprieur et Morisot ,* 1846 , 2 vol. grand in-8.

(Figures.

1048. — Histoire de la marine française , par M. le comte
de Lapeyrouse-Bonfils ,... — *Paris , Dentu,* 1845, 3 vol. in-8.

Histoires diverses.

1049. — Catalogus Gloriæ mundi , Laudes, honores , excel-
lentias, ac Præeminentias omnium fere statuum, plurimarumq.
rerum illius continens , a Spectabili viro Bartholomæo a
Chasseneo Humanorum Jurium doctore, fiscali Hæduensis
præsidatus patrono , editus. Una et typis materias reconditas
resolventibus, cum Indice illustratus. — (A la fin : *Lugduni
Impressum per... Dionysium de Harsy... anno... Millesimo
quingentesimo vigesimo nono...*) — In-fol.

(Sur deux colonnes. Caractères gothiques , figures en bois. — Barthélemy
de Chasseneuz , jurisconsulte , composa cet ouvrage en 1527. Quoique son
livre soit peu exact, il contient néanmoins bien des recherches sur les
offices , dignités et charges de la couronne de France. La 5e partie traite des
rois de France, princes et grands du royaume ; la 6e et la 7e. des offices ,
dignités, rangs, etc. la 8e, de la noblesse ; la 9e, de la milice. — V. *Lelong :
Bibl. historique,* T. II , n° 15,589 , et T. III , n° 34,186.)

1050. — Précis d'une histoire générale de la vie privée des
Français dans tous les temps et dans toutes les provinces de
la monarchie. — *Paris, Moutard ,* 1779, in-8.

(Volume détaché des Mélanges tirés d'une grande bibliothèque, de
Coutant-d'Orville.)

1051. — Histoire des paysans en France, par M. A. Léymarie, correspondant du ministre de l'instruction publique, secrétaire général de la Société Archéologique et Historique du Limousin. — *Paris, Dumoulin*, 1849, 2 vol. in-8.

HISTOIRE LOCALE DE LA FRANCE.

Ouvrages généraux.

1052. — Nouvelles recherches sur la France, ou recueil de mémoires historiques sur quelques provinces, villes et bourgs du royaume ; ouvrage qui peut servir de supplément à « l'Etat de la France » de M. de Boulainvilliers, et à la « Description du royaume », par M. Piganiol. — *Paris, Hérissant fils*, 1766, 2 vol. in-8.

(Publié par L.-T. Hérissant, d'après Barbier.)

*(V. pour l'ouvrage de M. Piganiol ci-dessus *n°* 482.)

1053. —, Histoire des anciennes villes de France, par M. L. Vitet,... — 1re série : Haute-Normandie, Dieppe. — *Paris, Mesnier,* 1833, 2 vol. in-8.

(C'est tout ce qui a paru.)

1054. — Histoire des villes de France, avec une introduction générale pour chaque province, par Aristide Guilbert et une société de membres de l'Institut, de savants, de magistrats, d'administrateurs et d'officiers généraux des armées de terre et de mer. — *Paris, Furne et Cie, Perrotin, H. Fournier,* 1845-48, 6 vol. grand in-8.

(Avec gravures et armoiries coloriées.)

Ouvrages particuliers.

Alsace.

1055. — Procès-verbal des séances de l'assemblée provinciale d'Alsace, tenues à Strasbourg aux mois de novembre et décembre 1787. — *Strasbourg, impr. de Levrault,* 1788, in-4.

Anjou.

1056. — Chroniques d'Anjou, recueillies et publiées pour la Société de l'histoire de France par MM. Marchegay et André Salmon. T. Ier (contenant : « Gesta consulum Andegavorum et dominorum Ambianensium »). — *Paris, J. Renouard et Cie,* 1856 ; in-8.

(En cours de publication.)

1057. — In-4 contenant :

1° Procès-verbal des séances de l'assemblée provinciale d'Anjou. — *Angers, Mame, impr.,* 1787.

2° Procès-verbal des séances de la première assemblée provinciale de la généralité de Lyon, tenue à Lyon dans les mois de septembre, novembre et décembre 1787. — *Lyon, 1787.*

3° Procès-verbal des séances de l'assemblée provinciale de la Basse-Normandie tenue à Caen en novembre et décembre 1787. — *Caen, impr. de G. Le Roy,* 1788.

Aunis, Saintonge, Angoumois.

* L'usance de Saintonge... par M. Cosme Bechet.
   (V. *la division* NOMOLOGIE.)

* Coutume du siége royal de St-Jean-d'Angely... interprétée par M. Cosme Bechet.
   (V. *la division* NOMOLOGIE.)

* Mémoire statistique du département des Deux-Sèvres. — An XII.
   (V. ci-dessus n° 497.)

Auvergne.

* Excursion agronomique en Auvergne... par J.-A. Victor Yvart,...
   (V. *la division* SCIENCES ET ARTS.)

* Recherches sur la population de la généralité d'Auvergne... par Messance.
   (V. ci-dessus n° 495.)

1058. — Procès-verbal des séances de l'assemblée provinciale d'Auvergne tenue à Clermont-Ferrand dans le mois d'août 1787. — *Clermont-Ferrand, impr. d'Ant. Delcros,* 1787 in-4.

1059. — Les origines de la ville de Clairmont (*sic*), par feu monsieur le président Savaron. Augmentées des remarques, notes et recherches curieuses des choses advenues avant et après la première édition. Ensemble des généalogies de l'ancienne... maison de Senectère et autres. Justifiées par chartes, titres... et enrichies de plusieurs portraits... par Pierre Durand, conseiller du roi,... — *Paris, F^s Muguet, impr.,* 1662, in-fol.

* L'origine des églises de France prouvée par la succession de ses évêques, avec la vie de saint Austremoine, premier apôtre et primat des Aquitaines.
(V. *la division* RELIGION.)

* Vie de saint Géraud, comte d'Aurillac, écrite en latin par saint Odon, second abbé de Cluny, et traduite en français par M. *** (Compaing).
(V. *Ibidem.*)

Béarn et Navarre.

* Proverbes et poésies basques, par Arnould Oihenart.
(V. *la division* BELLES-LETTRES.)

1060. — Histoire de Navarre, contenant l'origine, les vies et conquêtes de ses rois depuis leur commencement jusques à présent ; ensemble ce qui s'est passé de plus remarquable durant leurs règnes en France, Espagne et ailleurs, par André Favyn, parisien,... — *Paris, Laurent Sonnius* (1612), in-fol.

* Mémoires pour l'histoire de Navarre et de Flandre...
(V. ci-dessus *n*° 801.)

* Histoire de la guerre de Navarre en 1276 et 1277, par Guillaume Anelier, de Toulouse, publiée avec une traduction, une introduction et des notes, par Francisque Michel, correspondant de l'Institut,... — *Paris, impr. impériale,* 1856.
(V. *Documents inédits.* — Ci-après *Supplément.*)

1061. — Histoire de Jeanne d'Albret, reine de Navarre, par Mlle Vauvillers. — *Paris, F. Guitel,* 1818, 3 vol. in-8.
(Portrait de Jeanne d'Albret.)

Berry.

* Glossaire du centre de la France, par M. le comte Jaubert, ancien député du Cher, ouvrage couronné par l'Institut de France dans la séance générale des cinq académies tenue le 14 août 1856.
(V. *la division* BELLES-LETTRES.)

1062. — Procès-verbal des séances de l'assemblée provinciale du Berry tenue à Bourges dans les mois de septembre et d'octobre 1780. Précédé du projet de règlement proposé pour cette administration, et des détails relatifs aux principaux objets qui ont occupé les assemblées de 1778 et 1779. — *Bourges, impr. de B. Christo,* 1781. — Procès-verbal des séances... tenues à Bourges au mois d'octobre 1783. — *Bourges,* 1784, in-4.

1063. — Annuaire du Berry [départements du Cher et de l'Indre], administratif, statistique, agricole et historique. — 3ᵉ année, 1842. — *Bourges, Vermeil* (s. d.), in-16.

* Mémoire statistique du département de l'Indre, par Dalphonse, préfet, an XII.
(V. ci-dessus *n°* 497.)

* Histoire mémorable de la ville de Sancerre... par Jean de Lery. — 1754.
(V. ci-dessus *n°* 700.)

Bourgogne.

* Consuetudines ducatus Burgundiæ... commentariis D. Bartholomeo a Chassenæo,... illustratæ.
(V. la division NOMOLOGIE.)

1064. — Historicorum Burgundiæ conspectus. Ex bibliotheca Philiberti de La Mare, regii ordinis militis, senatoris divionensis. — *Divione, apud Joannem Ressayre,* 1689 in-4.

1065. — Histoire des rois, ducs et comtes de Bourgogne et d'Arles ; extraite de diverses chartes et chroniques anciennes,

et divisée en quatre livres, par André du Chesne, tourangeau.
— *Paris, en la boutique de Nivelle*... 1619, in-4.

(A l'écusson : « Charitas, du couvent des Minimes de Paris »)

1066. — Histoire généalogique des ducs de Bourgogne de
la maison de France. A laquelle sont ajoutés les seigneurs de
Montagu, de Sombernon et de Couches, issus des mêmes
ducs, et plusieurs autres princes et princesses du sang royal
inconnus jusques à présent... par André du Chesne, tourangeau. — *Paris, Séb. Cramoisy*, 1628. — Histoire des comtes
d'Albon et dauphins de Viennois... par André du Chesne,
tourangeau... — Histoire généalogique des comtes de Valentinois et de Dijois, seigneurs de Saint-Valier, de Vadans et de
La Ferté, de la maison de Poitiers... par André du Chesne,
tourangeau,... — In-4.

1067. — Histoire des ducs de Bourgogne de la maison de
Valois, 1364-1477. Par M. de Barante,... Quatrième édition.
— *Paris, Ladvocat*, 1826, 13 vol. in-8.

(Cartes et gravures.)

Bretagne.

* Bertrandi d'Argentré,... commentarii in patrias Britonum
leges.

(V. *la division* NOMOLOGIE.)

* Grammaire française-celtique ou française-bretonne, par
le P. F. Grégoire de Rostrenen.

(V. *la division* BELLES-LETTRES.)

* Poèmes des Bardes bretons du VIᵉ siècle, traduits par
Hersart de La Villemarqué.

(V. *ibidem*.)

* Voyages pittoresques et romantiques dans l'ancienne
France. — Bretagne.

(V. ci-dessus *n*° 485.)

1068. — L'histoire de Bretaigne, des rois, ducs, comtes et
princes d'icelle : l'establissement du Royaume, mutation de
ce tiltre en Duché, continué jusques au temps de Madame
Anne dernière duchesse, et depuis Royne de France, par le
mariage de laquelle passa le Duché en la maison de France.
Avec la carte géographique dudict pays, et table de la généalogie des Ducs et Princes d'iceluy. Mis en escrit par noble

homme, Messire Bertrand d'Argentré, sieur de Gosnès, Forges, etc.,... — *Paris, Michel Sonnius*, M. DC. IIII, in-fol.

1069. — Histoire de Bretagne, avec les chroniques des maisons de Vitré et de Laval, par Pierre Le Baud,... Ensemble quelques autres traités servant à la même histoire et un recueil armorial contenant par ordre alphabétique les armes et blasons de plusieurs anciennes maisons de Bretagne... le tout nouvellement mis en lumière, tiré de la bibliothèque de monseigneur le marquis de Molac, et à lui dédié, par le sieur d'Hozier,... — *Paris, Gervais Alliot*, 1638, in-fol.

1070. — Histoire de Bretagne, composée, sur les titres et les auteurs originaux, par dom Gui Alexis Lobineau, prêtre, religieux bénédictin de la congrégation de St-Maur. Enrichie de plusieurs portraits et tombeaux en taille-douce, avec les preuves et pièces justificatives, accompagnées d'un grand nombre de sceaux. — *Paris, Vᵉ Fˢ Muguet*, 1707, 2 vol. n-fol.

1071. — Histoire de Bretagne, par M. Daru,... — *Paris, F. Didot père et fils*, 1826, 3 vol. in-8.

1072. — Histoire des ducs de Bretagne et des différentes révolutions arrivées dans cette province (par l'abbé Desfontaines). — *Paris, Rollin fils*, 1739, 2 vol. in-12.

1073. — Histoire particulière de la Ligue en Bretagne (par l'abbé Desfontaines). — *Paris, Rollin fils*, 1739, 2 vol. in-12.

(Tomes III et IV de l'ouvrage précédent, portant comme lui au faux titre : « Histoire des ducs de Bretagne ».)

1074. — Histoire de la réunion de la Bretagne à la France, où l'on trouve des anecdotes sur la princesse Anne, fille de François II, dernier duc de Bretagne, femme des rois Charles VIII et Louis XII, par M. l'abbé Irail. — *Paris, Et.-Germ. Durand*, 1764, in-12.

(2 tomes en 1 vol.)

1075. — Le Morbihan, son histoire et ses monuments, par M. Cayot Délandre,... — *Vannes, Cauderan, et Paris, Derache*, 1847, in-8.

(Avec album in-4.)

1076. — Voyage dans le Finistère, ou état de ce département en 1794 et 1795 (par Cambry). — *Paris, impr. du Cercle social, an* VII, 3 vol. in-8.

(Figures.)

* Histoire abrégée des évêques de Nantes.
(V. *Mémoires de littérature et d'histoire,* T. V.)

* Fête de l'inauguration de la statue de Charette. — *Nantes...* 1826.
(V. ci-dessus n° 943.)

Champagne.

* Voyages pittoresques et romantiques dans l'ancienne France. — Champagne.
(V. ci-dessus n° 485.)

1077. — Mémoires historiques de la province de Champagne, contenant son état avant et depuis l'établissement de la monarchie française, la vie des ducs qui l'ont gouvernée, des comtes qui en ont été souverains et héréditaires et des personnes illustres qui y sont nées ; la description des villes, châteaux et terres titrées, des églises... des domaines du roi, du commerce de cette province et des différents tribunaux, etc., par monsieur Baugier, seigneur de Breuvery,... — *Châlons, Claude Bouchard, impr.,* 1721, in-8.

(Le T. II seulement.)

1078. — Procès-verbal des séances de l'assemblée provinciale de Champagne, tenue à Chalons dans les mois de novembre et décembre 1787. — *Chalons, Seneuze, impr.* (s. d.), in-4.

* Archives administratives et législatives de la ville de Reims.
(V. ci-dessus n° 565 : *Documents inédits,* lettres L et M.)

Dauphiné.

* Voyages pittoresques et romantiques dans l'ancienne France... — Dauphiné.
(V. ci-dessus n° 485.)

1079. — Mémoires pour servir à l'histoire de Dauphiné sous les dauphins de la maison de La Tour du Pin, où l'on trouve tous les actes du transport de cette province à la couronne de France ; avec plusieurs observations sur les usages anciens et sur les familles ; le tout recueilli des registres de la chambre des comptes et de divers cartulaires de la même province (par de Valbonays). — *Paris, Imbert de Bats, 1711*, in-fol.

(Avec une carte de la province.)

Flandre.

* Coutumes locales tant anciennes que nouvelles des bailliage, ville et échevinage de St-Omer.
(V. *la division* NOMOLOGIE.)

Franche-Comté.

* Histoire de la conquête de la Franche-Comté, par le P. Desmolets.
(V. *Mémoires de littérature et d'histoire*, T. VIII.)

* Mémoire statistique du département du Doubs... par J. Debry, préfet, an XII.
(V. ci-dessus n° 497.)

1080. — Joan. Jac. Chiffletii,... Vesontio, civitas imperialis libera, Sequanorum metropolis, plurimis nec vulgaribus sacræ protanæque historiæ monumentis illustrata, et in duas partes distincta. — *Lugduni, apud Claudium Cayne, 1648*, in-4.

Guyenne et Gascogne.

1081. — Les Annales d'Aquitaine. Faicts et gestes en sommaire des Roys de France et d'Angleterre, et païs de Naples et de Milan · reveues et corrigées par l'Autheur mesmes : jusques en l'an mil cinq cens cinquante et sept... (par Jean Bouchet). — *A Poictiers, par Enguilbert de Marnef*, M. D. LVII, in-fol.

1082. — In-fol. contenant :

1° Les Annales d'Aquitaine,... augmentées de plusieurs pièces rares et historiques, extraites des bibliothèques, et recueillies par Abraham Mounin. — *Poitiers, Mounin, 1644.*

2° Les mémoires et recherches de France et de la Gaule aquitanique, du sieur Jean de La Haye, baron des Coutaux, lieutenant-général en la sénéchaussée de Poitou et siége présidial de Poitiers. Contenant l'origine des Poitevins et les faits et gestes des premiers rois, princes, comtes et ducs, leurs généalogies, alliances, armoiries et devises et constitutions écrites, comme elles ont été trouvées, choses très-rares et remarquables. Ensemble l'état de l'église et religion de la France, depuis l'an quatre cent trente-six jusques à ce jourd'hui. — *A Poitiers, par Abraham Mounin, impr., 1643.*

1083. — Histoire politique et statistique de l'Aquitaine, ou des pays compris entre la Loire et les Pyrénées, l'Océan et les Cévennes, par M. de Verneilh-Puiraseau. — *Paris, M.-P. Guyot, impr., 1822-27, 3 vol. in-8.*

* Histoire des ducs de Guyenne, par Jean Besly.
(V. ci-après HISTOIRE DU POITOU.)

1084. — Collection des procès-verbaux des séances de l'assemblée provinciale de Haute-Guyenne, tenues à Villefranche ès années 1779, 1780, 1782, 1784 et 1786 avec la permission du roi. — *Paris, Crapart, 1787, 2 vol. in-4.*

* Arrêts notables du parlement de Bordeaux sur la coutume du pays bordelais, mis en abrégé par Mᵉ Antoine Boc.
(V. *la division* NOMOLOGIE.)

1085. — Choix de vues pittoresques, châteaux, monuments et lieux célèbres recueillis dans le département de la Gironde et dans les départements voisins, par C. Thienon, avec des notes explicatives. — *Paris, de l'impr. de P. Didot aîné, 1820 et années suiv., petit in-fol.*

(Avec planches. — D'après M. Quérard, cet ouvrage devait être composé de plusieurs livraisons : mais il n'en a été publié que la 1ʳᵉ, de 48 pages de texte et 12 planches : cependant la bibliothèque de Limoges possède 19 planches et 19 pages de texte, comprises dans deux livraisons.)

1086. — Compte-rendu et rapports des travaux de la commission des monuments et documents historiques et des bâtiments civils du département de la Gironde. — *Paris, Vᵉ Didron, 1842-55, 13 vol. in-8.*

(Il manque les années 1844-45 et 1845-46.)

1087. — Notitia utriusque Vasconiæ tum ibericæ tum

aquitanicæ, qua præter situm regionis et alia scitu digna, Navarræ regum cæterarumque in iis insignium vetustate et dignitate familiarum stemmata ex probatis authoribus et vetustis monumentis exhibentur. Accedunt catalogi pontificum Vasconiæ aquitanicæ, hactenus editis pleniores. Authore Arnaldo Oihenarto Mauleosolensi. — *Parisiis, sumptibus Seb. Cramoisy, 1638, in-4.*

1088. — Procès-verbal des séances de l'assemblée provinciale de la généralité d'Auch, tenue à Auch dans les mois de novembre et décembre 1787. — *Auch, Jean-Pierre Duprat, impr., 1788, in-4.*

Ile-de-France.

* Nouveaux commentaires sur la coutume de la prévôté et vicomté de Paris, par M. Cl. de Ferrière...
(V. *la division* NOMOLOGIE.)

* Les lois des bâtiments suivant la coutume de Paris... enseignées par M. Desgodets,... avec les notes de M. Goupy.
(V. *ibidem.*)

1089. — Dictionnaire historique de la ville de Paris et de ses environs, dans lequel on trouve la description des monuments et curiosités de cette capitale, l'établissement des maisons religieuses, celui des communautés d'artistes et d'artisans, le nombre des rues et leur détail historique, tous les colléges et les bourses qui leur sont affectées, etc., etc., etc., avec le plan nouveau de la ville et celui des environs à quinze lieues au moins à la ronde. Dans ces derniers on donne l'historique des châteaux, la nature du sol, les patrons et collateurs des cures et bénéfices, etc... Par MM. Hurtaut,... et Magny,... — *Paris, Moutard, impr. libr., 1779, 4 vol. in-8.*

1090. — Itinéraire portatif, ou guide historique et géographique du voyageur dans les environs de Paris à quarante lieues à la ronde. Ouvrage amusant et instructif pour les personnes qui veulent avoir une connaissance exacte des villes et villages par où elles passent, des grandes routes et chemins de traverse qui y conduisent, de la distance d'un lieu à un autre, et enrichi d'un plan de Paris et de cartes géographiques levées d'après les observations de MM. de l'Académie des Sciences. — *Paris, chez Nyon l'aîné, 1781, in-12.*

1091. — Manuel du voyageur aux environs de Paris, ou tableau actuel des environs de cette capitale, contenant la description des villes, bourgs, villages et châteaux renfermés dans l'espace de quinze à vingt lieues à la ronde... orné d'un grand nombre de vues et d'une carte très-détaillée des environs de Paris, par M. Isidore de Paty. — *Paris, Roret,* 1826, in-18.

1092. — Procès-verbal des séances de l'assemblée provinciale de l'Ile-de-France tenues à Melun en novembre et décembre 1787; précédé de l'édit de création, des divers règlements faits par Sa Majesté, du procès-verbal de l'assemblée préliminaire, etc. — *Sens, Ve Tarbé et fils, impr.,* 1788, in-4.

1093. — Procès-verbal des séances de l'assemblée provinciale du Soissonnais, tenue à Soissons en 1787. — *Soissons, impr. de Louis-François Waroquier,* 1788, in-4.

1094. — Géographie parisienne en forme de dictionnaire, contenant l'explication de Paris ou de son plan mis en carte géographique du royaume de France, pour servir d'introduction à la géographie générale... par M. Teisserenc,... — *Paris, Ve Robinet,* 1754, in-12.

1095. — Plan de Paris, commencé l'année 1734 sous les ordres de messire Michel-Etienne Turgot,... Henri Millon, écuyer,... Philippe Le Fort,... Jean-Claude Fauconnet de Vildé,... Claude-Augustin Josset,... échevins de la ville de Paris... achevé de graver en 1739... levé et dessiné par Louis Bretez, gravé par Claude Lucas, et écrit par Aubin... — Gr. in-fol.

(Comprenant 20 planches et une planche d'assemblage. — Rel. mar. rouge aux armes de la ville de Paris.)

* Règlements sur les arts et métiers de Paris, rédigés au xiiie siècle, et connus sous le nom de « Livre des métiers » d'Etienne Boileau.
(V. ci-dessus n° 565, lettre F.)

* Paris sous Philippe-le-Bel, par H. Géraud.
(V. *ibidem,* lettre H.)

1096. — Etat ou tableau de la ville de Paris, considérée relativement au nécessaire, à l'utile, à l'agréable et à l'admi-

nistration (par Jèze·, avec une préface par Pesselier). —
Paris, Prault père, 1760 in-8.

(Avec un plan de Paris.)

1097. — Description historique de Paris et de ses plus
beaux monuments, gravés en taille-douce par F.-N. Martinet,...
pour servir d'introduction à l'histoire de Paris et de la France...
par M. Beguillet,... — *Paris, les auteurs, et Dijon, Frantin,*
impr., 1779, 2 vol. in-8.

(Le tome II porte au frontispice : « Histoire de Paris et description de ses
plus beaux monuments... — *Paris,* 1780 ». ›

1098. — Tableau de Paris (par Mercier). Nouvelle édition,
corrigée et augmentée. — *Amsterdam,* 1782-83, 8 vol. in-8.

1099. — Statistique de l'industrie à Paris, résultant de
l'enquête faite par la chambre de commerce pour les années
1747 et 1748, — *Paris, Guillaumin et Cie,* 1851, in-4.

1100. — Le théâtre des antiquités de Paris, où il est
traité de la fondation des églises et chapelles de la cité,
université, ville et diocèse de Paris, comme aussi de
l'institution du parlement, fondation de l'université et
colléges et autres.choses remarquables, divisé en quatre livres,
par le R. P. F. Jacques du Breul,...· — *Paris, P. Chevalier,*
1612, in-4.

1101. — Les antiquités de la ville de Paris, contenant la
recherche nouvelle des fondations et établissements des
églises, chapelles, monastères, hôpitaux, hôtels, maisons
remarquables, fontaines, regards, quais, ponts et autres
ouvrages curieux; la chronologie des premiers présidents,
avocats et procureurs–généraux du parlement; prévôts,
gardes de la prévôté de la ville et vicomté de Paris; prévôts
des marchands et échevins de ladite ville, avec l'ordre observé
en leur élection ; les priviléges des bourgeois... juges et
consuls des marchands, selon l'ordre des années de leur
élection... Enrichies de plusieurs belles figures. — *Paris,*
Pierre Rocolet, impr., 1640, in-fol.

(Par Dubreuil et Malingre, suivant Barbier.)

1102. — Les annales générales de la ville de Paris, représentant tout ce que l'histoire a pu remarquer de ce qui s'est
passé de plus mémorable en icelle depuis sa première fondation jusques à présent. Le tout par l'ordre des années et

des règnes de nos rois de France... (par Claude Malingre). — *Paris , Pierre Rocolet , 1640 , in-fol.*

1103. — Histoire de la ville de Paris, composée par D. Michel Félibien , revue , augmentée et mise au jour par D. Guy-Alexis Lobineau , tous deux prêtres, religieux bénédictins de la congrégation de St-Maur, justifiée par des preuves authentiques, et enrichie de plans, de figures et d'une carte topographique... — *Paris, Guil. Desprez, impr., 1725,* 5 vol. in-fol.

1104. — Essais historiques sur Paris, de monsieur de Saint-Foix. Quatrième édition,... — *Paris, Vᵉ Duchesne, 1766–76,* 5 vol. in-12.

(Le T. Iᵉʳ manque ; le T. IV est de l'édition de 1757; le T. VI, de 1776. On y lit en plus au frontispice : « Et autres œuvres de M. de Saint–Foix ». Ces œuvres sont : « Les lettres turques , réponse au P. Griffet , et Recueil de tout ce qu'on a écrit sur le prisonnier masqué ».)

* (V. aussi *OEuvres de Saint-Foix*, T. III–V.)

1105. — Histoire des révolutions de Paris, par M. C. de Feuillide, T. I et II. — *Paris , au comptoir des imprimeurs unis , 1847, 2 vol. in-8.*

* Histoire du parlement de Paris , par Aubenas.
  (V. *la division* NOMOLOGIE.)

* Histoire de l'université de Paris.
  (V. *Histoire des sociétés savantes.*)

* Joannis Launoii Regii Navarræ gymnasii parisiensis historia.
  (V. *ibidem.*)

1106. — Observations sur l'histoire de la Bastille , publiée par M. Linguet, avec des remarques sur le caractère de l'auteur, suivies de quelques notes sur sa manière d'écrire l'histoire politique, civile et littéraire. — *Londres, aux dépens de l'auteur, 1783.* — Mémoires sur la Bastille , par M. Linguet. — *Londres, impr. de T. Spilsburg , 1783,* in-8.

(Les deux ouvrages dans le même volume.)

* Statistique monumentale de Paris.
  (V. *nᵒ* 565 : *Documents inédits,* lettre Mm.)

1107. — Souvenirs historiques des résidences royales de

France, par J. Vatout,... Deuxième publication. Palais-Royal. — *Paris, F. Didot frères*, 1838, in-8.

1108. — Le palais du Luxembourg, fondé par Marie de Médicis, régente, considérablement agrandi sous le règne de Louis-Philippe Ier, depuis sa fondation en 1615 jusqu'en 1845... par Alphonse de Gisors. — *Paris, Plon frères*, 1847, in-4.

1109. — Vue perspective de la réunion des palais du Louvre et des Tuileries, et plan historique des deux monuments d'après les plans officiels de M. L. Visconti, architecte de l'empereur, dessinés et gravés par Rodolphe Pfnor. — *Paris, l'auteur*, 1853, in-fol.

(2 planches et 1 feuillet de texte.)

1110. — Notice historique sur le projet d'une distribution générale d'eau à domicile dans Paris, et exposé de détails y relatifs, recueillis dans différentes villes du Royaume-Uni, notamment à Londres, par C.-F. Mallet,... — *Paris, Carilian-Gœuri*, 1830, in-4.

1111. — Les mystères des pompes funèbres de la ville de Paris dévoilés par les entrepreneurs eux-mêmes ; suivi du guide des familles pour le règlement général des convois d'après le tarif du cahier des charges homologué par décret du 2 octobre 1852. Par M. Balard,... — *Paris, impr. d'Emile Allard*, 1856, in-8.

1112. — Recherches historiques et biographiques sur Versailles ; biographie sommaire des personnes illustres, célèbres, remarquables, etc., nées dans cette ville ; ornées d'un portrait de Louis XIV et d'un plan de Versailles. Seconde édition, revue, augmentée, et suivie de quelques autres écrits, par M. Eckard. — *Versailles, Dufaure, impr.*, 1836, in-8.

(On trouve à la fin : « Remarques sur un écrit posthume de Peuchet intitulé : *Recherches pour l'exhumation du corps de Louis XVII.* On y a joint, comme preuve historique, un portrait de ce prince. — *Paris, Delaunay*, 1835 ».)

* Etats au vrai de toutes les sommes employées par Louis XIV aux créations de Versailles, Marly, etc... par Eckard.
(V. ci-dessus n° 832.)

* A M. Jules Taschereau au sujet des dépenses de Louis XIV à Versailles (par Eckard).
(V. ci-dessus n° 833.)

* Galeries historiques du palais de Versailles.
(V. ci-après la *division* BIOGRAPHIE.)

Languedoc.

* Voyages pittoresques et romantiques dans l'ancienne France... — Languedoc.
(V. ci-dessus *n*° 485.)

* Histoire de la Gaule méridionale sous les conquérants germains, par Fauriel.
(V. ci-dessus *n*° 590.)

1113. — Histoire générale du Languedoc, avec des notes et les pièces justificatives ; composée sur les auteurs et les titres originaux, et enrichie de divers monuments, par deux religieux bénédictins de la congrégation de Saint-Maur (Claude de Vic et Joseph Vaissette). — *Paris, J. Vincent, impr.,* 1730-45, 4 vol. in-fol.

(Il manque le tome V.)

1114. — Recueil des titres, qualités, blasons et armes des seigneurs barons des états-généraux de la province de Languedoc tenus par Son Altesse Sérénissime Mgr le prince de Conty en la ville de Montpellier, l'année 1654. Dédié à Son Altesse Sérénissime. (Par Béjard.) — (S. l. n. d.), in-fol.

* Jugements sur la noblesse du Languedoc, par M. de Besons.
(V. ci-dessus *n*° 576, T. II et III. — V. également le même ouvrage pour plusieurs autres points historiques concernant la province du Languedoc.)

* Recueil de toutes les pièces qui constatent ce qui s'est passé au parlement de Toulouse... en 1788.
(V. ci-dessus *n*° 902.)

1115. — Histoire Tolosaine, par Antoine Noguier, tolosain, aveq privilege du Roi, 1559. — *A Tolose, par G. Boudeville,* petit in-fol.

Limousin et Marche.

Ouvrages concernant toute la province.

GÉOGRAPHIE, NOTIONS GÉNÉRALES.

(V. pour la bibliographie : *Bibliothèque historique du P. Lelong*, T. III.)

* Carte de la généralité de Limoges, divisée en cinq élections, de Limoges, de Brive, de Tulle, de Bourganeuf et d'Angoulême, par le Sr J.-B. Jaillot ,... (1719).

(V. ci-dessus n° 78.)

1116. — Les Lémovices de l'Armorique mentionnés par César; peuplades qui les composaient; limites de leur territoire; leurs villes principales, par M. M. Deloche, ancien secrétaire-général de préfecture en Algérie, chef de bureau au ministère de l'agriculture, du commerce et des travaux publics. — Extrait du T. XXIII des Mémoires de la Société impériale des Antiquaires de France. — *Paris, typ. Ch. Lahure,* 1856, brochure in-8.

(Avec une carte dressée par M. A. Chatelain, géographe.)

* Estat des paroisses de l'élection de Limoges, des noms des seigneurs, des fruits qu'elles produisent, les impositions depuis l'année 1680 jusqu'en 1686, le nombre des feux, des bœufs, des vaches de chacune, ensemble les lieux où se distribue l'étape.

(V. la division MANUSCRITS.)

* Mémoire concernant la généralité de Limoges, contenant la description et le dénombrement du Limousin, de la Marche et partie de l'Angoumois, composé par M. de Bernages, maître des requêtes, intendant de ladite généralité. — Année 1700.

(V. *ibidem.*)

1117. — Calendrier ecclésiastique et civil du Limousin (fondé en 1762 par le chanoine Joseph Devoyon). — *Limoges, Martial Barbou, impr.,* 1762-90, 9 vol. in-24.

(NOTA. — La bibliothèque ne possède que les années suivantes, dans lesquelles nous n'indiquons que les matières relatives à l'histoire du Limousin :)

1780. — Contenant : Suite de l'histoire abrégée du Limousin, par M. Legros, prêtre (xe siècle). — Forléaux, ou prix commun des froment, seigle, avoine grosse, avoine menue; vin, foin et huile, mesure de Limoges, depuis l'an 1400.

1781. — Suite de l'histoire abrégée du Limousin, par M. Legros, (suite du x⁰ siècle. — Catalogue des auteurs limousins, par M. l'abbé Vitrac. — Chronologie des abbés du monastère de St-Augustin-lez-Limoges. — Chronologie des lieutenants-généraux de robe-longue et de police au sénéchal et siége présidial de Limoges. Rédigée par M. Legros, prêtre.

(Les années 1780–81 sont dans le même volume)

1782 — Suite de l'histoire abrégée du Limousin, par M. Legros (xi⁰ siècle).

1783. — Suite de l'histoire du Limousin , par M. Legros (suite du xi⁰ siècle).

1784. — Chronologie des abbesses du monastère de Notre–Dame et de St-Laurent–des–Allois, transféré, en 1750, dans la cité de Limoges , rédigée par M. Legros. — Notice sur la monnaie de Limoges, précis historique. — Suite de l'histoire abrégée du Limousin , par M. Legros.

1785. — Chronologie des lieutenants particuliers du sénéchal et présidial de Limoges — Suite de la notice sur la monnaie de Limoges. — Suite de l'histoire abrégée du Limousin, par M. Legros.

1787. —

1788. —

1789. —

1790. — Tableau des commissaires scrutateurs et députés élus par les trois ordres des sénéchaussées réunies de Limoges et de St-Yrieix, dans les séances de l'assemblée générale des trois états tenue à Limoges, dans l'église du collége royal, etc., les 16 mars et jours suivants , 1789.

1118. — Calendrier de la ville de Limoges et du département de la Haute–Vienne. — *Limoges, Léonard Barbou, impr.*, 1791-93 , 3 vol. in-24.

1791. —

1792. —

(Les années 1787 à 1792 contiennent les torleaux des grains à la mesure de Limoges depuis 1757.)

1793. —

1119. — Annuaire du département de la Haute-Vienne, an XIII [1804 et 1805], 1ᵉʳ de l'empire. — *Limoges, impr. de L. Barbou,* in-24.

1120. — Calendrier ecclésiastique, civil et militaire de la sénatorerie de Limoges. — *A Limoges, de l'impr. de L. Barbou,* 1806-13 , 8 vol. in-24.

1806. — Eloge nécrologique de l'abbé de Vitrac. — Tableau des anciens députés des trois départements formant actuellement la sénatorerie de Limoges, à l'assemblée constituante, à la première législation, à la convention et aux conseils des Cinq-Cents et des Anciens. — Tarif et réglement pour la perception des droits d'octroi de la commune de Limoges. — Cadastre. — Société d'Agriculture, etc.

1807. — Sénatorerie de Limoges et ses rapports avec l'ancienne généralité de ce nom. — Dissertation sur les quatre lions de pierre dont il est fait mention dans l'histoire de Limoges. — Notice sur le haras impérial de Pompadour.

1808. — (Il manque les pages 85 à 106.) — Notice sur les tribunaux de commerce et particulièrement sur celui de Limoges.

1809 —

1810. — Note sur le haras de Pompadour et sur M. Le Piot de Seltot. — Discours prononcé sur la tombe de M. le sénateur Morard de Galle, décédé, à Guéret, le 23 juillet 1809, par M. Maurice, préfet de la Creuse.

1811. — Aperçu sur les monnaies. — Aperçu sur les journaux en général, et sur l'histoire de ceux de la sénatorerie en particulier, etc.

1812 —

1813. — Note sur le haras de Pompadour.

1121. — Annuaire du département de la Haute-Vienne... rédigé et imprimé par ordre de M. Louis Texier-Olivier,... et augmenté chaque année d'un morceau de la statistique du Limousin. — *Limoges, impr. de J.-B. Bargeas,* 1807-34, 24 vol. in-12.

1807. — Carte de la Haute-Vienne. — Statistique du Limousin (par Rougier-Chatenet). — Météorologie, forléaux, Société d'Agriculture, etc.

1808. — Notice topographique du Limousin (par Rougier-Chatenet).

1809. —

1810. —

1811. — Note sur le foudroiement du clocher de St-Michel le 10 novembre 1810.

1812. —

1813. — Rapport de M. Martin, l'un des secrétaires de la Société d'Agriculture, sur un grand nombre de médailles celtiques et romaines trouvées au village de La Jante, commune de Compreignac.

1814. — Extrait d'un mémoire sur les mines d'étain de la commune de Vaulry, par M. Alluaud aîné,...

1815. — Compte-rendu des travaux exécutés dans la mine d'étain de Vaulry, fait par M. C.-N. Allou, ingénieur des mines du 2ᵉ arrondissement.

1816. —

1817. — Lettres sur les moyens de convertir les pommes de terre en farine et d'en faire du pain, par M. Desisles, juge au tribunal et à la cour prévôtale de Limoges.

1818. — Notice historique sur l'Annuaire de la Haute-Vienne et table raisonnée des principaux articles des annuaires de 1805 à 1817 inclusivement. — Mine d'étain de Vaulry (par M. Allou).

1819. —

1820. — Note de M. Allou sur les travaux de la mine d'étain de Vaulry.

1821. — Notice sur les foires. — Notice historique sur les monnaies. — Extrait du rapport de M. Ardant, secrétaire de la Société d'Agriculture, sur les antiquités de la Haute-Vienne.

1822. — Calendrier agronomique de la Haute-Vienne. — Notice sur le port du Naveix. — Notice sur les monnaies romaines.

1823. — Calendrier agronomique (suite).

1824. —

(A partir de cette année, le titre porte : « Annuaire du département de la Haute-Vienne et du ressort de la cour royale de Limoges ».)

1826. —

1828. — Tableau présentant le nombre de feux de cheminée et des incendies, qui se sont manifestés chaque année dans la ville de Limoges de 1794 jusqu'en 1827 inclus. — Notice sur la vie de messire François de La Fayette, évêque de Limoges.

1829. —

1830. — Tableau des anciens présidents du tribunal de commerce établi à Limoges par Charles IX, édit de Roussillon, du mois de juin 1564...

1833. —

1834. — Notice historique sur le département de la Haute-Vienne et sur la ville de Limoges en particulier. — L'abbé Tabaraud, article nécrologique. — Jourdan, article nécrologique.

1122. — Annuaire statistique des départements de la Haute-Vienne, de la Creuse et de la Corrèze, ressort de la cour royale de Limoges, rédigé par Honoré Arnoul. — Limoges, Bargeas, 6 vol. in-12.

1835. — Des anciennes mesures locales du Limousin.

1836. — Notices historiques sur le département de la Haute-Vienne, sur les intendants de la généralité de Limoges, sur les anciens préfets.

1837. — Les monastères en Limousin. — Coutumes, jeux, courses de Saint-Léonard. — De l'émigration des ouvriers maçons et autres dans les cantons du Dorat, Magnac-Laval, Château-Ponsat et Saint-Sulpice-les-Feuilles. — Eglise du Dorat. — Ville de Rochechouart.

1838 — Eloge nécrologique de Jean-Jacques Baraudon.

1839. —

(A partir de cette année, le nom d'Honoré Arnoul disparaît du titre.)

1842. —

1123. — Calendrier-annuaire du département de la Haute-Vienne et du ressort de la cour royale de Limoges. — *Limoges, chez Ardillier, impr.-libr., et Ardillier fils, impr.-éditeur,* 2 vol. in-12.

1844. —

1846 —

1124. — Annuaire de la Haute-Vienne et du ressort de la cour royale, de l'évêché et de l'académie de Limoges, publié avec le concours de la Société statistique de la Haute-Vienne. — *Limoges, Ardillier fils et Ardillier, impr.,* in-12.

1848. —

(Il n'y a pas eu d'annuaire en 1849.)

1125. — Annuaire statistique, administratif, judiciaire, diocésain, commercial, agricole et industriel du département de la Haute-Vienne. — *Limoges, H. Ducourtieux,* 1850, 8 vol. in-12.

1850. —

1851. —

(A partir de cette année, on lit en plus au frontispice : « Par J. Dumont, employé à la préfecture ».)

1852. — Revue archéologique de la Haute-Vienne, par l'abbé Arbellot.

1853. —

1854. — Article bibliographique de l'abbé Texier sur le 1er vol. de la biographie des hommes illustres du Limousin par l'abbé Arbellot et Aug. Du Boys. — Notice sur les calendriers, annuaires, journaux, revues et recueils périodiques du Limousin, par Aug. Du Boys.

1855. —

1856 — Liste chronologique des intendants de la généralité de Limoges (dressée par Aug. Du Boys).

1857. — Notice historique sur la bibliothèque communale de Limoges, par Emile Ruben.

1126. — Nouvelles éphémérides du ressort de la cour royale de Limoges, ou almanach populaire, statistique, religieux, agricole, commercial, historique, hygiénique, administratif et judiciaire de la Haute-Vienne, de la Creuse et de la Corrèze pour l'année 1837, publié par F. Laurent, aidé du concours et de la collaboration des administrateurs, avocats, négociants ; médecins, agriculteurs, et des hommes les plus distingués de nos trois départements. — *Limoges, impr. de Darde* (s. d.), in-8.

(Statistique du Haut et Bas-Limousin et de la Marche, par P. Gillier, avocat. — Limousin pittoresque, par Élie Berthet. — Forces et ressources du département de la Haute-Vienne, par le comte de Villelume. — Précis sur les principaux châteaux anciens et modernes, maisons de campagne du département de la Haute-Vienne, par le comte de Villelume. — Le château de Chalus, par Emile Fontaine. — Grandmont, par F. Léobardy. — Itinéraire de l'archéologue dans le département de la Haute-Vienne, par Maurice Ardant. — Promenade botanique, par Edouard Lamy. — Hygiène, par le docteur Bleynie. — Considérations générales sur l'agriculture limousine, par Pichaut de Lamartinière. — Histoire et statistique de la porcelaine en Limousin, par Alluaud aîné. — De l'industrie et du commerce à Limoges, par F. Laforest. — Hommes célèbres du Limousin — Histoire religieuse du Limousin. — Anciennes généralités ou intendances, etc. — Histoire de la Marche. — Histoire du Bas-Limousin, etc., etc.) *

1127. — Société d'Agriculture, des Sciences et des Arts du département de la Haute-Vienne. Séances publiques du 24 mai 1809 ; — du 24 mai 1810 ; — du 25 mai 1811 ; — du 24 mai 1812 ; — du 23 mai 1813 ; — du 23 mai 1817 ; — du 26 août 1819. — *Limoges, J.-B. et H. Dalesme*, 1809-19, 7 brochures in-8.

(Cette Société fut autorisée par arrêt du conseil d'Etat du 12 mai 1761 sous le titre de : « Société royale d'Agriculture de la généralité de Limoges ».)

1128. — Bulletin de la Société royale d'Agriculture, des Sciences et des Arts de Limoges. — *Limoges, Chapoulaud, impr.*, 1822-5..., in-8.

(Nota. — On n'indique ici que les matières relatives à l'histoire du Limousin.)

1822. — Inauguration du portrait de Turgot : discours de MM. de Castéja, préfet, et Boudet. — Arènes de Limoges. — Description des monuments de la Haute-Vienne, par M. Allou — Mort de Richard-Cœur-de-Lion devant Chalus.

1823 — Lettres de M. Maurice Ardant sur des médailles trouvées à Limoges et sur des médailles consulaires d'argent.

1824. — Notice nécrologique sur M. Juge-Saint-Martin. — Notice sur M. le baron de Roulhac. — Notice numismatique, par Maurice Ardant.

1825. — Notices sur les antiquités du département et sur trois médailles, par M. Maurice Ardant.
　　(Les années 1823-25 en 1 vol. in-8.)

1826. — Antiquités, médailles, par Maurice Ardant..

1827 —

1828. — Rapport sur l'ouvrage intitulé : « Histoire de l'Aquitaine, de M. de Verneilh-Puiraseau », par M. Andrieux. — Sur le duc Etienne, vulgairement désigné sous le nom de Thève-le-Duc. — Emaux de Limoges, antiquités, médailles.

(Les années 1826—28 dans le même vol.)

1829. — Notice sur deux médailles impériales d'or et sept consulaires trouvées en Limousin, par M. Ardant.

1830. —

(Il n'y a pas eu de Bulletin en 1831.)

1832. — Antiquités. — Monnaies d'Aquitaine, par M. Ardant.

1833. — Mémoire sur un tombeau qui se trouvait dans l'abbaye de Saint-Martial de Limoges, et qu'on appelait le tombeau de Thève-le-Duc. — Mémoire sur une statuette en bronze trouvée près de Saint-Léonard, par M. Ardant. — Notice sur l'état de l'imprimerie à Limoges depuis son établissement jusqu'à nos jours (signée R. C.). — Médailles gauloises, par M. Ardant

1834. — Limoges sous les Anglais (extrait d'un manuscrit limousin.).

1835. — Extrait mémorial des privilèges de Limoges sous Charles V. — Médailles d'argent consulaires, par M. Ardant. — Couronnement de Richard-Cœur-de-Lion comme duc d'Aquitaine. — Ordre de la bénédiction des ducs d'Aquitaine à l'église cathédrale de Limoges.

1836. — Antiquités : résultat de quelques fouilles pratiquées dans la commune de Balledent, lettre adressée à la Société par M. F. — Description de médailles d'or romaines trouvées à Limoges ou dans ses environs.

1837. —

(Les années 1834—37 dans le même vol)

1838. — Saint-Michel-des-Lions de Limoges. — Médailles et monnaies trouvées dans l'emplacement qu'occupait l'église de St-Martial. — Lettre sur l'histoire de la Société d'Agriculture depuis sa fondation, par Ardant aîné.

1839. — Etablissement des jésuites à Limoges (1599). — Extrait de chroniques manuscrites : passages à Limoges de Charles VII (dauphin 1420, roi 1438), de la reine de France (1435) et de Louis XI. — Nouvelles observations sur le monument vulgairement appelé *la Chiche*, par M. Grellet du Mazeau. — Monnaies remarquables recueillies à Limoges par M. Ardant.

1840. — Note sur le tombeau du chantre Roger, retiré des fouilles de l'église de St-Martial, à Limoges — Bulletin archéologique. — Notice biographique sur Guillaume Dupuytren. — Notice sur le nom primitif de la ville de Limoges.

1841. — Bulletin archéologique. — Extrait des chroniques manuscrites de l'histoire du Limousin : époque mérovingienne. — Destruction de la cité de Limoges par Edward le prince Noir en 1370. — Notice sur deux médaillons représentant M. et Mme de Marbœuf. — Médailles et monnaies trouvées à Tulle.

1842. — Notice nécrologique sur M. Ardant aîné, par M. Boudet. — Notice historique sur les émaux, les émailleurs, leurs divers ouvrages et les procédés de fabrication en usage à Limoges, par Maurice Ardant. — Relation du passage de Charles VII à Limoges en 1438. — Passage de Charles VII et du dauphin Louis à Limoges en 1442.

1843. — Emeute à Limoges sous Chilpéric (vers 583). — Lettre de Catherine de Médicis à M. d'Escars.

1844. — Extraits de l'histoire ecclésiastique des Francs, de Grégoire de Tours, relatifs à l'histoire du Limousin.

1845. — Découvertes faites dans les jardins de Duratius lors des fouilles pour la fondation du manége couvert. — Monnaies du moyen-âge trouvées dans la rue de la Courtine, sous la terrasse de M. Alexandre Parant jeune, à Limoges, par M. M. Ardant. — Rapport sur l'Histoire du Limousin de M. Leymarie.

1846. — Observations sur un rôle de 1602 (sur les noms patois de quelques familles limousines).

1847. —.

(Il n'a pas paru de Bulletin en 1848)

1129.— L'Agriculteur du Centre, Bulletin de la Société d'Agriculture, des Sciences et des Arts de la Hte-Vienne, sous la direction de MM. Abria, rédacteur principal; Sohet-Thibaut, Dumont-St-Priest, vice-présidents de la Société; F. Alluaud aîné, secrétaire-général; Bardinet, G. Duverger, secrétaires; Ch. Ardant, archiviste. — *Limoges, impr. de Chapoulaud frères,* 1849-57, 2 vol. in-8.

(Continuation de la publication précédente. — Années 1849, 1850, 1851, 1852, 1853, 1854, 1855, 1856 et 1857. — En publication.)

1130. — Règlement de la Société royale d'Agriculture, Sciences et Arts de Limoges. — *Limoges, F. Chapoulaud, impr.,* 1826, brochure in-8.

1131. — Règlement de la Société royale d'Agriculture, Sciences et Arts de Limoges, adopté dans sa séance du 1er mars 1844. — *Limoges, impr. de Chapoulaud frères,* 1844, brochure in-8.

1132. — Bulletin de la Société Archéologique et Historique du Limousin. — *Limoges, Chapoulaud frères, impr.,* 1846-57, 7 vol. in-8.

Tome I. — *Mémoires :* Sur l'étude de l'art limousin, par l'abbé Texier. — Description du tombeau du cardinal de La Chapelle-Taillefer.— Description de six médailles romaines, par Maurice Ardant. — Des bataillons de volontaires de la Haute-Vienne (1791-93), par M. le baron Gay de Vernon. — Histoire de la peinture sur verre en Limousin, par l'abbé Texier. — Champ-Cé et Saint-Georges-Nigremont, par l'abbé Arbellot. — Statues d'Apollon et de Pallas, par M. Ardant. — Anciennetés limousines : Chalus, Chalusset, mort de Richard-Cœur-de-Lion, par Grellet-Dumazeau. — Maisons anciennes du Limousin, par l'abbé Texier. — Tableau chronologique des vicomtes de Limoges, des dignitaires et des administrateurs de la province du Limousin (de 795 à 1800), par le baron Gay de Vernon. — Etudes sur les vases murrhins, par Alluaud aîné.

Documents : Accord du prince de Galles avec les prélats, nobles et communes (1368). — Transaction entre les bouchers de Limoges et les consuls (1535) — Mystère joué à Limoges en 1521. — L'hermite de Mont-Jauvi (1516). — Testament d'un gentilhomme de la Basse-Marche (1475). — Acte de nomination à l'office de juge de la salle épiscopale de Limoges (1519). — Privilége du curé de St-Jean de la Cité (1696). — Vers latins de Jean Puncteius sur l'origine des Limousins. — Fondation du nouveau collége de Limoges (1597). — Inventaire des revenus du roi dans Le Dorat (1535). — Vente de la prévôté de St-Yrieix (1504). — Le guet de St-Léonard (xive siècle). — Communes, réglements relatifs au commerce, féodalité.

Tome II. — Mémoires : Appendice sur les procédés de peinture sur verre, par l'abbé Texier. — Notice sur le tombeau de saint Junien, par l'abbé Arbellot. — Sur Waïfre, duc d'Aquitaine, et sur la lionne de Saint-Sauveur, par Grellet-Dumazeau. — De l'administration générale du royaume avant 1789, et particulièrement de l'administration de la généralité de Limoges, par le baron Gay de Vernon. — Histoire des noms propres en Limousin, par A. Leymarie. — La vito de madamo sainto Valerio. — Note sur les derniers Mérovingiens, tombeau du duc Waïfre, par N. Bonaparte-Wyse. — De la domination anglaise sur certaines provinces d'outre-Loire, 1re partie, de 1152 à 1286, par Grellet-Dumazeau.

Documents : Rapport sur la Statistique monumentale du Calvados par M. de Caumont. — Compte de recette et de mise de la trésorerie de l'église de Limoges pour l'année 1661. — La information faite à la requête de L. Jornet [1462]. — Siége de la ville de Bellac en 1594.

Tome III. — Mémoires : De la domination anglaise sur certaines provinces d'outre-Loire, 2e partie, de 1286 à 1453. — Monnaies franques ou mérovingiennes, par Maurice Ardant. — Tombeau de l'évêque Gérard, par l'abbé Texier. — Note sur deux monuments qui se trouvent dans la commune de St-Paul-d'Eyjeaux, par Aug. Du Boys. — Recherches historiques sur le nom *Mons Jovis*, sur les idiomes vulgaires du moyen-âge dans les Gaules et sur la peste des Ardents, par Grellet-Dumazeau. — Sur quelques inscriptions limousines, par l'abbé Texier. — Inscriptions romaines de Limoges et du département de la Haute-Vienne, par Maurice Ardant. — Cathédrale de Limoges : histoire et description, par l'abbé Arbellot. — Discours de réception de M. G. de Burdin (archiviste du département).

Documents : Réparation aux vitraux de la cathédrale (1598). —

Extrait d'un procès-verbal relatif à la reddition de Limoges en 1370. — Charte de fondation du collège de Limoges (1606). — Registre consulaire de la mairie de Saint-Yrieix (1565-1689).

Tome IV. — *Mémoires :* Notice historique et biographique sur M Grellet-Dumazeau, par le baron Gay de Vernon. — L'architecture byzantine en France, par l'abbé Texier. — Note ajoutée à cet article, par M. Didron. — Amphithéâtre [arènes] de Limoges, par Maurice Ardant — Notice sur M. le comte de Montbron, par l'abbé Texier. — D'Aguesseau, par Ed Thévenin, avocat. — Jourdan, par le baron Gay de Vernon. — Numismatique limousine, par Maurice Ardant. — Dissertation sur l'apostolat de saint Martial, par l'abbé Arbellot. — Tombeau du cardinal de Gramaud : rapport de G. de Burdin.

Documents : Détails relatifs aux guerres de religion et de la ligue en Limousin. — Entrée d'Henri IV à Limoges (1605). — Testament d'Aimeric de La Serre, évêque de Limoges (1263). — Bref et lettres inédites d'Innocent III (1213). — Charte de Philippe III en faveur de la ville de Saint-Léonard (1279). — Prophétie de B. Charles Cadomnat, religieux de Grandmont (1536). — Extraits d'un spicilége limousin (défaite des Brabançons en 1186 ; siège de Saint-Léonard en 1204 ; passage de saint Louis et de la reine Blanche à Limoges en 1244, etc.).

Tome V. — *Mémoires :* Dissertation sur l'apostolat de saint Martial (suite). — J. Foucaud, par Othon Péconnet. — Nouvelles recherches sur les émailleurs limousins, par Maurice Ardant. — Aperçu sur les opérations de la campagne de 1569 dans la Saintonge, le Périgord et le Limousin par les armées catholiques et protestantes, et plus particulièrement sur le combat de La Roche-l'Abeille [Haute-Vienne], par Ch. d'Henin. — Notice historique sur la manufacture de tapisseries de Felletin [Creuse], par l'abbé Roy-Pierrefitte. — Les émaux, par l'abbé Texier. — Bains romains d'Evaux, par Bosvieux. — Peintures murales du château de Rochechouart, par F. de Verneilh.

Documents : Relation des passages de Charles VII à Limoges en 1438 et 1442. — Lettres inédites (de Marmontel, de l'abbé Expilly, de Volta). — Documents inédits pour servir à l'histoire des émailleurs et orfèvres de Limoges. — Documents inédits pour servir à l'histoire des peintres, vitriers, sculpteurs et architectes de Limoges. — Fragments historiques : feuillets relatifs aux archives de la généralité de Limoges.

Tome VI. — *Mémoires :* Etienne Baluze, par M. Deloche. — Pierre le Scolastique, par l'abbé Arbellot. — Léonard Limosin, émailleur, par Maurice Ardant. — Nobiliaire du diocèse et de la généralité de Limoges (d'Abbadie—d'Aubusson), par l'abbé Roy-Pierrefitte. — Notice nécrologique sur M Aug. Du Boys, par Othon Péconnet. — Notice historique sur la bibliothèque communale de Limoges, par Emile Ruben.

Documents : Inventaire de Grandmont fait en 1666. — Note sur le trésor de l'abbaye de Grandmont, par l'abbé Texier. — Edit du roi portant suppression du siège des Appeaux de Ségur et de la justice de la ville de St-Yrieix, et création d'une nouvelle sénéchaussée en la ville de St-Yrieix (1750). — Compte-rendu présenté

par M Emile Ruben du livre offert à la Société portant pour
titre : « Recherches historiques sur l'ancien capitoulat de la ville
de Toulouse, par M. le vicomte G. de Juillac ». — Tarif des
droits de courtage dans l'étendue de l'élection de Limoges (1691).

Tome VII (en publication). — *Mémoires :* Le comte de Bonneval [Achmet-
Pachat], par M. le baron Gay de Vernon — Emailleurs limousins, par Maurice Ardant.

HISTOIRES GÉNÉRALES.

*Annales d'Aquitaine, par J. Bouchet.
(V. ci-dessus n°s 1181 et 1182.)

* Histoire de l'Aquitaine, par Verneilh-Puiraseau.
(V. ci-dessus n° 1183.)

1133. — Essai historique sur la sénatorerie de Limoges,
orné de gravures représentant les anciens monuments de la
ci-devant province du Limousin, dédié à M. le baron de
l'empire Louis Texier-Olivier, membre de la Légion-d'Honneur, préfet du département de la Haute-Vienne, et président
de la Société d'Agriculture, Sciences et Arts du même département, par M. Js. Duroux, correspondant de la même
Société. — *Limoges, Martial Ardant, impr.,* 1811, in-4.

1134. — Histoire de Limoges et du Haut et Bas-Limousin,
mise en harmonie avec les points les plus curieux de l'histoire
de France sous le rapport des mœurs et des coutumes, par
J.-A.-A. Barny de Romanet, ex-commandant du dépôt de
l'armée royale de France en Belgique. — *Limoges, de l'impr.
de P. et H. Barbou frères,* 1821, in-8.

* Histoire des villes de France, par Guilbert. — Limousin.
(V. ci-dessus n° 1054, T. VI.)

1135. — Histoire du Limousin, par A. Leymarie, archiviste du département de la Haute-Vienne. — La Bourgeoisie.
— *Limoges, Ardillier fils, impr.,* 1845, 2 vol. in-8.

1136. — Le Limousin historique, recueil de toutes les
pièces manuscrites pouvant servir à l'histoire de l'ancienne
province du Limousin, dirigé par A. Leymarie. — *Limoges,
Honoré Arnoul, administrateur,* 1837-39, in-8.

(Le T. Ier et tout ce qui a paru du T. II dans le même vol.)

1137. — Le Limousin historique... Tome second. —
Limoges, librairie de M. Langle... 1839, brochure in-8.

* Procès-verbal de l'assemblée préliminaire des députés du tiers-état des villes, bourgs, paroisses et communautés du ressort de la sénéchaussée de Limoges des 9, 10, 13 et 14 mars 1789.

(V. *la division* MANUSCRITS.)

* Procès-verbal de l'assemblée générale des trois ordres réunis des sénéchaussées de Limoges et de Saint-Yrieix du 16 mars 1789.

(V. *ibidem*.)

1138. — Mes souvenirs de soixante-quinze ans, par M. de Verneilh-Puiraseau. — *Limoges, de l'impr. de Barbou*, 1836, in-8.

HISTOIRE RELIGIEUSE DU DIOCÈSE DE LIMOGES.

* Recueil des historiens des Gaules et de la France. T. XXI... depuis M. CC. XXVI jusqu'en M. CCC. XXVIII, publié par MM. Guigniaut et de Wailly,...

(V. ci-dessus *n°* 559.)

> (V. aussi *division* RELIGION : Martène : Thesaurus novus anecdotorum ; — Thesaurus monumentorum ecclesiasticorum ; — Dacheri spicilegium, *passim*).

* Gallia christiana... in provincias ecclesiasticas distributa... opere et studio Dionysii Sammarthani,... Tomus secundus... continens : Ecclesiam lemovicensem... Ecclesiam tutelensem.

(Signature et nombreuses annotations marginales de J. Nadaud.)

(V. *la division* RELIGION.)

1139. — Histoire de saint Martial, apôtre des Gaules et principalement de l'Aquitaine et du Limousin, ou la défense de son apostolat contre les critiques du temps. Cet ouvrage peut servir à toutes les provinces de France pour défendre leurs apôtres et l'antiquité de la religion chrétienne. Divisée en douze livres. Par le R. P. Bonaventure de St-Amable, définiteur provincial des carmes déchaussés de la province d'Aquitaine. — *A Clermont, de l'impr. de Nicolas Jacquard*, 1676, in-fol.

— Histoire de saint Martial... Seconde partie, en laquelle se traite des plus illustres emplois de sa vie, vertus, mort, miracles, translations, ostensions et épîtres... — A *Limoges*, *chez François Charbounier-Pachi*, *impr...* 1683, in-fol.

— Histoire de saint Martial... Troisième partie, en laquelle on traite des principales choses du Limousin, ecclésiastiques ou civiles, des saints et hommes illustres, et autres choses depuis saint Martial jusques à nous... — *A Limoges, par Antoine Voisin*, *impr.*, 1685, in-fol.

1140. — Dissertation sur l'apostolat de saint Martial et sur l'antiquité des Églises de France, par l'abbé Arbellot, chanoine honoraire de Limoges. — *Paris, Vᵛᵉ Didron; — Limoges, Leblanc et Cⁱᵉ*, 1855, in-8.

* Pierre le Scolastique, fragments du poème de saint Martial, par M. Arbellot...
(V. *Bulletin de la Société Archéologique du Limousin*, T. VI.)

1141. — Sacra rituum congregatione eminentissimo et reverendissimo cardinali Morichini relatore. Lemovicen. confirmationis elogii et cultus ut apostoli quo S. Martialis, primus Lemovicensium episcopus, hactenus gavisus est ab immemorabili tempore et constitutionibus apostolicis. Instante R. P. D. episcopo lemovicensi Romæ 1854. — *Lemovicis excudebant Barbou fratres*, 1855, in-4.

1142. — Des Ostensions. Origine de ces solennités religieuses; dates des principales; détails sur leurs cérémonies, les reliques et les reliquaires, par M. Maurice Ardant, de la Société de l'Histoire de France, etc. — *Limoges, Barbou frères*, *impr.*, 1848, in-18.

1143. — Le pastoral du diocèse de Limoges, où l'on explique les obligations des ecclésiastiques et des pasteurs, et la manière de s'acquitter dignement des fonctions sacrées, composé par l'ordre de monseigneur... Louis d'Urfé, évêque de Limoges. — *Limoges, Pierre Barbou*, *impr.*, 1629, in-12.

1144. — Le pastoral du diocèse de Limoges, où l'on explique les obligations des ecclésiastiques et des pasteurs... Revu et imprimé de nouveau par l'ordre de Mgr... François de Carbonnel de Canisy, évêque de Limoges. — *Limoges, Pierre Barbou*, 1703, 3 vol. in-12.

1145. — Manuel du diocèse de Limoges, imprimé par ordre de Mgr... Louis-Charles Duplessis d'Argentré, évêque de Limoges. — *Limoges*, 1773, in-12.

1146. — Lettre à M. du Bourg, évêque de Limoges, sur son décret du 18 février de la présente année, portant condamnation du livre intitulé « Principes sur la distinction du contrat et du sacrement du mariage, etc. » (par l'abbé Tabaraud). — (A la fin : *A Limoges, de l'impr. de J.-B. Bargeas*) (s. d.), brochure in-8.

1147. — Observations sur le décret de Mgr l'évêque de Limoges et sur la lettre de M. l'abbé Tabaraud au sujet de ce décret, qui condamne son livre « Des principes sur la distinction du contrat et du sacrement de mariage » , avec la traduction française de ce décret de condamnation. — *Toulouse, de l'impr. de Jean-Mathieu Douladoure*, 1818, brochure in-8.

(V. *la division* RELIGION pour l'ouvrage dont il est fait mention dans les deux n⁰ˢ ci-dessus.)

1148. — Lettre à M. Boyer, professeur de théologie au grand séminaire de Paris (par l'abbé Tabaraud). — *Paris, Brajeux*, 1819, brochure in-8.
(V. *la division* RELIGION pour les ouvrages suivants de l'abbé Tabaraud : « De la nécessité d'une religion de l'Etat ; — Philosophie de la Henriade ; — Principes sur la distinction du contrat et du sacrement de mariage ; — Droit de la puissance temporelle sur le mariage ; — Essai sur l'état des jésuites en France ; — Du pape et des jésuites ; — De l'appel comme d'abus ; — Histoire du cardinal de Bérulle ; — Des sacrés cœurs de Marie et de Jésus, etc... »)

1149. — Lettres sur la discipline ecclésiastique, par plusieurs desservants du diocèse de Limoges et des diocèses circonvoisins. — *Limoges, impr. de Chapoulaud frères*, 1841, brochure in-8.

1150. — Lettre pastorale et mandement de Mgr l'évêque de Limoges, qui rétablit la liturgie romaine dans son diocèse (25 octobre 1855). — (A la fin : *Limoges, impr. de Barbou frères*), brochure in-4.

HISTOIRE NATURELLE. — AGRICULTURE. — COMMERCE.

* Bulletin de la Société d'Agriculture.
  (V. ci-dessus n°s 1127-1131.)

1151. — De l'agriculture pratique et de l'économie domestique, année 1818. — *Limoges, J.-B. Bargeas, impr., in-8.*

(Il manque les mois de janvier et de juin)

1152. — Manuel de l'agriculteur limousin, rédigé par M. Judde de La Judie, membre de la Société d'Agriculture de Limoges, correspondant du conseil supérieur d'agriculture et de plusieurs autres sociétés savantes, dédié à la Société royale d'Agriculture, Sciences et Arts de Limoges. — *Limoges, F. Chapoulaud, impr., 1830, in-8.*

1153. — Notice des arbres et arbustes qui croissent naturellement ou qui peuvent être élevés en pleine terre dans le Limousin, par M. Juge de St-Martin, correspondant de la Société royale d'Agriculture. — *Limoges, Jacques Farne, impr., 1790, in-8.*

(A la fin : « Observations sur les effets de la gelée, à la fin de 1788 et commencement de 1789 ». — « Prix des arbres et arbustes du Limousin ».)

* Traité de la culture du chêne... par M. Juge de St-Martin.
  (V. *la division* SCIENCES ET ARTS.)

1154. — Observations météorologiques faites pendant l'hiver de 1789 (et les années suivantes jusqu'à l'an VII), par M. Juge de St-Martin, correspondant de la Société d'Agriculture de France, n° 1 (à n° 6). — *Limoges, J. Farne, impr., 1790, et L. Barbou, impr.,* 6 brochures in-8.

1155. — Mémoire sur le reboisement et la conservation des bois et forêts de la France, par M. Alluaud aîné, chevalier de la Légion-d'Honneur, membre du conseil général de la Haute-Vienne, du conseil général des manufactures et de plusieurs sociétés savantes. — *Limoges, impr. de Chapoulaud frères,* 1845, in-8.

1156. — Dissertation, qui a été couronnée au jugement de la Société d'Agriculture, des Sciences et des Arts du département de la Haute-Vienne, dans sa séance du 22 mai 1808, sur les questions suivantes, proposées par cette Société : « Déterminer quelles sont les maladies qui, dans le département de la Haute-Vienne, attaquent le plus communément.les bêtes à corne, les bêtes à laine et les chevaux ; — Quelles sont les causes habituelles de ces maladies; — Quels en sont les moyens préservatifs et curatifs les plus à portée des cultivateurs ; — Et comme on doit établir, pour une des causes de maladie, les plantes nuisibles qui infestent nos différentes variétés de prairies et pâturages ; indiquer ces plantes par leurs noms botaniques et vulgaires, et présenter les moyens les plus prompts, les plus sûrs et les moins dispendieux de les détruire ». Par M. Gondinet,... sous-préfet de l'arrondissement communal de St-Yrieix,... — *Limoges*, chez *J.-B. et H. Dalesme*, *impr.* (s. d.), in-8.

 * Concours régionaux d'animaux reproducteurs, d'instruments, machines, ustensiles ou appareils à l'usage de l'industrie agricole... tenus à... Limoges... et concours national de Versailles.

    (V. *la division* SCIENCES ET ARTS.)

1157. — Réflexions sur la réorganisation des haras, l'amélioration des chevaux et le rétablissement des manéges, suivies d'un plan organique, par M. Louis de Maleden, ancien lieutenant-colonel de cavalerie, membre de la Société impériale d'Agriculture, Sciences et Arts de Strasbourg. On y a joint les extraits des comptes-rendus de cet ouvrage par différents journaux, ainsi que quelques lettres particulières adressées à l'auteur, qui y sont relatives. — *A Versailles*, de *l'impr. de Ph.-D. Pierres*, 1803 et 1805, in-8.

(Cet ouvrage contient 2 parties ayant chacune leur frontispice et leur pagination. Le frontispice de la seconde porte : « Plan organique, dans lequel on indique les moyens nécessaires à employer pour relever les haras et les manéges en France, par M. Louis de Maleden, né à Leitat en Limousin,... — *A Versailles, de l'imprimerie de Ph.-D. Pierre*, 1805 ».)

1158. — Bulletin Hippologique, publié par la Société d'encouragement de Pompadour pour la propagation et l'amélioration des chevaux. — *Limoges*, *impr. de Chapoulaud frères*, 3 nos in-8.

(N° 3, avril 1846. — N° 5, avril 1847. — N° 8, mars 1851.)

1159. — Théorie générale de la canalisation appliquée aux provinces d'entre Loire et Garonne et à la jonction de la Charente et de la Gironde à la Loire, à la Seine et au Rhin, par A. Pichault de La Martinière. — *Impr. de Barbou*, à *Limoges*, avril 1837, brochure in-4.

(Avec une carte.)

JUSTICE.

1160. — Recueil in-fol. contenant :

1°. — Factum pour le syndic des religieux bénédictins de l'abbaye de Solignac, appelant d'un jugement rendu par MM. tenant les requêtes du palais, le 13 juillet 1733, contre Sr Martial Blondeau, trésorier au bureau de Limoges, institué sur ledit appel.

2°. — Abrégé du procès entre le syndic des PP. bénédictins de Solignac et le Sr Blondeau,...

3°. — Réplique du syndic... à la réponse du Sr Blondeau, signifiée le 19 août 1734.

4°. — Réponse au factum du syndic... pour messire Martial Blondeau,...

5°. — Factum pour le syndic... (Même pièce que le n° 1.)

6°. — Sommaire pour messire Adrien de Mouchi, abbé commendataire de l'abbaye de Saint-Pierre de Solignac, contre Sr Martial Blondeau,...

7°. — La partie de messire Martial Blondeau,... contre le syndic des religieux de Solignac.

8°. — A juger en l'audience de la grand'chambre de la cour par M. Marc-Antoine de Petiot,... appelant d'une ordonnance mise au bas de requête ; par le S^r lieutenant-général au sénéchal de Limoges, portant permission de s'inscrire en faux contre le testament d'Antoinette de Petiot... contre dame Rose de Petiot, épouse du sieur de Sceau... et D^{lles} Marie et Madeleine de Petiot,... (1744).

9°. — A nosseigneurs du parlement, supplient humblement Pierre et Simon Martin frères, écuyers, intimés sur l'appel d'une sentence rendue au sénéchal de Limoges le 24 décembre 1751, interjeté par messire François Martin, écuyer, seigneur de Compreignac... (relativement à la succession de François Martin père).

10°. — A juger en la 1re chambre des enquêtes au rapport de M. de Navarre,... pour messire Martial Blondeau,... intimé sur l'appel d'un jugement rendu... le 13 juillet 1733, contre le syndic des religieux... de Solignac...

11°. — Factum pour François Garat, sieur de Lagrange,... contre maître Elies Pigné, sieur de Puychevrier, intimé (1714, succession de la dame Dubois).

12°, 13° et 14°. — A nosseigneurs du parlement. Supplie humblement Mathieu Moulinier, seigneur de Beauvais,... contre la requête du sieur Mathieu Noüailler (1771). (Trois suppliques.)

15°. — A nosseigneurs de parlement. Supplie humblement Gabriel Blondeau, seigneur de Vantaux,... (Contre François Garat, 1717.)

16°. — Mémoire pour Me Pierre Juge,... curé de la paroisse de St-Pierre de Limoges, demandeur en réparation d'injures et diffamation, contre messire Gabriel Blondeau, seigneur de Vantaux,...

17°. — A juger à l'audience de la grand'chambre, pour messire Gabriel

Blondeau,... contre messire Pierre Juge... curé de St-Pierre de Limoges.

18°. — Mémoire pour messire Léonard Ramigeon , prieur-curé de Folles , défendeur, contre messire Simon-Pierre Delacoré , seigneur abbé de Bénévent , demandeur (1742 , question de redevances).

19°. — A jugé en la 1re chambre des enquêtes... par messire Martial Blondeau. (Même pièce que le n° 10.)

20°. — Factum pour messire Martial de Blondeau,... contre messire Louis Cibot , prétre... de St-Pierre-du-Queyroix, appelant du jugement rendu par MM. du palais le 23 août 1745 , et les co-possesseurs de la tenue de Perpeix , assignés à la requéte du sieur Cibot...

21°. — A juger en la seconde chambre des enquêtes... pour messire Martial Blondeau,... contre messire Adrien de Mouchy,... abbé... de Solignac. (1733, question de redevance pour une maison sise à Solignac).

22°. — Factum pour messire Martial de Blondeau ,... (Même pièce que le n° 20.)

23°. — Factum pour messire Louis Cibot , prétre de la communauté de St-Pierre de Limoges. . appelant d'un jugement rendu le 23 août 1745... contre messire Martial Blondeau ,...

24°. — A nosseigneurs de parlement. (Même pièce que le n° 15.)

25°. — A nosseigneurs de parlement. Supplie humblement François Garat , sieur de Lagrange... (contre Martial Blondeau ; 1715).

26°. — Mémoire pour frére Jean Joseph de Caissac ,... demandeur, contre M. Louis Descoutures,... M. Martial Blondeau ,... et M. Antoine Blondeau ,...'(vers 1725).

27°. — A nosseigneurs de parlement (supplique de Mathieu Moulinier, et de Jean Desmaisons , chevalier, seigneur de Bonnefon , contre Mathieu Noaillé , écuyer, Sr Desvarennes (30 août 1714).

28°. — A nosseigneurs du parlement... Supplie humblement Gabriel Blondeau, seigneur de Venteaux ,... (contre Jean Barbou , 1712)

29°. — Factum pour messire Gabriel Blondeau , seigneur de Venteaux, intimé sur l'appel d'une sentence rendue au sénéchal de Limoges , le 7 janvier 1712 , contre Jeanne Hébrard , femme de messire Mathurin Mandavi , notaire , appelante (1711).

30°. — Mémoire pour messire Martial Blondeau,... et dame Marie Moulinier, son épouse, intimés , Léonard Mahier, et autres métayers des sieurs et dame Blondeau , aussi intimés , contre messire Guillaume Barrié , prétre , curé de la paroisse de St-Amand-Jartoudais en Poitou , appelant de sentence du siége royal de Montmorillon du 14 août 1743.

31°. — La partie de messire Martial Blondeau ,... répondant au dire imprimé de messire Adrien de Mouchi , abbé de Solignac, signifié le 9 du présent mois d'août (s d.).

32°. — La partie de messire Martial Blondeau ,... répondant au sommaire imprimé de messire Adrien de Mouchy,... signifié le 5 du présent mois de mai (s. d.).

1161. — Album judiciaire. Bulletin des décisions notables de la cour royale de Limoges et des tribunaux du ressort, publié par A. Coralli, A Jouhanneaud et E. Vouzellaud, avocats à la cour royale. Tome Ier. — *Limoges, impr. de F. Chapoulaud,* 1837. — Album judiciaire... publié par E. Vouzellaud, A. Barny et J. Francez,... Tome V. — *Limoges, impr. de F. Chapoulaud,* 1841, 2 vol. in-8.

1162. — Recueil judiciaire contenant les arrêts de la cour d'appel de Limoges et les décisions notables des tribunaux du ressort, faisant suite à l'Album judiciaire, par plusieurs avocats du barreau de Limoges. Tomes I et II. — *Limoges, Ardillier fils,* 1850-52, 2 vol. in-8.

1163. — Liberté de la presse. Procès de M. Bourdeau, pair de France, ancien garde des sceaux, contre la Gazette du centre et le Progressif. — *Limoges, impr. de Blondel,* 1842, brochure in-8.

1164. — Procès de M. Bourdeau contre le Progressif et la Gazette du centre. Défense de M. Bourdeau, conclusions du ministère public, et arrêts de la cour royale de Limoges. — *Limoges, impr. de Chapoulaud frères,* 1842 brochure in-8.

1165. — Cour d'assises de la Haute-Vienne. Session du 1er trimestre 1847. — Infanticide. — Aveux de l'accusée. — Acquittement. — Question de la suppression des tours dans les hospices. [Extrait de l'Album judiciaire de Limoges.] — *Limoges, aux bureaux de l'Album judiciaire,* 1847, brochure in-8.

1166. — Extrait d'une délibération du conseil municipal de Limoges pour le maintien de la cour d'appel. (Rapport de M. Fournier, conseiller.) — *Limoges, Chapoulaud frères* (1848), brochure in-4.

1167. — Discours prononcé à l'audience solennelle de rentrée de la cour d'appel de Limoges le 4 novembre 1850, par M. Escudié, avocat-général. — *Limoges, impr. de T. Ardillier fils,* 1850, brochure in-8.

1168. — Discours prononcé le 8 novembre 1852 à l'audience de rentrée de la cour d'appel de Limoges, par M. Larombière, substitut du procureur-général. — *Limoges, H. Ducourtieux, impr.,* 1852, brochure in-8.

1169. — Procès-verbal de l'installation de M. Mégard, procureur-général (8 novembre 1852). — Limoges, H. Ducourtieux, impr., brochure in-8.

1170. — Catalogue par ordre des matières de la bibliothèque de la cour d'appel de Limoges, suivi d'une table alphabétique des auteurs, par M. Fournier, conseiller, bibliothécaire honoraire. — Limoges, impr. de Chapoulaud frères, 1852, brochure in-8.

(2 exemplaires.)

ANTIQUITÉS LIMOUSINES.

(V. ci-dessus nᵒˢ 1147-37, passim.)

* Description des monuments de la Hte-Vienne, par Allou. (V. ci-après nᵒ 1215.)

1171. — Historique monumental de l'ancienne province du Limousin, ouvrage qui a reçu l'approbation de M. le ministre de l'intérieur, du conseil général du département de la Haute-Vienne, du conseil municipal, de la Société d'Agriculture, des Sciences et des Arts, etc. Dédié à M. Germeau,... préfet du département de la Hte-Vienne,... par J.-B. Tripon, auteur du plan topographique de la ville de Limoges, publié en 1834. — Limoges, impr. de Martial Ardde, 1837, 2 vol. in-4.

(1 vol. de texte et 1 vol. de planches.)

1172. — Revue archéologique et historique de la Haute-Vienne, par l'abbé Arbellot, chanoine honoraire : guide du voyageur. — Limoges, Ducourtieux et Cᵢᵉ, 1854, in-12.

1173. — Manuel d'épigraphie : suivi du recueil des inscriptions du Limousin, par M. l'abbé Texier, supérieur du petit-séminaire du Dorat, correspondant du Comité des arts et monuments. — Poitiers, impr. de A. Dupré, 1851, grand in-8.

1174. — Mémoire sur un tombeau placé dans l'église démolie de l'abbaye de Saint-Martial de Limoges, et qu'on appelait le tombeau de Thève-le-Duc; et sur un bas-relief encastré dans la façade méridionale de la même église, par M. le baron de Gaujal, premier président de la cour royale de Limoges, vice-président de la Société royale d'Agriculture,

Sciences et Arts de la même ville, correspondant de l'Institut de France [Académie royale des Inscriptions et Belles-Lettres], de la Société royale des Antiquaires de France, etc., etc., — *Limoges, impr. de F. Chapoulaud*, 1833, brochure in–8.

1175. — Dictionnaire d'orfèvrerie, de gravure et de ciselure chrétiennes, ou de la mise en œuvre artistique des métaux, des émaux et des pierreries, comprenant : 1º la description et le symbolisme des instruments du culte : anneaux, autels, calices, châsses, ciboires, *ciborium*, cloches, couronnes de lumière, chandeliers, crosses, encensoirs, lampes, monstrances, navettes, patènes, reliquaires, tombeaux, etc., etc., etc. ; 2º l'histoire des travaux artistiques dans les ateliers monastiques et les écoles épiscopales ; 3º les inventaires des principaux trésors et l'histoire critique des plus importantes reliques ; 4º les statuts et règlements des orfèvres laïques ; 5º la liste la plus considérable de noms d'orfèvres qu'on ait publiée jusqu'à ce jour et des notes sur leurs travaux ; 6º la biographie des principaux orfèvres, graveurs en pierres fines et émailleurs de tous les pays ; 7º et un glossaire de l'orfèvrerie française au moyen–âge. Par M. l'abbé Texier, ancien curé d'Auriat, supérieur du petit–séminaire du Dorat,... : publié par M. l'abbé Migne,... — *S'imprime et se vend chez J.-P. Migne,...* 1857, grand in–8.

(T. XXVIIᵉ de la troisième et dernière encyclopédie théologique.)

*Notice historique sur les émaux, les émailleurs, leurs divers ouvrages, et les procédés de fabrication en usage à Limoges, par M. Maurice Ardant.
   (V. *Bulletin de la Société d'Agriculture de Limoges*, T. XX, nº 2. — V. aussi *Bulletin de la Société Archéologique*, T. VII, nº 2.)

1176. — Essai historique et descriptif sur les émailleurs et les argentiers de Limoges, par M. l'abbé Texier, curé d'Auriat, correspondant du ministère de l'instruction publique [comité des arts], de la Société des Antiquaires de l'Ouest, etc. Extrait des mémoires de la Société des Antiquaires de l'Ouest. — *Poitiers, impr. de Saurin frères*, 1843, in–8.

(Planches)

1177. — Notice des émaux, bijoux et objets divers exposés dans les galeries du musée du Louvre, par M. de Laborde,... 1ʳᵉ partie : Histoire et description. — *Paris, Vinchon, impr.*,

1853, in-12. — 2ᵉ partie : Documents et glossaire. — *Paris, Vinchon*, 1853, in-12.

1178. — Emailleurs et émaillerie de Limoges, par Maurice Ardant, ancien président de la section d'archéologie de la Société de Limoges ; de celle de Sphragistique de Paris ; des Antiquaires de France et de Belgique, d'Angoulême, Périgueux, Guéret ; lauréat de l'Institut, Académie des Inscriptions et Belles-Lettres ; correspondant du comité historique des ministères. — *Isle, typogr. Martial Ardant frères*, 1855, in-12.

(Le faux-titre porte : « Bibliothèque de l'étranger en Limousin, nᵒ 1 ».)

1179. — Origine de la peinture sur verre [système inconnu de vitraux romans], par l'abbé Texier, supérieur du séminaire du Dorat,... — *Paris, librairie archéologique de Victor Didron*, 1850, brochure in-4.

(Planches.)

OUVRAGES EN PATOIS LIMOUSIN.

1180. — Quelques fables choisies de La Fontaine, mises en vers patois limousin ; dédiées à la Société d'Agriculture, des Sciences et des Arts établie à Limoges, par J. Foucaud, membre de cette Société, ancien professeur de belles-lettres à l'école centrale du département de la Haute-Vienne, avec le texte français à côté. — *Limoges, J.-B. Bargeas, impr.*, an 1809, 2 vol. in-12.

1181. — Recueil de poésies patoises et françaises de F. Richard, prêtre, ex-principal du collége d'Eymoutiers, chanoine honoraire, etc. ; et choix de pièces patoises de divers auteurs limousins (Mathieu Morel, l'abbé Roby). — *Limoges, F. Chapoulaud, impr.* (s. d.), 2 vol. in-12.

(Précédé d'une notice sur la langue limousine.)

1182. — Recueil de poésies patoises et françaises de M. l'abbé Ribière, correspondant de la Société royale d'Agriculture, des Sciences et des Arts de la Haute-Vienne... — *Limoges, chez Blondel, impr.*, 1841, in-12.

HAGIOGRAPHIE. — BIOGRAPHIE.

1183. — Histoire sacrée de la vie des saints principaux et autres personnes plus vertueuses qui ont pris naissance, qui ont vécu, ou qui sont en vénération particulière en divers lieux du diocèse de Limoges. Tirée fidèlement des archives de plusieurs anciennes abbayes du Limousin ou autres documents authentiques de la même province, par M. Collin, doct. en théol., con. aumônier du roi, chan. théol. de l'église collégiale de St-Junien. — *Limoges, chez Martial Barbou, impr.,* 1672, in-12.

1184. — Florilegium sacrum lemovicense, hoc est elogia heroum qui apud Lemovicos floruerunt præcipua sanctitate, a D. Martiali apostolo ad usque R. R. D. D. Franc. de La Fayette, episc. lemovicensem. Ex antiquis diæceseos Lem. codicibus, et ex V. V. Bernardo Guidonis ep. luthevensi, Stephano Malleo, Can. Ademaro, Gaufredo, Cortesio Lissáco, et aliis manusc. probatis authoribus. Opera J. Collini, can. theol. S. Jun. — *Lemovicis, prostant apud Joan. Chapoulaud,* 1673, in-12.

(Dans le même vol. : « Joan. Collini,... Rhytmica sacra ex ipsis theologiæ mysticæ fontibus eruta. — Ex prælo Martialis Chapoulaud, 1668 ».)

1185. — Six mois des vies des saints du diocèse de Limoges et de tout le Limousin : dédiés au clergé des départements de la Haute-Vienne, de la Creuse et de la Corrèze, et en général à tous les amis de la religion. Ouvrage composé en partie sur les mémoires de feu messieurs Nadaud, curé de Teyjac, et Le Gros, chanoine de la cathédrale de Limoges, par M. Labiche de Reignefort, chan. et théol. de la même église. — *A Limoges, chez Barbou, impr.-libr.,* 1828, 3 vol. in-12.

* Histoire de S. Martial.
(V. ci-dessus *n*os 1139—1144.)

1186. — Histoire de la vie et du culte de saint Léonard du Limosin, par M. l'abbé Oroux, chanoine de St-Léonard-de-Noblac. — *A Paris, chez J. Barbou,* 1760, in-12.

* Manuscrit in-fol. de 14 feuillets parchemin, du 22 avril 1522, portant la note suivante : « Seul monument qu'on a de la vie de S. Léonard, notre bienheureux patron ».
(V. *la division* MANUSCRITS.)

1187. — Vita beati Stephani, abbatis obazinensis, scripta ab auctore coætaneo, ejusdem monasterii monacho, et beati Stephani discipulo. Stephanus Balusius, tutelensis nunc primum edidit ex vetustissimo codice MS. monasterii obazinensis. — *Parisiis, apud Franciscum Muguet, 1683, in-8.*

1188. — Vie de saint Pardoux, patron de Guéret, et office du saint, précédés d'une note préliminaire par M. J. Coudert de Lavillatte, magistrat au tribunal de Guéret. — *Guéret, Dugenest, impr., 1853, in-8.*

(Figures. — Cet ouvrage comprend : 1° Vie de S. Pardoux, texte latin du VIII° siècle, avec une traduction inédite par M. Coudert de Lavillatte; 2° une autre Vie de S. Pardoux, texte latin du XII° siècle, avec un traduction française publiée en 1724 par M. Couturier de La Prugne; 3° l'office de S. Pardoux, imprimé à Guéret en 1635, avec les litanies du saint.)

1189. — Galerie de portraits des personnages célèbres de l'ancienne province du Limousin, accompagnée de biographies nouvelles, ouvrage publié, sous les auspices du conseil général de la Haute-Vienne, par M. Albert, professeur de dessin au collége royal de Limoges. — *Se vend, à Limoges, chez l'auteur... et à Paris, chez A. Giroux... 1848-57, livr. I à IV, in-4.*

(En publication. — Ces 4 livraisons contiennent : Grégoire XI, par l'abbé Texier; Dorat, par Martial Audouin; Brune, par le baron Gay de Vernon; M°° de Sombreuil, par Martial Audouin; Muret, par le même; d'Aguesseau, par Edm. Thévenin; Baluze, par Martial Audouin; Gorsas, par le même; Boyer, par le docteur Bardinet; J. de Cordes, par l'abbé Texier; Vergniaud, par le baron Gay-de-Vernon; Treilhard, par Martial Audouin; de Lareynie, par le même; de Bonneval, par Charles Compan; Dupuytren, par le docteur Bardinet; Clément VI, par Tixier; Michel Chevalier (anonyme); Gay-Lussac, par Martial Audouin; le cardinal Dubois, par le même; le maréchal Jourdan (anonyme); Bugeaud (par Auguste Du Boys); Latreille (par le même).

1190. — Biographie des hommes illustres de l'ancienne province du Limousin, par Auguste Du Boys et l'abbé Arbellot. — *Limoges, Ardillier fils, 1854, in-8.*

(Le tome I°° jusqu'à la lettre F inclusivement. — Publication interrompue par la mort de M. Auguste Du Boys.)

* Essai historique sur les émailleurs et les argentiers de Limoges, par l'abbé Texier.
    (V. ci-dessus n° 1176.)

1191. — Nobiliaire du diocèse et de la généralité de Limoges, par l'abbé Joseph Nadaud, édité par l'abbé Roy-Pierrefitte,... T. I°° (la 1°° livr. d'*Abbadie* — d'*Aubusson*.) — *Limoges, impr. de Chapoulaud frères, 1856, in-8.*

(Extrait du Bulletin de la Société Archéologique et historique du Limousin.)

* La Haute-Vienne militaire, par M. le baron Gay de Vernon.

(V. ci-après n° 1225.)

1192. — Dissertation sur le lieu de naissance et sur la famille du chroniqueur Adémar, faussement surnommé de Chabanais, né vers 988 et mort vers 1030, accompagnée d'une note bibliographique sur sa chronique et d'un tableau généalogique, par J.-F. Eusèbe Castaigne, bibliothécaire de la ville d'Angoulême. — Angoulême, typogr. de J. Lefraise et Cⁱᵉ, 1850, brochure in-8.

1193. — Histoire de Pierre d'Aubusson, grand-maître de Rhodes (par le P. Bouhours, de la compagnie de Jésus). — Paris, Séb. Mabre-Cramoisy, impr., 1676, in-4.

1194. — Eloge de Jean Dorat, poète et interprète du roi, prononcé le 22ᵉ août 1775, avant la distribution des prix du collége royal de Limoges, par M. l'abbé Vitrac, professeur d'humanités. — A Limoges, chez Martial Barbou, impr., 1775, brochure in-8.

(Portrait de Jean Dorat.)

1195. — Eloge de Marc-Antoine Muret, orateur des papes et citoyen romain, prononcé le 22ᵉ août 1774, avant la distribution des prix du collége royal de Limoges, par M. l'abbé Vitrac, professeur d'humanités. — A Limoges, chez Martial Barbou, impr., 1774, brochure in-8.

(Portrait de Muret.)

* Joannis Cordesii, ecclesiæ lemovicensis canonici, Elogium, auctore Gabriele Naudæo. — Clarissimorum virorum de Joanne Cordesio testimonia ac judicia.

(V. la division BIBLIOGRAPHIE : Bibliothecæ cordesianæ catalogus.)

1196. — Histoire de la vie et des ouvrages du chancelier d'Aguesseau, par M. A. Boullée,... — Paris, Desenne, 1835, 2 vol. in-8.

(Le frontispice du tome II porte en plus : « Précédée d'un discours sur le ministère public, suivie d'un choix de pensées et de maximes tirées des ouvrages de d'Aguesseau et d'une notice historique sur Henri d'Aguesseau, père du chancelier ».)

* Mémoires du comte de Bonneval.

(V. ci-dessus n° 770.)

1197. — Le comte de Bonneval [Achmet-Pacha], par le baron Gay de Vernon. — *Limoges*, 1857, brochure in-8.

(Bulletin de la Société Archéologique et Historique du Limousin, T. VII, 1ʳᵉ livr.)

* Vie privée du cardinal Dubois, par Mongez.
(V. ci-dessus *n*° 840.)

1198. — Mémoires de Marmontel, secrétaire perpétuel de l'Académie française, précédés d'une introduction par M. Fˢ Barrière. — *Paris, F. Didot frères*, 1855, in-18 anglais.

(Bibliothèque des mémoires relatifs à l'histoire de France pendant le xviiiᵉ siècle, T. V.)

1199. — Eloge de Pierre-Victurnien Vergniaud, avocat au parlement de Bordeaux, député par le département de la Gironde à l'assemblée législative et à la convention nationale. Ouvrage qui a obtenu la médaille d'or à la séance du 24 mai 1809 de la Société d'Agriculture, des Sciences et des Arts de Limoges,... par M. Gédéon Genty de Laborderie, officier de la garde d'honneur de Limoges, bachelier, étudiant à l'école de droit de Poitiers. —(A la fin) : *à Limoges, chez J.-B. et H. Dalesme, impr.* (s. d.), brochure in-8.

(2 exemplaires.)

1200. — Foucaud : sa politique et ses fables. Notice lue à la Société Archéologique et Historique du Limousin, par M. O. Péconnet, avocat. Extrait du Bulletin de la Société, n° 4, T. V. — *Limoges, impr. de Chapoulaud frères*, 1854, brochure in-8.

(2 exemplaires)

* Précis historique de la campagne faite en 1807 dans la Poméranie suédoise par le corps d'observation de la grande armée, commandé par le maréchal Brune, suivi d'une notice sur ce maréchal, par le chevalier Vigier, de Saint-Junien.
(V. ci-dessus *n*° 992.)

* Notice historique sur Dupuytren.
(V. en tête de ses « *Leçons orales de clinique chirur-gicale* », division SCIENCES ET ARTS.)
(V. aussi *Bulletin de la Société d'Agriculture*, année 1840.)

1201. — Essai historique sur M. Juge de St-Martin, ancien magistrat, président honoraire de la Société royale d'Agriculture, Sciences et Arts de Limoges, lu à la séance publique de cette Société du 4 novembre 1825, par M. F. Alluaud, l'un des secrétaires, correspondant des Sociétés Philomatique et d'Histoire naturelle de Paris, et de plusieurs autres sociétés savantes. — *Limoges, F. Chapoulaud, impr.*, 1827, brochure in-8.

(3 exemplaires.)

1202. — Le maréchal Bugeaud, notice, par A.-Théodore Chéron. — *Limoges, impr. H. Ducourtieux*, 1852, brochure in-8.

(3 exemplaires.)

BIOGRAPHIE DES PERSONNAGES DONT L'HISTOIRE SE RATTACHE A CELLE DU LIMOUSIN.

1203. — Mémoires sur la vie et les ouvrages de Turgot, ministre d'Etat (par Dupont de Nemours). — *Philadelphie (Paris, Barrois l'aîné)*, 1782, 2 vol. in-8.

1204. — Eloge de Turgot [Anne-Robert-Jacques], baron de l'Aulne, intendant de Limoges, contrôleur-général, qui a remporté le prix à la Société royale d'Agriculture, des Sciences et des Arts de Limoges dans la séance du 16 mai 1814, par M. Firmin Talandier, avocat. — *A Limoges, de l'impr. de Martial Ardant*, 1814, brochure in-8.

1205. — Portrait de Turgot, dessiné par Emmanuel Delareuelle. — In-4 plano.

(7 exemplaires.)

1206. — La gloire de Turgot (poème par Martial Paland). — (A la fin) : *St-Yrieix, impr. de Noyer* (s. d.), brochure in-8.

1207. — Notice biographique sur M. L. Texier-Olivier, ancien membre du conseil des Cinq-Cents, préfet des départements des Basses-Alpes et de la Hte-Vienne sous le consulat et l'empire (par Furlaud). — *Limoges, impr. Henri Ducourtieux*, 1849, brochure in-8.

1208. — Eloge de M. Joseph-Hyacinthe de Gaston, ancien capitaine de cavalerie, ancien chevalier de Malte, proviseur au lycée de Limoges; prononcé à la séance de la Société d'Agriculture, des Sciences et des Arts de Limoges, le

18 janvier 1809, par M. Ballet, chevalier de l'empire, procureur-général impérial près la cour d'appel, et président de la classe de littérature et beaux-arts. Lu à la séance publique du 24 mai même année. — (A la fin) : à *Limoges, chez J.-B. et H. Dalesme, impr.* (s. d.), brochure in-12.

1209. — Eloge historique de Mgr Marie-Jean-Philippe du Bourg, évêque de Limoges, décédé le 31 janvier 1822 ; accompagné d'un grand nombre de notes sur les différentes époques de sa vie, et suivi de son testament. Seconde édition. — *Limoges, Barbou, impr.*, 1830, brochure in-8.

Ouvrages concernant le département de la Haute-Vienne.

* Archives ecclésiastiques et civiles de la Haute-Vienne.
(V. ci-dessus n° 551, page 186 et suiv.)

1210. — Statistique générale de la France, publiée par ordre de Sa Majesté l'empereur et roi, sur les mémoires adressés au ministre de l'intérieur, par MM. les préfets. Département de la Haute-Vienne, M. L. Texier-Olivier, préfet. — *Paris, chez Testu, impr.*, 1808, in-4.

(Rédigée par Rougier-Chatenet.)

1211. — Almanach du commerce de la ville de Limoges et du département de la Haute-Vienne... ayant plus de 3,000 adresses. — *Limoges, P. Ardillier,* 1829-30, 2 brochures in-12.

(Années 1829 et 1830)

1212. — L'Indicateur de la Haute-Vienne, almanach administratif et commercial pour 1857, précédé des éphémérides du Limousin, par M. Maurice Ardant, archiviste du département de la Haute-Vienne,... Première année... — *Limoges, P. Durand, éditeur; impr. de Chapoulaud frères* (s. d.), in-16.

* Observations météorologiques faites dans la Hte-Vienne par M. Juge de St-Martin.
(V. ci-dessus n° 1154.)

1213. — Aperçu géologique et minéralogique sur le département de la Haute-Vienne, par M. F. Alluaud aîné. Extrait du Guide de l'étranger à Limoges. — *Limoges et Isle, Martial Ardant frères,* 1856, in-12.

1214. — Flore de la Haute-Vienne, par E. Lamy. — *Limoges et Isle, Martial Ardant frères*, 1856, brochure in-12.

* Société d'Agriculture de la Haute-Vienne.
(V. ci-dessus *n*os 1127 et 1128.)

1215. — Description des monuments des différents âges observés dans le département de la Haute-Vienne avec un précis des annales de ce pays ; rédigée par ordre de S. Exc. le ministre de l'intérieur, dédiée à M. le comte de Castéja ,... préfet de ce département, par C. N. Allou, ingénieur au corps royal des mines. — *Limoges, F. Chapoulaud, impr.*, 1821, in-4.

ADMINISTRATION DÉPARTEMENTALE.

1216. — Département de la Haute-Vienne : Procès-verbal des séances du conseil général de ce département. (Sessions de 1840 à 1856.) — *Limoges, F. Chapoulaud, impr.*, 1840-56, 23 vol. in-8.

(Les années 1845 à 1851 ont pour titre : « Rapport du préfet et procès-verbal, etc. ». — Les années 1840, 41, 42, 44, 45, 47 sont en double exemplaire.)

1217. — Extrait du rapport du préfet de la Haute-Vienne au conseil général du même département, contenant ses propositions pour la formation du budget de 1852. Session de 1851. — *Limoges, impr. de Chapoulaud frères*, brochure in-8.

1218. — Exposé sur la répartition de l'impôt direct, adressé à M. le préfet de la Haute-Vienne par M. Périer, ancien vérificateur et inspecteur des poids et mesures à Limoges. — *Limoges, impr. de Chapoulaud frères*, 1850, brochure in-8.

1219. — Le même ouvrage, même édition, augmentée d'un tableau de la vérification des poids et mesures. — In-8.

ACADÉMIE ET LYCÉE.

1220. — Exercices publics des cours de l'école centrale du département de la Haute-Vienne pour l'an x. — *Limoges, J.-B. et H. Dalesme, impr.* — Procès-verbal de la distribution des prix de l'école centrale du département de la Hte-Vienne du 13 fructidor an x. — *Limoges, J.-B. et H. Dalesme.* — Exercices publics des cours de l'école centrale du département

de la Hte-Vienne pour l'an xi. — *Limoges, J.-B. et H. Dalesme.*
— Procès-verbal de la distribution des prix... du 14 fructidor
an xi. — *Limoges, J.-B. et H. Dalesme.* — Société d'Agriculture et des Arts du département de la Haute-Vienne,
commune de Limoges. Procès-verbal de la séance publique
tenue le 6 thermidor an xi,... dans l'église de l'ancien collége
de Limoges. — (A la fin : *Limoges, H. Barbou, impr.*) —
Exercices publics de l'école secondaire de Failiat. — (A la
fin : *Limoges, impr. de F. Chapoulaud.*) — Exercices publics
des cours de l'école secondaire du 8 pluviôse dernier, dirigée
par les citoyens Lemoine, Cousin et Drapeyron, séante à
Limoges... — *Limoges, chez J. Farne, impr.* — Exercices
littéraires du pensionnat établi près l'école centrale du
département de la Haute-Vienne, et érigé en école secondaire... — *A Limoges, chez J.-B. et H. Dalesme, impr.* — Le
tout en 1 vol. in-4.

1221. — Discours prononcé à la distribution des prix du
collége royal de Limoges, le 29 août 1834, par M. Jouen,
professeur de rhétorique. — *Limoges, impr. de F. Chapoulaud,*
1834, brochure in-8.

1222. — Réflexions sur un discours contre la littérature
moderne, prononcé en public par un professeur de rhétorique
(M. Jouen), par D. Bez. — (A la fin) : *impr. de M. Darde*
(s. d.), brochure in 12.

1223. — Université de France. Académie de la Haute-
Vienne. Lycée impérial de Limoges. Distribution solennelle
des prix faite aux élèves du lycée impérial de Limoges le
lundi 28 août 1854. — *Limoges, H. Ducourtieux et Cie,* 1854,
brochure in-8.

OUVRAGES DIVERS.

1224. — Compte-rendu des travaux de la Société médicale
de la Haute-Vienne. Première année : 1841-42. — *Limoges,
Chapoulaud frères, impr.,* 1842. — Règlement de la Société
de Médecine et de Pharmacie de la Haute-Vienne (27 septembre 1852). — Bulletin de la Société de Médecine et de
Pharmacie de la Haute-Vienne, 1852. — *Limoges, Chapoulaud
frères,* 1853. — Bulletin de la Société de Médecine et de Pharmacie de la Hte-Vienne, 1855. — *Limoges, Chapoulaud frères,*
1855. — Le tout en 1 vol. in-8.

1225. — La Haute-Vienne militaire, par M. le baron Gay de Vernon. — *Limoges et Isle, Martial Ardant frères,* 1856, brochure in-12.

Limoges.

1226. — Plan topographique de la ville de Limoges... dressé d'après les plans du cadastre et autres documents, publié avec l'approbation du conseil municipal... par Emile Grignard, géomètre de 1re classe à Limoges. — 1851, in-fol. max. plano.

1227. — Tableau descriptif de la ville de Limoges, des variations de son site et de la forme de ses édifices depuis 46 ans avant l'ère vulgaire, époque la plus haute que l'histoire permette d'en rechercher l'origine; avec indication du progrès des connaissances, de la langue, de la religion, des mœurs, du commerce et industrie de ses habitants depuis la même époque. Par M. Pierre Gillier, avocat à la cour royale de Limoges. — *Limoges, impr. de Martial Darde,* 1838, brochure in-8.

* Breve chronicon lemovicense ad ciclos paschales.. (V. Martène : *Thesaurus novus,* T. III, p. 1400.)

* Manuscrit in-fol. sur papier, couvert en parchemin, commençant par ces mots :

« Table du contenu ez annalles de Lymoges. » On lit après la table, au 13e fo : « Recueil des antiquités de Limoges, ville et cytte, et choses advenues les plus remarquables puis sa première fondation. Au lecteur, sallut ». (Ce manuscrit, de 384 pages non compris la table, va jusqu'en 1638). (V. *la division* MANUSCRITS.)

* 1er registre dit *consulaire,* manuscrit in-4, parchemin, rel. en basane, écriture gothique.

Ce registre n'est autre chose qu'un recueil de pièces, assemblées sans ordre chronologique, et qui ne sont pas du même format. Il contient 207 feuillets. On lit au verso du premier la date de 1251; mais plusieurs pièces sont antérieures, et remontent quelques-unes jusqu'à 1212. Ces pièces, rédigées, pour la plupart, en langue romane du xiiie siècle, sont très-curieuses; il n'est pas inutile de citer entre autres :

1o. — Des ordonnances des consuls de Limoges sur le fait de justice et de police. — Accords faits entre particuliers, actes passés par les consuls, évènements remarquables... *Passim.*

2o. — Au verso du 8e feuillet et au recto du 9e deux peintures, sur fonds d'or, représentant : l'une, le Christ évangélisant, et l'autre, J.-C. en croix. Les couleurs sont à moitié enlevées. Ces peintures, ressemblant aux peintures sur émail, sont très-probablement du xiiᵉ siècle et d'un émailleur limousin.

3°. — Du fol. 14 au fol. 22 : « *Aiso sun las rendas de las cheiras* ». (Ici sont les rentes dues pour les bancs. Ce morceau, d'un format plus petit que le reste, est assez curieux en ce qu'il donne les noms de la plupart des rues et des carrefours de l'époque.

4°. — Du fol. 22 au fol. 24 : Evangile selon saint Jean, en latin.

5°. — Fol. 50 : les ordonnances des tanneurs et des corroyeurs. (Titres et majuscules à l'encre rouge. Le titre est en langue romane, mais le corps des ordonnances est en français.)

6°. — Fol. 55 : les ordonnances des argentiers de Limoges... 20 février 1394. Langue romane. (V. *Limousin historique*, T. II, p. 42.)

7°. — Fol. 95 : un calendrier et un commencement de livre d'heures, sur deux colonnes, majuscules à l'encre rouge.

8°. — Fol. 110 et suiv. : coutumes, libertés, franchises de la ville et du château de Limoges.

9°. — Fol. 155 recto et 156 verso : deux figures sur fond d'or représentant : l'une, sainte Valérie présentant sa tête à saint Martial ; l'autre, la Vierge et l'enfant Jésus.

Le reste du vol. ne contient guère que des forléaux, rédigés là plupart en langue française, et presque tous des xviᵉ et xviiᵉ siècles. Le dernier est de 1634.

(V. *la division* MANUSCRITS.)

1228. — Les coutumes de Limoges, textes roman et latin, recueillis sur un manuscrit de 1212, et traduits par Achille Leymarie. — *Limoges, à la librairie de M. Langle*, 1839, in-8.

* 2ᵉ registre consulaire (1503-84), in-fol., papier, comprenant 470 feuillets, rel. basane.

(Les 9 premiers feuillets et le recto du 10ᵉ sont en langue française. À partir du verso du 10ᵉ jusqu'au 18ᵉ, les évènements sont rédigés tantôt en langue romane ou patoise, tantôt en langue française. Le registre commence ainsi : « Mémoyres de ce que fault escripre de consulat des choses qui sont passées durant nᵗᵉ charge consulaire commençant le septiesme decembre mil cinq cens soixante troys et finissant le mesme jour mil cinq cens soixante quatre ». Malgré cette date, le registre commence à l'année 1503 (peste à Limoges). Le catalogue des manuscrits donnera la table de ce registre et des suivants).

(V. *la division* MANUSCRITS.)

* 3ᵉ registre consulaire (1592-1662), in-fol. de 239 feuillets, papier, rel. basane.

(Ce registre commence ainsi : « Recueil des choses plus remarquables depuis, la création des consuls faicte le septiesme décembre 1592 jusques à la fin de lad. année consulaire ».)

(V. *ibidem.*)

* 4e registre consulaire, 1662-1791, in-fol. de 414 feuillets, relié en basane comme les précédents.

(Ce registre porte au frontispice : « Au nom de Dieu et de la très-mémorable vierge Marie. Livre de la maison commune de la ville de Limoges. Commence le septiesme décembre 1662 ».)

(V. *ibidem.*)

* « Répertoire des papiers contenus dans les archives de l'hôtel commun de cette ville, cotés par lettres alphabétiques. »

(V. *ibidem.*)

1229. — Changements survenus dans les mœurs des habitants de Limoges depuis une cinquantaine d'années. Deuxième édition, augmentée des changements survenus depuis 1808 jusqu'à 1817, où l'on a mentionné les nouveaux établissements et quelques faits historiques inédits. On y a joint des observations sur les préjugés et usages singuliers accrédités dans le département de la Haute-Vienne, et une liste des proverbes populaires réputés vrais. Par J.-J. Juge, ancien professeur d'histoire naturelle. — *A Limoges, chez J.-B. Bargeas, impr.*, 1817, in-8.

1230. — Journaux imprimés à Limoges en 1848.

Avenir national, journal du centre et de l'ouest de la France. — Supplément au n° du 28 février 1848, n° 429 (15 mars), n° 441 (22 avril).

Le Réveil ! — Liberté, égalité, fraternité. — n°° 2, 3, 4 (3, 5, 9 mars).

La Fraternité — Vérité pour tous, indépendance. — N°° 1, 2 (5 et 13 mars).

Le Progrès. — Union, concorde. — N° 1 (22 mars).

Le Peuple — Liberté, égalité, fraternité. — N°° 3, 11, 12, 13, 14, 16, 17, 18, 21, 22, 26, 29 (18 mars-20 mai).

La République, journal des intérêts de la Haute-Vienne. — N°° 1, 2, 4. (29 mars, 1er et 9 avril).

Le Républicain, journal de la Société républicaine des Travailleurs. — N°° 1, 2, 3, 4, 5 (9-23 avril).

Le Carillon républicain, journal populaire. — N° 8 (23-24 avril).

1231. — Cathédrale de Limoges : Histoire et description.

(Signé à la fin : l'abbé Arbellot.) — *Limoges, Chapoulaud frères*, brochure in-8.

(Sans frontispice. — Extrait du Bulletin de la Société Archéologique du Limousin , T. III.)

1232. — Recherches historiques sur l'église paroissiale de Saint-Michel-des-Lions de la ville de Limoges. (Par l'abbé Legros.) — *Limoges, J.-B. Bargeas, impr.*, 1841, brochure in-12.

* « Livre de recepte et mise pour la frerie du St-Sacrement de St-Pierre-du-Querois. » — In-4.

(Manuscrit sur parchemin contenant 260 feuillets, portant au verso du 2e la date de 1553. Le registre va jusqu'à la fin du xvie siècle. Nombreuses et belles peintures représentant divers instruments du culte appartenant à la confrérie.

(V. la division MANUSCRITS.)

* Récit de ce qui s'est passé à Limoges durant la célébrité de la canonisation de saint François de Borgia , quatrième duc de Gandie et troisième général de la compagnie de Jésus, au mois de juillet 1672. — *Limoges, Martial Barbou.*

(V. le recueil intitulé : « Oraison funèbre de très-haut et très-puissant prince Henry de La Tour d'Auvergne » division BELLES-LETTRES.)

1233. — Statuts de la banque de Limoges , autorisée par décret du 23 mars 1848. — *Limoges, Chapoulaud frères*, 1848, brochure in-8.

1234. — Aperçu statistique de l'exposition de Limoges en 1855, par L.-W. Ravenez, ... — *Limoges, Ardillier*, 1855, in-8.

(3 exemplaires.)

1235. — Notice historique sur la bibliothèque communale de Limoges (par E. Ruben). — *Limoges, impr. de Chapoulaud frères*, 1857, brochure in-8.

ADMINISTRATION MUNICIPALE. — OBJETS DIVERS.

1236. — Recueil des pièces officielles imprimées et publiées en vertu d'une délibération du conseil municipal de la ville de Limoges, avec un exposé sommaire, des notes explicatives et un résumé de M. le maire de cette ville pour réfuter les erreurs, impostures et calomnies contenues : 1° dans un mémoire manuscrit, adressé à M. le procureur-général près la cour des comptes par le sieur Descoutures, notaire, membre du conseil municipal ; 2° dans un libelle imprimé, publié par le même, sous le titre de « Réflexions sur la délibération municipale du 21 février 1824 ». — Limoges ; J.-B. Bargeas, impr., 1824, in-8.

1237. — Considérations sur l'établissement dans la ville de Limoges d'un cours public de chimie appliquée aux arts. (Signé à la fin : B. Abria, professeur de physique au collége royal de Limoges, ancien élève de l'école normale, agrégé.) — Limoges, impr. de Bargeas (s. d.), brochure in-4.
(2 exemplaires.)

1238. — Rapport au conseil municipal de Limoges sur l'accroissement résultant, pour cette ville, de la nouvelle répartition de la contribution personnelle et mobilière. — Limoges, impr. de F. Chapoulaud, 1839, brochure in-8.

1239. — Projet d'un canal d'irrigation à dériver de l'Aurance. (Signé à la fin : Malevergne de Lafaye, notaire.) Extrait du journal l'Ordre des 22 et 26 novembre, 3 décembre 1846. — Limoges, impr. d'Ardillier fils, brochure in-8.

1240. — Notes additionnelles sur le projet de dérivation de l'Aurance. (Signé à la fin : Malevergne de Lafaye, notaire, 27 juillet 1847.) Extrait du journal l'Ordre des 5, 8 et 12 août 1847. — Limoges, impr. d'Ardillier fils, brochure in-8.

1241. — Extrait de la délibération du conseil municipal du 17 juillet 1848 (sur le rapport de la commission chargée d'aller exposer au Gouvernement la situation critique de Limoges, et réclamer de lui les secours qu'exigent la cessation des travaux et la misère des ouvriers). — Limoges, impr. de Chapoulaud frères, 1848, brochure in-4.

1242. — A messieurs les propriétaires et électeurs des places des Bancs et de La Mothe, des rues Consulat, Ferrerie, Lansecot, Saint-Esprit, Jauvion, Boucherie, Banc-Léger, Haute-Vienne, de la Loi, Manigne, et à tous les partisans du travail. (Projet d'alignement de la place des Bancs, construction d'un nouveau marché couvert sur la place de La Mothe, 27 juillet 1848.) — Limoges, impr. d'Ardillier, 1848, brochure in-4.

1243. — Conseil municipal de Limoges : Rapport sur la construction d'un marché couvert, place de La Mothe, en remplacement de la poissonnerie actuelle, par M. le docteur Bardinet. — Limoges, impr. de H. Ducourtieux, 1851, brochure in-8.

1244. — Limoges : Administration communale. Simples notes sur le vote unanime du conseil municipal en date du 11 décembre 1850 au sujet de la reconstruction de la halle aux poissons au-dessus des voûtes du réservoir d'incendie de la place de La Mothe, et sur diverses questions d'hygiène, de sécurité et d'intérêt publics, par Léon Chiboys, architecte. — Limoges, impr. de H. Ducourtieux, 1851, brochure in-8.

1245. — Notes indiquant la distribution des eaux de la fontaine d'Aigoulène entre les différents quartiers de la ville. (Signé à la fin : Gandois, conseiller municipal.) — Limoges, impr. Ardillier fils, 1852, brochure in-8.

1246. — De l'ouverture d'une nouvelle rue au centre de la ville de Limoges, en traversant les rues du Verdurier, des Suisses, Poulaillère et des Taules. (Signé à la fin : Regnault (architecte).) — Limoges, Ardillier fils, impr., 1852, brochure in-8.

1247. — Nouvelle route du Champ-de-Foire au faubourg Montmailler. (Signé à la fin : Aubin Martin.) — Limoges, impr. H. Ducourtieux, 1852, brochure in-8.

1248. — Rapport présenté au conseil municipal par M. Léon Petit au nom de la commission chargée de la révision du règlement et du tarif de l'octroi. — Limoges, Ardillier fils, impr., 1852, brochure in-8.

1249. — Copies des pétitions remises à M. le maire, le 7 juin 1853, par une députation des habitants de la place des Bancs, pour être soumises à l'administration municipale et à MM. les membres du conseil (relativement au transfèrement du marché place de La Mothe, 14-27 mai 1853). — Impr. d'Ardillier, 2 feuillets in-4.

1250. — Mairie de Limoges. Rapport sur le renouvellement du traité d'abonnement des bouchers , par M. E. Pouyat (13 janvier 1854). — *Limoges , Chapoulaud frères, impr.,* 1854 , brochure in-8.

1251. — Avenue du Crucifix : Réclamations des propriétaires riverains. Documents soumis au conseil municipal (mars 1854). — *Limoges , H. Ducourtieux.*, 1854 , brochure in-4.

HISTOIRE DES DIVERSES VILLES DE LA HAUTE-VIENNE.

1252. — Chronique de Maleu, chanoine de Saint-Junien , mort en 1322 , publiée pour la première fois avec des notes explicatives, et suivie de documents historiques sur la ville de Saint-Junien, par M. l'abbé Arbellot. — *Saint-Junien , Barret, et Paris , V* Didron ,* 1847, in-8.

1253. — Rochechouart. Histoire , légendes , archéologie , par M. l'abbé Duléry, curé de Biennat , membre de la Société Archéologique de Limoges. — *Limoges , impr. Ducourtieux et C*, 1855 , in-8.

* Histoire de la ville de Bellac.
(V. ci-après n° 1262.)

Bas-Limousin.

1254. — Histoire politique, civile et religieuse du Bas-Limousin depuis les temps anciens , par M. Marvaud, membre de l'Institut historique de France, professeur d'histoire , auteur des Etudes historiques sur l'Angoumois. — *Paris , Techner,* 1842, 2 vol. in-8.

1255. — Historiæ tutelensis libri tres , auctore Stephano Balusio tutelensi. — *Parisiis, e typographia regia ,* 1717, in-4.

1256. — Histoire de la ville et du canton d'Userche , suivie de documents en partie inédits touchant le département de la Corrèze , par M. Combet, avocat, membre du Comité Archéologique du département de la Corrèze , correspondant du ministère de l'instruction publique pour les travaux historiques. — *Tulle*, *impr. de Mme Ve Drappeau*, 1853, *et typogr. d'Eugène Crauffon*, 1854-56, in-8.

(Les 3 premières livraisons. — En publication.)

1257. — Les archives municipales de la ville d'Ussel, études historiques et juridiques sur les anciennes chartes et autres pièces qui y sont conservées, par M. Paul Huot, procureur impérial près le tribunal de cette ville. — *Ussel*, *impr. de B. Faure*, 1856, in-4.

Marche.

* Coutumes de la province et comté-pairie de la Marche... par M. Couturier de Fournoue.

(V. *la division* NOMOLOGIE.)

1258. — (Carte coloriée, collée sur toile, d'une partie de la Marche, sans autre indication que la note manuscrite suivante, collée au revers : « N° 13, Aubusson, f^lle 66 ».)

1259. — (Carte coloriée, collée sur toile, d'une partie de la Marche et du Bourbonnais, portant au revers : « Evaux, n° 12, f^lle 56 ».)

1260. — (Carte non coloriée, collée sur toile, d'une partie de la Marche et de la Basse-Marche, portant au revers : « Le Dorat ».)

1261. — Carte du département de la Creuse, indiquant avec exactitude la position des communes, les limites des cantons, le cours des rivières, l'emplacement des forêts de l'État, étangs, mines, eaux thermales, etc., et le tracé des routes royales, départementales et communales de 1er ordre, avec le métré de ces routes de kilomètre en kilomètre... par Potier, géomètre en chef du cadastre... — Gravée par Blondeau... — 1826, in-fol. max. plano.

1262. — Histoire de la ville de Bellac [Haute-Vienne], suivie de quelques notes sur le bourg de Rancon, par l'abbé Roy-Pierrefitte. — *Limoges*, *imprimerie de Chapoulaud frères*, 1851, in-8.

(3 exemplaires.)

1263. — Notice historique sur l'église de La Souterraine,

par M. Yves Fesneau. Décembre 1839. — *Limoges, impr. lithogr. de Tripon et Clément* (s. d.), brochure in-4.

(Vues extérieure et intérieure et plan de l'église.)

Lorraine.

1264. — Procès-verbal des séances de l'assemblée provinciale des duchés de Lorraine et de Bar, tenue à Nancy dans le mois d'août 1787. — *Nancy, H. Hœner, impr.*, 1787, in-4.

1265. — Procès-verbal des séances de l'assemblée provinciale des Trois-Evêchés et du Clermontois, tenue à Metz dans les mois de novembre et décembre 1787. — *Impr. de Vᵉ Antoine et fils*, 1787, in-4.

* Mémoire statistique du département de la Meurthe... An XIII.

(V. ci-dessus *n°* 497.)

* Mémoire statistique du département de la Moselle.
(V. *ibidem.*)

* Le siége de Metz par l'empereur Charles V, en l'an M D LII.

(V. ci-dessus n° 696.)

1266. — Histoire ecclésiastique et civile de Verdun, avec le pouillé, la carte du diocèse et le plan de la ville. Par un chanoine de la même ville. — *Paris, Pierre-Guillaume Simon, impr.*, 1745, in-4.

(Par l'abbé Roussel, retouchée et publiée par l'abbé Le Beuf.)

1267. — Traité historique et critique sur l'origine et la généalogie de la maison de Lorraine, avec les chartes servant de preuves aux faits avancés dans le corps de l'ouvrage, et l'explication des sceaux, des monnaies et des médailles des ducs de Lorraine. Enrichi de plusieurs figures en taille-douce. — *Berlin (Nancy), Ulric Liebpert, impr.*, 1711, in-8.

(Par Charles-Louis Hugo, évêque de Ptolémaïde, selon Barbier.)

1268. — Stemmatum Lotharingiæ ac Barri Ducum tomi septem. Ab Antenore... usque... Caroli Tertii,... tempora... Authore Francisco de Rosières,... — *Parisiis, apud Guilielmum Chaudière*, 1580, in-fol.

1269. — La vie de Charles V, duc de Lorraine et de Bar, et généralissime des troupes impériales... (par le ministre Jean de La Brune). — *Amsterdam, Jean Garrel,* 1702, in-12.

(Portrait de Charles V.)

Lyonnais.

* Recherches sur la population de la généralité de Lyon... par Messance.
(V. ci-dessus *n*° 495.)

* Procès-verbal des séances de la première assemblée provinciale de la généralité de Lyon, tenue à Lyon dans les mois de septembre, novembre et décembre 1787.
(V. ci-dessus *n*° 1057 : *Assemblée prov. d'Anjou.*)

1270. — Éloge historique de la ville de Lyon, et sa grandeur consulaire sous les Romains et sous nos rois, par le P. Claude-François Ménestrier, de la compagnie de Jésus. — *Lyon, Benoist Coral,* 1669, in-4.

* Histoire littéraire de la ville de Lyon, par le P. Desmolets.
(V. *Mémoires de littérature et d'histoire.*)

1271. — Description du musée lapidaire de la ville de Lyon. — Epigraphie antique du département du Rhône. Par le docteur A. Comarmond, conservateur des musées archéologiques de la ville de Lyon,... — *Lyon, impr. de F. Dumoulin,* 1846-54, in-4.

Nivernais.

1272. — Histoire du pays et duché de Nivernais, par Me Guy Coquille, sieur de Romenay. — *Paris, Ve Abel L'Angelier,* 1612, in-4.

1273. — Mémoires pour servir à l'histoire civile, politique et littéraire, à la géographie et à la statistique du département de la Nièvre et des petites contrées qui en dépendent; commencés par Jean Née de La Rochelle, avocat en parlement,... continués par Pierre Gillet,... corrigés, augmentés et mis en nouvel ordre par J.-Fr. Née de La Rochelle,... avec une table générale pour faciliter les recherches. — *Bourges, J.-B.-C. Souchois, et Paris, J.-S. Merlin,* 1827, 3 vol. in-8.

Normandie.

* La coutume réformée de Normandie... Commentée par M. Josias Bérault.
(V. *la division* NOMOLOGIE.)

* Mémoire touchant l'observation du sénatus-consulte Velléien dans le duché de Normandie par M. Louis Froland.
(V. *ibidem.*)

1274. — Históriæ Normannorum scriptores antiqui, res ab illis per Galliam, Angliam, Apuliam, Capuæ principatum, Siciliam et Orientem gestas explicantes, ab anno Christi D CCC XXXVIII. ad annum M CC XX. Insertæ sunt monasteriorum fundationes variæ, series episcoporum ac abbatum : genealogiæ regum, ducum, comitum et nobilium... ex Mss. codd. omnia fere nunc primum edidit Andreas Duchesnius turonensis. — *Lutetiæ Parisiorum,* 1619, in-fol.

* Histoire de Normandie, par Ordéric Vital, publiée par Guizot.
(V. ci-dessus *n*° 560, T. XXV–XXVIII.)

* Chronique des ducs de Normandie, par Benoît, trouvère du xiie siècle, publiée pour la première fois par Francisque Michel,...
(V. ci-dessus *n*° 565 : *Documents inédits,* lettre E.)

1275. — Histoire des ducs de Normandie et des rois d'Angleterre, publiée en entier pour la première fois d'après deux manuscrits de la bibliothèque du roi, suivie de la relation du tournois de Ham, par Sarrazin, trouvère du xiiie siècle, et précédée d'une introduction par Francisque Michel,... — *Paris, J. Renouard et C*ie, 1840, in-8.

(Publié par la Société de l'Histoire de France.)

1276. — Les conquêtes et trophées des Norman-François aux royaumes de Naples et de Sicile, aux duchés de Calabre, d'Antioche, de Galilée, et autres principautés d'Italie et d'Orient. Par messire Gabriel du Moulin, bernayen,... — *Rouen, David du Petit-Val, impr.,* 1658, in-fol.

(On trouve à la fin : 1° « Catalogue de plusieurs antiques familles illustres » ; 2.° « Chronologia inclytæ urbis Rothomagensis, per de La Marc, advocatum in parlamento ».)

* Histoire des anciennes villes de France. — 1re série :
Normandie... par Vitet.

(V. ci-dessus n° 1053.)

1277. — Procès-verbal des séances de l'assemblée provinciale de la généralité de Rouen, tenue aux Cordeliers de cette ville aux mois de novembre et décembre 1787. — *Rouen, Pierre Seyer, impr.,* 1787, in-4.

1278. — Procès-verbal des séances de l'assemblée provinciale de la Moyenne-Normandie et du Perche, généralité d'Alençon, tenue à Lisieux, dans l'hôtel-de-ville, aux mois de novembre et décembre 1787. —*Lisieux, impr. de F.-B. Mistral, et Paris, Barbou* (s. d.), in-4.

* Procès-verbal de l'assemblée provinciale de la Basse-Normandie, tenue à Caen en novembre et décembre 1787.
(V. ci-dessus n° 1057.)

1279. — Histoire politique et religieuse de l'église métropolitaine et du diocèse de Rouen, par L. Fallue,... — *Rouen, A. Le Brument,* 1850-51, 4 vol. in-8.

(Gravures.)

1280. — Histoire civile et ecclésiastique du comté d'Evreux, où l'on voit tout ce qui s'est passé depuis la fondation de la monarchie tant par rapport aux rois de France qu'aux anciens ducs de Normandie et aux rois d'Angleterre. (Par Philippe Le Brasseur.) — *Paris, François Barois,* 1722, in-4.

1281. — Dictionnaire topographique, statistique et historique du département de l'Eure, par L.-L. Gadebled,... — *Evreux, Canu, impr.,* 1840, in-8.

1282. — Rapport présenté au conseil général du département de l'Eure, dans sa session de 1839, au nom de la commission des aliénés, par M. Lefebvre-Duruflé. — *Evreux, J.-J. Ancelle fils,* 1839, in-8.

1283. — Histoire des anciennes corporations d'arts et métiers et des confréries religieuses de la capitale de la Normandie, par Ch.-Ouin Lacroix,... Armoiries et jetons dessinés par G. Drouin. — *Chez les libraires de Rouen et des principales villes de France ; impr. par Lecointe frères,* 1850, in-8.

* Galerie des portraits, tableaux et bustes du château d'Eu, par Vatout.

(V. ci-après : *division* BIOGRAPHIE.)

Orléanais.

1284. — Histoire et antiquités de la ville et duché d'Orléans, avec les vies des rois, ducs, comtes, vicomtes, gouverneurs, baillis... Augmentée des antiquités des villes dépendantes du châtelet et bailliage d'Orléans. Plus les généalogies des nobles illustres et doctes Orléanais qui ont écrit en toutes sortes de sciences et de plusieurs choses mémorables. Ensemble le tome ecclésiastique contenant la fondation et nombres des églises et monastères, histoires et vies des évêques d'Orléans. Dédié à Son Altesse Royale par maître François Le Maire, conseiller et juge magistrat au siège présidial d'Orléans. Seconde édition. — *Orléans, par Maria Paris, impr.*, 1648, in-fol.

1285. — Procès-verbal des séances de l'assemblée provinciale de l'Orléanais, tenue à Orléans aux mois de novembre et décembre 1787. — *Orléans, impr. de Couret de Villeneuve*, 1787, in-4.

Périgord.

1286. — L'état de l'Eglise du Périgord depuis le christianisme, par le R. P. Jean Dupuy, recollet. — *Périgueux, P. et J. Daivy, impr.*, 1629, in-4.

1287. — Précis historique sur les comtes du Périgord et les branches qui en descendent, par M. de Saint-Allais... — *Paris, A. Guyot, impr.*, 1836, in-4.

Picardie.

* Voyages pittoresques et romantiques dans l'ancienne France... — Picardie.

(V. ci-dessus *n°* 485.)

1288. — Procès-verbal des séances de l'assemblée provinciale de Picardie, tenue à Amiens en novembre et décembre 1787. — *Amiens, J.-B. Caron l'aîné, impr.*, 1788, in-4.

1289. — Les antiquités, histoires et choses plus remarquables de la ville d'Amiens. Troisième édition, dédiée au roi, par M. Adrian de Ba Morlière,... — *Paris, Séb. Cramoisy, impr.*, 1642. — Recueil de plusieurs nobles et illustres maisons vivantes et éteintes en l'étendue du diocèse d'Amiens... Par M° Adrian de La Morlière,... — *Paris, S. Cramoisy*, 1642, le tout en 1 vol. in-fol.

1290. — Histoire du comté de Ponthieu, de Montreuil et de la ville d'Abbeville, sa capitale : avec la notice de leurs hommes dignes de mémoire (par de Vérité). — *Londres, Abbeville, de Vérité*, 1667, 2 vol. in-12.

Poitou.

* Coutumier général de Poitou,... par Joseph Boucheul. (V. *la division* NOMOLOGIE.)

1291. — Bibliothèque historique et critique du Poitou, contenant les vies des savants de cette province depuis le troisième siècle jusqu'à présent ; une notice de leurs ouvrages, avec des observations pour en juger ; la suite historique et chronologique des comtes héréditaires, et celle des évêques de Poitiers depuis saint Nectaire, par M. Dreux du Radier,... — *Paris, Ganeau*, 1754, 5 vol. in-12.

1292. — Histoire des comtes de Poitou et ducs de Guyenne, contenant ce qui s'est passé de plus mémorable en France depuis l'an 811 jusques au roi Louis-le-Jeune... par M. Jean Besly,... — *Paris, Gervais Alliot*, 1647, in-fol.

1293. — Procès-verbal des séances de l'assemblée provinciale du Poitou, tenue à Poitiers en novembre et décembre 1787. — *Poitiers, François Barbier*, 1788, in-4.

Provence.

1294. — Petri Quiquerani Bellojocani episcopi Senecensis primari Arelatensium de laudibus Provinciæ Libri tres, et centum ejusdem de Annibale Exametri, Ad R. P. Franciscum Turnonium Cardinalem Clarissimum. — *Parisiis, apud Lambertum Dodu*, 1551, in-fol.

1295. — L'histoire et chronique de Provence de César de Nostradamus, gentilhomme provençal, où passent de temps en temps et en bel ordre les anciens poètes, personnages et familles illustres qui ont fleuri depuis vc ans. Outre plusieurs races de France, d'Italie, Espagne, Languedoc, Dauphiné et Piémont, y rencontrées avec celles qui depuis se sont diversement anoblies, comme aussi les plus signalés combats et remarquables faits d'armes qui s'y sont passés de temps en temps jusques à la paix de Vervins. — *Imprimé à Lyon, chez Simon Rigaud*, 1614, in-fol.

1296. — Abrégé de l'histoire de Provence, contenant plusieurs mémoires qui ont été inconnus aux auteurs qui ont écrit l'histoire de ce pays. Par Pierre Louvet de Beauvais,... — *Aix, Léonard Tétrode*, 1676, 2 vol. in-12.

(Le T. II porte : « Abrégé... contenant l'état ecclésiastique du pays ». — C'est une traduction de la *Gallia christiana*.)

* Histoire de la poésie provençale, par Fauriel.
   (V. *la division* BELLES-LETTRES.)

* Projet d'un dictionnaire provençal-français, par Honnorat,...
   (V. *ibidem*.)

1297. — Plan topographique de la ville de Marseille et d'une partie de son territoire, par P. Desmarest. — In-fol. max. plano.

* OEuvres choisies du roi René, avec une biographie et des notices par M. le comte de Quatrebarbes, et un grand nombre de dessins et ornements d'après les tableaux et manuscrits originaux, par M. Hawké.
   (V. *la division* POLYGRAPHIE.)

Sénonais.

1298. — De vera Senonum origine christiana adversus Johannis de Launoy,... criticas observationes, etc., dissertatio. Adjecta est appendix adversus duas propositiones recentioris in eadem parisiensi facultate theologi. Auctore R. P. D. Hugone Mathoud, presbytero monacho ordinis S. Benedicti e congregatione Sancti-Mauri. — *Parisiis, apud Simonem Langronne*, 1687, in-4.

Touraine.

1299. — Procès-verbal des séances de l'assemblée générale des trois provinces de la généralité de Tours., tenue à Tours, par ordre du roi le 12 novembre 1787. — *Tours, Aug. Vauquer, impr.*, 1787, in-4.

1300. — Hôtel de l'Univers. La ville et les environs de Tours. Guide de l'étranger. — *Tours, impr. de Ladevèze*, 1853, brochure in-12.

HISTOIRE D'ESPAGNE.

Géographie. — Voyages.

1301. — Etat présent de l'Espagne, où l'on voit une géographie historique du pays, l'établissement de la monarchie, ses révolutions, sa décadence, son rétablissement et ses accroissements ; les prérogatives de la couronne, le rang des princes et des grands... la forme du gouvernement... les mœurs, les coutumes et les usages des Espagnols... par M. l'abbé de Vayrac. — *Paris, André Cailleau*, 1748, 4 vol. in-12.

(Cartes géographiques.)

1302. — Relation d'un voyage d'Espagne, où est exactement décrit l'état de la cour de ce royaume et de son gouvernement (par l'abbé Bertaut). Nouvelle édition. — *Paris, Th. Jolly,* 1668, in-12.

1303. — Journal du voyage d'Espagne, contenant une description fort exacte de ses royaumes et de ses principales villes, avec l'état du gouvernement et plusieurs traités curieux touchant les régences, les assemblées des Etats, l'ordre de la noblesse, la dignité de grand d'Espagne, les commanderies, les bénéfices et les conseils. (Par l'abbé Bertaut.) — *Paris, Denys Thierry,* 1669, in-4.

1304. — Relation du voyage d'Espagne (par Mme d'Aulnoy). — *Paris, Cl. Barbin*, 1691, 3 vol. in-12.

Histoire générale.

1305. — Fl. Lucii Dextri, Barcinonensis,... chronicon omnimodæ historiæ... nunc demum opera et studio Fr. Francisci Bivarii, Mantuæ–Carpetani,... commentariis apodicticis illustratum, quibus universa ecclesiastica historia a Christo nato per annos 430, rerum tam ad Italiam, Galliam, Germaniam, aliasve orbis christiani provincias spectantium, quàm ad Hispaniam, de qua bona ex parte disserit author, ad amussim expenditur... — *Lugduni, sumptibus Claudii Landry*, 1627, in-fol.

1306. — Inventaire général d'Espagne. — *Paris, Guillemot*, 1628, in-4.

(A défaut du frontispice, le titre et les indications ci-dessus ont été pris au privilége.)

1307. — Breviarium rerum hispanicarum ab Hispania reviviscente. Enneas prima, Auctore Paulo Bombino,... — *Venetiis*, 1634, *ex typ. Pinelliana*, in-4.

(Le T. 1er seulement (de 712 à 1350.)

1308. — Corona gothica, castellana y austriaca, por don Diego Saavedra Faxardo,... — *En Madrid, por Andres Garcia de La Iglesia*, 1658, in-4.

1309. — Abrégé de l'histoire d'Espagne, contenant : l'origine des Espagnols ; leurs guerres contre les Romains, les Carthaginois et autres nations ; l'invasion des Maures ; la ressource des chrétiens ; la naissance et le progrès des royaumes d'Oviédo, de Léon, de Navarre, de Castille, d'Aragon, de Portugal, de Grenade et autres principautés... par le sieur du Verdier,... — *Impr. à Rouen, et se vend à Paris, chez Guill. de Luyne*, 1663, 2 vol. in-12.

1310. — Abrégé chronologique de l'histoire d'Espagne, depuis sa fondation jusqu'au présent règne, par M. Désormeaux. — *Paris, N.-B. Duchesne*, 1758-59, 5 vol. in-12.

(Le tome 1er est de 1759.)

1311. — Histoire d'Espagne depuis la plus ancienne

époque jusqu'à la fin de l'année 1809, par John Bigland,...
traduite de l'anglais, et continuée jusqu'à l'époque de la
restauration de 1814. Ouvrage revu et corrigé par le comte
Matbieu Dumas,... — *Paris, F. Didot père et fils*, 1823,
3 vol. in–8.

(Le comte Dumas est le traducteur des deux premiers volumes et l'auteur
du troisième, suivant Quérard.)

1312. — Histoire des révolutions d'Espagne depuis la
destruction de l'empire des Goths jusqu'à l'entière et parfaite
réunion des royaumes de Castille et d'Aragon en une seule
monarchie, par le P. Joseph d'Orléans,... revue et publiée
par les PP. Rouillé et Brumoy,... — *Paris, Rollin fils*, 1734,
3 vol. in–4.

Ouvrages relatifs à certaines époques, et autres particularités de l'histoire d'Espagne.

1313. — Histoire de la conquête d'Espagne par les Mores,
composée en arabe par Abul-Cacim-Tariff-Abentariq, de la
ville de Médine, un des capitaines qui furent à cette expédition. Traduite (composée) en espagnol par Michel de Luna,...
avec une dissertation de celui qui l'a mise en français
(P. Le Roux) sur la vérité de cette histoire conférée avec
celles d'Espagne et quelques manuscrits arabes, turcs et
persans... — *Paris, Cl. Barbin*, 1630, 2 vol. in–12.

1314. — Histoire des Arabes et des Mores d'Espagne,
traitant de la constitution du peuple arabe–espagnol, de sa
civilisation, de ses mœurs et de son influence sur la civilisation moderne, par Louis Viardot. — *Paris, Pagnerre*,
1851, 2 vol. in–8.

1315. — Histoire de D. Jean deuxième, roi de Castille,
recueillie de divers auteurs, par le Sr du Chaintreau. —
Paris, Toussainct du Bray, 1622, in–8.

* Laurentii Vallæ,... Historia Ferdinandi, regis Aragoniæ
et Castellæ.
(V. l'ouvrage intitulé : « Laurentii Vallæ de latina elegantia ».)

1316. — Histoire de Gonsalve de Cordoue, surnommé le
Grand-Capitaine, par le R. P. Duponcet, de la compagnie de
Jésus. — *Paris, Jean Mariette*, 1714, 2 vol. in–12.

1317. — Histoire du cardinal Ximenès, par messire Esprit Fléchier, évêque de Nîmes. — *Paris, Jean Anisson, 1693,* in-4.

(Portrait de Ximenès.)

1318. — Histoire du ministère du cardinal Ximenès,... par M. de Marsolier,... — *Paris, Grégoire Dupuis, 1704, 2 vol.* in-12.

(Portrait de Ximenès.)

1319. — Historia de la vida y hechos del emperador Carlos V,... por el maestro don Fray Prudencio de Sandoval,... — *En Pamplona, en casa de Bartholome Paris,* 1634., in-fol.

(La 1re partie seulement)

1320. — The history of the reign of the emperor Charles V... in four volumes, by William Robertson,... — *London, for W. Strahan, 1782,* 4 vol. in-8.

(Portraits et gravures.)

* Histoire de l'empereur Charles-Quint, par Robertson.
(V. ci-dessus *n° 417.*)

1321. — Histoire du cardinal de Granvelle, archevêque de Besançon,... ministre de l'empereur Charles-Quint et de Philippe second, roi d'Espagne (par de Courchetet d'Esnans). — *Paris, Duchesne, 1761,* in-12.

(Portrait du cardinal.)

* Papiers d'Etat du cardinal de Granvelle... publiés sous la direction de M. Charles Weiss.
(V. ci-dessus *n° 565 : Documents inédits,* lettre R.)

* Il ritrato del privato politico christiano, estrato dall' originale d'alcune attioni del conte duca di S. Lucar, e scritto alla cattolica Maesta di Philippo IIII il Grande, dal marchese Virgilio Malvezzi. — *In Geneva, per Philippo Ghisolfi,* 1636.
(V. *la division* BELLES-LETTRES : *Historie Malvezzi.)*

1322. — L'histoire de don Jean d'Autriche, fils de l'empereur Charles-Quint (par Jean Bruslé de Montpleinchamp). — *Amsterdam, Pierre Le Brun,* 1693, in-12.

1323. — La vie de Philippe II, roi d'Espagne, traduite de

l'italien de Gregorio Leti (par de Chevrières). — *Amsterdam,
Pierre Mortier,* 1734, 5 vol. in-12.

(Portrait de Philippe II. — Le 5ᵉ vol. manque)

1324. — Gasp. Scioppii consilium regium in quo a duodecim regibus et imperatoribus catholico Hispaniarum regi
(Philippo III) demonstratur, quibus modis omnia bella feliciter profligare possit. Accessit stemma domus Austriæ.
Item classicum belli sacri. — *Ticini, typis Petri Bartholi,*
1619, in-4.

1325. — Viage, sucessos y guerras del infante cardenal
don Fernando de Austria, desde doze de abril de mil y
seiscientos y treinta y dos, que salio de Madrid, con... don
Felipe Quarto su hermano, para la ciudad de Barcelona,
hasta veinte y uno de setiembre de mil y seiscientos y
treinta y seis. Por don Diego de Aedo y Gallart,... — *En
Madrid, en la imprenta del Reyno,* 1637, in-4.

1326. — Histoire de tout ce qui s'est passé en la Catalogne
depuis qu'elle a secoué le joug de l'Espagnol; contenant le
progrès de la guerre de Catalogne ès années 1640 et 1641, avec
la signalée victoire de Monjuique. — Les secrets publics de la
Catalogne, ou la pierre de touche des intentions de l'ennemi,
avec un éclaircissement de la vérité. — Et l'appui de la vérité
catalane, oppugnée par un libelle qui commence « La
justification royale ». — *Rouen, Jean Berthelin,* 1642, in-4.

(Par F. Gaspard Sala.)

1327. — Vindicæ hispanicæ, in quibus arcana regia, politica, genealogica, publico pacis bono luce donantur. Auctore
Joanne Jacobo Chifletio,... — *Antuerpiæ, ex officina Plantiniana Balthasaris Moreti,* 1645; in-4.

1328. — Histoire publique et secrète de la cour de Madrid
depuis l'avènement du roi Philippe V jusqu'au commencement
de la guerre avec la France. Seconde édition... avec un
discours sur l'état présent de la monarchie d'Espagne. —
Liége, 1719, 2 vol. in-12.

(Barbier pense que l'ouvrage est d'un étranger, et que Rousset, auquel il
est attribué, n'a eu part qu'à la deuxième édition à cause des notes.)

* Lettres de Filtz-Moris sur les affaires du temps (1716-17).
(V. ci-dessus nᵒ 466.)

1329. — Histoire du cardinal Albéroni depuis sa naissance

jusqu'au commencement de l'année 1719, par M. J. R***
(Jean Rousset). Traduit de l'espagnol. — *La Haye,*
V⁰ d'Adrian Moetjens, 1719, in-12.

* Mémoires militaires relatifs à la succession d'Espagne sous
Louis XIV... par le lieutenant-général de Vault...
(V. ci-dessus n° 565 : *Documents inédits*, lettre A.)

* Négociations relatives à la succession d'Espagne sous
Louis XIV... par Mignet.
(V. *ibidem*, lettre B.)

1330. — Histoire de la dernière révolte des Catalans et du
siége de Barcelone... (par T. Amaulry). — *Lyon, Th. Amaulry,*
1714, in-12.

1331. — Conseil de guerre privé sur l'évènement de
Gibraltar en 1782, contenant l'extrait d'une information
générale sur toutes les circonstances de cette entreprise...
pour servir d'exercice sur l'art des siéges. (Par le général
d'Arçon.) — (S. l.), 1785, in-8.
(Planches.)

1332. — L'Espagne sous Ferdinand VII, par le marquis de
Custine. Troisième édition. — *Paris, Ladvocat,* 1838, 4 vol.
in-8.

* (Voyez, pour les guerres de la Péninsule sous Napoléon,
n⁰ˢ 993-995.)

1333. — A la muy antigua, noble y coronada villa de
Madrid. Historia de su antiguedad, nobleza y grandeza. Por
el licenciado Gerónimo de Quintana,... — *En Madrid, en la*
imprenta del reyno, 1629, in-fol.

HISTOIRE DE PORTUGAL.

1334. — Abrégé de l'histoire de Portugal... (par Maugin).
— *Paris, Michel David,* 1707, in-8.

1335. — Histoire du détrônement d'Alphonse VI, roi de
Portugal, contenue dans les lettres de M. Robert Southwel,

alors ambassadeur à la cour de Lisbonne, et précédée d'un abrégé de l'histoire de ce royaume (par Thomas Carte), traduite de l'anglais (par l'abbé Desfontaines). — *Paris, David fils*, 1742, 2 vol. in-12.

* Recueil chronologique et analytique de tout ce qu'a fait en Portugal la société dite de Jésus depuis son entrée en ce royaume en 1540 jusqu'à son expulsion en 1759... Composé par le Dr Joseph de Seabra da Sylva,...
(V. *la division* RELIGION.)

HISTOIRE D'ITALIE.

Géographie. — Voyages.

1336. — Descrittione di tutta l'Italia et Isole pertinenti ad essa. Di Fra Leandro Alberti Bolognese. Nella quale si contiene il sito di essa, l'origine, et le Signorie delle Citta et de' castelli; co i nomi antichi, et moderni; i costumi di popoli, et le conditioni de paesi. Et di piu gl' Huomini famosi che l'hanno illustrata ; i Monti, i Laghi, i Fiumi... et tutte l'opere maravigliose in lei dalla Natura prodotte. Aggiuntovi de nuovo... tutto quello, ch'è successo fino l'anno 1581. Et di piu ripurgata da infiniti errori, et accresciuta d'altre Additioni in margine da M. Borgaruccio Borgarucci... — *In Venetia, Appresso Gio. Battista Porta*, M D LXXXI, in-4.

* Description des villes de l'Italie, par Doubdan.
(V. ci–dessus *n*° 120.)

1337. — L'Italia regnante. O vero nova descritione dello stato presente di tutti prencipati e republiche d'Italia... di Gregorio Leti... — *Valenza, per Gio. Pietro Francesco Guerini*, 1675-76, 4 vol. in-12.

1338. — Nouveaux mémoires ou observations sur l'Italie et sur les Italiens, par deux gentilshommes suédois, traduits du suédois. (Par Grosley.) — *Londres, Jean Nourse*, 1764, 3 vol. in-12.

1339. — Description historique et critique de l'Italie, ou nouveaux mémoires sur l'état actuel de son gouvernement, des sciences, des arts, du commerce, de la population et de l'histoire naturelle, par M. l'abbé Richard. — *Paris, Saillant,* 1769, 6 vol. in-12.

* Les lettres de F. Rabelais, écrites pendant son voyage d'Italie, avec des observations par MM. de Sainte-Marthe...
(V. *Œuvres de Rabelais.*)

1340. — Journal du voyage de Michel de Montaigne en Italie par la Suisse et l'Allemagne, en 1580 et 1581, avec des notes par M. de Querlon. — *A Rome, et se trouve à Paris, chez Le Jay,* 1774, 3 vol. in-12.

(Portrait de Montaigne. — Le tome III est italien et français. Les notes italiennes sont de M. Bartoli.)

1341. — Correspondance inédite de Mabillon et de Mont-faucon avec l'Italie, contenant un grand nombre de faits sur l'histoire religieuse et littéraire du xviie siècle; suivie des lettres inédites de P. Quesnel à Magliabechi,... accompagnée de notices et d'éclaircissements, et d'une table analytique par M. Valery,... — *Paris, J. Labitte,* 1846, 3 vol. in-8.

1342. — Voyage d'un Français en Italie fait dans les années 1765 et 1766, contenant l'histoire et les anecdotes les plus singulières de l'Italie et sa description, les mœurs, les usages, le gouvernement, le commerce, la littérature, les arts, l'histoire naturelle et les antiquités; avec des jugements sur les ouvrages de peinture, sculpture et architecture, et les plans de toutes les grandes villes d'Italie (par J. de Lalande). — *A Venise, et se trouve à Paris, chez Desaint,* 1769, 8 vol. in-12.

(Avec atlas in-4.)

* Voyage en Italie, par Chateaubriand.
(V. *ses œuvres,* T. VII.)

Histoire générale d'Italie.

* Caroli Sigonii historiarum de regno Italiæ libri viginti.
(V. ci-après, *division* ARCHÉOLOGIE, à la suite de l'ouvrage intitulé : « Caroli Sigonii de antiquo jure civium romanorum »).

1343. — Abrégé chronologique de l'histoire générale

d'Italie depuis la chute de l'empire romain en Occident, c'est-à-dire depuis l'an 476... jusqu'au traité d'Aix-la-Chapelle en 1748, par M. de Saint-Marc,... — *Paris, Jean-Th. Hérissant,* 1763, 2 vol. in-8.

(Il manque les 3 derniers volumes)

1344. — Histoire des républiques italiennes du moyen-âge, par J.-C.-L. Simonde de Sismondi ,... Nouvelle édition... — *Paris, Treuttel et Wurtz,* 1826, 16 vol. in-8.

1345. — La historia d'Italia, di M. Francesco Guicciardini, gentil'huomo Fiorentino. Nuovamente con somma diligenza ristampata, et da molti errori ricorretta. Con l'aggiunta de' sommarij à libro per libro. Et con le annotationi in margine delle cose piu notabili. Fatte dal reverendo padre Remigio, Fiorentino... — *In Venetia, appresso Niccolo Bevilacqua,* M.D LXVIII.

— Gli ultimi quattro libri dell' historie d'Italia di Messer Francesco Guicciardini,... Novamente... ristampati, et corretti... di M. Papirio Picedi... — *In Parma, appresso Seth Viotto,* 1572, le tout en 1 vol. in-4.

1346. — Histoire des guerres d'Italie advenues sous les règnes des rois très-chrétiens Charles VIII, Louis XII et François 1. Ecrite en italien par M. François Guicciardin,... traduite en français par Hier. Chomedey,... Dernière édition, diligemment revue et corrigée, à laquelle ont été ajoutés deux amples indices contenant par ordre alphabétique les maximes de Guicciardin et celles du sieur de La Noüe, avec ses observations politiques, militaires et morales... — *Paris, Pierre Le Mur,* 1612, in-fol.

1347. — Histoire des guerres d'Italie, traduite de l'italien de François Guichardin (par Favre, revue ensuite et retouchée par Georgeon). — *Londres (Paris), Paul et Isaac Vaillant,* 1738, 3 vol. in-4.

1348. — Histoire d'Italie de l'année 1492 à l'année 1532, par Francesco Guicciardini ; avec notice biographique par J.-A.-C. Buchon. — *Paris, A. Desrez,* 1836, in-8.

(Collection du Panthéon littéraire. — Traduction de Favre, retouchée par Georgeon, et corrigée par Buchon.)

1349. — La vie du pape Alexandre VI et de son fils César Borgia , contenant les guerres de Charles VIII et Louis XII...

et les principales négociations et révolutions arrivées en Italie depuis l'année 1492 jusqu'à l'année 1506, par Alexandre Gordon. Traduite de l'anglais. — *Amsterdam, Pierre Mortier,* 1732, 2 vol. in-12.

(Avec 2 portraits.)

1350. — Della historia di Pietro Giovanni Capriata libri dodici, ne' quali si contengono tutti i movimenti d'arme successi in Italia dal 1613 fino al 1634... — *In Bologna, per Giacomo Monti e Carlo Zenero,* 1639, in-4.

1351. — Mémoires de la guerre d'Italie depuis l'année 1733 jusqu'en 1736, par un ancien militaire qui s'est trouvé à toutes les actions de ces trois fameuses campagnes. — *Paris, Ve Duchesne,* 1777, in-12.

(Par le comte d'Espie, suivant Barbier.)

Histoires particulières.

Naples et Sicile.

1352. — La guida de forestieri... La (*sic*) guide des étrangers curieux de voir et de connaître les choses les plus mémorables de Poussol, Bayes, Cumes, Misène, Gaëte et autres lieux des environs, expliquée à l'aide de bons auteurs et par la propre recherche de monseigneur évêque de Biseglia Pompée Sarnelli, e (*sic*) dans cette impression donnée au cler (*sic*) da (par) Michel-Luys Muzio, qui l'a enrichie de plusieurs figures en taille-douce... — *Napl., à despenses d'Michel-Luys Muzio,* 1709, in-12.

(Traduction française en regard du texte italien.)

* Les conquêtes et trophées des Normands-Français aux royaumes de Naples et de Sicile, aux duchés de Calabre, d'Antioche, de Galilée et aux principautés d'Italie et d'Orient. Par messire Gabriel du Moulin, bernayen,...

(V. ci-dessus *n*° 1276.)

1353. — Histoire des rois de Sicile et de Naples des maisons d'Anjou. (Par Petrineau des Noulis.) — *Paris, Pierre-Augustin Le Mercier,* 1707, in-4.

1354. — Histoire du royaume de Naples depuis Charles VII
jusqu'à Ferdinand IV, 1734 à 1825, par le général Colletta,
ancien ministre. Traduite de l'italien sur la quatrième
édition par Ch. Lefevre et L*** B***. — *Paris, Ladvocat,*
1835, 4 vol. in-8.

* Les mémoires de feu M. le duc de Guise (publiés par
de Sainctyon).
（V. ci-dessus *n*° 782.）

1355. — Histoire des révolutions et mouvements de Naples
arrivés pendant les années 1647 et 1648, traduite de l'italien
du comte Galeazzo Gualdo Priorato (par l'auteur même). —
Paris, Siméon Piget, 1654, in-4.

1356. — Histoire de la révolution du royaume de Naples
dans les années 1647 et 1648, par Mlle de Lussan (ou plutôt
par Baudot de Juilly, suivant Barbier). — *Paris, Pissot,*
1757, 4 vol. in-12.

1357. — Un tour en Sicile, 1833, par le baron Gonzalve
de Nervo. [Orné d'antiques et d'une carte coloriée.] —
Paris, chez les marchands de nouveautés, 1834, 2 tomes en
1 vol. in-8.

1358. — Histoire générale de Sicile, dans laquelle on verra
toutes les différentes révolutions de cette île depuis le temps
où elle a commencé à être habitée jusqu'à la dernière paix
entre la maison de France et la maison d'Autriche, par M. de
Burigny. — *La Haye, Isaac Beauregard et P. Gosse,* 1745,
2 tomes en 1 vol. in-4.

(Carte de la Sicile.)

Etats de l'Eglise.

* Blondi Flavii Forliviensis de Roma triumphante...
（V. ci-après : *division* ARCHÉOLOGIE.）

1359. — Descrittione di Roma antica e moderna, nella
quale si contengono chiese, monasterij, hospedali, compagnie,
collegij e seminarij, tempij, teatri, anfiteatri, naumachie,
cerchi, fori, curie, palazzi e statue... — *In Roma, appresso
Andrea Fei,* 1643, in-8.

1360. — Itinéraire instructif, divisé en huit journées, pour trouver avec facilité toutes les anciennes et modernes magnificences de Rome, du chevalier Joseph Vasi, traduit de l'italien, corrigé et augmenté de nouvelles recherches, et enrichi de planches, par le même auteur, avec une courte digression sur quelques villes et châteaux du voisinage. — *Rome, Barbiellini*, 1773, in-12.

1361. — Histoire de la papauté pendant les XVIe et XVIIe siècles, par M. Léopold Ranke,... traduite de l'allemand par M. J.-B. Haiber; publiée et précédée d'une introduction par M. Alexandre de Saint-Chéron. — *Paris, Debécourt*, 1838, 4 vol. in-8.

(Pour l'histoire des papes et des cardinaux, V. *la division* RELIGION.)

* Rome en 1848-49-50... par l'abbé Boulangé.
(V. ci-dessus n° 1031.)

* Rapport de la commission mixte instituée à Rome pour constater les dégats occasionés aux monuments ou établissements artistiques pendant le siége de cette ville (en 1849).
(V. ci-dessus n° 1032.)

1362. — In-fol. contenant:

1° Caroli Sigonii historia de rebus Bononiensibus Libri VIII. Ejusdem de vita Andreæ Doriæ, Libri duo. Quibus accesserunt ejusdem Orationes aliquot et Emendatiónes adversus Franciscum Robortellum : Item Disputationes Patavinæ adversus eundem. Denique Nicolai Gruchii de Comitiis Romanis Libri tres, et adversus hos Sigonii sententiæ... — *Francofurti, apud Claudium Marnium et hæredes Joannis Aubrii*, M DC IIII.

2° Caroli Sigonii fasti consulares, ac triumphi acti a Romulo rege usque ad Ti. Cæsarem. Ejusdem in fastos et triumphos, id est in universam romanam historiam Commentarius. Item de Nominibus liber. — *Hanoviæ, typis Wechelianis, apud Claudium Marnium*, M DC IX.

(Cet ouvrage, qui serait mieux intitulé : *Caroli Sigonii opera*, contient, outre l'histoire de Bologne : « De rebus gestis Andreæ Doriæ libri II ». — « De Dialogo liber pro eloquentia, de latinæ linguæ usu, de laudibus historiæ, de studiis humanitatis orationes. — Emendationum libri II. — Disputationum patavin. libri II. — Nicolai Gruchii,... de comitiis Romanorum libri III, et C. Sigonii in Gruchium disputationes, etc. ».)

Toscane.

1363. — Istorie Fiorentine di Nic. Macchiavelli. — *Riga*, *appresso Plutarpi*, 1768, 2 vol. in-12.

* Histoire de Florence, par Macchiavelli.
   (V. *OEuvres de Macchiavel*, édition du Panthéon littéraire.)

1364. — Historia Fiorentina di M. Piero Buoninsegni,... Nuovamente data in luce, Con Licenza e Privilegio dal sereniss. Gran Duca di Toscana. — *In Fiorenza, appresso Giorgio Marescotti*, M D LXXX, in-4.

1365. — Lettre inédite de la seigneurie de Florence au pape Sixte IV, 21 juillet 1478. (Publiée par Henry Egerton.) — *Paris, P. Didot l'aîné*, 1814, brochure in-4.

(2 exemplaires.)

4366. — L'impôt sur le capital dans la république de Florence. Lettre à M. Emile de Girardin par E. Quinet,... — *Paris, Chamerot*, 1850, brochure in-12.

Milanais.

1367. — Pauli Jovii Novoconiensis vitæ duodecim vicecomitum Mediolani principum. Ex bibliotheca regia. — *Lutetiæ, ex officina Rob. Stephani*, M D XLIX, in-4.

(Portraits.)

Venise.

* Synopsis Reipublicæ Venetæ, auctore Joanne Cotovico.
   (V. ci-dessus *n° 119 : Itinerarium Hierosolymitanum...*)

1368. — Gasparis Contareni cardinalis, De Magistratibus et Republica Venetorum Libri quinque, Quibus de Romanorum et Venetorum Magistratuum inter se comparatione Guerini Pisonis Soacii J. C. Præclarissimi... accessit libellus... Cum Indice Rerum...— *Venetiis, Apud Jo. Bapt. Ciottum, Senensem*, M D XCII, in-8.

1369. — Histoire générale de Venise depuis la fondation de la ville jusques à présent. Extraicte de plusieurs Memoires et divers Autheurs tant Latins que François et Italiens... par Th. de Fougasses, Gentilhomme d'Avignon. — *Paris, Abel L'Angelier*, M DC VIII, in-4.

(2 tomes en 1 vol. La pagination se suit d'un tome à l'autre.)

1370. — Rerum venetarum ab urbe condita ad annum 1575. Historia Petri Justiniani, patricii veneti, Aloisii filii,... Ab eodem auctore denuo revisa et rerum memorabilium additione illustrata... Cui hæc accesserunt opuscula : Bernardi Justiniani,... Oratio apud Sixtum IV... Ludovici Heliani Vercellensis,... de bello suscipiendo adversus Venetianos et Turcas oratio. Coriolani Cepionis Dalmatæ de Petri Mocenici, venetæ classis imp., contra Ottomannum Turcarum principem rebus gestis, libri III. P. Callimachi experientis de his quæ a Venetis tentata sunt, Persis ac Tartaris contra Turcas movendis narratio. Alexandri Peantii,... de bello Venetorum cum Carolo VIII, Gallorum rege, anno 1496 gesto, libri II. Pamphili Sassi Mutinensis de eodem bello carmen... — *Argentorati, sumptibus Lazari Zelzneri,* M DC XI , in-fol.

1371. — Histoire de la république de Venise, par Bapt. Nani, cavalier et procurateur de St-Marc. — *Cologne, Pierre Marteau,* 1682, 2 vol. in-12.

(4 tomes en 2 vol. — Portraits. — Selon Barbier, cet ouvrage est traduit de l'italien par l'abbé Tallemant et par Paulin de Masclari, gentilhomme français, mort réfugié en Hollande.)

1372. — Histoire de la république de Venise depuis sa fondation jusqu'à présent, par M. l'abbé L*** (l'abbé Laugier). — *Paris, N.-B. Duchesne* (et Ve *Duchesne),* 1758-68, 12 vol. in-12.

* Histoire de la ligue faite à Cambrai contre la république de Venise (par l'abbé Dubos).
(V. ci-dessus n° 690.)

1373. — Historia particolare delle cose passate tra'l sommo pontefice Paolo V. e la serenissima republica di Venetia gl'anni 1605, 1606, 1607. Divisa in sette libri,... — *In Mirandola,* 1624, in-4.

1374. — Conjuration des Espagnols contre la république

de Venise en l'année 1618, par l'abbé de St-Réal. — *Paris, Cl. Barbin*, 1674, in-12.

(V. aussi pour cet ouvrage : *OEuvres de St-Réal*, T. II.)

1375. — Joannis Baptistæ Egnatii,... De exemplis illustrium virorum Venetæ civitatis, atque aliarum Gentium. Cum indice rerum notabilium. — *Parisiis, in officina Audoëni Parvi*, 1554, in-18.

Savoie, Piémont, etc.

1376. — Statistique des provinces de Savone, d'Oneille, d'Acqui et de partie de la province de Mondovi, formant l'ancien département de Montenotte, par le comte de Chabrol de Volvic,... T. II. — *Paris, impr. de Jules Didot*, 1824, in-4.

* Histoire de Savoie, Piémont et royaume de Sardaigne.
(V. ci-dessus *n°* 217, T. LXXXII.)

1377. — Histoire généalogique de la royale maison de Savoie, justifiée par titres, fondations de monastères, manuscrits... Enrichie de plusieurs portraits, sceaux, monnaies, sépultures et armoiries ; par Samuel Guichenon,... — *Lyon, Guillaume Barbier*, 1660, 3 vol. in-fol.

(2 tom. en 3 vol. — Le tom. III contient les preuves.)

* Mémoires... de Boyvin, chevalier, baron du Villars,... sur les guerres démêlées tant en Piémont qu'au Montferrat et duché de Milan, par feu messire de Cossé, comte de Brissac.
(V. ci-dessus *n°* 618.)

GRÈCE MODERNE.

1378. — Voyage pittoresque de la Grèce, (par le comte de Choiseul-Gouffier). — *Paris, J.-J. Blaise*, 1782-1822, 3 vol. in-fol.

(Texte et planches réunis. — Portrait de Choiseul-Gouffier.)

1379. — Voyage de la Grèce par F.-C.-H.-L. Pouqueville,...

Avec cartes, vues et figures. Deuxième édition , revue, corrigée et augmentée. — *Paris , F. Didot père et fils ,* 1826-
27, 6 vol. in-8.

1380. — Expédition scientifique de Morée, entreprise et
publiée par ordre du Gouvernement français. — Travaux de
la section des sciences physiques sous la direction de M. Bory
de St-Vincent (et publiés par MM. Peytier, Puillon de Boblaye,
Servier, A. Brullé, T. Virlet, Geoffroy-Saint-Hilaire père et
fils, A. Brongniart, Bibron, Deshayes, Guérin, Chaubard et
Fauché). — *Paris , Levrault,* 1831-35 , 4 vol. in-4 et atlas
in-fol.

La bibliothèque de Limoges possède seulement de cet ouvrage :

Tome Ier. — Chapitre Ier : De Toulon aux arrivages de Messénie. — De la
page 1 à la page 136.

Tome II. — 2e partie : Géologie et minéralogie , par MM. Puillon de
Boblaye ,... et Théodore Virlet ,... — Jusqu'à la page 208.

Tome III. — 1re partie : Zoologie : 1re section : Animaux vertébrés , mam-
mifères et oiseaux, par M. Isidore Geoffroy-St-Hilaire ,... avec un mémoire
sur quelques fragments d'un temple grec... par M. Etienne Geoffroy-St-
Hilaire. — Jusqu'à la page 400. — 2e partie : Botanique, par MM. Fauché ,...
A. Brongniart ,... Chaubard et Bory de St-Vincent ,... — Cette partie est
complète.

La bibliothèque ne possède de l'atlas que les cartes suivantes :

1re série : Relation. — Planches 8 à 36. — Il manque les planches 12 , 15,
20, 24, 25, 28, 29, 35.

2e série : Géologie. — Planches 1-7. — L'une est coloriée.

3e série : Zoologie. — Planches 2-9, 28-30, 32-39 et 45 , 46 , 47.

4e série : Botanique. — Planches 1-34 , à l'exception de la planche 20. —
Il manque encore à la bibliothèque, pour compléter cet ouvrage, la 2e partie :
« Architecture, sculptures , inscriptions et vues du Péloponèse , des Cyclades
et de l'Attique .. par Abel Blouet. Amable Ravoisie et A. Poirot ,... F. Trezel
et F. de Gournay ,... — *Paris,* 1831-38 , *F. Didot,* 3 vol. in-fol pl. ».

* Voyage archéologique en Grèce et en Asie-Mineure...
(V. ci-dessus n° 112.)

* Histoire des conquêtes et de l'établissement des Français
dans les états de l'ancienne Grèce... par Buchon.
(V. ci-dessus n° 406.)

1381. — Histoire de Scanderberg, roi d'Albanie, par le
R. P. Duponcet ,.., — *Paris, Jean Mariette,* 1709, in-12.

* Essai sur l'histoire des Grecs depuis la conquête musulmane, par Villemain.
(V. ci-dessus n° 416.)

EMPIRE OTTOMAN.

—

1382. — Voyage dans la Turquie d'Europe. Description physique de la Thrace. Par A. Viquesnel. — *Paris, Gide et Baudry*, 1855, 2 vol. grand in-4.

(Avec atlas in-fol.. — En publication.)

> (V. aussi *la division* VOYAGES, pour les voyages en Orient.)

> * Histoire générale des Turcs, par Chalcondyle.
> (V. ci-dessus n°s 390-392.)

1383. — Inventaire de l'histoire générale des Turcs, où sont décrites les guerres des Turcs, leurs conquêtes, séditions et choses remarquables tant aux affaires qu'ils ont eues contre les chrétiens, comme Grecs, Hongres, Polonais, Bulgares... et autres depuis l'an 1300 jusques en l'année 1620. Avec la mort et belles actions de plusieurs chevaliers de Malte et autres gentilshommes et seigneurs français, par le sieur Michel Baudier du Languedoc. ¡Seconde édition... — *Paris, Sébastien Chapelet,* 1620, in-4.

1384. — Précis de l'histoire de l'empire ottoman depuis son origine jusqu'à nos jours; avec une introduction par M. A.-L.-F. Alix ,... — *Paris, F. Didot père et fils,* 1822, 3 vol. in-8.

(Avec une carte géographique.)

> * Histoire du sérail, par Baudier.
> (V. ci-dessus n° 392.)

1385. — Nouvelle relation de l'intérieur du sérail du grand seigneur, contenant plusieurs singularités qui jusqu'ici n'ont point été mises en lumière. Par J.-B. Tavernier, écuyer, baron d'Aubonne. — *Paris, Gervais Clouzier,* 1675, in-4.

1386. — Histoire de l'état présent de l'empire ottoman, contenant les maximes politiques des Turcs, les principaux points de la religion mahométane... leur discipline militaire, avec une supputation exacte de leurs forces par mer et par terre, et du revenu de l'Etat, traduite de l'anglais de M. Ricaut,... Par M. Briot. — *Paris, Séb. Mabre-Cramoisy, impr., 1670, in-4.*

1387. — Le bouclier de l'Europe ou la guerre sainte, contenant des avis politiques et chrétiens qui peuvent servir de lumière aux rois et aux souverains de la chrétienté pour garantir leurs états des incursions des Turcs et reprendre ceux qu'ils ont usurpés sur eux; avec une relation de voyages faits dans la Turquie, la Thébaïde et la Barbarie, par le R. P. Jean Coppin,... — *Imp. au Puy. Lyon, Ant. Briasson, 1686, in-4.*

1388. — Anecdotes, ou histoire secrète de la maison ottomane (par Mme de Gomez). — *Amsterdam, par la compagnie, 1722, 2 vol. in-12.*

(4 tomes en 2 vol.)

1389. — Considérations sur la guerre actuelle des Turcs, par M. de Volney. — *Londres, 1788, in-8.*

(V. aussi *OEuvres de Volney*.)

* Rapport adressé en 1855... par M. Boutan,... sur la topographie et l'histoire de l'île de Lesbos.
(V. *Archives des missions scientifiques*, T. V.)

* Mémoire sur l'île de Chio, présenté par M. Fustel de Coulange.
(V. *ibidem*.)

1390. — Antonii Mariæ Gratiani a Burgo, S. Sepulchri episcopi Amerini, de bello cyprio libri quinque. — *Romæ, apud Alexandrum Zanettum, 1624, in-4.*

SUISSE.

1391. — Carte générale de tous les cantons des Suisses et pays circonvoisins leurs alliés, avec les principales villes, bourgs et villages qui en dépendent, par le sieur Tassin, géographe ordinaire de Sa Majesté. — (S. l. n. d.) — Description de tous les cantons, villes, bourgs, villages et autres, particularités du pays des Suisses, avec une brière forme de leur république. — Descriptio cantonum, urbium... quæ in Helvetia reperiuntur... — *A Paris, chez Michel Vanlochom,* 1639, 2 parties en 1 vol. in-4 oblong.

(Le texte qui se trouve dans la seconde partie est latin et français sur deux colonnes.)

1392. — Tableau historique et politique de la Suisse, où sont décrits sa situation, son état ancien et moderne; sa division en cantons ; les diètes et l'union helvétique ; où l'on voit l'origine, la naissance, l'établissement et les progrès de ses républiques, les mœurs, la politique, la religion et le gouvernement de ses peuples ; avec un état de son commerce, de ses revenus, de sa milice, et un appendice contenant un détail de ses alliés ; traduit de l'anglais (de Stanyan, par Besset de La Chapelle). — *Imprimé à Fribourg, et se trouve à Paris, chez Lottin le jeune,* 1766, in–12.

1393. — Le même ouvrage, même édition. — In–12.

1394. — Dictionnaire historique, politique et géographique de la Suisse, contenant une description de ce qu'il y a de plus remarquable dans les cantons suisses et dans les états de leurs alliés ; la constitution politique de ces états ; un précis de leur histoire ; une notice de leurs productions naturelles, de leur commerce, de leur population, de leurs relations entre eux et avec les étrangers, etc., etc., etc. Nouvelle édition, augmentée de près de moitié, rendue conforme à l'état actuel du pays, et enrichie d'une carte générale de la Suisse, la plus correcte qui ait paru. — *Genève, Barde, Manget et Cie,* 1788, 3 vol. in–8.

(Selon Barbier, cet ouvrage est de Tscharner et de Haller fils aîné, et a été augmenté par P. H. Mallet.)

1395. — Le guide des voyageurs en Suisse, précédé d'un discours sur l'état politique du pays. (Par J.-F. Reynier.) — *Paris, Buisson,* 1790, in–12.

1396. — Pallas Rhætica armata et togata, ubi primæ ac priscæ Inalpinæ Rhætiæ vetus situs, bella et politia, cum aliis memorabilibus, singulari brevitate, fideq. vere historica ex optimis scriptoribus et monumentis, adumbrantur : authore

Fortunato Sprechero a Berneck,... — 1647, *Basileœ, typis Jacobi Genathii*, in-4.

1397. — Histoire militaire des Suisses au service de la France, avec les pièces justificatives ; dédiée à S. A. S. monseigneur le prince de Dombes,... par M. le baron de Zur-Lauben,... — *Paris, Desaint et Saillant*, 1751, 5 vol. in-12.

(Il manque les 3 derniers vol.)

* I Fasti elvetici, poema consacrato al talamo delle Loro Reali Altezze Carolo Filippo di Francia, conte di Artois, colonello generale delle truppe elvetiche della corona Maria Teresa di Savoja, dell' abbate Giannantonio Pedrini.

(V. *la division* BELLES-LETTRES.)

1398. — In-8 contenant :

1° Dissertation historique et critique sur le gouvernement de Genève et ses révolutions, relative aux affaires présentes de cette république. — *Londres*, 1766.

2° Pièces relatives à Belisairi, second (cinquième) cahier. — *Genève*, 1766.

ALLEMAGNE.

Géographie, mœurs et institutions.

* Second volume de l'atlas français, contenant les cartes générales et particulières de la haute et basse Allemagne... par Hubert Jaillot.
(V. ci-dessus *n°* 78.)

1399. — La topographie de l'univers, par M. l'abbé Expilly,... Tome Ier, qui traite de l'Allemagne en général, et en particulier de tous les états ecclésiastiques du cercle de Westphalie. (Tome II, qui traite de tous les états séculiers du cercle de Westphalie.) — *Paris, Bauche*, 1758, 2 vol. in-8.

(Quérard ne compte que ces deux volumes)

* Tacitus, de situ moribus et populis Germaniæ.
(V. *Taciti opera, n*°^s 334-335.)

* La Germanie, traduite de Tacite par Panckoucke.
(V. n⁰ 337.)

* Æneæ Sylvii de ritu, situ, moribus et conditione Germaniæ descriptio.
(V. *Opera Sylvii.*)

* Germania, auctore Seb. Munstero.
(V. ci-dessus n⁰ˢ 57-59.)

* De l'Allemagne, par Mᵐᵉ de Staël-Holstein.
(V. *ses œuvres.*)

1400. — Monarchia sancti romani imperii, sive tractatus de jurisdictione imperiali, seu regia et pontificia, seu sacerdotali; deque potestate imperatoris ac papæ, cum distinctione utriusque regiminis politici et ecclesiastici : ex singulari mandato aut permissu imperatorum romanorum et græcorum, necnon regum Germaniæ, Galliæ, Italiæ, Hungariæ, Angliæ, Bohemiæ, etc., a catholicis doctoribus conscripti atque editi... Studio atque industria Melchioris Goldasti Haiminsfeldii, etc... — *Hanoviæ, typis Thomæ Willierii, 1611.* — Monarchiæ S. Romani imperii... Tomus secundus, partim ab ipsis pontificibus romanis, partim auctoritate ac concessione imperatorum... A veteribus sanctis ac catholicis doctoribus quotquot ante ortum Lutheri ab A. DCCC. usque ad M D. vixerunt, conscripti... Accesserunt opera omnia de potestate ecclesiastica et politica, magistri Guilhelmi Ockam,... — *Francofordiæ, typis Nicolai Hoffmanni, 1614.* — Monarchiæ S. Romani imperii... Tomus tertius... Studio atque industria V. N. Melchioris Goldasti Haiminsfeldii, etc... — *Francofordiæ, typis Nicolai Hoffmanni, 1613,*... 3 vol. in-fol.

1401. — In-24 contenant :

1⁰ Epitome jurisprudentiæ publicæ universæ, ejusdem methodum, materiarum sub eadem contentarum dispositionem, definitiones, divisiones, etc... Exhibens conscripta et præmissa a Georgio Braudlacht Westph... — *Arnstadiæ impressa a Nicolao Singio, 1666.*

2⁰ Tractatus de republica romano-germanica, auctore Jacobo Lampadio, juris consultore. Accessit ejusdem discursus et natura nummi et interpretatio, L. II, C. *de Usucap. pro Hærede.* — Item Jacobi Augusti Thuani Germaniæ descriptio... — (S. l. n. d.)

1402. — Abrégé chronologique de l'histoire et du droit public d'Allemagne... par M. P. S. D. A. D. S. M. L. R. D. P. E. D. S. (par Pfeffel). — *Paris, Jean-Thomas Hérissant*, 1754, in-8.

1403. — Discours historique de l'élection de l'empereur et des électeurs de l'empire, par le résident de Brandebourg (A. de Wicquefort). — *Paris, Aug. Courbé*, 1658, in-4°.

1404. — De l'association des princes du corps germanique, ouvrage traduit de l'allemand de M. Muller; publié par les soins de M. Mercier. — *Mayenne, et se trouve à Paris chez Gattey*, 1789, in-8°.

1405. — Le miroir de Souabe, d'après le manuscrit français de la bibliothèque de la ville de Berne, publié par G.-A. Matile,... — *Neuchatel, impr. de Petitpierre*, 1843, in-fol.

Ouvrages généraux.

* De gentium aliquot migrationibus, sedibus fixis, reliquiis, linguarumque initiis... auctore Wolfgango Lazio.
(V. ci-dessus *n°* 382.)

1406. — Johannis Trithemii Spanheimensis,... Primæ partis Opera historica quotquot hactenus reperiri potuerunt omnia... ex bibliotheca Marquardi Freheri, consiliarii palatini... — *Francofurti, typis Wechelianis apud Claudium Marnium et heredes Joannis Aubrii*, M DC I. — Johannis Trithemii,... Secundæ partis Chronica insignia duo : I. Cœnobii Hirsaugiensis, diœcesis Spirensis... II. Cœnobii Spanheimensis, diœcesis Moguntinensis... Accedunt epistolæ ejusdem familiares... historiis ejus ævi referctæ... — *Francofurti, typ. Wechelianis*, M DC I, in-fol.

(2 tomes en 1 vol. — On lit au verso du frontispice du tome Ier : « Opuscula historica quæ hoc volumine continentur : I. Chronologia mystica de secundeis sive intelligentiis orbes post Deum moventibus... — II. Compendium :. primi voluminis chronicorum sive annalium de origine gentis et regum Francorum per annos M C LXXXIX a Marcomiro usque ad Pipinum Regem..; — III. De origine gentis Francorum. compendium ex Hunibaldo decerptum : in quo etiam Præsulum Wirtzpurgensium enumeratio. — IIII. Chronicon successionis ducum Bavariæ et comitum Palatinorum... — V. Catalogus illustrium virorum Germaniam suis ingenii et lucubrationibus omnifariam exornantium... — VI. Catalogus scriptorum ecclesiasticorum... cum additionibus nonnullorum ». — Les matières contenues dans le tome II sont indiquées dans le frontispice ci-dessus.)

1407. — Germaniæ exegeseos volumina duodecim a Francisco Irenico Ettelingiacensi exarata. Ejusdem oratio protreptica, in _amorem _Germaniæ... Urbis Norimbergæ descriptio , Conrado Celte enarratore. — (A la fin :) *Elaboratum est hoc Germaniæ opus, typis ac formulis Thomæ Anshelmi, Hagenoæ... Sumptibus autem... Joannis Kobergii Norimbergen... anno...* M D XVIII, *mense augusto,* in-fol.

1408. — In-fol. contenant :

1° De Germanorum prima origine, moribus, institutis, legibus et memorabilibus pace et bello gestis omnibus omnium seculorum usq. ad mensem Augustum anni trigesimi noni supra millesimum quingentesimum, libri Chronici XXXI ex probatioribus Germanicis scriptoribus in Latinam linguam tralati , autore H. Mutio... — (A la fin :) *Basileæ excudebat Henricus Petrus...* M D XXXIX.

2° Bellum christianorum principum, præcipue Gallorum contra Saracenos, anno salutis M LXXXVIII pro terra sancta gestum : autore Roberto Monacho. — Carolus Verardus, de expugnatione regni Granatæ : quæ contigit ab hinc quadragesimo secundo anno per Catholicum regem Ferdinandum Hispaniarum. — Christophorus Colom de prima insularum in mari Indico sitarum lustratione... — De legatione regis Æthiopiæ ad Clementem pontificem VII ac Regem Portugalliæ. Item de regno, hominibus atque moribus ejusdem populi qui Troglodicæ hodie esse putantur. — Joan. Baptista Egnatius de origine Turcarum. — Pomponius Lætus de exortu Mahometis... — *Basileæ excudebat Henricus Petrus* (1533).

1409. — Ottonis, episcopi Frisingensis,... Chronicon, sive rerum ab orbe condito ad sua usq. tempora gestarum, Libri octo. Ejusdem de Gestis Friderici I,... Libri duo. Radevici Frising. Canonici , de ejusdem Frid. gestis libri II , prioribus additi. Guntheri poetæ Ligurinus , sive de gestis Friderici, Libri X. Addita sunt et alia cum ad Friderici, tum ad posteriorum Imperatorum historiam pertinentia... (*ex quibus* M. Aberti Argentinensis chronicon...). — *Basileæ, apud Petrum Pernam,* M D LXIX, in-fol.

1410. — Histoire de l'empire, contenant son origine, son progrès, ses révolutions, la forme de son gouvernement, sa politique, ses alliances , ses négociations, et les nouveaux règlements qui ont été faits par les traités de Westphalie... Par le Sr Heiss. Première partie. — *Paris, Claude Barbin,* 1684, in-4.

1411. — Histoire de l'empire... Nouvelle édition, augmentée de notes historiques et politiques, et continuée jusques à présent... par M. V. G. J. D. G. S. (Vogel, grand-juge des gardes-suisses). Tome second (et troisième)... — *Paris, pour la compagnie des libraires*, 1731, 2 vol. in-4.

1412. — Annales de l'empire depuis Charlemagne, par l'auteur du Siècle de Louis XIV. — *Basle, Jean-Henry Decker*, 1754, 2 vol. in-12.

1413. — Histoire de la décadence de l'empire après Charlemagne, et des différends des empereurs avec les papes au sujet des investitures et de l'indépendance, par le P. Louis Maimbourg,... — *Paris, Séb. Mabre-Cramoisy*, 1679, in-4.

1414. — Même ouvrage. — *Paris*, 1680, 2 vol. in-12.

1415. — Même ouvrage. — *Paris*, 1686, in-4.

(Le faux-titre porte : « Les histoires du Sr Maimbourg... T. VII ».)

Ouvrages relatifs à certaines époques.

(V., pour l'histoire de Charles-Quint, ci-dessus n°s 1319, 1320.)

1416. — Mémoires de Montécuculli, généralissime des troupes de l'empereur, divisés en trois livres : I. De l'art militaire en général. — II. De la guerre contre le Turc. — III. Relation de la campagne de 1664. Nouvelle édition, revue et corrigée... et augmentée de plus de 200 notes historiques et géographiques, avec des figures en taille-douce. — *Paris, Jacques-Nicolas Leclerc*, 1751, in-8.

1417. — Histoire de l'empereur Charles VI, de glorieuse mémoire, contenant ce qui s'est passé de plus mémorable en Europe depuis sa naissance jusques à sa mort... Par le sieur P.-A. La Lande. — *La Haye, Jean Neaulme*, 1743, 6 vol. in-12.

(Portrait de Charles VI.)

1418. — Intérêts des princes d'Allemagne, où l'on voit ce que c'est que cet empire, la raison d'état suivant laquelle il devrait être gouverné, les fautes qui s'y commettent contre la politique... Sous le nom d'Hippolytus a Lapide, par Joachim de Transée,... Traduit par M. Bourgeois du Chastenet. — *Freistade*, 1712, 2 vol. in–12.

* Campagne de M. le maréchal duc de Noailles en Allemagne l'an 1743.

(V. ci-dessus *n°* 854.)

* Histoire de la guerre de sept ans par Frédéric II. — Mémoires depuis la paix de Hubertsbourg (1763) jusqu'à la fin du partage de la Pologne en 1775, par le même.

(V. *ses œuvres.*)

Histoire d'Autriche.

1419. — Joannis Cuspiniani,... de Cæsaribus atq. Imperatoribus Romanis opus insigne. Dedicatio operis ad invictissimum Imperatorem Carolum Quintum per Christophorum Scheurle I. V. D. Vita Joannis Cuspiniani, et de utilitate hujus Historie, per D. Nicolaum Gerbelium Jureconsultum. — (*Argentorati*), anno M D XL, in–fol.

(Ouvrage très-estimé pour ce qui concerne la maison d'Autriche. On trouve à la fin le *Diarium*, ou journal de la conférence qui eu lieu en 1515, à Vienne, entre Maximilien et les rois de Hongrie, de Bohème et de Pologne — V. *Michaud, Biogr univ.*)

1420. — L'histoire et la politique de l'auguste maison d'Autriche, où se voient ses établissements sur les trônes de l'empire de Bohème et de Hongrie, la justice de ses prétentions, et l'injustice des prétentions de la Porte sur la Transylvanie; ses démêlés avec les rois de France et les grands-seigneurs, leurs ruptures et leurs traités de paix; ses guerres avec les protestants et avec les princes de l'empire; ses disputes pour la préséance avec la France; ses agrandissements par les alliances, par les intrigues et par la guerre, jusques à présent, par le sieur Du Bosc de Montandré. — *Paris, Etienne Loyson*, 1663, in-4.

1421. — La politique de la maison d'Autriche, par Monsieur Varillas. — *Paris, Claude Barbin*, 1688, in-12.

Histoire de Bavière.

1422. — Annalium Boiorum libri septem Joanne Aventino

autore.,. Accessit rerum et verborum memorabilium Index copiosus... — *Excussum Ingolstadii per Alexandrum et Samuelem Weissenhornios fratres Germanos, anno Domini* M D LIIII, in-fol.

1423. — Marci Velseri Rerum Boicarum libri quinque. Historiam a gentis origine, ad Carolum M. complexi. — *Augustæ Vindelicorum, ad insigne Pinus, anno* M DC II, in–4.

1424. — Histoire de Bavière... par le sieur Blanc;... — *Paris, Ve Mille de Beaujeu*, 1684, 4 vol. in-12.

(Figures.)

Histoire de Saxe.

1425. — Ecclesiastica Historia, sive Metropolis, D. Alberti Crantzii Hamburgensis, nunc primum in lucem edita, in qua author docet, quomodo inde usq. a Carolo Magno primum religio Christiana in Saxoniam invecta... Ejusdem... confutatio legendæ fabulosæ, de Benedicto Papa quarto, martyrio coronato Hamburgi, cum multis aliis principibus, episcopis et nobilibus.... cum præfatione ad... Christianum Danorum regem....— (A la fin :) *Basileæ, per Joannem Oporinum*, M D LXVIII, in-fol.

Histoire de Bohème.

1426. — Melchioris Goldasti Heiminsfeldii consultatio de officio electoris Bohemiæ, jureque in conventibus S. Romani imperii electorum, tam electorali in actu eligendi, quam collegiali in consilio rei publicæ, sibi competente, serenissimi Matthiæ, Hungariæ et Bohemiæ regis, etc., archiducis Austriæ, etc., legatis petentibus extemporaliter scripta Norimbergæ in conventu collegiali anno M DC XI mense octobri. — *Francofordiæ... excudit Guolfgangus Hofmannus*, 1627. — Appendix commentariorum de juribus ac privilegiis regni Bohemiæ, etc., continens documenta, diplomata, instrumenta... ordine chronologico juxta annorum seriem digesta... a... Dn. Melchiore Goldasto Heiminsfeldio, etc. — *Francofordiæ...* 1627, in–4.

1427. — Histoire de la dernière guerre de Bohème, où l'on trouve : 1° plan des environs de Howalde, où la garnison prussienne de Prague fut enfermée... 2° plan de la bataille qui fut donnée à Striegau entre l'armée combinée et les Prussiens; 3° plan de la bataille de Burckersdorff ou de Sohr en Bohème;

4° plan de la ville de Naumbourg ; 5° plan très-exact de la
bataille donnée entre l'armée saxonne et l'armée prussienne
auprès de Kesselsdorff. (Par de Mauvillon.) — *Francfort, Paul
Lenclume*, 1747, in-12.

(Il manque les 2 premiers volumes.)

Histoire de Hongrie.

4428. — Compendium Hungariæ geographicum, ad exemplar
notitiæ Hungariæ novæ historico-geographicæ, Matthiæ Bel,
in partes IV. utpote Hungariam, Cis-Danubianam, Trans-
Danubianam, Cis-Tibiscanam, Trans-Tibiscanam, et Comi-
tatus, divisum. Editio altera auctior et correctior. — *Posonii,
litteris Joannis-Michaelis Landerer*, 1767, petit in-8.

(Carte coloriée de la Hongrie.)

4429. — Histoire et description ancienne et moderne du
royaume de Hongrie et des autres états qui ont été ou qui
sont encore ses tributaires... (Par Vanel.) — *Paris, Charles
de Sercy*, 1688, in-12.

4430. — Histoire du ministère du cardinal Martinusius,
archevêque de Strigonie, primat et régent du royaume de
Hongrie, où l'on voit l'origine des guerres de ce royaume et
de celles de Transilvanie... (Par A. Bechet, chanoine de
l'église d'Usez.) — *Paris, Florentin Delaulne*, 1715, in-12.

4431. — Histoire d'Emeric, comte de Tékéli, ou mémoires
pour servir à sa vie, où l'on voit ce qui s'est passé de plus
considérable en Hongrie depuis sa naissance jusqu'à présent
(1656-93), par *** (B. de Lamorelie). — *Cologne, Jacques de
La Vérité*, 1693, in-12.

Histoire de Prusse.

* Erasmi Stellæ de Borussiæ antiquitatibus, lib. II.
  (V. ci-dessus n° 92 : *Novus orbis regionum*.)

4432. — Mémoires pour servir à l'histoire de la maison de
Brandebourg, précédés d'un discours préliminaire et suivis
de trois dissertations sur la religion, les mœurs, le gouvernement du Brandebourg, et d'une quatrième sur les raisons
d'établir ou d'abroger les lois (composés par Frédéric II).
Nouvelle édition. — *Berlin et La Haye, Jean Neaulme*, 1754,
in 12.

1433. — Histoire de Frédéric-Guillaume Ier, roi de Prusse et électeur de Brandebourg, etc., etc., etc. (Par Mauvillon.) — *Amsterdam, Arkstée et Merkus,* 1741, in-12.

(Le 2e volume manque. — Portraits du roi et de la reine de Prusse.)

* Histoire de mon temps, par Frédéric II.
(V. *ses œuvres*, T. I.)

* Histoire de la guerre de sept ans, par Frédéric II.
(V. *ibid* , T. II et III.)

* Mémoires de 1775 jusqu'à 1778.
(V. *ibid.*, T. III.)
(V. enfin les *œuvres du roi de Prusse* pour ce qui a trait à ce règne.)

1434. — Les faits mémorables de Frédéric le Grand, roi de Prusse. — *Londres,* 1757, 2 vol. in-8.

1435. — Vie de Frédéric II, roi de Prusse, accompagnée de remarques, pièces justificatives, et d'un grand nombre d'anecdotes, dont la plupart n'ont point encore été publiées. (Par Treuttel, conseiller de cour.) — *Strasbourg, J.-G. Treuttel,* 1788, 4 vol. in-8.

1436. — Mes souvenirs de vingt ans de séjour à Berlin, ou Frédéric le Grand, sa famille, sa cour, son gouvernement, son académie, ses écoles et ses amis littérateurs et philosophes, par Dieudonné Thiébault,... Seconde édition, revue et corrigée. — *Paris, F. Buisson,* an XIII, 5 vol. in-8.

1437. — Recueil de lettres de S. M. le roi de Prusse pour servir à l'histoire de la guerre dernière. On y a joint une relation de la bataille de Rosbach et plusieurs autres pièces qui n'ont jamais paru. Le tout enrichi de notes, par un officier général au service de la maison d'Autriche. Seconde édition,... — *Leipsick, aux dépens des libraires associés,* 1773, petit in-8.

1438. — Observations sur la constitution militaire et politique des armées de S. M. prussienne, avec quelques anecdotes de la vie privée de ce monarque (par de Guibert). — *Berlin,* 1777, in-8.

1439 — Le même ouvrage, nouvelle édition, avec le

portrait de S. M. le roi de Prusse. — *En Suisse, chez les libraires associés*, 1778, in-8.

(On a retranché de cette édition l' « Etat militaire de Prusse en 1774, contenant les noms des généraux et officiers majors, etc... », qui se trouvent dans l'ouvrage précédent.)

1440. — Campagne du roi de Prusse de 1778 à 1779, ornée de planches, dédiée à Son Altesse Sérénissime monseigneur le prince de Condé,... par M. le baron de Holtzendorff,... — *Genève et Paris, Mérigot jeune*, 1784, in-8.

PAYS-BAS.

Géographie, ouvrages généraux.

1441. — Description de tous les Pays-Bas, par messire Louis Guicciardin, G. H. florentin, avec toutes les cartes géographiques desdits pays et plusieurs portraits de villes nouvellement tirés en belle perspective, par M. Pierre du Keere : de rechef illustrée de plusieurs additions remarquables par Pierre du Mont, l'an 1613. — *Arnhemi, apud Joannem Janssonium et Petrum Kœrium*,... in-4 oblong.

1442. — Description de tous les Pays-Bas, autrement appelés la Germanie-Inférieure ou Basse-Allemagne, par messire Louis Guicciardin, gentilhomme florentin : maintenant revue et augmentée plus que de la moitié par le même auteur ; avec toutes les cartes géographiques desdits pays et plusieurs portraits de villes tirés au naturel, de rechef illustrée de plusieurs histoires et narrations remarquables, avec indice très-ample des choses les plus mémorables. — *Amstelodami, apud Joannem Janssonium*, 1625, in-fol.

1443. — Carte des Pays-Bas autrichiens, du Brabant, du duché de Luxembourg, du pays de Liége, etc., par Ferrari. — *Paris, chez Charles Piquet, géographe* (1777), 3 étuis in-8, contenant 25 feuilles de grand-aigle collées sur toile.

1444. — Relation historique et théologique d'un voyage en Hollande et autres provinces des Pays-Bas, dans laquelle on

verra le détail des conversations de l'auteur avec M. le marquis
de Langallerie sur les principaux points de la religion;
enrichie de notes critiques, historiques et chronologiques,
par M. Guillot de Marcilly... — *Paris, Jacques Estienne,* 1719,
in-12.

* Voyage en Hollande, par Diderot.
   (V. *ses œuvres,* T. VII, *suppl.*)

* Statistique du département de la Lys.
   (V. ci-dessus *n*° 497.)

1445. — Annales, sive historiæ rerum Belgicarum, a
diversis auctoribus [versa pagina nominatis], ad hæc nostra
usque tempora conscriptæ deductæq....quibus omnium illarum
provinciarum, Brabantiæ, Flandriæ, Hannoniæ, Hollandiæ,
Selandiæ, Geldriæ, Frisiæ, aliarumq; vicinarum Regionum res
memorabiles comprehenduntur... — *Francofurti ad Mœnum,
expensis Sigismundi Feyerabendii,* M D LXXX, 2 tomes en
1 vol. in-fol.

(On lit au verso du frontispice : « Tomus primus continet historias rerum
Flandricarum, lib. XVII comprehensas, auctore Jacobo Meyero Baljolano.
Tomus secundus auctores habet Hadrianum Barlandum, Gerhardum
Geldenhaurium Noviomagum, Jacobum Marchantium, Ludovicum Giucciar-
dinum, Philippum Gallæum, Gerhardum Candidum ».)

1446. — Belgarum aliarumque gentium annales, auctore
Everardo Reidano, Dionysio Vossio interprete. — *Lugduni
Batavorum, ex officina Joannis Maire,* M D C XXXIII, in-fol.

* Les mémoires de messire Olivier de La Marche, avec les
annotations et corrections de J. L. D. G...
   (V. ci-dessus *n*° 599.)

1447. — Histoire des choses plus mémorables advenues
depuis l'an onze cent trente jusques à notre siècle, digérées
selon le temps et ordre qu'ont dominé les seigneurs d'Enghien,
terminés es familles de Luxembourg et de Bourbon... Par
Pierres Colins, chevalier et seigneur d'Heetfelde. — *Mons,
impr. de F. de Waudré,* 1634, in-4.

* Histoire de Marie de Bourgogne, fille de Charles le
Téméraire (par Gaillard).
   (V. ci-dessus *n*° 682.)

1448. — Commentariorum Ludovici Guicciardini de rebus
memorabilibus quæ in Europa, maxime vero in Belgio, ab
undetricesimo usque in annum M D LX evenerint. Libri tres

P. P. Kerckhovio Actiophanensi interprete. Una cum nominum, dignitatum et rerum illustrium luculento indice. — *Antverpiæ, ex officina Gulielmi Silvii*, M D LXVI, in-12.

1449. — Histoire de la guerre de Flandre, écrite en latin par Famianus Strada,... première (seconde) décade, mise en français par P. Du Ryer. Seconde édition, revue et corrigée. — *Paris, Aug. Courbé,* 1649-51, 2 vol. in-fol.

(Portraits)

1450. — Les relations du cardinal Bentivoglio, traduites et dédiées à monseigneur de Noyers. (Par Gaffardi.) — *Paris, C. Rouillard,* 1642, in-4.

1451. — Le Guerre di Fiandra dal principio de' primi motivi in quelle parti, fino al presente, breve e diligentemente narrate da don Francesco Lanario,... Aggiuntovi la tavola delle cose piu memorabili... — *In Venetia,* M DC XVI, *appresso Tomaso Baglioni,* in-4.

1452. — Hugonis Grotii annales et historiæ de rebus belgicis. — *Amstelædami, ex typographeio Joannis Blaeu,* M DC LVII, in-fol.

1453. — Histoire des révolutions des Pays-Bas depuis l'an 1559 jusques à l'an 1584. (Par le P. Pagi.) — *Paris, Briasson,* 1727, 2 tomes en 1 vol. in-8.

1454. — L'histoire des Pays-Bas depuis l'an mil cinq cens soixante jusques à la fin de l'an mil six cens et deux... Avec Sommaires, Annotations et Indices. — *A S. Gervais, par Jean Vignon,* M DC IV, 2 vol. in-8.

(Le frontispice du tome II porte : « Le deuxiesme volume des guerres du Pays-Bas... » — D'après Barbier, cette histoire est tirée de Jean-François Le Petit, par S. Goulart)

1455. — La nouvelle Troye, ou mémorable histoire du siége d'Ostende... En laquelle sont décrits et naïvement représentés en diverses figures les assauts, défenses, inventions de guerre... et autres choses remarquables advenues de part et d'autre, avec ce qui s'est passé par chacun jour durant ledit siége depuis le 5 juin 1601 jusqu'au 20 septembre 1604 qu'elle fut rendue ; recueillie des plus assurés mémoires par Henry Haestens. — *Leyde, Louis Elzevier,* 1615, petit in-4.

(Portrait de Maurice de Nassau, figures.)

1456. — Procès criminels des comtes d'Egmont, du prince de Horn et autres seigneurs flamands, faits par le duc d'Albe, de l'ordre de Philippe II, roi d'Espagne. — *Amsterdam, Pierre Michielz,* 1753, 2 vol. in-12.

(Portraits. — Cet ouvrage, également connu sous le titre de « Supplément à l'histoire des guerres civiles de Flandre sous Philippe II... », a été publié, suivant les uns, par Jean Godefroy; suivant d'autres, par Jean Du Bois, procureur général à Malines. — Barbier.)

* Viage, successos y guerras del infante cardenal don Fernando de Austria... por don Diego de Aedo y Gallart,...
(V. ci-dessus n° 1325.)

Histoire particulière des anciennes provinces et des villes de Belgique.

* Traité des droits de la reine Très-Chrétienne sur divers états de la monarchie d'Espagne.
(V. ci-dessus n°s 811 et 812.)

1457. — Joan. Goropii Becani origines Antwerpianæ, sive Cimmeriorum Becceselana novem libros complexa... — *Antverpiæ, ex officina Christophori Plantini,* cɪɔ ɪɔ ʟxɪx, in-fol.

* Justi Lipsii Lovanium.
(V. *Opera,* T. II, p. 247.)

1458. — Histoire de la ville de Mons ancienne et nouvelle, contenant tout ce qui s'est passé de plus curieux depuis son origine, 650, jusqu'à présent, 1725; la chronologie des comtes de Hainaut; la liste des grands-baillis... une ample description de l'établissement des siéges de judicature... son ancien circuit, son agrandissement, ses guerres, ses siéges... Par Gilles-Joseph de Boussu,... — *Mons, Jean-Nicolas Varret,* impr. 1725, in-4.

(Planches et figures.)

1459. — Histoire de la maison de Luxembourg, où sont plusieurs occurrences de guerres et affaires tant d'Afrique et d'Asie que d'Europe, par Me Nicolas Vigner, médecin et historiographe des rois de France, illustrée de notes; avec une continuation jusques à présent, et enfin les tables généalogiques des princes de cette illustre maison et des principales familles venues par fils et filles, avec les blasons de leurs armes et de leurs alliés. — *Paris, Thomas Blaise,* 1649, in-4.

Provinces-Unies. — Hollande.

1460. — Histoire générale des Provinces-Unies, dédiée à Monseigneur le duc d'Orléans,... Par MM. D*** (Dujardin), ancien maître des requêtes, S*** (Sellius), de l'Académie impériale et de la Société royale de Londres.' — *Paris, P.-G. Simon*, 1757-70, 8 vol. in-4.

(Avec cartes, gravures et portraits.)

1461. —*Mémoires de messire Louis Aubery, chevalier seigneur du Maurier, pour servir à l'histoire de Hollande et des autres Provinces-Unies ; où l'on voit les vraies causes des divisions qui sont depuis soixante ans en cette république, et qui la menacent de ruine. — *Au Maurier, de l'impr. de Jacques Laboë*, 1680, petit in-8.

1462. — Histoire de Hollande depuis la trève de 1609, où finit Grotius, jusqu'à notre temps, par M. de La Neuville (Adrien Baillet). — *Paris, par la compagnie des libraires associés*, 1702, 4 tomes en 2 vol. in-12.

1463. — La généalogie des illustres comtes de Nassau, nouvellement imprimée, avec la description de toutes les victoires lesquelles Dieu a octroyées aux nobles, hauts et puissants seigneurs messeigneurs les états des Provinces-Unies des Pays-Bas, sous la conduite et gouvernement de Son Excellence le prince Maurice de Nassau. Deuxième édition. — *A Leyden, chez Jean Orlers*, 1615, in-fol.

(Avec blason, portraits et figures. — Cet ouvrage, d'après Barbier, est de Jean Orlers, imprimeur et bourgmestre de la ville de Leyden.)

1464. — Lettres, mémoires et négociations du chevalier Carleton, ambassadeur ordinaire de Jacques Ier,.... dans le temps de son ambassade en Hollande, depuis le commencement de 1616 jusqu'à la fin de 1620 ; ouvrage traduit de l'anglais. — *A La Haye et à Leyde, chez Pierre Gosse junior*, 1759, 3 vol. in-12.

(Ces lettres, d'après Barbier, ont été publiées par le comte de Hardwicke, et traduites en français par Gaspard-Joël Monod.)

1465. — Lettres et négociations entre M. Jean de Witt,... garde des sceaux des provinces de Hollande et de West-Frise et MM. les plénipotentiaires des Provinces-Unies des Pays-Bas, aux cours de France, d'Angleterre, de Suède, de

Danemarck, de Pologne, etc., depuis l'année 1652 jusqu'à l'an 1669 inclus; traduites du hollandais. — *Amsterdam, chez les Janssons-Waesberge*, 1725, 4 vol. in-12.

* Histoire des pêches, des découvertes et des établissements des Hollandais dans les mers du nord.... traduites du hollandais par Bernard de Reste.

(V. ci-dessus n° 99.)

* Recueil des voyages qui ont servi à l'établissement et aux progrès de la compagnie des Indes orientales, formée dans les Provinces-Unies des Pays-Bas.

(V. ci-dessus n° 124.)

1466. — Rerum frisicarum historia, autore Ubbone Emmio, frisio, distincta in decades sex, quarum postrema nunc primum prodit... Adjecto indice copioso. Accedunt præterea de Frisia et republica Frisiorum, inter Flevum et Visurgim flumina, libri aliquot ab eodem autore conscripti. — *Lugduni Batavorum, apud Ludovicum Elzevirium*, 1616, in-fol.

1467. — Jacobi Revii Daventriæ illustratæ, sive historiæ urbis Daventriensis, libri sex, perducti usque ad annum... 1641, quibus etiam non pauca quæ ad universam Transisalaniam et regiones finitimas spectant, per occasionem edisseruntur. — *Lugduni Batavorum, ex officina Petri Leffen*, 1641, in-4.

HISTOIRE DES PEUPLES SEPTENTRIONAUX.

1468. — Voyage en Pologne, Russie, Suède, Danemarck, etc., par M. Willm Coxe,... traduit de l'anglais; enrichi de notes et des éclaircissements nécessaires, et augmenté d'un voyage en Norwége, par M. P. H. Mallet,... ouvrage orné de cartes géographiques, portraits, plans et figures en taille-douce. — *Genève, Barde, Manget et Cie*, 1787, 4 vol. in-8.

(Le faux-titre porte : « Nouveau recueil de voyages, T. III-VI. »)

* Leitfaden zur Nordischen Alterthumskunde (Guide pour la connaissance des antiquités du nord). — *Kopenhagen*, 1837.

* Mémoires de la Société royale des Antiquaires du Nord.— 1840-44. — *Copenhague, au secrétariat de la Société.*

* Antiquarisk Tidsskrift, udgivet af det Kongelige Nordiske oldskrift-selskab. — Bulletin de la Société royale des Antiquaires du Nord, 1843. — *Copenhague, au secrétariat de la Société.*

* Mémoires de la Société royale des Antiquaires du Nord. — 1845. — *Copenhague, au secrétariat de la Société.*
(V., pour ces quatre ouvrages, la *division* ARCHÉOLOGIE.

1469. — Gothorum Sueonumque historia, ex probatis antiquorum monumentis collecta, et in xxiiij. libros redacta, auctore Jo. Magno Gotho, Archiepiscopo Upsalensi. Cum Indice rerum ac gestorum memorabilium locupletissimo. — *Basileœ, ex officina Isingriniana,* M D LVIII, in-8.

* Isidori chronicon Gothorum, Vandalorum, Suevorum et Visigothorum.
(V. *Opera.*)

POLOGNE.

1470. — La Pologne historique, littéraire, monumentale et pittoresque, ou scènes historiques, monuments, monnaies, médailles, costumes, armes, portraits, esquisses biographiques, éphémérides, sites pittoresques, châteaux, édifices, églises, monastères, cultes religieux, curiosités naturelles, peinture de mœurs, coutumes, usages, cérémonies civiles, militaires et religieuses, danses, contes, légendes, traditions populaires, impressions de voyages, législation, établissements scientifiques, géographie, statistique, commerce, littérature, poésie, beaux-arts, théâtre, musique, rédigée par une société de littérateurs, sous la direction de Léonard Chodzko... Publiée par Ignace-Stanislas Grabwski. — *Paris, au bureau central, rue Saint-Honoré,* 345, 1835-36-37-38, 2 vol. in-8.
— La Pologne historique, littéraire, monumentale et illustrée... sous la direction de Léonard Chodzko,... Troi-

sième édition. — *Paris, au bureau central, rue St-Germain-des-Prés*, 9, 1843, in–8.

1471. — Histoire des diètes de Pologne pour les élections des rois, par M. de La Bizardière. — *Paris, Jean Jombert*, 1697, in–12. '

* Histoire de Henri III, roi de France et de Pologne...
(V. ci-dessus n° 703 *et suiv.*)

1472. — Histoire de Jean Sobieski, roi de Pologne, par M. l'abbé Coyer. — *Varsovie*, et *Paris, Duchesne*, 1761, 3 vol. in–12.

(Portrait de Jean Sobieski.)

1473. — Histoire de la scission ou division arrivée en Pologne le 27 juin 1697 au sujet de l'élection d'un roi, par M. de La Bizardière. — *Paris, Jean Jombert*, 1699, in–12.

1474. — The history of Stanislas I, king of Poland, grand-duke of Lithuania, duke of Lorain and Bar, etc. To which is added a relation of his retreat from Dantzick, in a letter to a person of distinction. Written by himself, translated from the french. — *London, printed for C. Davis*, 1741, in–12.

1475. — Considérations politiques et philosophiques sur les affaires présentes du Nord, et particulièrement sur celles de Pologne. — *Londres*, 1774, in–8.

1476. — Observations sur la Pologne et les Polonais, pour servir d'introduction aux mémoires de Michel Oginski. — *Paris, chez l'éditeur*, 1827, in–8.

1477. — Mémoires de Michel Oginski sur la Pologne et les Polonais depuis 1788 jusqu'à la fin de 1815. Nouvelle édition. — *Paris, Tenré*, 1833, 4 vol. in–8.

1478. — Seconde guerre de Pologne, ou considérations sur la paix publique du continent et sur l'indépendance maritime de l'Europe, par M. M " de Montgaillard.—*Paris, Lenormand*, 1812, in–8.

RUSSIE.

1479. — Description historique de l'empire russien, traduite de l'ouvrage allemand de M. le baron de Strahlenberg. (Par Barbeau de La Bruyère.) — *Amsterdam et Paris, Desaint et Saillant,* 1757, 2 vol. in-12.

(On trouve à la fin : « Des limites entre l'Europe et l'Asie », et « Eloge du czar Pierre Ier ».)

* Pauli Jovii de Moschovitarum legatione.;
(V. ci-dessus n° 92, *Novus orbis*.)

* Relation du voyage de Moscovie, Tartarie et de Perse (1633-39), traduit de l'allemand du S. Olearius.
(V. ci-dessus n° 108.)

1480. — Voyages du professeur Pallas dans plusieurs provinces de l'empire de Russie et dans l'Asie septentrionale, traduits de l'allemand par le C. Gauthier de La Peyronie. Nouvelle édition, revue et enrichie de notes par les CC. Lamarck,... Langlès,... — *Paris, Maradan,* an II, 8 vol. in-8.

(Avec atlas in-fol — Cet atlas est indiqué tome IX.)

* Voyages en Russie, en Tartarie et en Turquie, par M. Edouard-Daniel Clarke..: traduits de l'anglais.
(V. ci-dessus n° 421.)

1481. — Voyage en Sibérie, fait par ordre du roi en 1761, contenant les mœurs, les usages des Russes, et l'état actuel de cette puissance; la description géographique et le nivellement de la route de Paris à Tobolsk; l'histoire naturelle de la même route; des observations astronomiques, et des expériences sur l'électricité naturelle : enrichi de cartes géographiques, de plans, de profils du terrain; de gravures qui représentent les usages des Russes, leurs mœurs, leurs habillements, les divinités des Calmouks, et plusieurs morceaux d'histoire naturelle, par M. l'abbé Chappe d'Auteroche,... — *Paris, Debure père,* 1768, in-f.

(La 2e partie du tome Ier seulement.)

1482. — Histoire de l'empire de Russie, par M. Karamsin, traduite par MM. St-Thomas et Jauffret (et Divoff). — *Paris, A. Belin, impr.,* 1819-26, 11 vol. in-8.

(Le frontispice du tome IX ne porte que le nom de St-Thomas. Les tomes X et XI sont de la traduction de M. Divoff.)

1483. — Mémoires du règne de Pierre le Grand, empereur de Russie, père de la patrie, etc., etc., etc., per le B. Iwau Nestesuranoi (J. Rousset). Nouvelle édition, augmentée. — *Amsterdam, chez les Wetsteins et Smith,* 1740, 4 vol. in-12.

— Mémoires du règne de Catherine, impératrice et souveraine de toute la Russie, etc., etc., etc. (par J. Rousset). Nouvelle édition, augmentée. Tome V (de l'ouvrage précédent). — *Amsterdam, Pierre Mortier,* 1740, in-12.

.(Portraits et gravures.)

*Histoire de l'empire de Russie sous Pierre le Grand, par Voltaire.

(V. *ses œuvres,* T. XXIV.)

1484. — Abrégé de l'histoire du czar Peter Alexiewitz, avec une relation de l'état présent de la Moscovie et de ce qui s'est passé de plus considérable depuis son arrivée en France jusqu'à ce jour... (Par Buchet). — *Paris, Pierre Ribou,* 1717, in-12.

1485. — In-8 contenant :

1° Le faux Pierre III, où la vie et le aventures du rebelle Jemel-Jan Pugatschew, d'après l'original russe de M. F. S. G. W. D. B.; avec le portrait de l'imposteur et des notes historiques et politiques. — *Londres, C. H. Seyffert,* 1775.

2° Maintenoniana, ou choix d'anecdotes intéressantes, de portraits, de pensées ingénieuses,... tirés des lettres de Mme de Maintenon, par M. B*** de B*** (Bosselman de Bellemont). — *Amsterdam,* 1773.

1486. — Relation curieuse et nouvelle de Moscovie, contenant l'état présent de cet empire (1698), les expéditions des Moscovites en Crimée en 1689 ; les causes des dernières révolutions, leurs mœurs et leur religion, le récit d'un voyage de Spatarus par terre à la Chine. (Par Foy de La Neuville). — *Paris, Pierre Aubouyn,* 1698, in-12.

1487. — Etudes sur l'empire des tsars. Histoire intime de la Russie sous les empereurs Alexandre et Nicolas, et particulièrement pendant la crise de 1825; par J.-H. Schnitzler. — *Paris, J. Renouard et Cie,* 1847, 2 vol. in-8.

DANEMARCK.

—

1488. — Danorum Regum heroumq. historie stilo elegantia Saxone Grammatico natione Sialandico necnon Roskildensis ecclesie preposito. ab hinc supra trecentos annos conscripte et nunc primum literaria serie illustrate tersissimeq. impresse. — *Venundatur in œdibus Ascensianis.* (A la fin :)... *Impressit... Jodocus Badius Ascensius, idibus martiis*, M D XIIII.... in-fol.

(Titre gothique en rouge.)

———

SUÈDE.

—

* Gothorum Sueonumque historia... autore Jo. Magno. (V. ci-dessus n° 1469.)

1489. — Histoire de Suède avant et depuis la fondation de la monarchie, par M. le baron de Pufendorff. Nouvelle édition, plus correcte que les précédentes, et continuée jusqu'à l'année 1748. — *Amsterdam, Zacharie Chatelain,* 1748, 3 vol. in-12.

(Avec un portrait de l'auteur — A la fin du tome III se trouve un opuscule de 71 pages intitulé : « Du royaume de Suède, où l'on traite de son état présent, de son gouvernement (etc.). Cet ouvrage, d'après Barbier, a été traduit de l'allemand par Roussel, et a été revu et continué par Desroches de Parthenay.)

1490. — Continuation de l'histoire des révolutions de Suède de M. l'abbé de Vertot (1560-77). Histoire d'Eric XIV, roi de Suède, écrite sur les actes du temps, par M. Olof Celsius,... et traduite du suédois par M. Genet le fils,... — *Paris, rue des Poitevins, hôtel de Thou,* 1777, in-12.

(2 tomes en 1 vol.)

1491. — L'histoire de Gustave-Adolphe dit le Grand et de

Charles-Gustave, comte palatin, rois de Suède, et de tout ce qui s'est passé en Allemagne depuis la mort du grand Gustave jusqu'en l'an 1648, par le sieur R. de Prade. — *Paris, Cl. Barbin*, 1686, in-12.

1492. — Histoire des conquêtes de Gustave-Adolphe, roi de Suède en Allemagne, ou campagnes de ce monarque en 1630, 1631, 1632, précédées d'une introduction contenant l'origine et le commencement de la guerre de trente ans, par M. le comte de Grimoard; avec les plans des principales batailles. — *Neuchâtel, Société typographique*, 1789, 3 vol. in-8.

* Antonii Garissölii Adolphidos sive de Bello Germanico... libri duodecim.
(V. *la division* BELLES-LETTRES.)

1493. — Mémoires concernant Christine, reine de Suède, pour servir d'éclaircissement à l'histoire de son règne, et principalement de sa vie privée, et aux évènements de l'histoire de son temps civile et littéraire ; suivis de deux ouvrages de cette savante princesse, qui n'ont jamais été imprimés. Le tout fondé sur ses lettres, et recueilli des historiens et des monuments les plus authentiques tant manuscrits qu'imprimés, accompagné de remarques historiques, politiques, critiques et littéraires, avec des médailles et un appendice de pièces justificatives ou instructives. — *A Amsterdam et à Leipzig, Pierre Mortier*, 1751-60, 4 vol. in-4.

(Portrait de Christine. — Ces mémoires, d'après Barbier, ont été recueillis par Archenholtz)

1494. — Histoire de Suède sous le règne de Charles XII, où l'on voit aussi les révolutions arrivées en différents temps dans ce royaume ; toute la guerre du Nord et l'avènement de la reine et du roi régnants à la couronne jusqu'à présent ; enrichie de médailles et de plusieurs autres figures... Par M. De Limiers... — *Amsterdam, chez les Jansons*, 1721, 6 vol. in-12.

(12 tomes en 6 vol.)

1495. — Histoire militaire de Charles XII, roi de Suède, depuis l'an 1700 jusqu'à la bataille de Pultawa en 1709, écrite, par ordre exprès de Sa Majesté, par M. Gustave

Adlerfeld, chambellan du roi. On y a joint une relation exacte de la bataille· de Pultawa, avec un journal de la retraite du roi à Bender. — *Paris, Gissey*, 1741, 3 vol. in-8.

(D'après Barbier, cette traduction de suédois en français est de Charles-Maximilien Adlerfeld, fils de l'auteur)

1496. — Même ouvrage, même édition. — 3 vol. in-8.

* Histoire de Charles XII, par Voltaire.
(V. *ses œuvres*, T. XXIII.)

1497. — L'état présent de la Suède, avec un abrégé de l'histoire de ce royaume, traduit de l'anglais de M. Robinson. Nouvelle édition, augmentée de plusieurs remarques du règne de Charles XII et de l'avènement de la reine au trône jusqu'à présent. — *Amsterdam, Pierre Brunel*, 1720, in-12.

1498. — Histoire de la dernière révolution de Suède (1772), contenant le récit de ce qui s'est passé dans les trois dernières diètes et un précis de l'histoire de Suède, dans lequel on développe les véritables causes de cet évènement; précédée d'une introduction sur le sort de la liberté civile et politique en Europe; traduite de l'anglais de Charles–François Shéridan,... (par Bruysset aîné). — *Londres*, 1783, in-8.

HISTOIRE D'ANGLETERRE, D'ÉCOSSE ET D'IRLANDE.

Bibliographie, géographie, statistique.

1499. — Joannis Pitsei, angli,... relationum historicarum de rebus anglicis, tomus primus, quatuor partes complectens... — *Parisiis, apud Rolinum Thierry*,... 1619, in-4.

(On lit au verso du frontispice : « Ellenchus... Prima (pars) prolegomena quædam continet de laudibus historiæ, et antiquitate ecclesiæ Britanniæ... Secunda continet catalogum scriptorum cum Britannorum tum maxime Anglorum... Tertia est quorumdam scriptorum appendix... adjecto indice quorumdam operum ab Anglis scriptorum... Quarta pars constat quindecim indicibus...)

1500. — Description historique-géographique des îles Britaniques ou des royaumes d'Angleterre, d'Ecosse et d'Irlande, par M. l'abbé Expilly,... avec des cartes géographiques. — *Paris, Prault père,* 1759, in–12.

1501. — L'état présent de l'Angleterre, traduit de l'anglais d'Edouard Chamberlayne,... (par M. de Neuville). — *Paris, par la compagnie des libraires du palais,* 1671, in-12.

1502. — L'Angleterre vue à Londres et dans ses provinces pendant un séjour de dix années, dont six comme prisonnier de guerre, par M. le maréchal–de–camp Pillet,... — *Paris, Alexis Eymery,* 1822, in-16.

1503. — Lettres sur l'Angleterre, par A. de Staël-Holstein. — *Paris, Treuttel et Würtz,* 1825, in-8.

1504. — Etudes sur l'Angleterre, par M. Léon Faucher, membre de l'Institut. — *Paris, Guillaumin et Cie,* 1856, 2 vol. in-8.

* Constitution de l'Angleterre, par Delolme.
(V. *la division* NOMOLOGIE.)

Ouvrages généraux.

1505. — Mathæi Westmonasteriensis Flores historiarum, præcipue de rebus britannicis, ab exordio mundi usque ad annum Domini 1307. — (A la fin :) *Londini excudebat Thomas Marshius... anno...* 1570, in-fol.

(Le frontispice a été enlevé. Le titre ci-dessus est celui que donne Brunet. En tête de l'ouvrage se trouve une note manuscrite sur l'auteur. D'après Brunet, ce livre a été publié par l'archevêque Parker. Les exemplaires en sont devenus rares.)

1506. — Polydori Vergilii Urbinatis Anglicæ historiæ libri viginti septem. Ab ipso autore postremum jam recogniti, adq. amussim, salva tamen historiæ veritate, expoliti... — *Basileæ, apud Mich. Isingrinium, anno* M D LVI, in-fol.

1507. — Matthæi Paris, monachi albanensis angli, historia major, juxta exemplar londinense 1571, verbatim recusa. Et cum Rogeri Wendoveri, Willielmi Rishangeri, authorisque majori minorique historiis chronicisque Mss... fideliter collata. Huic primum editioni accesserunt duorum Offarum,

Merciorum regum, et vigenti trium abbatum S. Albani Vitæ :
una cum libro additamentorum per eumdem authorem.
Editore Willielmo Wats, S. T. D., qui et variantes lectiones,
adversaria, vocumque barbararum glossarium, adjecit... —
Parisiis, apud viduam Guillielmi Pélé, 1644, in-fol.

1508. — Grande chronique de Matthieu-Paris, traduite en
français par A. Huillard-Bréolles, accompagnée de notes, et
précédée d'une introduction par M. le duc de Luynes,
membre de l'Institut. — *Paris, Paulin, 1840-41*, 9 vol.
in-8.

1509. — Histoire d'Angleterre, d'Ecosse et d'Irlande, avec
un abrégé des évènements les plus remarquables arrivés dans
les autres états, par M. de Larrey,... Première partie...
(Seconde partie... On a joint à la fin une dissertation sur les
parlements.) — *Rotterdam, Reinier Leers, 1707*, in-fol.

(Ce volume va jusqu'à Richard III inclusivement. — Les 2 premières
parties seulement.)

— Histoire d'Angleterre, d'Ecosse et d'Irlande... Tome IVe,
qui contient l'histoire depuis Charles Ier jusqu'à Guillaume III
inclusivement. Enrichi des portraits des rois, reines et autres
personnes illustres. — *Rotterdam, Fritsch et Boehm, 1713*,
in-fol.

1510. — Méthode pour apprendre l'histoire d'Angleterre.
Nouvelle édition. corrigée, augmentée et continuée jusqu'à
la fin du règne de la reine Anne, par M. A. Boyer. —
La Haye, Isaac Vaillant, 1720, in-12.

1511. — Abrégé chronologique de l'histoire d'Angleterre,
avec des notes... Par M. J.-G. D. C. (de Chevrières)... —
Amsterdam, F. Changuion, 1730, 6 vol. in-12.

(Cet ouvrage ne va que jusqu'à la fin du règne de Charles II. — Le 7e vol.
manque.)

1512. — Histoire d'Angleterre, par M. Rapin de Thoyras.
Nouvelle édition, augmentée des notes de M. Tindal, et de
quelques autres remarques... de l'abrégé historique fait par
Rapin Thoyras ; du recueil des actes publics d'Angleterre, de
Thomas Rymer... et de mémoires pour les vingt premières
années du règne de Georges II... Par les soins de M. de

S.-M. (de Saint-Marc). — La] Haye (Paris)., 1749, 16 vol. in-4.

(Le tome XVI porte au frontispice : « Fastes et tables de l'histoire d'Angleterre, par M. Rapin de Thoyras. Nouvelle édition »)

1513. — Histoire des révolutions d'Angleterre depuis le commencement de la monarchie, par le P. d'Orléans, de la compagnie de Jésus. Nouvelle édition, revue et corrigée sur celle de Paris en 3 vol. in-4, de l'année 1693. — La Haye, Isaac van der Kloot, 1729, in-4.

(3 tomes en 1 vol. — Figures.)

1514. — Histoire des révolutions d'Angleterre depuis le commencement de la monarchie, par le R. P. d'Orléans,... Nouvelle édition, corrigée et ornée de figures. — Amsterdam, aux dépens de la compagnie, 1766, 4 vol. in-12.

1515. — Hume and Smollett's History of England, from the invasion of Julius Cæsar to the death of George II, with a continuation to the reign of William IV [1835]; by the rev. T. S. Hughes, B. D. In one volume. — Paris, Baudry's european library, 1837, in-4.

(Portraits d'Hume et de Smollett.)

1516. — Histoire d'Angleterre depuis la descente de Jules César jusqu'au traité d'Aix-la-Chapelle, en 1748, par M. T. Smollett,... traduite de l'anglais par M. Targe,... — Orléans, J. Rouzeau-Montaut, 1759-64, 16 vol. in-12.

(Il manque les volumes 2, 4 et 8.)

1517. — Histoire d'Angleterre depuis le traité d'Aix-la-Chapelle, en 1748, jusqu'au traité de Paris, en 1763, pour servir de continuation aux histoires de MM. Smollett et Hume. Par M. Targe,... — Londres et Paris, Desaint, 1768, 5 vol. in-12.

1518. — Histoire nouvelle et impartiale d'Angleterre depuis l'invasion de Jules César jusqu'aux préliminaires de la paix de 1763. Traduite de l'anglais de J. Barrow. — Paris, J.-P. Costar, 1771-1773, 10 vol. in-12.

(Traduction qui semble n'avoir pas été achevée; car ces 10 volumes ne vont pas plus loin que 1689, malgré ce qu'on lit sur le titre. — V. Quérard.)

1519. — Histoire navale d'Angleterre depuis la conquête

des Normands, en 1066, jusqu'à la fin de l'année 1734, tirée des historiens les plus approuvés, des manuscrits originaux, des actes publics, des traités et des journaux, avec un grand nombre de faits et d'observations qui n'avaient point été publiés. Traduite de l'anglais, de Thomas Lediard,... (par de Puisieux). — *Lyon, frères Duplain*, 1751, 3 vol. in-4.

* Jacobi Wilhelmi Imhofii regum pariumque Magnæ Britanniæ historia genealogica.
    (V. ci-après *Histoire de la noblesse.*)

Histoire particulière de différents règnes.

1520. — Histoire de la conquête de l'Angleterre par les Normands, de ses causes et de ses suites jusqu'à nos jours, en Angleterre, en Ecosse, en Irlande et sur le continent, par Augustin Thierry,... Troisième édition, entièrement revue et augmentée. — *Paris, Alexandre Mesnier*, 1830, 4 vol. in-8.

* Histoire de Marguerite d'Anjou, reine d'Angleterre, par M. l'abbé Prévost,...
    V. *la division* BELLES-LETTRES.)

1521. — Histoire de Henry VII, roi d'Angleterre, surnommé le Sage et le Salomon d'Angleterre, par M. de Marsolier,... — *Paris, Grégoire Du Puis*, 1700, 2 vol. in-12.

1522. — Histoire constitutionnelle d'Angleterre, depuis l'avènement de Henri VII jusqu'à la mort de George II, par Henri Hallam ; traduction revue et publiée par M. Guizot, et précédée d'une préface de l'éditeur. — *Paris, Guibert*, 1828, 5 vol. in-8.

* Histoire de la réformation de l'Eglise d'Angleterre, traduite de l'anglais de M. Burnet, par M. de Rosemond.
    (V. *la division* RELIGION.)

* (V. également, du même auteur, la critique du IXe livre de l'histoire de M. Varillas sur les révolutions arrivées en Europe en matière de religion, et, pour ce dernier ouvrage, *division* RELIGION.)

* Histoire du schisme d'Angleterre, trad. de Sanderus par Maucroix.

(V. *la division* RELIGION.)

1523. — Histoire du règne d'Elisabeth, reine d'Angleterre, traduite du latin de Guillaume Camdenus, par Paul de Bellegent. — *Paris, Sam. Thiboust,* 1627, in-4.

(Portrait d'Elisabeth. — A défaut du frontispice, le titre ci-dessus a été pris au privilége.)

1524. — La vie d'Elisabeth, reine d'Angleterre. Nouvelle édition, augmentée du véritable caractère d'Elisabeth et de ses favoris, avec figures. — *La Haye, Gérard Block,* 1744, 2 vol. in-12.

(Après l'avertissement de l'auteur se trouve le faux-titre suivant : « Le véritable caractère d'Elisabeth,... et de ses favoris, traduit de l'anglais de Robert Naunton ,...._»)

1525. — Mémoires et instructions pour les ambassadeurs, ou lettres et négociations de Walsingham, ministre et secrétaire d'Etat sous Elisabeth, reine d'Angleterre... traduit de l'anglais (par Louis Boulesteis de La Contie). — *Amsterdam, G. Gallet,* 1700, in-4.

* Les quatre Stuart, par Châteaubriand.
(V. *ses œuvres,* T. XXII.)

* Lettres, mémoires et négociations du chevalier Carleton...
(V. ci-dessus *n*° 1464.)

1526. — Collection des mémoires relatifs à la révolution d'Angleterre. (Traduits de l'anglais par une société de gens de lettres, et accompagnés d'une introduction, de notes, de notices, etc., par M. Guizot.) — *Paris, Béchet aîné,* 1823-27, 25 vol. in-8.

Tome I. — Mémoires de sir Philippe Warwick sur le règne de Charles Ier, et ce qui s'est passé depuis la mort de Charles Ier jusqu'à la restauration des Stuart.

— *II-III.* — Histoire du long parlement, convoqué par Charles Ier en 1640, par Thomas May, secrétaire du parlement.

— *IV.* — Mémoires de John Price sur la restauration des Stuart. — Mémoires de sir Thomas Herbert sur les deux dernières années du règne de Charles Ier. — Mémoires de sir John Berkley sur les négociations de Charles Ier avec Cromwell et l'armée parlementaire.

— *V.* — Mémoires de Hollis, de Huntington, de Fairfax.

Tomes VI-VII-VIII. — Mémoires de Ludlow.

— *IX.* — Procès de Charles Ier. — Eikon Basiliké, apologie attribuée à Charles Ier. — Mémoires de Charles II sur sa fuite après la bataille de Worcester.

— *X-XI.* — Mémoires de mistriss Hutchinson.

— *XII-XIII-XIV-XV.* — Mémoires de lord Clarendou, grand-chancelier sous Charles II.

— *XVI.* — Journal de lord Henri Clarendon sur les années 1687, 1688, 1689 et 1690.

— *XVII-XVIII-XIX-XX.* — Histoire de mon temps, par Burnet.

— *XXI.* — Mémoires de John Beresby. — Mémoires du duc de Buckingham.

— *XXII-XXIII-XXIV-XXV.* — Mémoires de Jacques II.

1527. — Histoire de la rébellion et des guerres civiles d'Angleterre depuis 1641 jusqu'au rétablissement du roi Charles II, par Edward, comte de Clarendon. — *La Haye, Louis et Henri Van Dole,* 1704-9, 6 vol. in-12.

(Portrait de l'auteur.)

1528. — Histoire de la révolution d'Angleterre depuis l'avènement de Charles Ier jusqu'à la restauration de Charles II, par M. Guizot. — *Paris, A. Leroux et C. Chantpie,* 1826, 2 vol. in-8.

— Histoire de la république d'Angleterre et de Cromwell [1649-58], par M. Guizot. Deuxième édition. — *Paris, Didier,* 1855, 2 vol. in-8.

(Le faux-titre porte : « Histoire de la révolution d'Angleterre, T. III et IV ».)

— Histoire du protectorat de Richard Cromwell et du rétablissement des Stuart [1658-60], par M. Guizot. Deuxième édition. — *Paris, Didier,* 1856, 2 vol. in-8.

(T. V et VI de l'histoire de la révolution d'Angleterre.)

1529. — Pourquoi la révolution d'Angleterre a-t-elle réussi? Discours sur l'histoire de la révolution d'Angleterre, par M. Guizot. — *Paris, Victor Masson,* 1850, in-8.

1530. — La vie d'Olivier Cromwell, par Grégoire Leti. — *Amsterdam, Henri Desbordes,* 1706, 2 vol. in-12.

(Portrait de Cromwell.)

1531. — Histoire d'Olivier Cromwel. (Par Raguenet). — *Paris, Claude Barbin,* 1691, in-4.

1532. — The reign of king Charles, an history disposed into annalls. The second edition revised and somewhat enlarged. With a reply to some late observations upon that history; by the same author. And at the end of all the observators rejoynder. — *London, by F.-L. and J.-G. for Hen: Seile,...* 1656, in-4.

1533. — Mémoires pour servir à l'histoire de la Grande-Bretagne sous les règnes de Charles II et de Jacques II; avec une introduction depuis le commencement du règne de Jacques I⁰ʳ jusqu'au rétablissement de la famille royale; traduits de l'anglais de Gilbert Burnet,... (Par de La Pillonnière.)— *La Haye, Isaac Vaillant,* 1725, 2 vol in-12.

(T. II et III.)

* Mémoires du chevalier Temple.
(V. ci-dessus *n°* 463.)

* Mémoires du comte de Grammont, par Ant. Hamilton.
(V. *la division* BELLES-LETTRES.)

1534. — Abrégé de la vie de Jacques II, roi de la Grande-Bretagne, etc., tiré d'un écrit anglais du R. P. François Sanders, de la compagnie de Jésus, confesseur de Sa Majesté, par le P. François Bretonneau, de la même compagnie; avec un recueil des sentiments du même roi sur divers sujets de piété. — *Paris, Nicolas Pépie,* 1703, in-12.

(Portrait de Jacques II.)

1535. — Histoire de Guillaume III, roi d'Angleterre, d'Ecosse, de France et d'Irlande, prince d'Orange, etc., etc., etc., contenant les actions les plus mémorables de sa vie et ce qui s'est passé de plus remarquable depuis sa naissance jusqu'à sa mort, avec plus de 80 figures. — *Amsterdam, Pierre Mortier,* 1703, 3 vol. in-8.

1536. — Histoire de la révolution d'Irlande arrivée sous Guillaume III. — *Amsterdam, Pierre Mortier,* 1692, in-12.

1537. — La vie d'Anne Stuart, reine de la Grande-Bretagne, de France et d'Irlande, traduite de l'anglais. — *Londres, par la société,* 1749, 2 vol. in-18.

* Les intérêts de l'Angleterre mal entendus dans la guerre présente (par l'abbé Dubos).
(V. ci-dessus *n°* 464.)

1538. — Vie du prince et duc de Marlborough. — *Amsterdam, Pierre Humbert,* 1714, in-12.

1539. — La conduite de Son Altesse le prince et duc de Marlborough dans la présente guerre, avec plusieurs pièces originales ; traduit de l'anglais. — *Amsterdam, Pierre de Coup,* 1712, in-8.

* L'indépendance des Anglo-Américains démontrée utile à la Grande-Bretagne...
(V. ci-après *Histoire d'Amérique.*)

* Recueil de discours prononcés au parlement anglais par MM. Fox et Pitt.
(V. *la division* BELLES-LETTRES.)

Ecosse.

1540. — The history of Scotland, and an historical disquisition concerning ancient India, by Wm Robertson, D. D.,... complete in one volume. — *Paris, Baudry's european library,* 1835, in-8.

(Le faux-titre porte : « English Classics ».)

* Histoire d'Ecosse, par Robertson.
(V. ci-dessus *n°* 417.)

1541. — Histoire de Marie Stuart, par J.-M. Dargaud. — *Paris, F. Didot frères,* 1850, 2 vol. in-8.

1542. — Histoire de Marie Stuart, par M. Mignet,... Deuxième édition. — *Paris, Paulin, L'Heureux et Cie,* 1852, 2 vol. in-8.

(Portrait de Marie Stuart)

HISTOIRE D'ASIE, D'AFRIQUE ET D'AMÉRIQUE.

* (Pour les Voyages dans les deux continents, V. ci-dessus n°s 92 à 115.)

* Introduction à l'histoire de l'Asie, de l'Afrique et de l'Amérique... Par Bruzen de La Martinière.
  (V. ci-dessus n° 407.)

* Histoire moderne des Chinois, des Japonais, etc. (Par l'abbé de Marsy.)
  (V. ci-dessus n° 408.)

1543. — Joannis Petri Maffeii Bergomatis,... Historiarum Indicarum libri XVI. Selectarum item ex India Epistolarum eodem interprete Libri IIII. Accessit Ignatii Loyolæ vita postremo recognita. Et in opera singula copiosus Index. — *Lugduni, ex officina Junctarum,* M D LXXXIX, in-4.

1544. — Joan. Petri Maffeii,... (ut supra). Accessit Ignatii Loiolæ Vita. Omnia ab Auctore recognita, et nunc primum in Germania excussa. Item in singula, opera copiosus Index. His nunc recens adjecta est charta geographica... qua Lectori utriusque Indiæ situs, et longinqua ad eas navigatio... proponitur... — *Coloniæ Agrippinæ, in officina Birckmannica, sumptibus Arnoldi Mylii, anno* M. D. XCIII, in-fol.

1545. — Joan. Petri Maffeii,... (ut supra). Accessit liber recentiorum Epistolarum, a Joanne Hayo Dalgattiensi Scoto,... nunc primum excusus (*sic*), cum Indice accurato. Duobus tomis distributi. Omnia ab Auctore recognita et emendata. In singula copiosus Index. — *Antuerpiæ, ex officina Martini Nutii, anno* M DC V, in-8.

HISTOIRE DES PEUPLES D'ASIE.

—

Histoire générale.

1546. — L'Asie en plusieurs cartes nouvelles et exactes, et divers traités de géographie et d'histoire, là où sont décrits succinctement... ses empires, ses monarchies, ses états, etc., les mœurs, les langues, les religions, le négoce et la richesse de ses peuples, etc., et ce qu'il y a de plus beau et de plus rare dans toutes ses parties et dans ses îles. Par le Sʳ Sanson d'Abbeville,... — *Paris, l'auteur*, 1662, in-4.

* Description générale de l'Asie,... par Pierre Davity, continuée... par J.-B. de Rocoles,...
(V. ci-dessus nᵒ 66.)

* (Pour les voyages dans l'Asie et dans ses diverses parties, V. ci-dessus nᵒˢ 116-136.)

1547. — Asia, sive historia universalis Asiaticarum gentium et rerum domi forisque gestarum, a cujusque origine ad hæc tempora mixti passim sacri profanique ritus, auctore Jo. Baptista Gramaye, præposito Arnhemiensi,... — *Antuerpiæ, sumptibus viduæ et heredum Jo. Belleri*, M DC IIII, in-4.

1548. — Histoire générale des Huns, des Turcs, des Mogols et des autres Tartares occidentaux, etc., avant et depuis Jésus-Christ jusqu'à présent; précédée d'une introduction contenant des tables chronol. et historiques des princes qui ont régné dans l'Asie. Ouvrage tiré des livres chinois et des manuscrits orientaux de la bibliothèque du roi. Par M. Deguignes,... — Suite des mémoires de l'Académie royale des Inscriptions et Belles-Lettres. — *Paris, Desaint et Saillant*, 1756-58, 5 vol. in-4.

Histoire des Arabes et des Sarrasins.

* Historiæ de Sarracenorum sive Turcarum origine, moribus, nequitia, religione, rebus gestis... una cum viti‑ omnium Turcicorum imperatorum...
   (V. *division* RELIGION , l'ouvrage intitulé : « Machumetis,... ejusque successorum vitæ, doctrina, ac ipse Alcoran ».)

1549. — Historia orientalis , quæ, ex variis orientalium monumentis collecta, agit : I. de muhammedismo...; II. de sarracenismo, seu religione veterum Arabum; III. de chaldaïsmo...; IV. de statu christianorum et Judæorum tempore orti et nati muhammedismi. V. de variis inter ipsos muhammedanos... sententiis, schismatis et hæresibus excitatis. VI. Accessit, ex occasione genealogiæ Muhammedis, plenior illustratio Taarich Bene Adam... Authore Joh. Henrico Hottingero, Tigurino. — *Tiguri, typis Joh. Jacobi Bodmeri,* 1651, in-4.

* Pomponius Lætus, de exortu Mahometis.
   (V. ci-dessus n° 1408.)

1550. — La Vie de Mahomet, traduite et compilée de l'Alcoran, des traditions authentiques de La Sonna et des meilleurs auteurs arabes, par Mr Jean Gagnier,... — *Amsterdam, chez les Wetsteins et Smith,* 1748, 3 vol. in-12.

* Histoire de Mahomet et du califat d'Abu-Becr.
   (V. ci-dessus n° 217, T. XLI.)

1551. — Histoire des Sarrasins, contenant leurs premières conquêtes et ce qu'ils ont fait de plus remarquable sous les onze premiers khalifes ou successeurs de Mahomet. Traduit de l'anglais de Simon Ockley,... (Par A.-J. Jault.) — *Paris, Nyon fils,* 1748, 2 vol. in-12.

1552. — Histoire des Arabes sous le gouvernement des califes, par l'abbé de Marigny (rédigée par l'abbé Pérau). — *Paris, Vᵉ Estienne et fils,* 1750, 4 vol. in-12.

Perse.

* Journal du voyage du chevalier Chardin en Perse.
(V. ci-dessus n° 123.)

1553. — Historia della guerra fra Turchi et Persiani, descritta in quattro libri da Gio. Tomaso Minadoi ; comminciando dall' anno M D LXXVII, nel quale furo li primi movimenti di lei, seguendo per tutto l'anno M D LXXXV... — *In Roma, nella stamperia di Jacomo Tornerio et Bernardino Donangeli,* M D LXXXVII, in-4.

* L'ambassade de don Garcias de Silva Figueroa... Traduite de l'espagnol par M. de Wicquefort.
(V. ci-dessus n° 122.)

1554. — Le couronnement de Soleïman troisième, roi de Perse, et ce qui s'est passé de plus mémorable dans les deux premières années de son règne. (Par Chardin.) — *Paris, Claude Barbin,* 1671, in-12.

1555. — Histoire de la dernière révolution de Perse. (Par le P. Ducerceau.) — *La Haye, Gosse et Neaulme,* 1728, 2 vol. in-12.

Syrie, Mésopotamie, Arménie.

* (Consultez les voyages en Orient, et les voyages dans la Terre-Sainte n°ˢ 117 à 121.)

1556. — Expédition scientifique en Mésopotamie, exécutée, par ordre du gouvernement, de 1851 à 1854, par MM. Fulgence Fresnel, Félix Thomas et Jules Oppert, publiée sous les auspices de S. E. M. Achille Fould, ministre d'Etat et de la maison de l'Empereur, par M. Jules Oppert. — *Paris, Gide et J. Baudry,* 1856 (1857), liv. 1 et 2, in-fol.

(En publication)

1557. — Etat présent de l'Arménie, tant pour le temporel que pour le spirituel, avec une description du pays et des mœurs de ceux qui l'habitent. (Par le P. Th.-Ch. Fleuriau.) — *Paris, Vᵉ Jacques Langlois,* 1694, in-12.

(On trouve à la fin : « Extrait d'un traité de S. Nicon sur la religion des Arméniens ».)

Inde.

* (V. ci-dessus, n°s 124-127, pour ce qui concerne les voyages dans l'Inde.)

1558. — Mœurs, institutions et cérémonies des peuples de l'Inde, par M. l'abbé J.-A. Dubois,... — *Imprimé, par auto-risation du roi, à l'impr. roy.*, 1825, 2 vol. in-8.

* Histoire du christianisme des Indes, par M. V. Lacroze,...
(V. *la division* RELIGION.)

* Recherches historiques sur l'Inde ancienne, par Robertson...
(V. ci-dessus n°s 447 et 1540.)

1559. — Histoire de la vie de Hiouen-Thsang et de ses voyages dans l'Inde depuis l'an 629 jusqu'en 645, par Hoeï-Li et Yen-Thsong; suivie de documents et d'éclaircissements géographiques tirés de la relation originale de Hiouen-Thsang; traduite du chinois par Stanislas Julien,... — *Paris, impr. impér.*, 1853, in-8.

* Johannis Petri Mafeii historiarum indicarum libri XVI.
(V. ci-dessus n°s 1543-1545.)

1560. — Parallèle de l'expédition d'Alexandre dans les Indes avec la conquête des mêmes contrées par Thamas-Kouli-Khan. Par M. de Bougainville,... — (S. l. n. n.), 1752, in-8.

1561. — Histoire de la dernière révolution des Indes orientales, composée sur les mémoires originaux et les pièces les plus authentiques par M. L. L. M. (l'abbé Le Mascrier). — *Paris, Ve Delaguette*, 1757, 2 vol. in-12.

* Etablissements des Espagnols et des Anglais dans les Indes orientales.
(V. n° 217, T. LVI.)

* Fragments historiques sur l'Inde et sur le général Lally, etc., par Voltaire.
(V. *ses œuvres*, T. XXVI.)

1562. — Histoire d'Ayder-Ali-Khan, Nabab-Bahader, roi

des Canarins, etc... ou nouveaux mémoires sur l'Inde, enrichis de notes historiques par M. M. D. L. T. (Maistre de La Tour), général de dix mille hommes de l'empire mogol,... *Paris, Cailleau, impr.,* 1783, 2 vol. in-12.

1563. — Mémoires du colonel Lawrence, contenant l'histoire de la guerre dans l'Inde entre les Anglais et les Français, sur la côte de Coromandel, depuis 1750 jusqu'en 1761. Avec une relation de ce qui s'est passé de remarquable sur la côte de Malabar et des expéditions à Golconde et à Surate, donnés sur les papiers originaux par Richard Owen Cambridge, écuyer; traduits de l'anglais par M. *** (Eidous). — *Amsterdam, Paris, Boudet,* 1766, in-12.

(Le 2⁰ vol.)

1564. — Etat civil, politique et commerçant du Bengale, ou histoire des conquêtes et de l'administration de la compagnie anglaise dans ce pays. Ouvrage traduit de l'anglais de M. Bolts,... par M. Demeunier. — *La Haye, Gosse fils,* 1775, 2 tomes en 1 vol. in-8.

(Gravures)

Tartarie et Mogol.

1565. — Histoire de Tamerlan, empereur des Mogols et conquérant de l'Asie (par le P. Margat, publiée par le P. Brumoy). — *Paris, H.-Louis Guérin,* 1739, 2 vol. in-12.

1566. — Instituts politiques et militaires de Tamerlan, proprement appelé Timour, écrits par lui-même en mogol, et traduits en français, sur la version persane d'Abou-Taleb-al-Hosseïni, avec la Vie de ce conquérant, d'après les meilleurs auteurs orientaux, des notes et des tables historique, géographique, etc. Par L. Langlès,... — *Paris, Née de La Rochelle,* 1787, in-8.

(Portrait de Timour, d'après une peinture indienne.)

Chine.

* Voyages en Chine.
(V. ci-dessus *n*ᵒˢ 89 et 128-136.)

1567. — Description géographique, historique, chronologique, politique et physique de l'empire de la Chine et de
la Tartarie chinoise, enrichie des cartes générales et particulières de ces pays, de la carte générale et des cartes
particulières du Thibet et de la Corée, et ornée d'un grand
nombre de figures et de vignettes gravées en taille-douce, par
le P. J.-B. du Halde, de la Cie de Jésus. — *Paris, Lemercier,
impr.*, 1735, 4 vol. in-fol.

1568. — Histoire générale de la Chine, ou Annales de cet
empire, traduites du Tong-Kien-Kang-Mou, par le feu Père
Joseph-Anne-Marie de Moyriac de Mailla, jésuite français,
missionnaire à Pékin; publiées par M. l'abbé Grosier, et
dirigées par M. Le Roux des Hautesrayes,... Ouvrage enrichi
de figures et de nouvelles cartes géographiques de la Chine
ancienne et moderne, levées par ordre du feu empereur
Kang-Hi, et gravées pour la première fois. — *Paris, Ph.-D.
Pierres, impr.*, 1777-83, 12 vol. in-4.

(On trouve à la fin du 12ᵉ volume : « Mémoires pour servir d'éclaircissement à l'histoire générale de la Chine ».)

* Histoire de Tamerlan...
   (V. ci-dessus nº 1567.)

1569. — Histoire des deux conquérants tartares qui ont
subjugué la Chine, par le R. P. Pierre-Joseph d'Orléans, de
la compagnie de Jésus. — *Paris, Cl. Barbin*, 1688, in-8.

1570. — Histoire de la Chine sous la domination des
Tartares, où l'on verra les choses les plus remarquables qui
sont arrivées dans ce grand empire depuis l'année 1651, qu'ils
ont achevé de le conquérir, jusqu'en 1669. Par le père Adrien
Greslon, de la compagnie de Jésus,... — *Paris, Jean Hénault,*
1671. — Suite de l'histoire de la Chine, imprimée en 1671.
— (A la fin :) *Paris, J. Hénault*, 1672, in-8.

1571. — Relation nouvelle et curieuse des royaumes de
Tunquin et de Lao, contenant une description exacte de leur
origine, grandeur, étendue, de leurs richesses et de leurs
forces ; des mœurs et du naturel de leurs habitants; de la
fertilité et des rivières qui les arrosent de tous côtés, et de
plusieurs autres particularités utiles et nécessaires pour
l'histoire et la géographie; ensemble la magnificence de la cour
des rois de Tunquin, et des cérémonies qu'on observe à leurs

enterrements ; traduite de l'italien du P. Marini, romain, par L. P. L. C. C. (par le P. Louis Comte.) — *Paris, Gervais Clouzier,* 1666, in-4.

Royaume de Siam.

(V. ci-dessus *n*ᵒˢ 128 à 134.)

Histoire des îles de l'Asie.

* Antonii Mariæ Gratiani a Burgo, S. Sepulchri episcopi Amerini, de bello Cyprio libri quinque.
(V. ci-dessus *n*ᵒ 1390.)

1572. — Histoire de l'établissement, des progrès et de la décadence du christianisme dans l'empire du Japon; où l'on voit les différentes révolutions qui ont agité cette monarchie pendant plus d'un siècle, par le R. P. Charlevoix, de la compagnie de Jésus. — *Rouen, Guillaume Behourt, impr.,* 1715, 2 vol. in-12.

(T. I et II.)

1573. — Histoire et description générale du Japon, où l'on trouvera tout ce qu'on a pu apprendre de la nature et des productions du pays... avec les fastes chronologiques de la découverte du nouveau monde; enrichie de figures en taille-douce, par le P. de Charlevoix, de la compagnie de Jésus. — *Paris, Julien-Michel Gandouin,* 1736, 6 vol. in-8.

(Les 3 premiers vol. manquent.)

* Histoire de l'Eglise du Japon, par l'abbé de T***. (Par le P. Crasset, jésuite.)
(V. *la division* RELIGION.)

1574. — Description historique du royaume de Macaçar,... (par Nic. Gervaise). — *Paris, Hilaire Foucault,* 1688, in-12.

AFRIQUE.

Ouvrages généraux.

1575. — L'Afrique en plusieurs cartes nouvelles et exactes et en divers traités de géographie et d'histoire, là où sont décrits succinctement... ses empires, ses monarchies, ses états, etc.; les mœurs, les langues, les religions, le négoce et la richesse de ses peuples, etc., et ce qu'il y a de plus beau et de plus rare dans toutes ses parties et dans ses îles, par le Sr Sanson d'Abbeville,... — *Paris, l'auteur, 1662,* in-4.

* Description générale de l'Afrique,... par Pierre Davity, continuée par J.-B. de Rocolès,...
(V. ci-dessus nº 66.)

* Voyages en Afrique.
(V. ci-dessus nºs 138-147.)

Histoire des gouvernements du nord de l'Afrique.

1576. — Histoire des états barbaresques qui exercent la piraterie, contenant l'origine, les révolutions et l'état présent des royaumes d'Alger, de Tunis, de Tripoli et de Maroc, avec leurs forces, leurs revenus, leur politique et leur commerce, par un auteur qui y a résidé plusieurs années avec un caractère public. Traduite de l'anglais. — *Paris, Chaubert, 1757,* 2 vol. in-12.

(Suivant Barbier, cette traduction est de Boyer de Prébandier. L'ouvrage anglais n'est lui-même qu'une version de l'ouvrage français de Laugier de Tassy intitulé : « Histoire du royaume d'Alger ».)

1577. — Relation de l'origine et succès des chérifs, et de l'état des royaumes de Maroc, Fez et Tarudant, et autres provinces qu'ils usurpèrent. Faite et écrite en espagnol par Diego de Torrès,... mise en français par M. C. D. V. D. D. A. (Charles de Valois, duc d'Angoulême).— *Paris, Jean Camusat, 1636,* in-4.

1578. — Histoire du règne de Mouley-Ismael, roi de Maroc, Fez, Tafilet, Sous, etc.; de la révolte et fin tragique de plusieurs de ses femmes et de ses enfants... de son génie, de sa politique... de la cruelle persécution que souffrent les esclaves chrétiens dans ses états, etc. Par le Père Dominique Busnot. — *Bruxelles, Georges-Henry Frix*, 1755, in-12.

1579. — Recherches sur l'histoire de la partie de l'Afrique septentrionale connue sous le nom de régence d'Alger, et sur l'administration et la colonisation de ce pays à l'époque de la domination romaine, par une commission de l'Académie royale des Inscriptions et Belles-Lettres, publiées par ordre du ministre de la guerre. — *Paris, impr. royale*, 1835, in-8.

(Le 1er vol. seulement, contenant la géographie jusqu'à la page 148.)

1580. — Histoire d'Alger et du bombardement de cette ville en 1816. Description de ce royaume et des révolutions qui y sont arrivées, de la ville d'Alger et de ses fortifications, de ses forces de terre et de mer, mœurs et costumes des habitants, des Mores, des Arabes, des Juifs, des chrétiens... Avec une carte du royaume et vue lithographiée de la ville d'Alger... — *Paris, Piltan*, 1830, in-8.

1581. — Histoire statistique de la colonisation algérienne au point de vue du peuplement et de l'hygiène, par MM. A.-E.-Victor Martin,... et L.-E. Foley,... — *Paris, Germer Baillère*, 1851, in-8.

1582. — Procès-verbaux et rapports de la commission nommée par le roi le 7 juillet 1833 pour aller recueillir en Afrique tous les faits propres à éclairer le Gouvernement sur l'état du pays et sur les mesures que réclame son avenir. — *Paris, impr. royale*, 1834, in-4.

1583. — Procès-verbaux et rapports de la commission d'Afrique instituée par ordonnance du roi du 12 décembre 1833. — *Paris, impr. royale*, 1834, in-4.

— Supplément aux procès-verbaux et rapports de la commission d'Afrique instituée par ordonnance royale du 12 décembre 1833. — *Paris, impr. royale*, 1834, in-4.

1584. — Ministère de la guerre. — Tableau de la situation des établissements français dans l'Algérie, 1854-55. — *Paris, impr. impériale*, 1857, grand in-4.

(On trouve à la fin : « Carte de l'Algérie, Tell, Kabylie et Sahara algérien, dressée par ordre de M. le maréchal Vaillant, , d'après les renseignements officiels et sous la direction de M. le général de division Daumas,... par C. Delaroche, attaché au ministère de la guerre, 1856, » in-fol. max. plano.)

1585. — Province de Constantine. Recueil de renseignements pour l'expédition ou l'établissement des Français dans cette partie de l'Afrique septentrionale, par M.⁀ Dureau de La Malle,... — *Paris, Gide,* 1837, in-8.

(Avec une carte géographique.)

1586. — Etudes sur l'insurrection du Dhara [1845-46]. Par Charles Richard,... — *Alger, typ. A. Besancenez,* 1846, in-8.

1587. — L'Algérie et son organisation en royaume. (Par M. Gustave Bardy.) — *Paris, Rey et Belhatte* (1852), in-8.

* Les chevaux du Sahara, par E. Daumas,...
   (V. *la division* SCIENCES ET ARTS.)

1588. — Histoire des dernières révolutions du royaume de Tunis et des mouvements du royaume d'Alger. — *Paris, Jacques Lefebvre,* 1789, in-12.

Egypte, Nubie, Abyssinie, etc.

* (V. ci-dessus, pour les voyages dans ces diverses parties de l'Afrique, *n⁰ˢ* 138-147.)

1589. — Description de l'Egypte, ou recueil des observations et des recherches qui ont été faites en Egypte pendant l'expédition de l'armée française; publiée par les ordres de Sa Majesté l'empereur Napoléon le Grand. — *Paris, impr. nat. et impr. roy.,* 1809-18, 23 vol. in-fol.

(Ce célèbre ouvrage, publié sous la direction de M. Jomard, se compose de 9 vol. format in-fol. ordinaire, 11 vol. format jésus, et 3 vol. format grand-aigle ou grand-monde, et se divise en : préfaces; — antiquités : descriptions; — antiquités : mémoires; — état moderne; — histoire naturelle.)

1590. — Mémoire sur la construction de la carte d'Egypte, par M. Jacotin,... — (A la fin :) *Paris, impr. royale,* mars 1823, in-fol., avec un plan.

— Tableau de la superficie de l'Egypte, par M. Jacotin,... — (A la fin :) *Paris, impr. royale,* 1826, in-fol. de 8 pages et un plan.

(A défaut de frontispice, les titres ci-dessus sont les titres de départ.)

* Campagnes d'Egypte et de Syrie sous Napoléon.
(V. ci–dessus n° 990.)

* Monuments de l'Egypte et de la Nubie, par Champollion le jeune.
(V. la division ARCHÉOLOGIE.)

* De legatione regis Æthiopiæ ad Clementem pontificem VII ac regem Portugalliæ. Item de regno, hominibus atque moribus ejusdem populi qui Trogloditæ hodie esse putantur.
(V. ci–dessus n° 1408.)

HISTOIRE DE L'AMÉRIQUE.

Histoire générale.

1591. — L'Amérique en plusieurs cartes nouvelles et exactes, et en divers traités de géographie et d'histoire... par le Sr Sanson d'Abbeville,... — *Paris, l'auteur*, 1662, in-4.

* Voyages en Amérique.
(V. ci–dessus n°s 92-99 et 148-153.)

1592. — Recherches philosophiques sur les Américains, ou mémoires intéressants pour servir à l'histoire de l'espèce humaine, par M. de P*** (de Pauw). Nouvelle édition, augmentée d'une dissertation critique par dom Pernety, et de la défense de l'auteur des « Recherches » contre cette dissertation. — *Berlin*, 1771, 3 vol. in-12.

1593. — Antiquités américaines d'après les monuments historiques des Islandais et des anciens Scandinaves, publiées sous les auspices de la Société royale des antiquaires du nord, par Charles-Christian Rafn. — *Copenhague, au secrétariat de la Société*, 1845, grand in-4.

(Traduction française. — Cet ouvrage contient : « Mémoire sur la découverte de l'Amérique au xᵉ siècle (par les anciens Scandinaves). — Narrationes de Eirico Rufo et Grænlandis (texte et traduction latine).. — Historia Thorfinni Karlsefnii et Snorrii Thorbrandi filii (texte et traduction latine). — General chart exibiting the discoveries of the Northmen in the artic regions and America... — A map of Vinland... ».)

* Christophorus Colomb, de prima insularum in mari Indico sitarum lustratione.

(V. ci-dessus n° 1408.)

* Christophori Columbi navigatio... Marignano interprete. — Pinzoni navigatio, eodem interprete. — Americi Vesputii navigationum epitome, etc.

(V. ci-dessus n° 92.)

1594. — L'histoire du Nouveau-Monde, ou description des Indes occidentales, contenant dix-huit livres, par le sieur Jean de Laet d'Anvers; enrichie de nouvelles tables géographiques et figures des animaux, plantes et fruits. — *A Leyde, chez Bonaventure et Abraham Elseviers, impr., 1644, in-fol.*

1595. — Histoire générale des voyages et conquêtes des Castillans dans les îles et terre ferme des Indes occidentales, traduite de l'espagnol d'Antoine d'Herrera,... par N. de La Coste... — *Paris, Vᶜ Nicolas de La Coste, 1670, in-4.*

* Histoire d'Amérique, par Robertson.
(V. ci-dessus n° 417, T. II.)

1596. — Histoire des aventuriers flibustiers qui se sont signalés dans les Indes, contenant ce qu'ils y ont fait de remarquable; avec la vie, les mœurs et les coutumes des boucaniers et des habitants de Saint-Domingue et de la Tortue, une description exacte de ces lieux, et un état des offices tant ecclésiastiques que séculieres (*sic*), et ce que les plus grands princes de l'Europe y possèdent. Le tout enrichi de cartes géographiques et de figures en taille-douce. Par Alexandre-Olivier OExmelin. (Rédigée par de Frontignière.) Nouvelle édition, corrigée et augmentée de l'histoire des pirates anglais depuis leur établissement dans l'île de la Providence jusqu'à présent. — *Trévoux, par la compagnie,* 1744, 3 vol. in-12.

(Le T. Iᵉʳ manque. — Le T. III porte : « Histoire des aventuriers .. contenant le journal du voyage fait à la mer du Sud par le sieur Raveneau de Lusssan ». Le T. IV est intitulé : « Histoire des pirates anglais depuis leur établissement dans l'île de la Providence... avec la vie et les aventures de deux femmes pirates Marie Read et Anne Bonny, et un extrait des lois et ordonnances concernant la piraterie Traduite de l'anglais du capitaine Charles Johnson... ».)

Amérique septentrionale.

1597. — L'indépendance des Anglo-Américains démontrée

utile à la Grande-Bretagne. [Lettres extraites du Journal
d'agriculture, avril et mai 1782.] — (S. l. n. d.) Broch. in-12.

1598. — Lettre adressée à l'abbé Raynal sur les affaires de
l'Amérique septentrionale, où l'on relève les erreurs dans
lesquelles cet auteur est tombé en rendant compte de la révolution d'Amérique. Traduite de l'anglais de M. Thomas
Payne,... — (S. l.) 1783, in-8.

   * De l'influence de la révolution d'Amérique sur l'Europe.
1786. Par Condorcet.
   (V. ses œuvres, T. VIII.)

1599. — Mémoires des commissaires du roi et de ceux de Sa
Majesté Britannique sur les possessions et les droits respectifs
des deux couronnes en Amérique; avec les actes publics et
pièces justificatives. — Paris, impr. royale, 1756, 5 vol.
in-12.

   (Il manque le tome II.)

1600. — Lettres sur l'Amérique du nord, par Michel
Chevalier, avec une carte des Etats-Unis d'Amérique. Seconde
édition... — Paris, Ch. Gosselin, 1837, 2 vol. in-8.

1601. — Histoire et description générale de la Nouvelle-
France, avec le journal historique d'un voyage fait par ordre
du roi dans l'Amérique septentrionale. Par le P. de Charlevoix,
de la compagnie de Jésus. — Paris, Vᵉ Ganeau (et Didot),
1744, 6 vol. in-12.

   (Avec cartes et figures. — Les 5ᵉ et 6ᵉ vol. ont pour titre : « Journal d'un
voyage.., adressé à madame la duchesse de Lesdiguières ». — A la fin du
6ᵉ vol. on trouve les « Fastes chronologiques du Nouveau-Monde et des établissements que les Européens y ont faits, corrigés et augmentés (1248-
1739) »)

1602. — Histoire de la Louisiane, contenant la découverte
de ce vaste pays... deux voyages dans le nord du Nouveau-
Mexique, dont un jusqu'à la mer du Sud   ornée de deux cartes
et de 40 planches en taille-douce. Par M. Le Page du Pratz.
— Paris, de Bure l'aîné, 1758, 3 vol. in-12.

1603. — Historiæ Canadensis seu Novæ Franciæ libri
decem ad annum usque Christi M DC LVI. Auctore P. Francisco
Creuxio. — Parisiis, sumptibus Seb. Cramoisy, 1664, in-4.

1604. — Etat présent de l'Eglise et de la colonie française

dans la Nouvelle-France, par M. l'évêque de Québec. — *Paris, Robert Pepie*, 1688, in-8.

1605. — Esquisse sur le Canada, considéré sous le point de vue économiste, par J.-C. Taché,... publié par ordre du comité exécutif chargé de l'exposition canadienne siégeant à Québec — *Paris, Hector Bossange et fils*, 1855, in-12.

1606. — Le Canada. Essai auquel le premier prix a été adjugé par le comité canadien de l'exposition de Paris. Par J. Shéridan Hogan. — *Montréal, impr., de John Lovell*, 1855, in-8.

* Tableau du climat et du sol des Etats-Unis d'Amérique, suivi d'éclaircissements sur la Floride, sur la colonie française à Scioto, sur quelques colonies canadiennes et sur les sauvages, par Volney,...
(V. *ses œuvres.*)

1607. — Observations sur le gouvernement et les lois des Etats-Unis d'Amérique, par M. l'abbé de Mably. — *Amsterdam, J.-F. Rosart et C^le*, 1784, in-12.

1608. — De la société américaine, par miss Martineau, traduit de l'anglais par M. Benjamin Laroche,... — *Paris, Charpentier*, 1838, 2 vol. in-8.

1609. — Histoire et description des voies de communication aux Etats-Unis et des travaux d'art qui en dépendent, par Michel Chevalier. — *Paris, Ch. Gosselin*, 1840, 2 vol. in-4 avec atlas in-fol.
— Table analytique et alphabétique des matières. — *Paris, Chapelle*, 1851, brochure in-4.

1610. — Travaux d'améliorations intérieures projetés ou exécutés par le gouvernement général des Etats-Unis d'Amérique de 1824 à 1831. Par G^me-Tell Poussin,... — *Paris, Anselin*, 1834, in-4.

* Histoire des pêches, des découvertes et des établissements des Hollandais dans les mers du nord... Traduite du hollandais (de Van der Plaat), par Bernard de Reste. (V. ci-dessus *n° 99.*)

1611. — História de la conquista de Mexico, poblacion y progressos de la America septentrional, conocida por el

nombre de Nueva.Espana. Escribiala don Antonio de Solis,...
— *En Madrid, en la imprenta de don Antonio de Sancha*
1783-84, 2 vol. in-4.

(Portrait de l'auteur.)

1612. — Histoire de la conquête du Mexique, avec un tableau
préliminaire de l'ancienne civilisation mexicaine et la vie de
Fernand Cortès, par William-H. Prescott,... publiée en
français par Amédée Pichot,... — *Paris, F. Didot frères,*
1846, 3 vol. in-8.

Amérique méridionale.

* Journal des observations physiques, mathématiques et
botaniques faites par ordre du roi sur les côtes orientales de
l'Amérique méridionale et dans les Indes occidentales, par le
R. P. Louis Feuillée.
(V. *la division* SCIENCES ET ARTS.)

1613. — Histoire générale des îles de S.-Christophe, de la
Guadeloupe, de la Martinique et autres dans l'Amérique. Où
l'on verra l'établissement des colonies françaises dans ces îles,
leurs guerres civiles et étrangères et tout ce qui se passe dans
les voyages et retours des Indes. Comme aussi plusieurs belles
particularités des Antilles de l'Amérique, une description
générale de l'île de la Guadeloupe... Par le R. P. Jean-
Baptiste du Tertre,... — *Paris, Jacques Langlois, impr.,*
1654, in-4.

1614. — Lois et constitutions des colonies françaises de
l'Amérique sous le vent, suivies 1° d'un tableau raisonné des
différentes parties de l'administration actuelle de ces colonies;
2° d'observations générales sur le climat ; la population, la
culture, le caractère et les mœurs des habitants de la partie
française de St-Domingue; 3° d'une description physique,
politique et topographique des différents quartiers de cette
même partie ; le tout terminé par l'histoire de cette île et de
ses dépendances depuis leur découverte jusqu'à nos jours. Par
M. Moreau de Saint-Méry,... Tome 1er. — *Paris, l'auteur, rue
Plâtrière, n° 12 (s. d.), in-4.*

1615. — Histoire de l'île Espagnole ou de S.-Domingue, écrite
particulièrement sur des mémoires manuscrits du P. Jean-
Baptiste Le Pers, jésuite,... par le P. Pierre-François-Xavier

de Charlevoix ,... — *Paris , Hip.-Louis Guérin*, 1730–31 ,
2 vol. in-4.

(Plans et figures.)

1616. — Histoire de la Jamaïque, traduite de l'anglais
(de Sloane), par M. ***, ancien officier de dragons (par Raulin).
— *Londres , Nourse*, 1751, 2 vol. in-12.

1617. — Histoire naturelle, civile et géographique de l'Oré-
noque et des principales rivières qui s'y jettent ; dans laquelle
on traite du gouvernement, des usages et des coutumes des
Indiens qui l'habitent, des animaux, des arbres... par le
P. Joseph Gumilla, de la compagnie de Jésus,... Traduite de
l'espagnol sur la seconde édition par M. Eidous,... — *Avignon
et Paris, Desaint et Saillant*, 1758, 3 vol. in-12.

(Avec carte et figures.)

* Relation des missions du Paraguay, traduite de l'italien de
M. Muratori. — *Paris*, 1754.

(V. ci-dessus n° 150.)

1618. — Historia provinciæ Paraquariæ societatis Jesu,
authore P. Nicolao del Techo, ejusdem societatis sacerdote,...
— *Leodii , ex officina typog. Joan. Mathiæ Hovii*, 1673,
in-fol.

1619. — Histoire du Paraguay, par le R. P. Pierre-François-
Xavier de Charlevoix,... — *Paris , Desaint et Saillant*, 1756,
3 vol. in-4.

(Carte et plans. — Au 3e vol se trouvent les pièces justificatives)

OCÉANIE.

1620. — Aventures d'un gentilhomme breton aux îles
Philippines. Avec un aperçu sur la géologie et la nature du
sol de ces îles ; sur ses habitants; sur le règne minéral, le
règne végétal et le règne animal ; sur l'agriculture , l'industrie
et le commerce de cet archipel, par P. de La Gironière.
Illustrations d'après documents et croquis originaux, par
Henri Valentin [des Vosges]. — *Paris , au comptoir des imprimeurs unis*, 1855, grand in-8.

HISTOIRE DE LA CHEVALERIE.

—

Histoire des ordres de chevalerie qui ont tenu une place et joué un rôle dans l'histoire.

1621. — Le vrai théâtre d'honneur et de chevalerie, ou le miroir héroïque de la noblesse, contenant les combats ou jeux sacrés des Grecs et des Romains, les triomphes, les tournois, les joûtes, les pas, les emprises ou entreprises, les armes, les combats à la barrière, les carrousels, les courses de bague et de la quintaine, les machines, les chariots de triomphe, les cartels, les devises, les prix, les vœux, les serments, les cérémonies, les statuts, les ordres, .. Avec le formulaire d'un tournoi tel qu'on le pourrait faire à présent avec les armes dont les gentilshommes se servent à la guerre. Le tout enrichi de figures en taille-douce... Par Marc de Wlson, sieur de La Colombière,... — *Paris, Augustin Courbé*, 1648, 2 vol. in-fol.

1622. — Le théâtre d'honneur et de chevalerie, ou l'histoire des ordres militaires des rois et princes de la chrétienté et leur généalogie ; de l'institution des armes et blasons, rois, héraults et poursuivants d'armes, duels, joûtes et tournois,... avec les figures en taille-douce naïvement représentées, et deux tables, l'une des choses remarquables, et l'autre des armes des illustres familles de la chrétienté. Par André Favyn,... — *Paris, Robert Fouet*, 1620, 2 vol. in-4.

(La pagination suit d'un volume à l'autre.)

1623. — Théâtre ou tables contenant les noms, surnoms, qualités et armes, blasons de tous les chevaliers de l'ordre du Saint-Esprit (de la Jarretière, de la Toison-d'Or et de Malte), depuis la première création jusqu'à présent. — *A Paris, par Jean Boisseau*, 1654, in-4.

1624. — Histoire des religions ou ordres militaires de l'Eglise et des ordres de chevalerie, par M. Hermant. — *Rouen, J.-B. Besongne*, 1698, in-12.

(Figures)

1625. — Même ouvrage. — T. 1er. — *Rouen*, 1726, in-12.

1626. — Dissertations historiques et critiques sur la chevalerie ancienne et moderne, séculière et régulière, avec des notes. Par le R. P. Honoré de Sainte-Marie,... (Blaise Vanzelle). — *Paris, Pierre-François Giffart*, 1718, in-4.

(Figures.)

* Mémoires sur l'ancienne chevalerie, par M. de La Curne de Sainte-Palaye.

(V. *Mémoires de l'Académie des Inscriptions*, T. XX.)

1627. — La France chevaleresque et chapitrale. Nouvelle édition, revue, corrigée et augmentée de la liste chronologique des chevaliers de l'ordre du Saint-Esprit, et de plusieurs autres articles intéressants. Par M. le vicomte de G*** (de Gabrielly). — *Paris, Leroy*, 1787, in-12,

1628. — Histoire des chevaliers de l'ordre de S.-Jean-de-Hiérusalem, contenant leur admirable institution et police, la suite des guerres de la terre-sainte où ils se sont trouvés, et leurs continuels voyages, entreprises, batailles, assauts et rencontres, ci-devant écrite par le feu S. D. B. S. D. L. (Pierre de Boissat), divisée par chapitres, et augmentée de sommaires sur chaque livre, et d'annotations à la marge; ensemble d'une traduction des établissements et des statuts de la religion, par J. Baudoin. Dernière édition, où l'on a joint les ordonnances du chapitre général tenu en l'an 1632, avec les éloges des éminentissimes grands-maîtres dudit ordre. OEuvre enrichie d'un grand nombre de figures en taille-douce, et illustrée d'une ample chronologie; des vies des sérénissimes grands-maîtres; d'un abrégé des priviléges de l'ordre; de quelques arrêts et autres traités fort remarquables, par F.-A. de Naberat,... — *Paris, Jacques d'Allin*, 1659, in-fol

1629. — Histoire des chevaliers hospitaliers de S.-Jean-de Jérusalem, appelés depuis les chevaliers de Rhodes, et aujourd'hui les chevaliers de Malte, par M. l'abbé de Vertot,... — *Paris, Rollin*, 1726, 4 vol. in-4.

(Portraits des grands-maîtres.)

1630. — Priviléges des papes, empereurs, rois et princes de la chrétienté accordés à l'ordre de Saint-Jean-de-Hiérusalem, avec les arrêts notables rendus par les cours souveraines du royaume de France sur diverses matières, et confirmatifs desdits priviléges, ci-devant recueillis par le sieur commandeur d'Escluseaulx,... et présentement de beaucoup augmentés par le sieur commandeur d'Escluseaulx, son neveu,... — *Paris, Pierre-Augustin Le Mercier,* 1700, in-fol.

* Histoire de la condamnation des Templiers... Par Dupuy...
    (V. ci-dessus n° 575.)

* Procès des Templiers, publié par Michelet.
    (V. ci-dessus n° 565, lettre *S.*)

* Histoire de Pierre d'Aubusson, grand-maître de Rhodes.
    (V. ci-dessus n° 1193.)

1631. — Recherches sur les monnaies frappées dans l'île de Rhodes par les grands-maîtres de l'ordre religieux et militaire de St-Jean-de-Jérusalem, ouvrage traduit de l'allemand du docteur Julius Friedlaender, annoté par Victor Langlois, et servant de complément à la numismatique des croisades de M. F. de Saulcy,... — *Paris, Just Rouvier,* 1855, broch. in-4.

1632. — Le premier (le second) volume de la Thoison dor. Compose par reverend pere en Dieu Guillaume (Fillastre) par la permission Divine jadis evesque de Tournay, abbe de sainct Bertin et chancellier de lordre de la Thoison dor du bon duc Philippe de bourgongne Auquel soubz les vertus de magnanimite et justice appartenans 'a lestat de noblesse sont contenus les haulx vertueux et magnanimes faictz tant des treschrestiennes maisons de france bourgongne et flandres que dautres roys et princes de lancien et nouveau testament nouvellement imprime a Paris. — Ilz se vendent a Paris en la rue sainct Jacques a lenseigne sainct Claude. — (A la fin :)... *Imprime a Paris lan mil cinq cens et dix sept par Anthoine bonne mere...* in-fol.

(Deux tomes en un vol. — Caractères gothiques. — Figures en bois dans le texte.)

1633. — Statuts de l'ordre de St-Michel. — *Imprimerie royale,* 1725, in-4.

(Figures.)

1634. — Histoire de l'ordre du S.-Esprit, par M. de Saint-Foix. — *Paris, Ve Duchesne,* 1767 (*Didot l'aîné,* 1771, et *Pissot,* 1774), 4 tomes en 3 vol. in-12.

1635. — Catalogue des chevaliers, commandeurs et officiers

de l'ordre du St-Esprit, avec leurs noms et qualités, depuis l'institution jusqu'à présent (par M. Poullain de Saint-Foix). — *De l'imprimerie de Christ.-Jean-François Ballard*, 1760, in-fol.

(Armoiries.)

1636. — Recueil des édits, déclarations, règlements, arrêts du conseil et des cours supérieures concernant les priviléges, exemptions et immunités attribués aux chevaliers, commandeurs et officiers de l'ordre du Saint-Esprit. — *Paris, Vᵉ Saugrain et Pierre Prault*, 1730, in-4.

1637. — Mémoires historiques concernant l'ordre royal et militaire de Saint-Louis et l'institution du Mérite militaire.(Par M. Meslin.) — *Paris, impr. royale*, 1785, in-4.

HISTOIRE DE LA NOBLESSE.

Ouvrages généraux.

1638. — Essai historique et philosophique sur les noms d'hommes, de peuples et de lieux considérés principalement dans leurs rapports avec la civilisation, par Eusèbe Salverte. — *Paris, Bossange père*, 1824, 2 vol. in-8.

* Andreæ Tiraquelli de Nobilitate.
(V. *Opera*.)

1639. — Essais sur la noblesse de France, contenant une dissertation sur son origine et abaissement, par feu M. le C. de Boulainvilliers; avec des notes historiques, critiques et politiques (par J.-Fr. de Tabary); un projet de dissertation sur les premiers Français et leurs colonies; et un supplément aux notes par forme de dictionnaire pour la noblesse. — *A Amsterdam*, 1732, in-12.

1640. — Origine de la noblesse française depuis l'établissement de la monarchie, contre le système des lettres imprimées à Lyon en 1763, dédiée à la noblesse de France, par M. le vicomte d'*** (d'Alès de Corbet). — *Paris, Guillaume Desprez, impr.*, 1766, in-12.

1641. — Les familles françaises considérées sous le rapport de leurs prérogatives honorifiques héréditaires, où recherches historiques sur l'origine de la noblesse, les divers moyens dont elle pouvait être acquise en France, l'institution des majorats, et l'établissement des ordres de chevalerie, de la Légion-d'Honneur, et des noms et armoiries. Par A. L. de Laigue,... — *De l'imprimerie royale, Paris, Petit,* 1815, in-8.

1642. — Histoire critique de la noblesse depuis le commencement de la monarchie jusqu'à nos jours, où l'on expose ses préjugés, ses brigandages, ses crimes; où l'on prouve qu'elle a été le fléau de la liberté, de la raison, des connaissances humaines, et constamment l'ennemie du peuple et des rois. Par J.-A. Dulaure,... — *Paris, Guillot, impr.,* 1790, in-8.

1643. — Dictionnaire des anoblissements, ou recueil des lettres de noblesse depuis leur origine, tiré des registres de la chambre des comptes et de la cour des aides de Paris. — *Paris, au palais Marchand,* 1788, 2 vol. in-8.

1644. — Recueil général des titres concernant les fonctions, rangs, dignités, séances et priviléges des charges des présidents trésoriers de France, généraux des finances et grands-voyers des généralités du royaume. Tiré des ordonnances royaux, édits, déclarations... Par Simon Fournival,... — *Paris, André Chouqueux,* 1655, in-fol.

Art héraldique.

1645. — Le roi d'armes, ou l'art de bien former, charger, briser, timbrer, parer, expliquer et blasonner les armoiries. Le tout enrichi d'antiquités, d'histoires, d'éloges et d'une grande quantité de blasons des armes de la plupart des illustres maisons de l'Europe, et spécialement de beaucoup de personnes de condition qui sont en France, par le R. P. Marc-Gilbert de Varennes,... Seconde édition, revue et augmentée de plusieurs pièces, par le même auteur. — *Paris, Jean Billaine,* 1640, in-fol.

1646. — Première partie du Promptuaire armorial, traitant particulièrement du blason et des observations pour bien blasonner, des mots et termes usités en ce noble art;

les émaux , leurs nombres , noms et significations ; les figures et targes , boucliers ou écus tant anciens que modernes... les blasons et figures des colliers des ordres militaires , et des marques et enseignes des principaux officiers de la couronne de France... Par Jean Boisseau ,... — *Paris, Gervais Clausier,* 1657.

— La seconde partie du Promptuaire armorial , où sont représentées les armes... des princes et principaux seigneurs du royaume de France... — *Paris , G. Clausier,* 1657.

— Troisième partie du Promptuaire armorial , contenant les noms des hommes illustres qui ont paru sous chaque règne depuis le roi Pharamond jusques à présent... Avec une table alphabétique contenant leurs noms et les blasons des armes figurées sous chaque roi... — *Paris , G. Clausier,* 1657.

— Table contenant les chapitres , qualités , noms et surnoms et armes de tous les chevaliers de l'ordre du St-Esprit depuis le jour de sa première institution jusqu'à présent. — (S. l. n. d.)

— Les noms , qualités , armes et blasons de tous les chevaliers de la Toison-d'Or... — *Paris , G. Clausier,* 1657.

— Les noms , armes et blasons des chevaliers de la Jarretière... Par Jean Boisseau ,... — *Paris , Louis Boissevin ,* (s. d.), le tout en 1 vol. in-fol.

1647. — Abrégé méthodique des principes héraldiques , ou du véritable art du blason. Par le P. C.-François Ménestrier ,... — *Lyon , Benoist Coral,* 1673, in-12.

1648. — La nouvelle méthode raisonnée du blason , pour l'apprendre d'une manière aisée ; réduite en leçons par demandes et par réponses. Par le P. F.-C. Ménestrier ,... enrichie de figures en taille-douce. Nouvelle édition... — *Lyon , chez les frères Bruyset,* 1784, in-12.

1649. — Origine des ornements des armoiries , par le R. P. C.-F. Ménestrier ,... — *Paris , pour Thomas Amaulry,* 1680, in-12.

Armoriaux ou recueils d'armoiries.

1650. — Armorial général de la France (par d'Hozier). Registre 1er, 1re (et 2e) partie. — *Paris , impr. de Jacques Collombat,* 1738, 2 vol. in-fol.

1651. — Les éloges de tous les premiers-présidents du parlement de Paris depuis qu'il a été rendu sédentaire jusques à présent. Ensemble leurs généalogies, épitaphes, armes et blasons, en taille-douce. Dédié à monseigneur le premier-président. Par Jean-Baptiste de L'Hermite-Souliers,... et François Blanchard, escuyer, sieur de La Borde. — *Paris, Cardin-Besongne, 1645.*

— Les présidents au mortier du parlement de Paris, leurs emplois, charges, qualités, armes, blasons et généalogies depuis l'an 1331 jusques à présent. Ensemble un catalogue de tous les conseillers selon l'ordre des temps et de leurs réceptions ; enrichi du blason de leurs armes et de plusieurs remarques concernant leurs familles... par François Blanchard, Bourbonnais. — *Paris, Cardin Besongne, 1647,* le tout en 1 vol. in-fol.

1652. — Histoire des connétables, chanceliers et gardes des sceaux, maréchaux, amiraux, surintendants de la navigation et généraux des galères de France, des grands-maîtres de la maison du roi et des prévôts de Paris depuis leur origine ; avec leurs armes et blasons. Ouvrage commencé et mis au jour par Jean Le Féron, l'an 1555 ; revu et continué jusques à présent. Augmenté de diverses recherches et pièces curieuses non encore imprimées... par Denys Godefroy,... — *Paris, impr. royale, 1658,* in-fol.

1653. — Histoire des secrétaires d'Etat, contenant l'origine, le progrès et l'établissement de leurs charges. Avec les éloges, les armes, blasons et généalogies de tous ceux qui les ont possédées jusqu'à présent. Par le sieur Fauvelet-du-Toc,... — *Paris, Charles de Sercy, 1668,* in-4.

* Armoiries de la salle des croisades.
(V. *Galeries du palais de Versailles,* T. VI.)

* Recueil des titres, qualités, blasons et armes des... barons des états-généraux... de Languedoc, tenus... l'année 1634.
(V. ci-dessus n° 1114.)

Histoires généalogiques.

* Les souverains du monde (traduit de l'allemand de F.-L. Bresler).
(V. ci-dessus n° 423.)

1654. — Les généalogies historiques des rois, empereurs, etc., et de toutes les maisons souveraines qui ont subsisté jusqu'à présent, exposées dans des cartes généalogiques tirées des meilleurs auteurs, avec des explications historiques et chronologiques, dans lesquelles l'on trouvera l'établissement, les révolutions et la durée des différents états du monde, l'origine des maisons souveraines, leurs progrès, alliances, droits, titres, prétentions et armoiries, avec figures. (Par Chazot de Nantigny.) Tome premier, contenant les généalogies des patriarches, rois, héros de l'antiquité et empereurs depuis Jules César jusqu'à Constantin le Grand, avec celles des plus illustres Romains. — *Paris, Pierre-François Giffard*, 1736, in-4.

(Le T. II manque.)

— Généalogie historique de la maison royale de France... avec des explications historiques et les armes différentes de chaque branche. — *Paris, Théodore Le Gras*, 1738, in-4.

(T. III des Généalogies historiques des maisons souveraines, etc.)

— Les généalogies historiques des rois, ducs, comtes, etc. de Bourgogne... aves des explications historiques et les armoiries de chaque famille. — *Paris, Le Gras, etc.*, 1738, in-4.

(T. IV des Généalogies historiques.)

— (Tables généalogiques de la maison de Bourgogne, avec les blasons jusqu'en 1702.) — In-4.

(Sans frontispice. — 2e partie du T. IV ci-dessus)

1655. — Le palais de la gloire, contenant les généalogies historiques des illustres maisons de France et de plusieurs nobles familles de l'Europe, où est compris l'origine, le progrès et la fin de diverses familles avec leurs éloges. (Par le P. Anselme.) — *Paris, Etienne Loyson*, 1664, in-4.

1656. — Histoire généalogique de la maison de France, revue et augmentée en cette troisième édition... par Scévole et Louis de Saincte-Marthe,... — *Paris, Sébastien Cramoisy, impr.*, 1647, 2 vol. in-fol.

1657. — Histoire généalogique et chronologique de la maison royale de France, des pairs, grands-officiers de la couronne et de la maison du roi et des anciens barons du royaume : avec les qualités, l'origine, le progrès et les armes de leurs familles; ensemble les statuts et le catalogue des chevaliers, commandeurs et officiers de l'ordre du S.-Esprit. Le tout dressé sur titres originaux... par le P. Anselme,... Continuée par M. Du Fourny. Troisième édition, revue, corrigée et augmentée par les soins du P. Ange (V. Vaffard) et du P. Simplicien. (L. Lucas),... — *Paris, par la compagnie des libraires*, 1726-33, 9 vol. in-fol.

1658. — La véritable origine de la seconde et troisième lignée de la maison royale de France, justifiée par plusieurs chroniques et histoires anciennes d'auteurs contemporains, épîtres des souverains pontifes et autres grands personnages, vies des saints, chartes de diverses églises et abbayes, titres publics... par le sieur du Bouchet,... — *Paris, Vᵉ Mathurin DuPuis*, 1646, in-fol.

* Examen sommaire des différentes opinions proposées sur l'origine de la maison de France, par M. de Foncemagne.
(V. *Mémoires de l'Académie des Inscriptions et Belles-Lettres*, T. XX.)

1659. — Calendrier des princes et de la noblesse de France, contenant aussi, dans une seconde partie, l'état actuel des maisons souveraines, princes et seigneurs de l'Europe, par l'auteur du Dictionnaire généalogique, héraldique, historique et chronologique... (F. A. de La Chenaye des Bois) pour l'année 1769. — *Paris, Vᵉ Duchesne*, 1769, in-12.

1660. — Revue historique de la noblesse, publiée par M. André Borel d'Hauterive, archiviste paléographe. — *Paris, au bureau de la publication*, 1841, 2 vol. in-8.
(T. I et II.)

* Les généalogies historiques des rois, ducs et comtes de Bourgogne:
(T. IV des Généalogies historiques... V. ci-dessus nᵒ 1654.)

* Histoire des rois, ducs et comtes de Bourgogne, des dauphins de Viennois et des comtes de Valentinois... par André Duchesne,...
(V. ci-dessus nᵒ 1066.)

* Histoire des ducs de Bourgogne de la maison de Valois, par de Barante.
(V. ci-dessus nᵒ 1067.)

* Histoire de la maison de Bourbon, par Desormeaux.
(V. ci-dessus nᵒ 548.)

* Histoire de Bretagne, avec les chroniques des maisons de Vitré et de Laval... Par Pierre Le Baud,...

(V. ci-dessus *n*° 1069.)

* Histoire du maréchal de Guébriant... par J. Le Laboureur,... avec l'histoire généalogique de la maison du même maréchal et de plusieurs autres des principales de Bretagne qui y sont alliées ou qui en sont descendues...

(V. ci-dessus *n*° 744.)

1661. — Histoire de la maison de Chastillon-sur-Marne... avec les généalogies des anciens comtes de S.-Paul, de Blois, de Flandres... ensemble les armes de toutes les familles nobles de France et des Pays-Bas, alliées par mariage à celles de Chastillon... par André Du Chesne,... — *Paris, en la boutique de Nivelle*, 1621, in-fol.

(Avec les preuves.)

1662. — Histoire généalogique de la maison des Chasteigners, seigneurs de La Chasteigneraye, de La Rochepozay, de Saint-Georges-de-Rexe, de Lindoys, de La Rochefaton et autres lieux, justifiée par chartes... par André Du Chesne,... — *Paris, Sébastien Cramoisy*, 1634, in-fol.

(Avec les preuves.)

1663. — Histoire généalogique de la maison du Chatelet, branche puînée de la maison de Lorraine, justifiée par les titres... par le révérend Père dom Augustin Calmet, abbé de Sénone. — *Nancy, impr. de V*ᵉ *Jean-Baptiste Cusson*, 1741, in-fol.

(Avec les pièces justificatives.)

1664. — Histoire généalogique de la maison de Montmorency et de Laval, justifiée par chartes, titres... enrichie de plusieurs figures... par André du Chesne,... — *Paris, Sébastien Cramoisy*, 1624, in-fol.

(Avec les preuves.)

1665. — Histoire de la maison de Montmorency, par M. Desormeaux. — *Paris, Desaint et Saillant*, 1764, 5 vol. in-12.

(Portraits.)

* Précis historique sur les comtes de Périgord et les branches qui en descendent, par M. de Saint-Allais,...

(V. ci-dessus *n*° 1287.)

* Histoire des comtes de Poitou et ducs de Guyenne, par Jean Besly,...
(V. ci-dessus n° 1292.)

1666. — Réponse à un écrit anonyme intitulé : « Mémoire sur les rangs et les honneurs de la cour ». (Par l'abbé Georgel.) — *Paris, Le Breton, impr., 1771, in-8.*

(Au sujet de la maison de Rohan.)

* Mémoires pour servir à l'histoire du Dauphiné sous les dauphins de la maison de La Tour du Pin.
(V. ci-dessus n° 1079.)

1667. — Joann Hübners ,... Genealogische Tabellen, nebst denen darzu gehoerigen genealogischen Vragen zur Erlaeuterung der politischen Historie. Dritter (und vierter) Theil... — *Im. Jahr, 1728-33, bey Joh. Fried. Gleditschens, in Leipsig,* 2 vol. in-fol. oblong.

(Texte allemand.)

* Stemmatum Lotharingiæ ac Barri-Ducum tomi septem... Authore Francisco de Rosières ,...
(V. ci-dessus n° 1268.)

* Traité historique et critique sur l'origine et la généalogie de la maison de Lorraine.
(V. ci-dessus n° 1267.)

* Histoire de la maison de Luxembourg, par Nicolas Vignier.
(V. ci-dessus n° 1459.)

* La généalogie des comtes de Nassau.
(V. ci-dessus n° 1463.)

* Histoire généalogique de la royale maison de Savoie, par Samuel Guichenon.
(V. ci-dessus n° 1377.)

1668. — Notice rédigée d'après le Nobiliaire de Belgique et d'autres ouvrages et documents authentiques sur la très-ancienne noble maison de Kerckhove, dite van der Varent, et sur son représentant actuel, M. le vicomte Joseph-Romain-Louis de Kerckhove-Varent; par N.-J. van der Heyden ,... — *Anvers, impr. de J.-E. Buschmann, 1856, brochure in-8.*

(Armoiries)

1669. — Jacobi Wilhelmi Imhofii regum pariumque Magnæ Britanniæ historia genealogica. — *Norimbergæ*, 1690, in-fol.

(Par suite de quelque méprise du relieur, le frontispice de cet ouvrage a été changé par le suivant : « Jacobi Wilhelmi Imhofii notitia Sancti Romani Germanici Imperii... *Stutgardiæ*, 1699 ». C'est sous ce dernier titre qu'il avait été jusqu'à ce jour inscrit dans les catalogues de la bibliothèque de Limoges)

BIOGRAPHIE.

BIOGRAPHIE GÉNÉRALE ANCIENNE ET MODERNE.

1° Dictionnaires.

(V., pour les *dictionnaires historiques*, les n°s 7-11 ci-dessus.)

1670. — Dictionnaire historique et critique, par M. Pierre Bayle. Cinquième édition, revue, corrigée et augmentée de remarques critiques, avec la vie de l'auteur, par M. des Maizeaux. — *Amsterdam, par la compagnie des libraires*, 1734, 5 vol. in-fol.

(Portrait de Bayle)

— Supplément au Dictionnaire historique et critique, par monsieur Bayle, pour les éditions de 1702 et de 1715. — — *Genève, Fabri et Barillot*, 1722, in-fol.

1671. — Analyse raisonnée de Bayle, ou abrégé méthodique de ses ouvrages, particulièrement de son Dictionnaire historique et critique, dont les remarques ont été fondues dans le texte... (Par l'abbé de Marsy.) — *Londres*, 1755, 4 vol. in-12.

(Les 4 premiers vol. — Portrait de Bayle.)

1672. — Dictionnaire historique portatif, contenant l'histoire des patriarches, des princes hébreux, des empereurs, des rois et des grands capitaines... des papes, des SS. pères... des historiens, poètes... avec leurs principaux ouvrages... des femmes savantes... des peintres, sculpteurs, graveurs... et généralement de toutes les personnes illustres ou fameuses de tous les siècles... par M. l'abbé Ladvocat,... — *Paris, Didot*, 1752, in-8.

(Le 1er vol. manque.)

1673. — Nouveau dictionnaire historique, ou histoire abrégée de tous les hommes qui se sont fait un nom par le génie, les talents, les vertus, les erreurs même, etc., depuis le commencement du monde jusqu'à nos jours; avec des tables chronologiques pour réduire en corps d'histoire les articles répandus dans ce dictionnaire, par une société de gens de lettres (Chaudon.) — *Paris, Le Jay*, 1772, 5 tomes en 6 vol. in-8.

1674. — Les grands hommes vengés, ou examen des jugements portés par M. de V. (Voltaire) et par quelques autres philosophes sur plusieurs hommes célèbres, par ordre alphabétique; avec un grand nombre de remarques critiques et de jugements littéraires, par monsieur des Sablons (l'abbé L. Mayeul Chaudon et autres). — *Amsterdam et Lyon, Jean-Marie Barret*, 1769, 2 vol. in-8.

1675. — Biographie universelle, ancienne et moderne, ou histoire, par ordre alphabétique, de la vie publique et privée de tous les hommes qui se sont fait remarquer par leurs écrits, leurs actions, leurs talents, leurs vertus ou leurs crimes. Ouvrage entièrement neuf, rédigé par une société de gens de lettres et de savants (sous la direction de L.-G. Michaud). — *Paris, chez Michaud frères*, 1811 (et années suivantes), 82 vol. in-8.

(Cet ouvrage se divise ainsi : 1° Biographie, les 52 premiers vol., 1811-1828 ; — 2° Partie mythologique, 3 vol., du vol. 53 au vol. 55 incl., 1832-33 ; — 3° Supplément (A-SQU), du vol. 56 au vol. 82, 1834-49.)

2° Ouvrages divers.

* Franc. Petrarchæ epitoma illustrium virorum. (V. *Opera Fr. Petrarchæ*.)

1676. — Les vrais pourtraicts et vies des hommes illustres, Grecs, Latins et Payens, recueillis de leurs tableaux, livres, médailles antiques et modernes, par André Thevet,... — *Paris, Ve Kerver et Guillaume Chaudière*, 1584, in-fol.

(A défaut de frontispice, le titre ci-dessus a été pris au privilège.)

1677. — Causeries du lundi, par C.-A. Sainte-Beuve,... Seconde édition. — *Paris, Garnier frères*, 1852-56, 11 vol. in-18 anglais.

1678. — Discours du comte de Bussy-Rabutin à ses enfants sur le bon usage des adversités et les évènements de sa vie. — *Paris, Anisson*, 1694, in-12.

* Histoire des plus illustres favoris anciens et modernes. (V. ci-dessus n° 225.)

1679. — Les enfants studieux qui se sont distingués par des progrès rapides et leur bonne conduite. Ouvrage propre à exciter l'émulation de la jeunesse. Septième édition... — *Paris, P. Blanchard*, 1823, in-18.

BIOGRAPHIE ANCIENNE.

1680. — Πλουτάρχου Χαιρώνεως τὰ σωζόμενα παντα. Plutarchi Chæronensis quæ extant omnia, cum Latina interpretatione Hermanni Cruserii, Gulielmi Xylandri, et doctorum virorum notis et libellis variantium lectionum... et indicibus accuratis. — *Francofurti, apud Andreæ Wecheli heredes Claudium Marnium et Joannem Aubrium*, M D XCIX, in-fol.

(Edition grecque-latine. — Malgré la généralité du titre, ce volume ne contient que les Vies.)

* Πλουτάρχου βιοι. — Plutarchi Vitæ, secundum codices parisinos recognovit Theod. Dœhner græce et latine. — *Parisiis, editore Ambrosio Firmin Didot*, 1846-47. (V. *Plutarchi opera.*)

1681. — Plutarchi Cheronei Græcorum Romanorumque illustrium vitæ... — *Basileæ, apud Mich. Isingrinium, anno* M D L, in-fol.

(Edition latine sans le texte. — Cette traduction est l'ouvrage de plusieurs auteurs ; elle se termine par une Vie de Charlemagne, également en latin, de *Donat Acciajuoli*. — Les vies d'Alcibiade et de Démétrius qui se trouvent dans ce recueil sont aussi de cet auteur, auquel on attribue encore celles d'Annibal et de Scipion. — V. *Biog. univ. de Michaud*, au mot *Acciajuoli*)

1682. — Le même ouvrage, même édition. — In-fol.

1683. — Les Vies des hommes illustres, Grecs et Romains, comparees l'une avec l'autre par Plutarque de Chæronnee, Translatees premierement de Grec en François par maistre Jaques Amyot,... et depuis en ceste seconde edition reveues et corrigees en infinis passages par le mesme translateur,... à l'aide de plusieurs exemplaires vieux, escrits à la main... Ausquelles sont adjoustees de nouveau les vies de Hannibal et de Scipion l'Africain, traduittes de Latin en François par Charles de l'Ecluse. — *A Lyon, pour Loys Cloquemin et Estienne Michel*, M D LXXII, in-fol.

1684. — Les Vies des hommes illustres Grecs et Romains... — En ceste edition sont toutes les médalles des Illustres Grecs et Romains. — *A Paris, chez Jean de Latre*, M D LXXVIII, in-8.

(Le T. II seulement.)

1685. — Les Vies des hommes illustres de Plutarque, revues sur les Mss., et traduites en français, avec des remarques historiques et critiques et le supplément des comparaisons qui ont été perdues. On y a joint les têtes que l'on a pu trouver et une table générale des matières. Par. M. Dacier,... — *Paris, Michel Clousier*, 1721, 9 vol. in-4.

(Le T. IX porte : « Les Vies des hommes illustres omises par Plutarque... traduites de l'anglais de Thomas Rowe par M. l'abbé Bellenger. — *Paris, P. Emery*, 1734 ».)

1686. — Abrégé des hommes illustres de Plutarque, à l'usage de la jeunesse, par le citoyen Acher. T. Ier. — *Beauvais-Oise, impr. Desjardins, an IV*, in-12.

(Ce vol., d'après Quérard, est le seul de cette édition. Une autre édition, Lyon, 1807-1811, porte 4 vol. in-12.)

1687. — Διογένους Λαερτίου περὶ βίων... — Diog. Laert. de Vitis, dogm. et apophth. clarorum philosophorum, Libri X. (Interprete P. Ambrosio Traversari.) Hesichii ill. de iisdem Philos. et de aliis scriptoribus Liber. (Hadriano Junio interp.) Pythag. philosophorum fragmenta. Omnia Græcè et Lat. ex editione II. (Interprete Gul. Cantero.) Is. Casauboni notæ ad lib. Diogenis, multc auctiores et emendatiores. — *Excud. Henr. Steph., anno* M D LXXXXIV (1594), in-8.

1688. — Le Diogene françois tiré du Grec, ou Diogene Laertien, touchant les vies, doctrines et notables propos des plus illustres Philosophes compris en dix Livres. Traduit et paraphrasé sur le Grec par M. François de Fougerolles,... avec des annotations... — *A Lyon, pour Jean-Ant. Huguetan,* м DC I, in-8.

1689. — Les Vies des plus illustres philosophes de l'anti-quité, avec leurs dogmes, leurs systèmes, leur morale et leurs sentences les plus remarquables ; traduites du grec de Diogène Laërce ; auxquelles on a ajouté la vie de l'auteur, celles d'Epictète, de Confucius, et leur morale, et un abrégé historique de la vie des femmes philosophes de l'antiquité; avec portraits. (Par J.-H. Schneider ou de Chaufepié.) — *Amsterdam, chez J.-H. Schneider,* 1758, 3 vol. in-12.

1690. — AEmilii Probi, seu Cornelii Nepotis liber de vita excellentium imperatorum, a Dionysio Lambino Monstro-liensi,... complurib. locis emendatus, et commentariis... explicatus : Nunc primùm in lucem editus... — *Lutetiæ, apud Joannem Bene natum,* CIƆ. IƆ. LXVIIII (1569), in-4.

1691. — Cor. Nepotis vulgo Æmilii Probi de vita Excel-lentium Imperatorum Græcorum ac Romanorum. Cum com-mentariis Dionysii Lambini,... auctis nuper atque emendatis. Accesserunt Commentarii, Adnotationes, et Notæ, Gyberti Longolii, Hieronymi Magii et Joannis Savaronis, cum Excerptis è vetusto codice ms. P. Danielis. Præfixâ chrono-logia Impp. Græciæ apud Probum, per Olympiadas. Cum Indicibus... — *Francofurti, apud Claud. Marnium, et hered. Jo. Aubrii,* м DC VIII, in-fol.

1692. — Æmilius Probus, seu Corn. Nepos de vita excel-lentium imperatorum. Cum indice... Mendis expurgatus ad usum studiosæ juventutis. — *Venetiæ, apud Jacobum de Heuqueville,* 1715, in-18.

1693. — Les Vies des grands capitaines de la Grèce de Cornelius Nepos, traduites en français avec le latin à côté, par le P. Vinancourt,... — *Poitiers, Jacques Faulcon, impr.,* 1718, in-12.

* Les Vies de Cornelius Nepos. Nouvelle édition, par P.-F. de Calonne... et Amédée Pommier,...
(V. *Bibliothèque Panckoucke.*)

1694. — C. Plinii Secundi Novocomensis de viris illustribus liber, Philippi Præpositi Poncherii commentariis
illustratus. — *Parisiis, apud Joannem Ludoicum Tiletanum*,
1542, in-4.

(Attribué par quelques auteurs à Corn. Nepos, par d'autres à Suétone
Tranquille, par d'autres enfin à Aurelius Victor, qui vivait au IVe siècle. —
Nombreuses notes marginales manuscrites.)

* C. Suetonii Tranquilli, de illustribus grammaticis et claris
rhetoribus.
(V. ci-dessus n°s 344 et suiv.)

1695. — Iconographie grecque, par E.-Q. Visconti,... —
Paris, impr. de P. Didot l'aîné, 1811, 3 vol. in-4.

(Avec atlas in-fol.)

1696. — Iconographie romaine, par le chevalier
E.-Q. Visconti,... — *Paris, impr. de Didot l'aîné*, 1817,
in-4.

(Avec atlas in-fol. — Le T Ier seulement, renfermant une planche et
12 articles de supplément pour l'iconographie grecque)

* Vies des anciens orateurs grecs avec des réflexions sur
leur éloquence et des traductions de quelques-uns de leurs
discours. (Par Feudrix de Bréquigny.)
(V. *la division* BELLES-LETTRES.)

1697. — Histoire des sept sages, par M. de Larrey,... —
Rotterdam, Fritsch et Boehm, 1714, in-12.

1698. — Recherches sur la vie et les écrits d'Homère,
traduites de l'anglais de Blackwell, par J.-N. Quatremère de
Roissy — *Paris, Nicolle*, 1798, in-8.

* Vie de Socrate, par Charpentier.
(V. ci-dessus n° 274, T. II.)

1699. — De vita et moribus Epicuri libri octo, authore
Petro Gassendo,... — *Lugduni, apud Guillelmum Barbier*,
1647, in-4.

* Vie de Sénèque, par Diderot.
(V. *ses œuvres*.)

* Philostrati vita Apollonii Tyanei.
(V. *Philostrati opera*.)

1700. — Libro di Marco Aurelio con l'horologio de' prencipi, distinto in IIII. volumi. Composto per il molto reverendo Signor Don Antonio di Guevara,... Con la giunta del Quarto Libro, già tradotto di lingua Spagnuola in Italiana... — *In Venetia, appresso Fabio et Agostino Zoppini Fratelli*, M D LXXXI, in-4.

* Vie de Rufin, prêtre d'Aquilée (par dom Gervaise).
  (V. *la division* RELIGION.)

* Bélisaire, par Marmontel.
  (V. *la division* BELLES-LETTRES.)

BIOGRAPHIE MODERNE.

1° Ouvrages généraux.

* Le Biographe, journal biographique, littéraire, scientifique, théâtral et bibliographique. — N°s 5 à 40 (1828-29).
  (V. *la division* BELLES-LETTRES.)

* Isidori Hispalensis de viris illustribus liber.
  (V. *Isidori opera.*)

1701. — Pauli Jovii Novocomensis episcopi Nucerini Elogia Virorum bellica virtute illustrium, Septem libris jam olim ab Authore comprehensa, Et nunc ex ejusdem Musæo ad vivum expressis Imaginibus exornata. — *Petri Pernæ typographi Basil., opera ac studio*, M D LXXV. — Pauli Jovii,... Elogia virorum litteris illustrium... — *Petri Pernæ,... Basil...* M D LXXVII, 2 tomes en 1 vol. in-fol.

1702. — Les hommes illustres de M. de Campion. T. Ier, 1re partie. — *Imprimé à Rouen par L. Maurry, pour Aug. Courbé*, 1657, in-4.

(La 1re partie du tome Ier seulement)

* Le château d'Eu. — Notices historiques par M. J. Vatout, premier bibliothécaire du roi.
  (V. *la division* SCIENCES ET ARTS.)

* Galeries historiques du palais de Versailles.
  (V. *ibid.*)

1703. — Edouard III et le régent, ou essai sur les mœurs du xive siècle, par M Aug. Vidalin, conseiller à la cour royale de Colmar, auteur de l'Esprit des institutions. — *Paris, Féret,* 1843, in-8.

(Portraits.)

* Vie des hommes illustres et des grands capitaines français et étrangers du xvie siècle, par Brantôme.
(V. *ses œuvres,* et ci-dessus *n*° 763.)

1704. — Histoire catholique, où sont décrites les vies, faits et actions héroïques et signalées des hommes et dames illustres qui, par leur piété ou sainteté de vie, se sont rendus recommandables dans les xvi. et xvii siècles, divisée en quatre livres par le P. Hilarion de Coste,... — *Paris, Pierre Chevalier,* 1625, in-fol.

1705. — Etudes e portraits, par M. Auguste Vidalin, conseiller à la cour de Colmar, auteur du Souverain ou Esprit des institutions (William Pitt, Charles Fox, George Canning, madame Roland, Daunou, amiral Duperré, Andrieux). — *Paris, Féret,* 1852 in-8.

1706. — Le Nécrologe universel du xixe siècle. Revue générale biographique et nécrologique, historique, nobiliaire, généalogique, politique, parlementaire... Par une société de gens de lettres, d'historiens et de savants français et étrangers sous la direction de M. E. Saint-Maurice Cabany,... — *Paris, au bureau de rédaction...* 1845-54, 9 vol. in-8.

(Les 9 premiers vol.)

2°¡Hommes célèbres dans les sciences, les lettres et les arts.

1707. — Académie des Sciences et des Arts, contenant les vies et les éloges historiques des hommes illustres qui ont excellé en ces professions depuis environ quatre siècles parmi diverses nations de l'Europe; avec leurs portraits tirés sur des originaux au naturel et plusieurs inscriptions funèbres, exactement recueillies de leurs tombeaux, par Isaac Bullart,... Tome second. — *Paris, Louis Bilaine,* 1682, in-fol.

1708. — Les éloges des hommes savants, tirés de l'histoire de M. de Thou, avec des additions contenant l'abrégé de leur vie, le jugement et le catalogue de leurs ouvrages, par Antoine Teissier,... — *Genève, Jean Herman Widerhold*, 1683, 2 vol. in-12.

1709. — Mémoires de Mlle Clairon, de Lekain, de Préville, de Dazincourt, de Molé, de Garrick, de Goldoni, avec avant-propos et notices, par M. F^s Barrière. — *Paris, Firmin Didot frères*, 1855, in-18.

(Le faux-titre porte : « Bibliothèque des mémoires relatifs à l'histoire de France pendant le xviiie siècle... T. VI.)

BIOGRAPHIE FRANÇAISE.

1° Ouvrages généraux.

* (V. ci-dessus n°s 546-550 pour] la *Biographie des rois et reines de France.*)

1710. — Les Vies des hommes illustres de la France depuis le commencement de la monarchie jusqu'à présent, par M. d'Auvigny. — *A Amsterdam, et se vend à Paris, chez Le Gras*, 1739-68, 24 vol. in-12.

(Il manque les vol. 21, 22 et 27. — Le T. XIII porte en sus au frontispice : « Les grands capitaines », mais n'indique pas l'auteur. Les T. XVI-XVIII portent : « Les Vies... continuées par M. l'abbé Pérau,..» Les T. XXIV-XXVII sont de F.-René Turpin.)

1711. — Le Nécrologe des hommes célèbres de France, par une société de gens de lettres (Poinsinet de Sivry, Palissot, Castillon, Lalande, François de Neufchâteau, Maret et autres). — *Paris, impr. de G. Desprez*, 1768, in-12.

(Année 1768 seulement.)

1712. — Le Plutarque français, vies des hommes et femmes illustres de la France, avec leurs portraits en pied publié par Ed. Mennechet. — *Paris, impr. de Crapelet*, 1838-44, 8 vol. grand in-8.

1713. — Le Plutarque français, vies des hommes et des femmes illustres de la France depuis le cinquième siècle jusqu'à nos jours ; avec leurs portraits en pied, gravés sur acier ; ouvrage fondé par M. Ed. Mennechet. Deuxième édition, publiée sous la direction de M. T. Hadot. — *Paris, Langlois et Leclercq*, 1844-47, 5 vol. grand in-8.

(Il manque le T. V)

* Eloges, par Thomas, de l'Académie Française.
(V. *ses œuvres*, T. III et IV.)

1714. — Portraits des personnages français les plus illustres du xvie siècle, reproduits, en fac-simile, sur les originaux, dessinés aux crayons de couleur par divers artistes contemporains ; recueil publié avec notices par P.-G.-J. Niel. — *Paris, M.-A. Lenoir*, 1848-185..., 2 vol. in-fol.

(1re et 2e série. — En cours de publication.)

* Originaux du xviiie siècle, par Paul de Musset.
(V. *la division* BELLES-LETTRES.)

1715. — Galerie de portraits du dix-huitième siècle (par Arsène Houssaye). Cinquième édition... — *Paris, Victor Lecou*, 1854, 2 vol. in-18.

1716. — Galerie nationale des notabilités contemporaines. Annales biographiques des principaux fonctionnaires, des représentants, conseillers d'état, diplomates, magistrats ; des membres du clergé, de l'administration et des finances ; des officiers supérieurs de l'armée et de la marine, et des savants, littérateurs, artistes et industriels distingués de la France, par une société de gens de lettres et d'historiens, sous la direction de E. Saint-Maurice Cabany,... — *Paris, bureaux et administration du Musée biographique*, 1851, T. III, in-8.

2° Biographie locale française.

* Biographie des hommes illustres du Limousin.
(V. ci-dessus n°s 1189 et suiv.)

* Bibliothèque du Poitou.
(V. ci-dessus n° 1291.)

* Biographie des troubadours.
(V. *Choix de poésies originales des troubadours*, par M. Raynouard, T. V.)

3° Biographie des Français célèbres dans les sciences et les lettres.

* Histoire littéraire de la France... par des religieux bénédictins de la congrégation de St-Maur.
(V. *la division* BELLES-LETTRES.)

1717. — Premier volume de la bibliothèque du sieur de La Croix du Maine. Qui est un catalogue general de toutes sortes d'Autheurs, qui ont escrit en François depuis cinq cents ans et plus jusques à ce jourd'huy (1584) : avec un Discours des vies des plus illustres et renommez entre les trois mille qui sont compris en cet œuvre, ensemble un recit de leurs compositions, tant imprimees qu'autrement... Sur la fin de ce livre se voient les dessins et projects dudit sieur de la Croix... pour dresser une bibliotheque parfaite et accomplie en toutes sortes. Davantage se voit le Discours de ses œuvres et compositions, imprimé derechef sur la copie qu'il fist mettre en lumiere l'an 1579. — *A Paris, Chez Abel l'Angelier*, M D LXXXIIII, in-fol.

(Notes marginales manuscrites.)

1718. — La bibliotheque d'Antoine du Verdier, seigneur de Vauprivas, Contenant le Catalogue de tous ceux qui ont escrit, ou traduict en François, et autres Dialectes de ce Royaume, ensemble leurs œuvres imprimees et non imprimees, l'argument de la matiere y traictee... Aussi y sont contenus les livres, dont les autheurs sont incertains. Avec un discours sur les bonnes lettres, servant de Préface. Et a la fin un supplement de l'Epitome de la Bibliotheque de Gesner. — *A Lyon, par Barthelemy Honorat*, M D LXXXV, in-fol.

1719. — Eloges des hommes illustres qui, depuis un siècle, ont fleuri en France dans la profession des lettres, composés en latin par Scévole de Sainte-Marthe, et mis en français par G. Colletet. — *Paris, Ant. de Sommaville*, 1644, in-4.

1720. — Histoire littéraire de la congrégation de Saint-Maur, ordre de S.-Benoît, où l'on trouve la vie et les travaux des auteurs qu'elle a produits depuis son origine, en 1648, jusqu'à présent, avec les titres, l'énumération, l'analyse, les différentes éditions des livres qu'ils ont donnés au public, et le jugement que les savants en ont porté : ensemble la notice de beaucoup d'ouvrages manuscrits composés par des bénédictins du même corps (par dom Tassin). — *Bruxelles et Paris, Humblot*, 1770, in-4.

(Caract. ronds.)

* La France littéraire (par les abbés d'Hebrail et de La Porte).

(V. *la division* BELLES-LETTRES.)

1721. — Les trois siècles de notre littérature, ou tableau de l'esprit de nos écrivains depuis François Ier jusqu'en 1772, par ordre alphabétique. (Par Sabatier de Castres.) — *Amsterdam et Paris, Gueffier*, 1772, 3 vol. in-8.

* Pièces intéressantes pour servir à l'histoire des grands hommes de notre siècle, par M. Poullin de Fleins.

(V. *la division* BELLES-LETTRES.)

* La France littéraire, ou Dictionnaire bibliographique des savants, historiens et gens de lettres de la France... Par J.-M. Quérard.

(V. *ibidem.*)

* Éloges des présidents du parlement de Paris, par de l'Hermite-Souliers et Blanchard de La Borde.

(V. ci-dessus n° 1651.)

1722. — Histoire des quarante fauteuils de l'Académie Française depuis sa fondation jusqu'à nos jours, 1635-1855. Par M. Tyrtée Tastet. — *Paris, au comptoir des imprimeurs unis*, 1844-55, 4 vol. in-8.

1723. — Eloges des académiciens de l'Académie royale des Sciences morts depuis 1666 jusqu'à 1699, par le Mis de Condorcet,... — *Paris, hôtel de Thou*, 1773, in-12.

* Eloges des académiciens de l'Académie des Sciences morts depuis 1666 jusqu'en 1790, par le Mis de Condorcet.

(V. *ses œuvres*, T II et III.)

(V. aussi *OEuvres de Fontenelle*, T. V et VI.)

* Abélard, par Charles de Rémusat.

(V. *la division* SCIENCES ET ARTS.)

1724. — Histoire du syndicat d'Edmond Richer, par Edmond Richer lui-même. — *Avignon, Alexandre Girard*, 1753, in-8.

1725. — La vie d'Edmond Richer, docteur de Sorbonne, par M. Adrien Baillet,... — *Liége*, 1714, in-12.

1726. — Etienne de La Boëtie, ami de Montaigne : étude sur sa vie et ses ouvrages, précédée d'un coup-d'œil sur les origines de la littérature française, par Léon Feugère,... — *Paris, Jules Labitte*, 1845, in-8.

1727. — Théodore Agrippa d'Aubigné : sa vie, ses œuvres et son parti : thèse pour le doctorat, par M. A. Postansque, professeur agrégé d'histoire. — *Montpellier, de l'impr. de Jean Martel aîné*, 1854, in-8.

1728. — Corneille et son temps : étude littéraire par M. Guizot. Nouvelle édition : 1º De l'état de la poésie en France avant Corneille; 2º Essai sur la vie et les œuvres de Corneille : éclaircissements et pièces historiques; 3º Essai sur trois contemporains de Corneille : Chapelain, Rotrou et Scarron. — *Paris, Didier*, 1852, in-8.

* Histoire de la vie et des ouvrages de P. Corneille, par M. J. Taschereau. Seconde édition, augmentée. — *Paris, P. Jannet*, 1855.
(Bibliothèque elzévirienne. — V. *OEuvres de P. Corneille.*)

1729. — Histoire abrégée de la vie et des ouvrages de M. Arnauld. (Par Pasquier Quesnel.) — (S. l. n. n.) 1697, in-12.

1730. — Recueil de plusieurs pièces concernant l'origine, la vie et la mort de M. Arnauld, docteur de Sorbonne. — *Liége*, 1697, in-12.

* Vie de Nicole. (Par l'abbé Goujet.)
(V. *Essais de morale de Nicole*, T. XIV.)

1731. — Histoire de la vie et des ouvrages de J. de La Fontaine, par C.-A. Walckenaer,... Troisième édition, corrigée, augmentée et ornée de gravures. — *Paris, A. Nepveu*, 1824, in-8.

(Portrait de La Fontaine)

1732. — Lettres, opuscules et mémoires de Mᵐᵉ Périer et de Jacqueline, sœurs de Pascal, et de Marguerite Périer, sa nièce, publiés sur les manuscrits originaux, par M. P. Faugère. — *Paris, Auguste Vaton*, 1845, in-8.

1733. — Vie de M. Bossuet, évêque de Meaux, par M. de Burigny,... — *Bruxelles et Paris, Debure l'aîné*, 1761, in-12.

1734. — Abrégé de la vie de dom Jean Mabillon, prêtre et religieux bénédictin de la congrégation de St-Maur, par dom Thierri Ruinart,... — *Paris, Ve François Muguet*, 1709, in-12.

(Portrait de Mabillon.)

1735. — Histoire de la vie et des ouvrages de messire François de Salignac de La Mothe-Fénélon, archevêque duc de Cambray. (Par And.-Michel de Ramsay.) — *Amsterdam, François L'Honoré*, 1727, in-12.

(Portrait de Fénélon.)

1736. — Fontenelle, ou de la philosophie moderne relativement aux sciences physiques, par P. Flourens,... — *Paris, Paulin*, 1847, in-12.

1737. — De l'éloquence judiciaire au dix-septième siècle : Antoine Lemaistre et ses contemporains, par Oscar de Vallée, avocat-général à la cour impériale de Paris. — *Paris, Garnier frères*, 1856, in-8.

* Histoire du chancelier d'Aguesseau, par A. Boullée.
(V. ci-dessus *n°* 1196.)

1738. — Voltaire : recueil des particularités de sa vie et de sa mort, par le R. P. Elie Harel,... — *Porentruy et Paris, Guillot* (1781), in-8.

1739. — La vie de Voltaire, par M*** (l'abbé Théoph.-J. Duvernet). — (S. l. n. n.) 1787, in-8.

* La vie de Voltaire, par le marquis de Condorcet, suivie des mémoires de Voltaire écrits par lui-même...
(V. *OEuvres de Voltaire*, T. LXX.)

1740. — Léon Ménard, sa vie et ses ouvrages, d'après les documents originaux les plus authentiques, manuscrits autographes, papiers de famille, etc., par A. Germain, professeur d'histoire à la Faculté des Lettres de Montpellier. — *Montpellier, impr. de J. Martel aîné*, 1857, in-4.

(Portrait de Léon Ménard.)

* Les confessions de J.-J. Rousseau.
(V. *ses œuvres*.)

1741. — Recueil de lettres de M. J.-J. Rousseau et autres

pièces relatives à sa persécution et à sa défense ; le tout transcrit d'après les originaux. — *Londres, T. Becket et P.-A. de Hondt,* 1766, in-12.

1742. — Eloge de M. d'Alembert, lu dans l'assemblée publique de l'Académie des Sciences le 21 avril 1784. (Par Condorcet). — *Paris, Moutard, impr.,* 1784, in-12.

* Vie de Turgot, par Condorcet.
  (V. *OEuvres de Condorcet.* —V. encore ci-dessus *n*os 1203-1206.)

* Mémoires de Marmontel.
  (V. ci-dessus *n*o 1198.)

1743. — Eloge historique de François Rozier restaurateur de l'agriculture française, par Arsenne Thiébaut de Berneaud. — *Paris, impr. de A. Barbier,* 1833, in-8.

1744. — Notice historique sur Broussais [François-Joseph-Victor], médecin,... Par M. Priou,... — *Nantes, Forest, impr.,* 1841, brochure in-8.

(Portrait de Broussais.)

1745. — Notice biographique sur M. J.-J. Duboys [d'Angers], officier de la Légion-d'Honneur, conseiller honoraire à la cour royale de Paris, ancien député de Maine-et-Loire, ancien procureur général à Angers, par Amédée de Cesena. — *Angers, impr. de Cosnier et Lachèse,* 1846, brochure in-8.

Hommes d'Etat.

* Histoire de Suger, par dom Gervaise.
  (V. ci-dessus *n*o 659.)

* Histoire de l'administration du cardinal d'Amboise, par Michel Baudier.
  (V. ci-dessus *n*o 688.)

1746. — Histoire du cardinal de Tournon, ministre de France sous quatre de nos rois, par le P. Charles Fleury,... — *Paris, d'Houry, impr.,* 1728, in-8.

Portrait du cardinal de Tournon.

1747. — Vie du cardinal d'Ossat. (Par Mme d'Arconville.) — *Paris, Herissant le fils,* 1771, 2 vol. in-8.

1748. — L'histoire du cardinal duc de Joyeuse, à la fin de laquelle sont plusieurs mémoires, lettres, dépêches, instructions, ambassades, relations et autres pièces non encore imprimées, par le sieur Aubery,... — *Paris, Robert Denain,* 1654, in-4.

* Mémoires de Philippe de Mornay, seigneur du Plessis-Marli.
(V. ci-dessus n° 624.)

* Histoire du cardinal de Bérulle , par l'abbé Tabaraud.
(V. *la division* RELIGION.)

1749. — Histoire de la vie du R. Père Joseph Le Clerc du Tremblay, capucin, instituteur de la congrégation des Filles-du-Calvaire, réformateur de l'ordre de Fontevrault, employé par le roi Louis XIII dans les plus importantes affaires de l'Etat, nommé au cardinalat, par M. l'abbé Richard. — *Paris,* Jacq. Le Febvre , 1702 , 2 vol. in-12.

(Portrait du P. Joseph.)

* Histoire du cardinal duc de Richelieu, par Aubery.
(V. ci-dessus n° 730.)

* Vie de Richelieu. (Par Jean Le Clerc.)
(V. ci-dessus n° 731.)

Hommes de guerre.

(Nota. Les vies particulières des hommes de guerre ont été placées à l'histoire des règnes auxquels elles appartiennent)

* Hommes illustres et capitaines français, par Brantôme.
(V. *ses œuvres.*)

1750. — Les Vies de plusieurs grands capitaines français, recueillies par Mre F. de Pavie , baron de Forquevauls. — *Paris, Jean du Bray,* 1643, in-4.

* Etats de services des officiers de tous grades des armées de la république française.
(V. ci-dessus n° 970.)

* La Haute-Vienne militaire , par le baron Gay de Vernon.)
(V. ci-dessus n° 1225.)

1751. — Notice sur M. Le Chanteur, commissaire principal de la marine, suivie d'actes inédits relatifs aux siéges de Flessingue et d'Anvers en 1809 et 1814, par M. Edouard Thierry. — *Cherbourg, impr. de Thomine*, 1848, brochure petit in-8.

Biographie des Français célèbres par les évènements auxquels ils ont pris part ou par leurs aventures.

(V. *Histoire de France*, passim.)

1752. — Le courtisan prédestiné, ou le duc de Joyeuse capucin, divisé en deux parties, par feu M. de Caillère, maréchal de bataille des armées du roi, etc. Nouvelle édition, revue, corrigée et augmentée de notes pour servir à l'intelligence de quelques faits de l'histoire rapportés dans la vie de ce duc. — *Paris, Musier*, 1728, in-12.

(Portrait du duc de Joyeuse.)

BIOGRAPHIE ÉTRANGÈRE.

Biographie espagnole.

(V. *Histoire d'Espagne*, passim.)

Biographie italienne.

1753. — De Marini Sanuti vita et scriptis thesim Facultati Litterarum parisiensi proponebat A. Postansque, in eadem Facultate jam licentiatus, ad doctoris gradum promovendus. — *Monspellii, e typis Johannis Martel natu majoris*, 1855, in-8.

1754. — La Vie du père Antoine Possevin, de la compagnie de Jésus, où l'on voit l'histoire des importantes négociations auxquelles il a été employé en qualité de nonce de Sa Sainteté en Suède, en Pologne et en Moscovie, etc. (Par le P. Jean d'Origny.) — *Paris, Jean Muzier,* 1712, in-12.

1755. — Mémoires de M. Goldoni pour servir à l'histoire de sa vie et à celle de son théâtre... — *Paris, V⁰ Duchesne,* 1787, 3 vol. in-8.

(Portrait de Goldoni)

1756. — Vie et mémoires de Scipion de Ricci, évêque de Pistoie et Prato, réformateur du catholicisme en Toscane sous le règne de Léopold ; composés sur les manuscrits autographes de ce prélat et d'autres personnages célèbres du siècle dernier, et suivis de pièces justificatives tirées des archives de M. le commandeur Lapo de Ricci, à Florence, par de Potter. — *Paris, impr. de J. Tastu,* 1826, 4 vol. in-8.

(Portrait de Scipion de Ricci)

Biographie allemande, flamande, hollandaise, suédoise, etc.

* Historia et monumenta Joannis Hus atque Hieronymi Pragensis...
     (V. *la division* RELIGION.)

* Lettres de Jean Hus,... traduites du latin en français, et suivies d'une notice sur les œuvres de J. Hus par Emile de Bonnechose,...
     (V. *ibidem.*)

* Mémoires de Luther, écrits par lui-même, traduits et mis en ordre par M. Michelet,... suivis d'un essai sur l'histoire de la religion et des biographies de Wicleff, Jean Huss, Erasme, Mélanchton, Hutten et autres prédécesseurs et contemporains de Luther.
     (V. *ibidem.*)

1757. — Esquisse historique de Gutenberg, par J.-P. Gama,... — *Paris, Germer Baillère,* 1857, brochure in-8.

1758. — Autobiographie de Swedenborg sous ce titre : Réponse à une lettre qu'un ami m'a écrite ; traduite du latin par J.-F.-E. Le Boys des Guays, sur l'édition princeps. — [*Londres,* 1769.] — *Saint-Amand* [*Cher*], *à la librairie de la Nouvelle-Jérusalem,* 1851, brochure in-18.

Biographie anglaise, écossaise, irlandaise.

1759. — La vie du chancelier François Bacon, traduite de l'anglais (de David Mallet, par Pouillot). — *Amsterdam (Paris, Saillant)*, 1755, in-12.

1760. — Shakspeare et son temps, étude littéraire, par M. Guizot. Nouvelle édition. 1° Essai sur la vie et les œuvres de Shakspeare ; 2° Notices historiques sur les principales pièces de Shakspeare... — *Paris, Didier,* 1852, in-8.

1761. — Notice sur la vie et les écrits du Dr Robertson. (Signée à la fin : S. (Suard). — (S. l. n. d.) Brochure in-8.

(Sans frontispice.)

1762. — Aperçu historique et généalogique (sur la famille Egerton). — (S. l. n. n., 21 mai 1807.) Brochure in-4.

1763. — Extrait, avec additions, du n° 44 [volume XI], du Monthly Repertory du mois de novembre 1840, publié par M. Galignani... (sur la même famille). — Brochure in-8.

1764. — A compilation of various autentick evidences and historical autorities tending to illustrate the life and character of Thomas Egerton,... and the nature of the times, in which he was lord Keeper and lord high chancellor : also a sketch of the lives of John Egerton, tird duke of Bridgewater. By Francis Henry Egerton. — *Paris, Didot aîné*, 1812, brochure in-fol.

(3 exemplaires.)

BIOGRAPHIE D'ARTISTES CÉLÈBRES.

Peintres, sculpteurs, architectes, musiciens, de toutes les nations.

* Abecedario de P.-J. Mariette, et autres notes inédites de cet amateur sur les arts et les artistes,... publié... par Ph. de Chennevières et A. de Montaiglon.
(V. *Archives de l'art français, division* SCIENCES ET ARTS.)

1765. — Abrégé de la vie des peintres, avec des réflexions

sur leurs ouvrages, et un traité du peintre parfait; de la connaissance des dessins; de l'utilité des estampes, par M. de Piles. Seconde édition, revue et corrigée par l'auteur; avec un abrégé de sa vie et plusieurs autres additions. — *Paris, Jacques Estienne*, 1715, in-12.

* Vies et œuvres (gravées au trait) des peintres les plus célèbres, par C.-P. Landon.
(V. *la division* SCIENCES ET ARTS.)

1766. — Histoire des peintres de toutes les écoles depuis la renaissance jusqu'à nos jours, par M. Charles Blanc,... accompagnée du portrait des peintres, de la reproduction de leurs plus beaux tableaux, et du fac-simile de leurs signature, marques et monogrammes, avec notés, recherches et indications, par M. J.-G. Armengaud. — *Paris, J. Renouard et C*^{ie}, 1849-185...

(Les 150 premières liv., formant 3 vol. in-4. — En publication.)

1767. — Recherches sur la vie et les ouvrages de quelques peintres provinciaux de l'ancienne France, par Ph. de (Chennevières) Pointel. — *Paris, Dumoulin*, 1847-54, 3 vol. in-8.

1768. — Portraits inédits d'artistes français, texte par Ph. de Chennevières, lithographies et gravures par Frédéric Legrip. — *Paris, Vignères* (s. d.), in-fol.

(Les 3 premières liv. — En publication.)

* Emailleurs et émaillerie de Limoges, par Maurice Ardant.
(V. ci-dessus n° 1178.)

* Ecole française : Eustache Lesueur, sa vie et ses œuvres, par M. L. Vitet, dessins par M. Gsell, publié par Challamel.
(V. *la division* SCIENCES ET ARTS.)

1769. — Eloge biographique de Maurice-Quentin de La Tour, peintre du roi Louis XV,... suivi de notes et documents historiques par Ernest Dréolle de Nodon,... — *Paris, Amyot*, 1856, in-8.

(Portrait de de La Tour.)

1770. — Histoire de la vie et des ouvrages de Michel-Ange Buonarotti, ornée d'un portrait, par M. Quatremère de Quincy,... — *Paris, Firmin Didot frères*, 1835, in-8.

1771. — Histoire de la vie et des ouvrages de Raphaël, ornée d'un portrait, par M. Quatremère de Quincy,... Troisième édition, revue et augmentée. — *Paris, Firmin Didot frères*, 1835, in-8.

1772. — Appendice à l'ouvrage intitulé : « Histoire de la vie et des ouvrages de Raphaël, par M. Quatremère de Quincy,... » accompagné de renseignements sur divers artistes. Dédié au Cᵗᵉ Ernest et à Marie de Maleville par leur grand-père Bⁿ Boucher Desnoyers,... — (S. l. n. n.) 1852, grand in-4.

(Gravures.)

* Mémoires de Benvenuto Cellini.
 (V. *ses œuvres, division* SCIENCES ET ARTS.)

1773. — Canova et ses ouvrages, ou mémoires historiques sur la vie et les travaux de ce célèbre artiste, par M. Quatremère de Quincy,... — *Paris, Adrien Le Clère et Cⁱᵉ*, 1834, in-8.

(Portrait de Canova.)

* Galerie des peintres flamands et hollandais... par Lebrun.
 (V. *la division* SCIENCES ET ARTS.)

1774. — Recueil historique de la vie et des ouvrages des plus célèbres architectes. (Par J. Félibien.) — *Paris, Louis Lucas*, 1690, in-4.

1775. — Notice sur la vie et les ouvrages de Nicolas Piccinni, par P.-L. Guinguené,... — *Paris, Vᵉ Panckoucke*, an IX, in-8.

BIOGRAPHIE DES FEMMES CÉLÈBRES.

1776. — Les éloges et vies des reines, princesses, dames et damoiselles illustres en piété, courage et doctrine qui ont fleuri de notre temps et du temps de nos pères ; avec l'explication de leurs devises, emblèmes, hiéroglyphes et symboles... par F. Hilarion de Coste,... — *Paris, Sébastien Cramoisy*, 1630, in-4.

* Vies des dames galantes, par Brantôme.
(V. *ses œuvres*.)

* Les femmes de la révolution , par Michelet.
(V. ci-dessus *n°* 918.)

1777. — Histoire de Tullie , fille de Cicéron, par une dame illustre (la marquise de Lassay). — (S. l. n. n.) 1726 , in-12.

1778. — Histoire de madame de Sévigné, de sa famille et de ses amis , suivie d'une notice historique sur la maison de Grignan , par J.-Ad. Aubenas. — *Paris, A. Allouard,* 1842, in-8.

1779. — Mémoires touchant la vie et les écrits de Marie de Rabutin-Chantal, dame de Bourbilly, marquise de Sévigné, durant la guerre de Louis XIV contre la Hollande, suivis de notes et d'éclaircissements par C.-A. Walckenaer. — *Paris, F. Didot frères,* 1848 , 5 vol. in-18.   •

(Portrait de Mme de Sévigné.)

(V. aussi *Histoire de France,* passim.)

ARCHÉOLOGIE.

TRAITÉS GÉNÉRAUX , MÉLANGES.

1780. — Dictionnaire abrégé d'antiquités pour servir à l'intelligence de l'histoire ancienne, tant sacrée que profane, et à celle des auteurs grecs et latins, par E.-J. Monchablon,... — *Paris , Desaint et Saillant,* 1760 , in-12.

(Précédé d' « Observations préliminaires sur l'étude des antiquités » et d'un catalogue des principaux ouvrages d'archéologie)

* Antiquités, mythologie, diplomatique des chartes et chronologie. (Par Ant. Mongez , Sainte-Croix , Rabaud-Saint-Etienne, Dupuis et Volney.) — *Paris, Panckoucke et Agasse.*
(V. *Encyclopédie méthodique.*)

* Archives des missions scientifiques et littéraires.
(V. *la division* POLYGRAPHIE.)

(V. aussi *Mémoires de l'Académie des Inscriptions et Belles-Lettres*, passim.)

* Description de l'Egypte : antiquités.
(V. ci-dessus n° 1589.)

* Voyage pittoresque de la Grèce. (Par le comte de Choiseul-Gouffier.)
. (V. ci-dessus n° 1378.)

* Expédition scientifique de Morée...
(V. ci-dessus n° 1380.)

* Voyage archéologique en [Grèce et en Asie-Mineure, par Ph. Le Bas.
(V. ci-dessus n° 112.)

1781. — Leitfaden zur nordischen Alterthumskunde...
(Guide pour la connaissance des antiquités du Nord.) —
Kopenhagen, im Secretariat der Gesellschaft, 1837, in-8.

1782. — Guide to northern Archæology... Edited for the use of english readers by the right honorable the Earl of Ellesmere. - *London, James Bain,* 1848, in-8.

1783. — Mémoires de la Société royale des Antiquaires du Nord, 1840-44 (1845, 1845-49). — *Kopenhague, au secrétariat de la Société*, 3 vol in-8.

1784. — Antiquarisk Tidsskrift, udgivet af det kongelige nordiske Oldskrift-Selskab. — Bulletin de la Société royale des Antiquaires du Nord, 1843-(45, 1846-48, 1849-51, 1852-54). — *Copenhague, au secrétariat de la Société*, 4 tomes en 5 vol. in-8.

* Antiquités américaines.
(V. ci-dessus n° 1593.)

ETHNOLOGIE.

Ethnologie générale, ancienne et moderne.

* Dictionnaire universel historique et critique des mœurs,

lois, usages et coutumes civiles, militaires et politiques...
tant anciennes que modernes... (Par Costar, Fallet et
Contant.)
(V. ci-dessus n° 223.)

* Mores, leges et ritus omnium gentium, par J. Boemum
Aubanum...
(V. ci-dessus n° 221.)

* Histoire des différents peuples du monde... par
M. Contant-Dorville.
(V. ci-dessus n° 222.)

* Les mœurs, coutumes et usages des anciens peuples...
Par M. Sabbatier.
(V. ci-dessus n° 232.)

* L'esprit des usages et coutumes des différents peuples...
Par M. Demeunier.
(V. ci-dessus n° 415.)

Ethnologie ancienne générale.

* Diodori siculi bibliotheca historica.
(V. ci-dessus n°s 277-78.)

1785. — L'antiquité expliquée et représentée en figures...
Par dom Bernard de Montfaucon ,... Seconde édition, revue et
corrigée. — *Paris, Florentin Delaulne*, 1722-24, 3 vol. in-fol.

(Figures. — La 1ʳᵉ et la 2ᵉ partie du tome Iᵉʳ et le tome V.)

* L'antiquité dévoilée par ses usages, par M. Boullanger.
(V. *ses œuvres*, T. I et II.)

* De l'origine des lois, des arts et des sciences et de leurs
progrès chez les anciens peuples. (Par Ant. Goguet.)
(V. ci-dessus n° 229.)

Ethnologie des Hébreux.

* Caroli Sigonii de republica Hebræorum.
(V. ci-après n° 1794.)

* Mœurs des israélites et des chrétiens, par l'abbé Fleury.
(V. ci-dessus n°s 258-59.)

Ethnologie grecque.

* Caroli Sigonii de rep. Atheniensium... Ejusdem de Atheniens. Lacedæmoniorumq. temporibus...
  (V. ci-dessus n° 287.)

* Lettres athéniennes.
  (V. ci-dessus n° 289.)

* Voyage du jeune Anacharsis.
  (V. ci-dessus n° 290.)

1786. — Histoire de l'origine, des progrès et de la décadence des sciences dans la Grèce, traduite de l'allemand de Christophe Meiners,... par J.-Ch. Laveaux. — *Paris, J.-Ch. Laveaux, an VII, 5 vol. in-8.*

Ethnologie romaine.

1787. — In-fol. contenant :

1° Romanarum antiquitatum libri decem Ex variis Scriptoribus summa fide singularique diligentia collecti a Joanne Rosino Bartholomæi,... Cum Indicibus... — *Basileæ, Ex Officina Hæredum Petri Pernæ*, CIƆ IƆ XXCIII (1583).

2° Onomasticon historiæ Romanæ, Joanne Glandorpio auctore : Quo veluti per satyram de Familiis et reliquis illustrib. personis Rom... collecta expositio est... Addita præcipuarum Familiarum stemmata eodem auctore... (cum præfatione Reineri Reineccii.) — *Francofurdi, apud Andreæ Wecheli heredes, Claudium Marnium et Joann. Aubrium,* M D LXXXIX.

1788. — Antiquitatum romanarum corpus absolutissimum, in quo, præter ea quæ Joannes Rosinus delineaverat, infinita supplentur, mutantur, adduntur. Ex criticis et omnibus utriusque linguæ auctoribus collectum... Thoma Dempstero a Muresk,... auctore. — *Lutetiæ Parisiorum, apud Joannem Le Bouc,* 1613, in-fol.

1789. — Le même ouvrage. — *Genevæ, ex typographia Gabrielis Cartier,* 1620, in-4.

* Justi Lipsii admiranda, sive de magnitudine romana libri quatuor.
(V. *Opera.*)

1790. — Blondi Flavii Forliviensis de Roma triumphante, libri decem, priscorum scriptorum lectoribus utilissimi, ad totiusq. Romanæ antiquitatis cognitionem pernecessarij. Romæ instauratæ libri III. Italia illustrata. Historiarum ab inclinato Rom. imperio Decades III. Omnia multo quam ante castigatiora. — *Basileæ, in officina frobeniana...* M D XXXI, in-fol.

1791. — Officinæ Julii Barbarani tomi tres : Promptuarium rerum electarum, in re præsertim Romana... — *Venetiis, Apud Joannem Andrœam Valvassorem,* M D LXIX, 3 tomes en 1 vol. in-4.

1792. — Des mœurs et des usages des Romains. (Par Le Fevre de Morsan, revu et corrigé par Granet.) — *Paris, Briasson,* 1739, in-12.

1793. — Mœurs et coutumes des Romains, par M. Bridault, maître de pension. — *Paris, P.-G. Le Mercier,* 1754, 2 vol. in-12.

1794. — Discorso della Religione de gl' antichi Romani. — *Lyon,* 1558, in-fol.

(Sans frontispice. — Cet ouvrage, comme l'indique la dédicace de Guillaume Rouille à Catherine de Médicis, est la traduction italienne de l'ouvrage de Guillaume du Choul. — Médailles et figures nombreuses.)

* Notitia utraque dignitatum cum Orientis tum Occidentis. (V. ci-dessus *n*ᵒˢ 394 et 395.)

1795. — In-fol. contenant :

1º Caroli Sigonii de antiquo jure civium romanorum, Italiæ, provinciarum, ac romanæ jurisprudentiæ judiciis, Libri XI. Ejusdem, De Republica Atheniensium, eorumq. ac Lacedæmoniorum temporibus, libri quinque. Quibus adjecti nunc sunt ejusdem de Republica Hebræorum, libri septem : Et In B. Sulpicii Severi historicos libros duos, Commentarii duo. Addita in fine anacephalæosi chronologica historiarum Sulpicianarum... a calce... voluminis Indicem duplicem... apposuimus. — *Francofurti, apud heredes Andreæ Wecheli, Claudium Marnium et Joannem Aubrium,* M D XCIII.

2° Caroli Sigonii historiarum de regno Italiæ libri viginti... qui libri historiam ab anno DLXX usque ad M CC LXXXVI... continent. Accessit... Index locupletissimus. — *Hanoviæ, typis Wechelianis, apud hæredes Claudii Marnii*, M DC XIII.

1796. — Caroli Sigonii de antiquo jure civium romanorum libri duo. Ejusdem de antique jure Italiæ libri tres. Ab ipso auctore multis in locis aucti. Index rerum et verborum copiosissimus. — *Venetiis, ex officina Jordani Zileti*, M D LXIII, in-4.

(V. également ci-dessus n° 1362.)

* Onuphrii Panvinii veronensis, Fastorum libri V a Romulo rege usque ad Imp. Cæsarem Carolum V Austrium Augustum. Ejusdem in fastorum libros commentarii... — *Venetiis, ex officina Erasmiana Vincentii Valgrisii*, M D LVIII.

— Onuphrii Panvinii,... Commentarium in fastos consulares Appendix... — *Venetiis*, M D LVIII.

— Onuphrii Panvinii,... de Ludis sæcularibus liber... — *Venetiis*, M D LVIII. — (Ejusdem de Sibyllis et carminibus Sybyllinis.)

— Onuphrii Panvinii de antiquis Romanorum nominibus,... liber. — *Venetiis, ex officina Erasmiana, apud Vincentium Valgrisium*, M D LVIII.

(V. ci-dessus n° 358.)

1797. — Reipublicæ Romanæ in exteris provinciis, bello acquisitis, constitutæ, commentariorum Libri duodecim; in quibus limitum omnium restitutiones, Prætoriæ, Magistratus, Munia tam militaria quam civilia... Exercitus, Legiones, Classes, Coloniæ, Municipia, Ornamenta signaq... vestimenta... et arma, Ritus deniq... Ludi et Sacra... explicantur et partim iconibus repræsentantur... Autore Wolfgango Lazio,... Accesserunt præterea huic editioni, Ratio Legendi abbreviata vocabula in monumentis et inscriptionibus olim usurpata. Item : Analecta Lapidum vetustorum et nonnullarum in Dacia antiquitatum. — *Francofurti ad Mænum, apud hæredes Andreæ Wecheli; Claudium Marnium et Joannem Aubrium*, M D XCVIII, in-fol.

* J. Lipsii de Magistratibus veteribus populi Romani.
(V. *Opera*.)

* Andreæ Alciati de magistratibus civilibusque et militaribus officiis libellus.

(V. ci-dessus n° 292.)

1798. — De romana republica, sive de re militari et civili
Romanorum, ad explicandos scriptores antiquos qui præle-
guntur in regio Ludovici Magni collegio societatis Jesu.
Auctore Petro Josepho Cantelio,*... — *Parisiis, apud viduam
Claudii Thiboust*, 1684, in-12.

1799. — Le même ouvrage. — *Parisiis, apud viduam
Simonis Benard*, 1684, in-12.

1800 — Justi Lipsĭ de militia romana libri quinque, com-
mentarius ad Polybium. E parte prima Historicæ facis. —
*Antuerpiæ, ex officina Plantiniana, apud Viduam, et Joannem
Moretum*, m d xcvi, in-4.

(Figures.)

Ethnologie gauloise et française.

* Considérations sur l'esprit militaire des Gaulois, par
Bourdon de Sigrais.

(V. ci-dessus n° 560, *introduct.*)

* Histoire des Gaulois, par Amédée Thierry.

(V. ci-dessus n° 583.)

* Dictionnaire historique des mœurs, usages et coutumes
des Français. (Par de La Chenaye des Bois.)

(V. ci-dessus n° 479.)

* Précis d'une histoire générale de la vie privée des
Français.

(V. ci-dessus n° 1050.)

1801. — Histoire des Français des divers états aux cinq
derniers siècles, par Amans-Alexis Monteil... Nouvelle
édition, augmentée d'une préface par M. Jules Janin, et
ornée de vingt-quatre gravures sur acier. — *Paris, W. Co-
quebert*, 1842-44, 10 vol. in-8.

* La Gaule poétique... par M. de Marchangy.

(V. ci-dessus n° 537.)

1802. — Origines du droit français cherchées dans les

symboles et formules du droit universel, par M. Michelet,...
— *Paris, L. Hachette,* 1837, in-8.

* Histoire des paysans en France, par A. Leymarie,...
  (V. ci-dessus *n*° 1051.)

Ethnologie spéciale.

Usages religieux.

* Dictionnaire historique des cultes religieux établis dans
le monde depuis son origine jusqu'à présent. (Par de La
Croix.)
  * (V. *la division* RELIGION.)

* Histoire générale des cérémonies, mœurs et coutumes
religieuses de tous les peuples du monde... Par l'abbé Banier.
  (V. *ibidem.*)

1803. — Gerardi Joannis Vossii de theologia gentili et phy-
siologia christiana, sive de origine ac progressu idolatriæ;
deque naturæ mirandis quibus homo adducitur ad Deum,
libri IX. Editio nova... — *Amsterdami, apud Joannem Blaeu,*
1668, 2 vol. in-fol.

(On trouve à la fin du T. II : « R. Mosis Maimonidæ de idolatria liber, cum
interpretatione latina et notis Dionysii Vossii. — *Amsterdami,* 1648 ».)

1804. — Explication de divers monuments singuliers qui
ont rapport à la religion des plus anciens peuples, avec
l'examen de la dernière édition des ouvrages de S. Jérôme,
et un traité sur l'astrologie judiciaire. Ouvrage enrichi de
figures en taille-douce, par le R. P. dom *** (dom Martin),...
Paris, Lambert et Durand, 1739, in-4.

1805. — R. P. Aloysii Novarini Veronensis,... Schedias-
mata sacro-profana : hoc est observationes antiquis christianorum, Hebræorum, aliarumque gentium ritibus in lucem
eruendis... Nunc primum prodeunt, necessariis percommo-
disque rituum populorum, locorum sacræ scripturæ, prover-
biorum, vocum et rerum indicibus illustrata. — *Lugduni,
sumptibus Laurentii Durand,* 1635, in-fol.

1806. — Mémoires pour servir à l'histoire de la religion
secrète des anciens peuples, ou recherches historiques et cri-

tiques sur les mystères du paganisme, par M. le baron de Sainte-Croix ,... — *Paris , Nyon l'aîné* , 1784, in–8.

1807. — Histoire des oracles. (Par Fontenelle.) — *Paris , G. de Luyne,* 1686 , in-12.

1808. — Réponse à l'histoire des oracles de M. de Fontenelle,... Dans laquelle on réfute le système de M. Van-Dale sur les auteurs des oracles du paganisme, sur la cause et le temps de leur silence... (Par le P. Baltus.) Seconde édition. — *Strasbourg , Jean Renauld Doulssecker,* 1709, in–8.

1809. — Recherches sur le culte de Bacchus, symbole de la force reproductive de la nature, considéré sous ses rapports généraux dans les mystères d'Eleusis... Par N. Rolle,... — *Paris, J.-S. Merlin,* 1824, 3 vol. in-8.

1810. — Introduction à l'étude du culte public et des mystères de Mithra en Orient et en Occident, par M. Félix Lajard,... Planches. — *Paris, impr. royale,* 1847, atlas grand in-fol.

(Le texte manque.)

1811. — Du surnom de *Cautopates* donné à Mithra sur une inscription nouvellement découverte à Friedberg, par M. de Ring,... — *Paris, J. Techener,* 1853, brochure in-8.

* Dissertation sur le dieu inconnu des Athéniens, par l'abbé Anselme.
> (V. *Mémoires de l'Académie des Inscriptions et Belles-Lettres,* T. IV.)

* Du culte d'Isis en Germanie, par M. de Fontenu.
(V. *ibidem,* T. V.)

* De antiquis ecclesiæ ritibus ,... a R. P. domno Edmundo Martene.
(V. *la division* RELIGION.)

Funérailles.

1812. — Le culte des morts chez les principaux peuples anciens et modernes, avec la description des divers monuments funèbres, par l'abbé Simon. Ouvrage approuvé par Mgr l'évêque de Limoges. — *Limoges, impr. H. Ducourtieux,* 1852, in-12.

1813. — Histoire des usages funèbres et des sépultures des peuples anciens, par Ernest Feydeau. Planches et plans exécutés sous la direction de M. Alfred Feydeau, architecte de la ville de Paris. Ouvrage publié sous les auspices de M. le ministre de l'instruction publique. — *Paris, Gide et J. Baudry,* 1856, les 12 premières liv. in-4.

(1re partie : Egyptiens ; — 2e partie : Indous ; — 3e partie : Assyriens. — En publication.)

1814. — Cœmeteria sacra Henrici Spondani Appamiarum, Galliæ Narbonensis episcopi... — *Parisiis, sumptibus Dionysii de La Noue,* 1638, in-4.

1815. — Roma sotterranea opera postuma di Antonio Bosio romano, antiquario ecclesiastico singolare de' suoi tempi, nella quale si tratta de' sacri cimiterii di Roma, del sito, forma et uso antico di essi ; de' cubicoli, oratorij. imagini, glieroglifici, iscrittioni et epitaffi che vi sono, del significato delle dette imagini e glieroglifici ; de' riti funerali in sepellirvi i defonti, de' martiri in esse riposti, ò martirizati nelle vie circonvicine. Delle cose memorabili, sacre e profane ch' erano nelle medesime vie... Compita, disposta, et accresciuta dal P. Giovanni Severani da S. Severino,... — *In Roma, per Lodovico Grignani,* 1650, in-4.

(Figures.)

1816. — Roma subterranea novissima, in qua, post Antonium Bosium antesignanum, Jo. Severanum,... et celebres alios scriptores, antiqua christianorum et præcipue martyrum cœmeteria, tituli, monimenta, epitaphia, inscriptiones, ac nobiliora sanctorum sepulchra sex libris distincta illustrantur et quamplurimæ res ecclesiasticæ iconibus graphice describuntur, ac multiplici tum sacra tum profana eruditione declarantur. Opera et studio Pauli Aringhi,... cum duplici indice... — *Romæ,* 1651, *expensis |Blasii Diversini et Zanobii Masotti,* 2 vol. in-fol.

(Figures.)

1817. — Catacombes de Rome. Architecture, peintures murales, lampes, vases, pierres précieuses gravées, instruments, objets divers, fragments de vases en verre doré, inscriptions, figures et symboles gravés sur pierre, par Louis Péret. Ouvrage publié, par ordre et aux frais du Gouvernement, sous la direction d'une commission composée de

MM. Ampère, Ingres, Mérimée, Vitet, membres de l'Institut. — *Paris, Gide et J. Baudry,* 1851-55, 6 vol. grand in-fol.

1818. — Sépultures gauloises, romaines, franques et normandes, faisant suite à la « Normandie souterraine », par M. l'abbé Cochet,... — *Paris, Derache,* 1857, in-8.

(Figures dans le texte.)

1819. — Athanasii Kircheri,... Sphinx mystagoga, sive diatribe hieroglyphica qua Mumiæ, ex mephiticis pyramidum adytis erutæ, et non ita pridem in Galliam transmissæ, juxta veterum hieromystarum mentem intentionemque, plena fide et exacta exhibetur interpretatio... — *Amstelo-dami, ex officina Janssonio-Waesbergiana,* 1676, in-fol.

(Figures dans le texte.)

* Histoire des embaumements... Par J.-N. Gannal.
(V. *la division* SCIENCES ET ARTS.)

Habitations.

1820. — Le palais de Scaurus, ou description d'une maison romaine, fragment d'un voyage fait à Rome vers la fin de la république par Mérovir, prince des Suèves. Seconde édition. (Par François Mazois.) — *Paris, de l'imprimerie de F. Didot,* 1822, grand in-8.

(Figures.)

1821. — Recherches historiques sur les enseignes des maisons particulières, suivies de quelques inscriptions murales prises en divers lieux, ornées d'une planche et de 27 sujets gravés sur bois, par E. de La Quérière,... — *Paris, V*or *Didron,* 1852, in-8.

Habillements.

* Q. Sept. Flor. Tertulliani de pallio, de habitu mulierum, de cultu feminarum.
(V. *Tertulliani opera.*)

* (V. pour la traduction française de ces traités : « *Choix de monuments primitifs de l'Eglise chrétienne* », collection du Panthéon littéraire.)

* Lazari Bayfii de re vestiaria.
(V. ci-après *n*º 1830.)

1822. — Caroli Paschalii ,... coronæ ; opus quod nunc primum in lucem editur, distinctum X libris ; quibus res omnis coronaria e priscorum eruta et collecta monumentis continetur. — *Parisiis , e typographia Petri Chevalerii ,* 1610, in-4.

* Q. Sept. Flor. Tertulliani de corona militis liber.
(V. *Tertulliani opera.*)

Festins.

1823. — Antiquitatum convivialium libri III. In quibus Hebraeorum, Graecorum, Romanorum aliarumque nationum antiqua conviviorum genera , mores , consuetudines, ritus ceremoniæq. conviviales atque etiam alia explicantur; et cum iis , quæ hodie cum apud Christianos, tum apud alias gentes, a Christiano nomine alienas, in usu sunt, conferuntur : multa Grammatica , Physica , Medica , Ethica, Oeconomica , Politica, Philosophica deniq. atq. Historica cognitu jucunda simul et utilia tractantur : plurima sacrorum prophanorumq. Auctorum veterum loca obscura illustrantur, corrupta emendantur : deniq. desperatus deploratusq. nostrorum temporum luxus atq. luxuria gravi censura damnatur. Auctore Jo. Guilielmo Stuckio , Tigurino. Editio secunda... Cum totius operis Indice novo eoq. copiosissimo. — *Tiguri, apud Johannem Wolphium,* M D XCVII, in-fol.

Théâtres et jeux.

1824. — Justi Lipsi de amphitheatro liber.

(Sans frontispice. — Une seconde partie a pour titre :)

— Justi Lipsi de amphitheatris quæ extra Romam libellus. In quo Forma eorum aliquot et typi. — *Antuerpiæ , ex officina Plantiniana, apud Joannem Moretum ,* M D XCVIII, in-4.

* Justi Lipsii Saturnalium sermonum libri duo qui de Gladiatoribus.
(V *opera.*)

1825. — Agonisticon. Petri Fabri ,... sive de re athletica ludisque veterum gymnicis, musicis atque Circensibus Spicilegiorum tractatus, tribus libris comprehensi. Opus tessellatum. Nunc primum in lucem editum, Cum Indice... — *Lugduni , Apud Franciscum Fabrum ,* cɔ ɪɔ xcɪɪ (1592), in-4.

* Onuphrii Panvinii ,... de Ludis sæcularibus liber. — *Venetiis, in officina Erasmiana,* M D LVIII.
(V. ci–dessus *page 399 et n° 358.)*

Poids, mesures, monnaies.

* Cœlii Secundi curionis libellus de mensuris, ponderibus reque nummaria Romanorum atque Græcorum.
(V. ci–dessus *n° 298, T. II.)*

* Epitome in omnes Georgii Agricolæ de mensuris et ponderibus libros , per Gulielmum Philandrum Castilionium.
(V., *division* SCIENCES ET ARTS, l'ouvrage intitulé : « *Vitruvii Architectura ,* 1586 , in-4 ».)

1826. — Considérations générales sur l'évaluation des monnaies grecques et romaines , et sur la valeur de l'or et de l'argent avant la découverte de l'Amérique, par M. Letronne,... — *Paris, Firmin Didot ,* 1817, in-4.

1827. — Gulielmi Budaei parisiensis, consiliarii regii ,de asse et partibus ejus libri V. — *Lugduni , apud Seb. Gryphium,* 1542, in-8.

* Traité des monnaies, de leurs circonstances et dépendances, par Jean Boizard.
(V. *la division* SCIENCES ET ARTS.)

* Traité des monnaies, par M. Henry Poullain.
(V. *ibidem.)*

Milice et marine.

1828. — Justi Lipsi poliorceticon sive de machinis. tormentis. telis. libri quinque. Ad Historiarum lucem. — *Antuerpiæ, ex officina Plantiniana , Apud Viduam et Joannem Moretum,* M D XCVI, in-4.

* Commentaire sur les enseignes de guerre des principales nations du monde... Par Étienne-Claude Beneton,...
(V. ci-dessus n° 1043.)

* Justi Lipsi de militia romana.
(V. ci-dessus n° 1800.)

* Lazari Bayfii de re navali.
(V. ci-après n° 1830.)

1829. — Mémoire sur la marine des anciens, par J.-M. Henry. — *Paris, Delaunay,* 1817, brochure in-8.

(Planches.)

Meubles, armes. bijoux. objets divers.

1830. — Lazari Bayfii annotationes in L. II. De captivis, et postliminio reversis : in quibus tractatur de re navali. Ejusdem annotationes in tractatum De auro et argento leg. quibus Vestimentorum et Vasculorum genera explicantur. Omnia ab ipso authore recognita et aucta. Antonii Thylesii de coloribus libellus, a coloribus vestium non alienus. — *Lutetiæ, ex officinâ Roberti Stephani,* M D XLIX, in-4.

* Dissertation sur le papyrus, par de Caylus.
(V. *Mémoires de l'Académie des Inscriptions,* T. XXVI, page 267.)

1831. — La armeria real, ou collection des principales pièces de la galerie d'armes anciennes de Madrid. Dessins de Gaspard Sensi,... Texte de M. Achille Jubinal,... Frontispices, lettres ornées, culs-de-lampe, par M. Victor Sansonetti. Gravures sur bois par M. Faxardo, sur pierre, sur cuivre, sur acier... — *Paris, au bureau des anciennes tapisseries historiées (et Didron).* (S. d.) 2 vol. in-fol.

HISTOIRE DE L'ART CHEZ LES ANCIENS ET MONUMENTS ANTIQUES.

* Discours sur les monuments publics de tous les âges et de tous les peuples connus, par l'abbé de Lubersac.
(V. *la division* SCIENCES ET ARTS.)

1832. — Histoire de l'art chez les anciens, par Winkelmann; traduite de l'allemand (par Huber, et revue par Jansen),

avec des notes historiques et critiques de différents auteurs.
— *Paris, Bossange, Masson et Besson*, 1802-03, 2 tomes en
3 vol. in-4.

(Portrait de Winckelmann et gravures.)

1833. — Manuel de l'histoire de l'art chez les anciens...
Par M. le comte de Clarac,... — *Paris, Jules Renouard*,
1847-49, 3 vol. in-12.

(La première partie est la « Description des musées de sculpture antique
et moderne du Louvre ». La deuxième est le « Catalogue chronologique des
artistes écrivains et personnages célèbres, généalogie des Ptolémées, les
familles romaines ». La troisième partie traite du « Catalogue des artistes de
l'antiquité jusqu'à la fin du vi° siècle de notre ère; avec les statues, mo-
saïques, pierres gravées, vases peints, etc., portant les noms des artistes,
et les musées et collections particulières qui les possèdent ».)

1834. — Recueil d'antiquités égyptiennes, étrusques,
grecques et romaines. (Par le comte de Caylus.) — *Paris,
Desaint et Saillant*, 1752-67, 3 vol. in-4.

(Les 4 derniers volumes manquent. — Gravures.)

1835. — Piranesi, J.-B.-F. et Charles F., œuvres complètes, 29 vol. in-fol.

Tomes I-IV. — Le Antichita romane, opera del cavaliere Giambattista
Piranesi, architecto veneziano, divisa in quattro tomi. — *Parigi,
da' torchi de' fratelli Firmin Didot*, 1835.

(Les T. II et III portent en plus au frontispice : « Tomo
secundo (tertio), contenente gli avanzi de' monumenti sepol-
crali di Roma e del agro romano ». Le T. IV porte : « Tomo
quarto, contenente i ponti antichi, gli avanzi de' teatri, de'
portici e di altri monumenti di Roma ».)

— *V.* — Monumenti degli Scipioni publicati dal cavaliere Francesco
Piranesi,... nell' anno 1785. — *Parigi, da torchi de' fratelli
Firmin Didot*, 1836.

— *VI.* — Raccolta de tempj antichi, opera di Francesco Piranesi,...
Parigi... F. Didot, 1836.

(2 parties en un seul vol. portant au dos : « Supplément aux
antiquités romaines ».)

— *VII.* — Della magnificenza de' Romani, opera del cavaliere Giambattista Piranesi,... — *Parigi, F. Didot*, 1836.

— *VIII.* — (Sans frontispice, portant au dos: « Architecture étrusque,
grecque et romaine ».)

— *IX.* — J.-B. Piranesii Lapides capitolini, sive fasti consulares, trium-
phalesq. Romanorum ab. urbe condita usque. ad. Tiberium
Cæsarem. — (S. d.)

(Au dos : « Fastes consulaires ».)

— *X.* — Joannis Baptistæ Piranesii,... Campus Martius antiquæ urbis.
— *Romæ*, 1762.

Tome XI. —* Antichita d'Albano e di Castel Gandolfo, publicate dal... G. B. Piranesi,... — *Parigi, F. Didot*, 1836.

— *XII et XIII.* — Vasi, candelabri, cippi, sarcofagi, tripodi, lucerne ed ornamenti antichi... dal... G.-B. Piranesi publicati l'anno 1778.

— *XIV.* — (Sans frontispice — Au dos : « Colonnes Trajane et Antonine ». — Par J.-B. Piranesi.)

— *XV.* — Différentes vues de quelques restes de trois grands édifices qui subsistent encore dans le milieu de l'ancienne ville de Pesto, autrement Posidonia, qui est située dans la Lucanie. (Par François Piranesi.)

— *XVI et XVII.* — Vedute di Roma, disegnate ed incise da Giambattista Piranesi,...

— *XVIII.* — Choix des meilleures statues antiques. (Par François Piranesi.)

— *XIX.* — Teatro di Ercolano... da Francesco Piranesi,... — *Parigi, F. Didot*, 1836.

— *XX.* — Diverse maniere d'adornare i cammini, ed ogni altra parte degli edifizj, con un ragionamento apologetico in difesa dell' architettura egizia e toscana; opera del cavaliere Giambattista Piranesi,... — *Parigi. F. Didot*, 1836.

— *XXI.* — Raccolta di alcuni disegni del Barberi da Cento detto il Guercino... da Gio. Battista Piranesi.

— *XXII.* — Schola italica picturæ, sive selectæ quædam summorum e schola italica pictorum tabulæ ære incisæ cura et impensis Gavini Hamilton pictoris. — *Romæ*, 1773.

— *XXIII.* — (Sans frontispice. — Au dos : « Gravures diverses ».)

— *XXIV.* — Peintures de la sala Borgia au Vatican, de l'invention de Raphaël, et de la villa Lante à Rome, de*l'invention de Jules Romain, recueillies par les Piranesi, et dessinées par Thomas Piroli. — *Paris, F. Didot*, 1836.

— *XXV.* — Peintures du cabinet de Jules II, de la Farnesine, par Raphaël, et des bacchantes d'Herculanum, recueillies par les Piranesi et dessinées par T. Piroli. — *Paris, F. Didot*, 1837.

— *XXVI.* — Peintures de la ville Altoviti à Rome, inventées par Michel Ange, peintes par Giorgio Vasari, et gravées par Thomas Piroli, faisant partie de la calcographie Piranesi. — *A Paris, l'an* 1807.

   (Les T. XXIV-XXVI dans le même vol.)

— *XXVII et XXVIII.* — Antiquité de la Grande-Grèce .... gravées par François Piranesi,... d'après les dessins du chevalier J.-B. Piranesi... — *Paris, F. Didot*, 1837.
   (Au dos : « Antiquités de Pompeia ».)

— *XXIX.* — Antiquités de la Grande-Grèce... — *Paris, F. Didot*, 1837.

   (Au dos : « Pompeia et Herculanum : usages, civils et militaires ».)

1836. — Thesauri regii et electoralis brandeburgici volumen tertium, continens antiquorum numismatum et gemmarum, quæ cimeliarchio regio electorali brandeburgico nuper accessere, rariora : ut et supellectilem antiquariam uberrimam, id est statuas, thoraces, clypeos, imagines tam deorum quam regum et illustrium : item vasa et instrumenta varia, eaque inter fibulas, lampades, urnas : quorum pleraque cum museo belloriano, quædam et aliunde coempta sunt, dialogo illustrata a Laurentio Begero,... — *Coloniæ Marchicæ, impressit Ulricus Liebpertus* (1700), in-fol.

(Le T. III seulement.)

*Notice des émaux, bijoux et objets divers exposés dans les galeries du musée du Louvre, par L. de La Borde.
(V. ci-dessus n° 1177.)

* Dictionnaire d'orfèvrerie, de gravure et de ciselure chrétienne, par l'abbé Texier.
(V. ci-dessus n° 1175.)

1837. — Manuel de l'histoire générale de l'architecture chez tous les peuples, et particulièrement de l'architecture en France au moyen-âge, par Daniel Ramée. — *Paris, Paulin,* 1843, 2 vol. in-12.

(T. I⁰ʳ, antiquité — T. II, moyen-âge.)

1838. — L'architecture du vᵉ au xviᵉ siècle, et les arts qui en dépendent : la sculpture, la peinture murale, la peinture sur verre, la mosaïque, la ferronnerie, etc.; publiés, d'après les travaux inédits des principaux architectes français et étrangers, par Jules Gailhabaud. — *Paris, Gide et J. Baudry,* 1851-5..., grand in-4.

(Livraisons 1 à 172 — En publication.)

1839. — Architecture civile et domestique au moyen-âge et à la renaissance, dessinée et décrite par Aymar Verdier,... et par le Dʳ F. Cattois. — *Paris, libr. archéologique de Vᵒʳ Didron,* 1852-5..., 2 vol. in-4.

(Livraisons 1 à 41. — En publication.)

1840. — Résumé d'archéologie spécialement appliquée aux monuments religieux, par J. Fériel,... — *Langres, Laurent fils et Cⁱᵉ, impr.,* 1846, in-18.

(Figures.)

* Description de l'Egypte : antiquités.
(V. ci-dessus n° 1589.)

1841. — Monuments de l'Egypte et de la Nubie, d'après les dessins exécutés sur les lieux sous la direction de Champollion le jeune, et les descriptions autographes qu'il en a rédigées, publiés, sous les auspices de M. Guizot et de M. Thiers,... par une commission spéciale. — *Paris, F. Didot,* 1844-45, 4 vol. grand in-fol.

(Il manque les 3 premières livraisons du 1ᵉʳ vol.)

— Notices descriptives conformes aux manuscrits autographes rédigés sur les lieux par Champollion le jeune. — *Paris, F. Didot,* 1844, liv. 1 à 6, petit in-fol.

1842. — Le Sérapéum découvert et décrit par Aug. Mariette,... Ouvrage publié sous les aupices de M. Achille Fould, ministre d'Etat. — *Paris, Gide,* 1857, in-4, avec atlas in-fol.

(La 1ʳᵉ liv — En publication.)

1843. — Monument de Ninive, découvert et décrit par M. P.-E. Botta, mesuré et dessiné par M. E. Flandin; ouvrage publié, par ordre du Gouvernement, sous les auspices de M. le ministre de l'intérieur, et sous la direction d'une commission de l'Institut. — *Paris, impr. nationale,* 1849-50, 5 vol. grand in-fol.

1844. — Le Parthénon, documents pour servir à une restauration, réunis et publiés par L. de Laborde (avec la collaboration de Dⁱ. Paccart, architecte.) — *Paris, Leleux,* 1848, les 6 premières liv. en 1 vol. grand in-fol.

1845. — Restitution du temple d'Empédocle à Sélinonte, ou l'architecture polychrome chez les Grecs, par J.-J. Hittorff,... avec un atlas (in-fol.). — *Paris, Firmin Didot frères,* 1851, in-4 et in-fol.

* Pomponius Lætus, de antiquitatibus urbis Romæ. — Jo. Bartholomæi Marliani,... de antiquæ Romæ topographia.
(V. ci-dessus n° 298, T. II.)

* Mabillon. Iter italicum.
(V., *division* RELIGION, l'ouvrage intitulé : « Musæum italicum ».)

* Descrittione di Roma antica e moderna.
(V. ci-dessus n° 1359.)

* Itinéraire instructif... pour trouver... toutes les anciennes et modernes magnificences de Rome, du chevalier Vasi.

(V. ci-dessus n° 1360.)

* Justi LipsI de amphitheatris.

(V. ci-dessus n° 1824.)

1846. — (Sans frontispice. On trouve écrit sur le plat du volume et en dedans : « C'est ici la vraie représentation de tous les hauts faits d'armes qui se trouvent sculptés en marbre blanc sur la fameuse colonne qui fut élevée à Rome sous le règne de l'empereur Trajan ». — Nombreuses notes manuscrites explicatives en latin. Cet ouvrage est sans doute celui qui est porté au n° 6398 du catalogue des Jésuites de Clermont, année 1764, avec le titre suivant : « Columna Trajana, sive descriptio columnæ Trajani. — *Romæ Villamena.* » In-fol. oblong.

(Il manque quelques planches.)

1847. — Découverte de la maison de campagne d'Horace; ouvrage utile pour l'intelligence de cet auteur, et qui donne occasion de traiter d'une suite considérable de lieux antiques, par M. l'abbé Capmartin de Chaupy. — *Rome, impr. de Zempel,* 1767, 3 vol. in-8.

* (V., pour l'archéologie française, n° 565, lettres *Kk* à *Qq.*)

1848. — Musée des monuments français, ou description historique et chronologique des statues en marbre et en bronze, bas-reliefs et tombeaux des hommes et des femmes célèbres pour servir à l'histoire de France et à celle de l'art; ornée de gravures, et augmentée d'une dissertation sur les costumes de chaque siècle, par Alexandre Lenoir,... — *Paris, impr. de Guilleminet,* 1800-06, 3 vol. in-8.

(Les 3 premiers vol. — Au T II se trouve une : « Chronologie généalogique des rois de France.)

* Historique monumental de l'ancienne province du Limousin.

(V. ci-dessus n° 1171.)

* Description des monuments... observés dans le département de la Haute-Vienne... Par Allou.

(V. ci-dessus n° 1215.)

1849. — Explication de la danse des morts de La Chaise-

Dieu, fresque inédite du xve siècle, précédée de quelques détails sur les autres monuments de ce genre, par Achille Jubinal. — *Paris, Challamel et Cie*, 1841, brochure in–4.

. (Figure&.)

    * Le palais du Luxembourg... Par Alp. de Gisors.
     (V. ci–dessus *n*° 1408.)

    1850. — Monuments antiques à Orange, arc de triomphe et théâtre, publié, sous les auspices de S. Exc. M. le ministre d'Etat, par Auguste Caristie, architecte,.. — *Paris, typ. de Firmin Didot frères*, 1856, grand in-fol.

    * Recherches sur l'art statuaire considéré chez les anciens et les modernes. (Par T.–B. Eméric David.)
     (V. *la division* SCIENCES ET ARTS.)

    * Essai historique et descriptif sur les émailleurs... Par l'abbé Texier.
     (V. ci–dessus *n*° 1176.)

    * Emailleurs et émaillerie de Limoges, par M. Ardant.
     (V. ci–dessus *n*° 1178.)

    * Origine de la peinture sur verre, par l'abbé Texier.
     (V. ci–dessus *n*° 1179.)

PALÉOGRAPHIE ET DIPLOMATIQUE.

Paléographie égyptienne.

    * Goropii Becani Hieroglyphicorum libri XVI.
     (V. *Opera Becani*.)

1851. — Joannis Pierrii Valeriani Bellunensis, hieroglyphica, seu de sacris Ægyptiorum aliarumque gentium literis commentarii... Nunc primum... subjuncta sunt Hieroglyphicorum collectanea... Accessere perutiles ad marginem Annotationes... una cum Declamatiuncula pro barbis, ac ejusdem Poematibus, media parte auctioribus... Cum indicibus... — *Lugduni, sumptibus Pauli Frellon*, M DC X, in-fol.

1852. — Commentaires hieroglyphiques, ou images des choses de Jan Pierius Valerian, esquels, comme en un vif tableau, est ingénieusement depeinct et représenté l'estat de plusieurs choses antiques : comme de monnoyes, medales, inscriptions et devises, obelisques, pyramides et autres monumens : outre une infinité de diverses et profitables histoires, proverbes et lieux communs : avec la parfaite interpretation des mysteres d'Ægypte, et de plusieurs passages de l'escriture saincte conformes à iceux, plus deux livres de Cœlius Curio touchant ce qui est signifié par les diverses images et pourtraits des dieux et des hommes, mis en françois par Gabriel Chappuys, Tourangeau. — *Lyon, Barthelemy Honorat,* M D LXXVI, 2 tom. en 1 vol. in-fol.

* Athanasii Kircheri,... Sphinx mystagoga.
  (V. ci-dessus n° 1849.)

1853. — Discours des hieroglyphes ægyptiens, emblemes, devises et armoiries. Ensemble LIIII. Tableaux hieroglyphiques pour exprimer toutes conceptions, à la façon des Ægyptiens, par figures et images des choses, au lieu de lettres. Avecques plusieurs interpretations des songes et prodiges. Le tout par Pierre Langlois, escuyer, sieur de Bel-Estat. — *A Paris, pour Abel l'Angelier,* M D LXXXIIII, in-4.

* Antiquités égyptiennes.
  (V. ci-dessus n° 1589.)

* Monuments de l'Egypte et de la Nubie.
  (V. ci-dessus n° 1841.)

1854. — Grammaire égyptienne, ou principes généraux de l'écriture sacrée égyptienne, appliquée à la représentation de la langue parlée, par Champollion le jeune, publiée, sur le manuscrit autographe, par l'ordre de M. Guizot,... — *Paris, typographie de F. Didot frères,* 1836, in-fol.

1855. — Dictionnaire égyptien en écriture hiéroglyphique, par J.-F. Champollion le jeune ; publié, d'après les manuscrits autographes, et sous les auspices de M. Villemain,... par M. Champollion-Figeac. — *Paris, Firmin Didot frères,* 1841-(43), in-fol.

(Cet ouvrage, lithographié par J.-A Clouet, a été dessiné et écrit par Jules Feuquières.)

Epigraphie.

* Monument de Ninive, découvert et décrit par P.-E. Botta, T. IV.
  (V. ci-dessus n° 1843.)

* Rapport adressé à S. Exc. le ministre de l'instruction publique... par M. J. Oppert (sur les inscriptions cunéiformes des monuments assyriens conservés au musée britannique).
(V. *Archives des missions scientifiques*, T. V, p. 177 et suiv.)

* Voyage dans la péninsule arabique du Sinaï et de l'Egypte moderne, par Lottin de Laval.
(V. ci-dessus n° 115.)

1856. — Inscriptionum antiquarum appendix una cum XXIV Indicibus accuratissimis, minima maxima tomis istis comprehensa statim ante oculos ponentibus. Accedunt notæ veterum Romanorum, Insignitæ nominibus Annæi Senecæ ac Tullii Tyronis Ciceronis liberti : Nunquam antehac editæ. — *In Bibliopolio Commeliniano, anno* M DC III, in-fol

1857. — Mélanges d'épigraphie, par Léon Renier,... — *Paris, F. Didot frères*, 1854, in-8.

1858. — Inscriptions romaines de l'Algérie, recueillies et publiées... par M. Léon Renier,... — *Paris, impr. impér.,* 1855-5..., 2 vol. in-4.
(En publication.)

* Description du musée lapidaire de la ville de Lyon. Epigraphie antique du département du Rhône, par le docteur A. Comarmond,...
(V. ci-dessus n° 1271.)

* Manuel d'épigraphie, suivi du recueil des inscriptions du Limousin, par M. l'abbé Texier,...
(V. ci-dessus n° 1173.)

Diplomatique.

1859. — De re diplomatica libri VI, in quibus quidquid ad veterum instrumentorum antiquitatem, materiam, scripturam et stilum, quidquid ad sigilla, monogrammata, subscriptiones ac notas chronologicas, quidquid inde ad antiquariam, historicam forensemque disciplinam pertinet explicatur et illustratur. Accedunt commentarius de antiquis regum francorum palatiis, veterum scripturarum varia specimina tabulis LX comprehensa, nova ducentorum, et amplius, monumentorum collectio. Opera et studio domni Johannis Mabillon,... — *Lutetiæ Parisiorum, sumptibus Ludovici Billaine,* 1684, in-fol.

* Eléments de paléographie, par Natalis de Wailly. (V. ci-dessus *n*° 566.)

1860. — De veteribus regum Francorum diplomatibus et arte secernendi antiqua diplomata vera a falsis, discepta-tiones, adversus R. P. D. Theodorici Ruinartii, et Cl. V. Justi Fontanini vindicias; atque epistolas Cl. virorum Dominici Lazzarini, et M. Antonii Gatti, auctore P. Bartholomæo Germon,... — *Parisiis, apud Claudium Rigaud,* 1707, in-12.

1861. — Alphabetum tironianum, seu notas Tironis expli-candi methodus; cum pluribus Ludovici Pii chartis quæ notis iisdem exaratæ sunt et hactenus ineditæ, ad historiam et jurisdictionem cum ecclesiasticam tum civilem pertinen-tibus. Labore et studio D. P. Carpentier, O. S. B. præpositi S. Onesimi Doncheriensis. — *Lutetiæ Parisiorum, apud Hippolytum Ludovicum Guerin et Jacobum Guerin,* 1747, in-fol.

(Ciceron et Tiron, son affranchi, ont inventé cette espèce de notes ou abréviations, qu'ils ont tirées des Grecs : les caractères en sont grecs. La plupart des chartes de Louis-le-Débonnaire en sont remplies, et cet ouvrage en contient l'explication. — V. Lelong, *Bibl. hist*, T. III, n° 29481.)

* Serments prêtés à Strasbourg, en 842, par Charles-le-Chauve, Louis-le-Germanique et leurs armées respectives. (V. ci-dessus *n*° 593.)

1862. — Chartes latines sur papyrus du VIe siècle de l'ère chrétienne appartenant à la bibliothèque royale, et publiées pour l'école royale des Chartes... Par M. Champollion-Figeac. — 2e fascicule de la collection des Chartes latines sur papyrus. — *Paris, typographie de F. Didot frères,* 1837, in-fol. de 10 feuilles.

1863. — Chartes latines, françaises, et en langue romane méridionale, publiées pour l'Ecole des Chartes, et pour faire suite à la collection des chartes et manuscrits sur papyrus. — 4e et 5e fascicule. — *Paris, typographie de F. Didot,* 1841, in-fol. de 15 feuilles.

SIGILLOGRAPHIE.

1864. — Société de Sphragistique de Paris. — *Paris*, 1851-53, 2 vol. in-8.

(T. I et II. — Le titre imprimé sur la couverture porte : « Recueil des travaux de la Société de Sphragistique de Paris ».)

NUMISMATIQUE ET GLYPTIQUE.

* Traité des monnaies, par Boizard.
  (V. *la division* SCIENCES ET ARTS.)

* Traité des monnaies, par Poullain.
  (V. *ibidem.*)

1865. — La science des médailles antiques et modernes, pour l'instruction des personnes qui s'appliquent à les connaître. Nouvelle édition, revue, corrigée et augmentée considérablement par l'auteur (le P. Louis Jobert). Avec quelques nouvelles découvertes faites dans cette science. — *Amsterdam, aux dépens de la compagnie*, 1717, in-12.

(Planches.)

1866. — Manuel de numismatique ancienne, contenant les éléments de cette science et les nomenclatures, avec l'indication des divers degrés de rareté des monnaies et médailles antiques et des tableaux de leurs valeurs actuelles. Par M. Hennin. — *Paris, Merlin*, 1830, 2 vol. in-8.

1867. — Joannis Harduini, e societate Jesu presbyteri, opera selecta... — *Amstelodami, apud Joan. Ludovicum de Lorme*, 1709, in-fol.

(Cet ouvrage contient : « Nummi antiqui populorum et urbium illustrati; — De nummis Herodiadum prolusio; — Numismata sæculi Constantiniani; — Numismata aliquot rariora Augustorum Tetrici, Diocletiani et Maxentii; — Historia augusta ex nummis antiquis græcis latinisque restituta, etc.)

* Histoire des rois de Thrace et de ceux du Bosphore Cimmérien éclaircie par les médailles, par Cary.
  (V. ci-dessus *n°* 245.)

* Iconographie grecque et romaine, par Visconti.
  (V. ci-dessus *nos* 1695, 1696.)

1868. — Fulvii Ursini familiæ romanæ quæ reperiuntur in antiquis numismatibus. — *Romæ, impensis hæredum Francisci Tramezini,* M D LXXVII, in-fol.

1869. — Numismata romanorum pontificum præstantiora a Martino V ad Benedictum XIV per Rodulphinum Venuti, cortonensem, aucta ac illustrata. — *Romæ,* M DCC XLIV., *ex typogr. Jo. Baptistæ Bernabo et Josephi Lazzarini,* in-4.

1870. — Les familles de la France, illustrées par les monuments des médailles anciennes et modernes, tirées des plus rares et curieux cabinets du royaume, sur les métaux d'or, d'argent et de bronze... Par Jacques de Bie, chalcographe. — *Paris, Jean Camusat,* 1636, in-fol.

* Recherches sur les monnaies frappées, dans l'île de Rhodes, par les grands-maîtres de l'ordre religieux et militaire de St-Jean de Jérusalem.
  (V. ci-dessus n° 1631.)

* Histoire numismatique de la révolution française. (Par Michel Hennin.)
  (V. ci-dessus n° 917.)

* Souvenirs numismatiques de la révolution de 1848. (Par F. de Saulcy.)
  (V. ci-dessus n° 1028.)

1871. — Monuments de la vie privée des douze Césars, d'après une suite de pierres gravées sous leur règne. (Par Hugues d'Hancarville.) — *A Caprée, chez Sabellus (Nancy, Leclerc),* 1780.
— Monuments du culte secret des dames romaines, pour servir de suite aux « Monuments de la vie privée des XII Césars ». (Par le même.) — *A Caprée, chez Sabellus,* 1784.
— Le tout en 1 vol. in-4.

EXTRAITS HISTORIQUES.

1872. — Histoires diverses d'Élien, traduites du grec, avec le texte en regard et des notes, par M. Dacier,... Nouvelle édition. — *Paris, impr. d'Aug. Delalain,* 1827, in-8.

1873. — Histoires diverses d'Elien, traduites du grec, avec des remarques. (Par le même.). — *Paris, Moutard,* 1772, in-8.

(Traduction française sans le texte)

1874. — (Sans frontispice. — On lit au verso du premier feuillet :) « Valerii Maximi dictorum et factorum memorabilium rubricæ... ». — (A la fin :) « Opus Valerii Ma. cum omniboni Leoniceni viri præstantissimi examinata interpretàtione explicit. Impræssum Venetiis per Dionysium : et Pelegrinum Bononienses. Anno Dni, M CCCC LXXXV ». In fol.

(Caractères ronds. — Les majuscules n'ont pas été faites — Sans pagination ».)

* Valerius Maximus, de dictis factisque memorabilibus et Julius Obsequens de prodigiis, cum supplementis Conradi Lycostenis...
(V. *Bibliothèque Lemaire.*)

1875. — Valère-Maxime, latin, français en regard, traduction nouvelle, par MM. Ch.-Hub. Peuchot,... et E.-P. Allais,... — *Paris, impr. d'Aug. Delalain,* 1822, 2 vol. in-12.

1876. — Valère-Maxime, faits et paroles mémorables, traduction nouvelle par C.-A.-F. Frémion,... — *Paris, C.-L.-F. Panckoucke,* 1827-28, 3 vol. in-8.

(Ouvrage détaché de la Bibliothèque Panckoucke. — V. aussi cette bibliothèque.)

1877. — Histoires choisies des auteurs profanes, traduites en français avec le latin à côté, où l'on a mêlé divers préceptes de morale tirés des mêmes auteurs. (Par Charles Simon, maître de pension.) — *Basle, Emanuel Tourneisse,* 1763, 2 vol. in-12.

1878. — Historiæ ex libris Ciceronis et Senecæ philosophi depromptæ. — *Parisiis, apud viduam S. Benard,* 1689, in-32.

(A défaut de frontispice, le titre ci-dessus a été pris au privilége.)

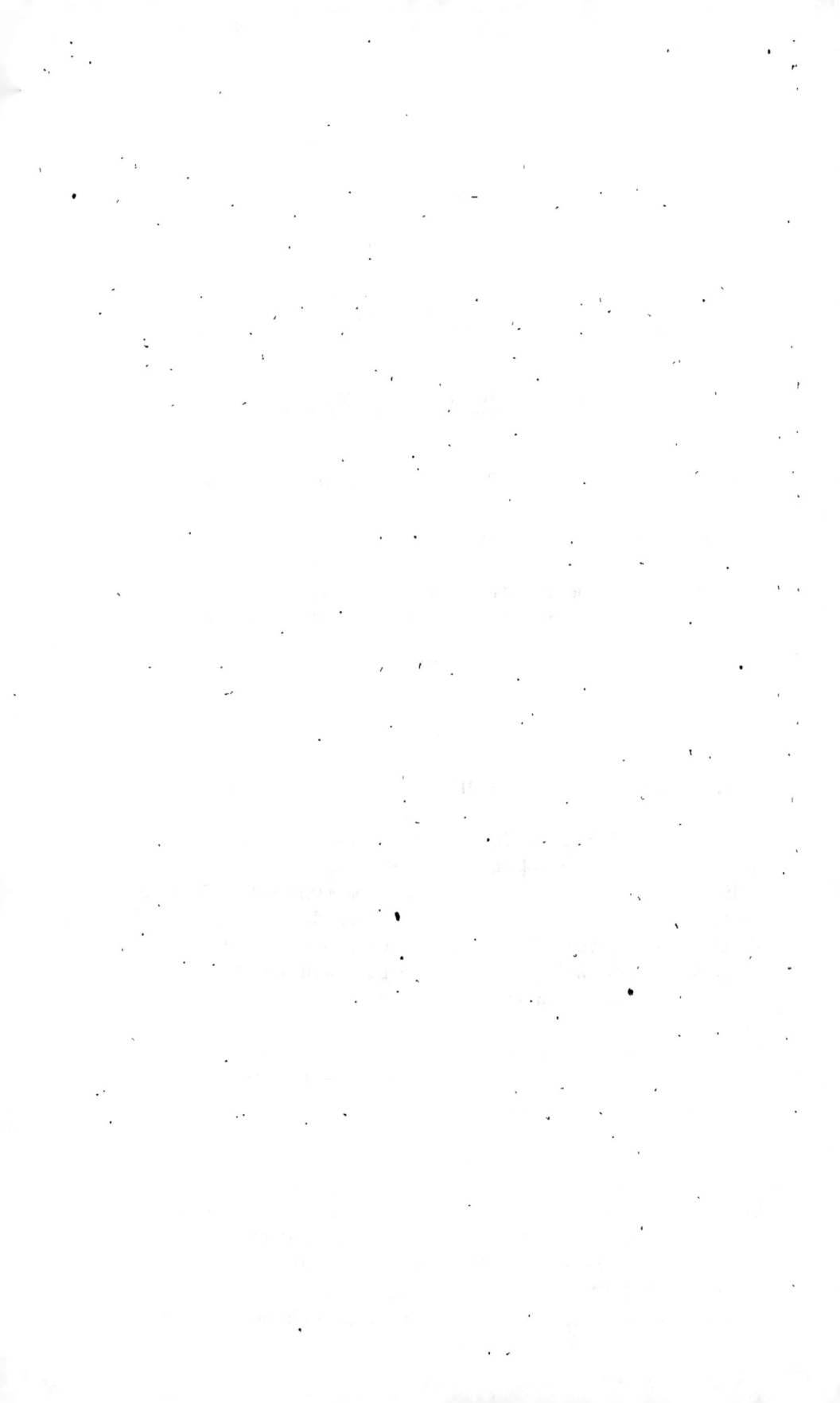

TABLE ALPHABÉTIQUE

DES NOMS DES AUTEURS

ET DES TITRES DES OUVRAGES ANONYMES.

A.

Abbon. — Siége de Paris, 558 T. II, 560 T. VI, 1274.

Abeilard. — Ouv. inéd , 565 *Gg.*

Abrantès (la duchesse d'). —[Souven , 919, 1004.

Abrégé d'hist. anc., 243.

Abrégé d'hist. de France, 541 , 545.

Abrégé d'hist. rom., 364.

Abria (B). — Etabl. d'un cours de chimie , 1237.

Abulcacim—Tariff—Abentariq. — Conq de l'Espagne, 1313.

Acciaiuoli (Donat). —Vita Caroli M., 556 , 1681.

Achaintre (N.-L.). — J. Cæsar., *p.* 71.

Acher. — Abr. de Plutarque , 1686.

Adalberon. — Poëme , 560 T. VI.

Adam. — Hist. de de Thou, 610.

Adamus claromontensis. — Flores histor., 559 T. XXI.

Ademarus. — Annales, 556.

Adlerfeld (G.). — Hist. de Charles XII , 1495 , 1496.

Adresse aux états—gén., par M. D***, 947.

Adrichomius (Christ.). — Theat. terræ sanctæ, 25.

Ægnatius. — *V.* Egnatius.

Æmylius (Paulus). — *V.* Paulus Æmy-lyus.

Æneas Sylvius. — Cosmogr., *p.* 14.

Æticus. — Cosmogr., 36.

Agathias. — Hist. de Justinien , 388 T. II.

Agiles (Raymond d'). — Histoire des Francs qui ont pris Jérusalem , 560 T. XXI.

Agriculteur du Centre, 1129.

Agriculture pratique, 1151.

Aimoinus. — Gesta Franc., 508, 556, 558 T. III.

Albericus. — Chron., 559 T. XXI.

B.

C.

D.

E.

F.

G.

H.

I.

J.

K.

L.

M.

N.

O.

P.

Q.

R.

S.

T.

U.

Urfé (Louis d'). — Le pastoral de Limoges, 1143, 1144.

Ursin (Juvénal des). — Histoire de Charles VI, 562 *B* , 667.

Ursinus (Fulv.). — In Liv., 299. — In Sueton., 344. — Familiæ rom., 1868.

Ussieux (d'). — Hist. univers., 247.

V.

Vadianus (Joach.). — Epitome trium terræ part., 29. — In Pomp. Mel., 35.

Vaffart (V.). — Hist. de la maison de France, 1657.

Vaissette (Dom.–Jos.). — Géogr., 73. — Origine du nom d'Albigeois, 560 T. XIV. — Hist. du Langued., 1413.

Valbonays (de). — Mém. pour l'hist. du Dauphiné, 1079.

Valerius Maximus, 1874, 1875, 1876.

Valerianus (Joh. Pierrius). — Hieroglyphica, 1851, 1852.

Valincourt (de). — Vie de François de Lorraine, 695.

Valla (Laurentius). — Interp. Herodoti, 265. — Interp. Thucydidis, 267, 268. — In Liv., 298, 299. — Hist. Ferdinandi, p 298.

Vallée (Oscar de). — Ant. Lemaistre, 1737.

Vallemont (l'abbé de). — Elém. de l'hist., 12.

Valois (Ch. de). — Relat. des chérifs, 1577.

Valois (Henri de). — Excerpta de legat., 385.

Valois (Margüerite de). — Mém., 562 *K*, 564 T. LII.

Valory (le comte Ch. de). — Arrest. de Louis XVI, 955.

Vanel. — Hist. de Hongr., 1429.

Varennes (Marc–Gilbert de). — Le roi d'armes, 1645.

Varillas. — Histoire des révolutions d'Europe, p. 94. — Histoire de Charles VIII, 685. — Histoire de François Ier, 691. — Histoire de Charles IX, 698. — Histoire d'Henri III, 704. — La polit. de la maison d'Autriche, 1421.

Varin (Pierre). — Arch. de Reims, 565 *L* et *M*. — Rapp. au minist., 565 *Ss*.

Vasi (Joseph). — Itinéraire de Rome, 1360.

Vatout (J.). — Palais–Royal, 1107. — Le château d'Eu, p. 379.

Vaublanc (le comte de). — Mém., 936.

Vaugelas. — Trad. de Q.–Curce, 283.

Vaulabelle (Ach. de). — Hist. de la restauration, 1006.

Vault (le général de). — Succession d'Espagne, 565 *A*.

Vauvilliers (Mlle). — Hist. de Jeanne d'Albret, 1061.

Vayrac (l'abbé de). — Etat de l'Espagne, 1301.

W.

TABLE DES MATIÈRES.

HISTOIRE.

PROLÉGOMÈNES.

PREMIÈRE PARTIE.

GÉOGRAPHIE.

VOYAGES.

SECONDE PARTIE.

HISTOIRE.

SUPPLÉMENT.

Ouvrages de géographie et d'histoire acquis pendant l'impression.

24 *bis*. — Dictionnaire géographique portatif, ou description des royaumes, provinces, villes... des quatre parties du monde... Traduit de l'anglais sur la treizième édition de Laurent Echard... par M. Vosgien,... — *Amsterdam, aux dépens de la compagnie*, 1758, in-8.

45 *bis*. — Abrégé de géographie. Méthode pour apprendre facilement la disposition des diverses parties du globe terrestre, et ce qu'on y trouve de plus remarquable. Avec un dictionnaire géographique très-exact pour servir de supplément à l'abrégé. (Par le P. Bunou.) — *Rouen, Richard et Nicolas Lallemant*, 1716, in-8.

52 *bis*. — Nouvelle géographie méthodique, destinée à l'enseignement, par M. Achille Meissas,... et M. Auguste Michelot,... suivie d'un petit traité sur la construction des cartes par M. Charle,... accompagnée d'un atlas universel in-fol. dressé par le même. — *Paris, Brunot-Labbe*, 1827, in-12 et in-fol.

78 *bis*. — Atlas portatif universel et militaire, composé d'après les meilleures cartes, tant gravées que manuscrites, des plus célèbres géographes et ingénieurs, par M. Robert,... — *Paris, l'auteur, 1748*, in-4 oblong.

83 *bis*. — Voyage fait autour du monde en 1800, 1801, 1802, 1803 et 1804 par John Turnbull, dans lequel l'auteur a visité les îles principales de l'océan Pacifique et les établissements des Anglais dans la Nouvelle-Galle méridionale. Suivi d'un extrait du voyage de James Grant à la Nouvelle-Hollande, exécuté par ordre de S. M. Britannique dans les années 1800, 1801 et 1802. Traduit de l'anglais par A.-J.-N. Lallemant,... — *Paris, Xérouet, 1807*, in-8.

113. — L'Orient. — Liv. VII-XII.

218 *bis*. — Les rudiments de l'histoire en trois parties scolastiques par M. Domairon,... — *Paris, Déterville, 1822*, 3 vol. in-12.

228 *bis*. — Fragmenta historicorum græcorum... Auxerunt, notis et prolegomenis illustrarunt, indice plenissimo instruxerunt Car. et Theod. Mülleri. Accedunt marmora parium et rosettanum, hoc cum Letronnii, illud cum C. Mülleri commentariis. — *Parisiis, Amb.-F. Didot, 1846-53*, T. I-IV, grand in-8.

(Bibl. grecque-latine de F. Didot.)

228 *ter*. — Les historiens grecs, ou choix des morceaux les plus intéressants de leurs ouvrages, liés entre eux par des analyses, par F. Legay,... Seconde édition. Première partie : Diodore de Sicile, Arrien, Denis d'Halicarnasse, Appien, Hérodien, Flavius Josèphe. —(Deuxième partie : Xénophon, Hérodote, Polybe. — Troisième partie : Plutarque, Thucydide.) — *Paris, L. Hachette, 1830*.

(Les 3 parties en 1 vol. in-12.)

228 *quater*. — Les historiens grecs... traduits en français. 1re (2e et 3e) partie. — *Paris, L. Hachette, 1829*, in-12.

(Traduction française de l'ouvrage précédent.)

279 *bis*. — Arriani anabasis et Indica ex optimo codice parisino emendavit et varietatem ejus libri retulit Fr. Dübner. Reliqua Arriani, et scriptorum de rebus Alexandri M.

fragmenta collegit, Pseudo–Callisthenis historiam fabulosam ex tribus codicibus nunc primum edidit, itinerarium Alexandri et indices adjecit Carolus Müller. — *Parisiis*, *Ambr.-F. Didot*, 1846, grand in-8.

(Biblioth. grecque-latine de F. Didot.)

285 *bis*. — Histoire d'Alexandre le Grand par Quinte-Curce, traduction nouvelle par MM. Aug. et Alph. Trognon. — *Paris*, *C.-L.-F. Panckoucke*, 1828-29, 3 vol. in-8.

(Ouvrage détaché de la biblioth. Panckoucke.)

312. —Polybii historiarum... pars altera.— *Parisiis*, 1852, in-8.

327 *bis*. — Mémoires de Jules César, traduction nouvelle par M. Artaud,... — *Paris*, *C.-L.-F. Panckoucke*, 1828, 3 vol. in-8.

(Ouvrage détaché de la bibliothèque Panckoucke.)

478. — Bibliothèque impériale... Catalogue de l'histoire de France, T. IV. — *Paris*, 1857, in-4.

480 *bis* (*page* 106, *après le nota*). — Géographie ancienne, historique et comparée des Gaules cisalpine et transalpine, suivie de l'analyse géographique des itinéraires anciens, et accompagnée d'un atlas de neuf cartes, par M. le baron de Walckenaer,... — *Paris*, *P. Dufart*, 1839, in-8, avec atlas in-4.

498. — Statistique de la France. Mouvement de la population en 1851, 1852 et 1853. — *Strasbourg*, impr. V⁰ *Berger-Levrault*, 1856, in-4.

(T. III, 1ʳᵉ partie)

538. — Histoire de France, par M. Michelet, T. IX. — *Paris*, *Hachette*, 1857, in-8.

539. — Histoire de France... Par Henri Martin... T. VIII et IX. — *Paris*, *Furne*, 1857, 2 vol. in-8.

539 *bis* (*page* 117, *après le titre*). — Florus gallicus, sive rerum a veteribus Gallis bello gestarum epitome in IV libros distincta, authore Petro Berthault,... Sexta editio. — *Parisiis*, *apud Claudium Thiboust*, 1660, in-12.

565, *page* 127. — Histoire politique :

Q. — Collection des cartulaires de France., T. VIII et IX. — Cartulaire de
l'abbaye de St-Victor de Marseille, publié par M. Guérard ,...
avec la collaboration de MM. Marion et Delisle.. — *Paris, typogr.
de Charles Lahure,* 1857, 2 vol. in-4.

Page 128. — Mélanges historiques :

Tt. — Histoire de la guerre de Navarre en 1276 et 1277, par Guillaume
Anelier de Toulouse, publiée, avec une traduction, une introduction et des notes, par Francisque Michel. — *Paris, impr.
impériale,* 1856, in-4.

Uu. — Mémoires de Claude Haton, contenant le récit des événements
accomplis de 1553 à 1582, principalement dans la Champagne et
la Brie, publiés par M. Félix Bourquelot,... — *Paris, imprim.
impériale,* 1857, 2 vol. in-4.

591 *bis.* — Œuvres complètes d'Eginhard, réunies pour la
première fois, et traduites en français avec les notes nécessaires à l'intelligence du texte, les variantes des différents
manuscrits et une table générale des matières, par
A. Teulet ,... — *Paris, J. Renouard,* 1840-43, 2 vol. in-8.

(Publication de la Société de l'histoire de France.)

600. — Histoire des règnes de Charles VII et de Louis XI,
par Thomas Basin,... T. III. — *Paris, J. Renouard,* 1857,
in-8.

624 *bis, page* 145. — Mémoires et lettres de Marguerite de
Valois. Nouvelle édition, revue sur les manuscrits des
bibliothèques du Roi et de l'Arsenal, et publiée par
M. F. Guessard,... — *Paris, J. Renouard,* 1842, in-8.

(Publication de la Société de l'histoire de France.)

647. — Mémoires de Mathieu Molé... T. III. — *Paris,
J. Renouard,* 1857, in-8.

653 *bis.* — Mémoires secrets sur le règne de Louis XIV, la
régence et le règne de Louis XV, par Duclos,... — *Paris,
F.-Didot.,* 1854, in-18 anglais.

(Bibliothèque des mémoires relatifs à l'histoire de France pendant le
xviiie siècle, avec avant-propos et notices par F. Barrière, T II.)

668 *bis.* — Histoire de la conjuration de Maximilien
Robespierre (par Montjoye). Nouvelle édition... — *Paris,
an* iv, 1796, in-8.

694 *bis.* — Nouvelles lettres de la reine de Navarre,
adressées au roi François Ier, son frère, publiées, d'après le

manuscrit de la bibliothèque du roi, par F. Génin,... — *Paris, J. Renouard, 1842, in-8.*

(Publication de la Société de l'histoire de France.)

889. *bis.* — (Recueil in-4 de pièces de procédure et mémoires concernant l'affaire du collier, en 1786.)

977 et 978. — Histoire du consulat et de l'empire... par M. A. Thiers, T. XVI, in-8 — *Paris, Paulin, 1857.* — Plans et cartes, xie livraison. — In-4.

985 *bis.* — Enfance de Napoléon Ier, par J. Marandet. — *Paris, libr. d'Emile Mellier, 1857, in-12.*

(Figures dans le texte.)

1117. — Calendrier ecclésiastique et civil du Limousin, années 1777, 1779. — 2 vol. in-24.

1118 *bis.* — Calendrier français... — *Limoges, J. Farne et Chapoulaud, imprim., ans iv, vi, xii, xiv, 4 vol. in-18.*

1142 *bis.* — Rituel du diocèse de Limoges, publié par l'autorité de monseigneur Louis-Charles du Plessis d'Argentré, évêque de Limoges. — *Limoges, F. Dalesme, imprim., 1774, in-4.*

1145 *bis.* — (Recueil in-4 des mandements, instructions, ordonnances, de monseigneur Bernard Buissas, évêque de Limoges, de 1844 à 1857.)

1160 *bis.* — Recueil d'arrêts de la cour royale de Limoges... Publié par un magistrat de cette cour (F. Talandier), T. I et II. — *Limoges, P. Ardillier, 1822, 1823, 2 vol. in-8.*

1217. — Procès-verbal des séances du conseil général du département de la Haute-Vienne, session de 1857. — *Limoges, Chapoulaud, imprim., in-8.*

1225 *bis.* — Limoges dedie a Mrs les Presidens Tresoriers de France Generaux des Finances et Grands Voyers en la Generalite de Limoges Chevaliers Conseillers du Roy Juges et Directeurs du Domaine Par A. Jouvin de Rochefort Tresorier de France. — à Limoges proche les perres Jesuittes a Paris sur le Quay de l'Horloge dans l'Isle du Palais a la Spherre Royalle. — In fol. plano (s. d., fin du xvie siècle).

1232 *bis*. — Saint-Pierre-du-Queyroix de Limoges. Notice historique et descriptive sur cette église (par M. Maurice Ardant). — *Limoges, Martial Ardant frères*, 1851, in-8.

1255 *bis*. — Histoire de Tulle et de ses environs, par François Bonnelyè, professeur, bibliothécaire de la ville. — *Tulle, impr. de J.-M. Drappeau* (s. d.), in-12.

1256. — Histoire de la ville et du canton d'Uzerche... Par M. Combet, 4ᵉ livraison.

1261 *bis*. — Histoire de la Marche et du pays de Combraille, par M. Joullietton,... — *Guéret, P. Betoulle, impr.*, 1814-15, 2 vol. in-8.

1367 *bis* (*immédiatement avant le n° 1368*). — L'Italie des gens du monde. — Venise, ou coup d'œil littéraire, artistique, historique, poétique et pittoresque sur les monuments et les curiosités de cette cité, par Jules Lecomte. — *Paris, Hipp. Souverain,* 1844, in-8.

Page 321, avant l'histoire de Saxe :

Cercles du Rhin.

1424 *bis*. — Mémoire sur les établissements romains du Rhin et du Danube, principalement dans le sud-ouest de l'Allemagne, par Maximilien de Ring,... — *Paris, A. Leleux,* 1852, 2 vol. in-8.

(Carte de la Germanie romaine.)

1545 *bis*. — Histoire philosophique et politique des établissements et du commerce des Européens dans les deux Indes (par l'abbé G.-Th. Raynal). — *Amsterdam,* 1773-74, 7 vol. in-8.

1558 *bis*. — La porte ouverte pour parvenir à la connaissance du paganisme caché, ou la vraie représentation de la vie, des mœurs, de la religion et du service divin des Bramines qui demeurent sur les côtes de Chormandel et aux pays circonvoisins, par le Sʳ Abraham Roger, qui a fait sa résidence pendant plusieurs années sur lesdites côtes... Avec des remarques des noms et des choses les plus importantes..

Enrichie de plusieurs figures en taille-douce. Traduite en français par le Sr Thomas de La Grue',... — *Amsterdam, J. Schipper,* 1670, in-4.

1693 *bis.* — Les vies de Cornelius Nepos. Nouvelle édition par P.-F. de Calonne ,... et Amédée Pommier,... — *Paris, C.-L.-F. Panckoucke,* 1827, in-8.

(Ouvrage détaché de la bibliothèque Panckoucke)

ERRATA.

—

Fautes relevées pendant l'impression

—

N° 13, ajoutez :

« Le T. II seulement ».

N° 24, à la fin, remplacez le chiffre « M D XXII » par le chiffre « M D XXXII », date de l'impression.

N° 38, au lieu de « camertis index », *lisez :* « Camertis Index ».

Même n°, page 11, ligne 1, au lieu de « Singrenicum », *lisez* « Singrenium ».

N° 72, ajoutez à la fin :

« La 2ᵉ partie du T. Iᵉʳ et les T. II, IV, V seulement ».

N° 73, ajoutez à la fin :

« Il manque les T. VII et VIII ».

N° 82, à la fin, après « étoiles fixes... » ajoutez : « par Guillaume Janszoon », et, un peu plus loin, au lieu de « Jean Jansson », *lisez :* « Jean Jeansson ».

Page 29, après le n° 121, ajoutez :

« * Expédition scientifique en Mésopotamie...
    » (V. le *n°* 1556). »

N° 135, à la fin, au lieu de « 2 vol. in-8 », *lisez :* « 3 vol. in-8 ».

N° 146, ligne 3, au lieu de « Féret », *lisez :* « Ferret ».

Page 35, ligne 17, au lieu de « La Mauze », *lisez :* « La Nauze ».

N° 184, à la fin, après « Saint-Maur », ajoutez : « Maur-François d'Antine, Ursin Durand et Ch. Clémencet ».

Page 43, ligne 8 en remontant : « De institutione historiæ universæ », remplacez l'astérisque (*) par le n° 190 *bis*, et rétablissez l'article ainsi qu'il suit :

« 190 *bis*. — De institutione historiæ universæ, et ejus cum jurisprudentia conjunctione, Προλεγομένων libri II. Fr. Balduini. — *Parisiis, apud Andream Wechelum*, 1561, in-4 ».

N° 203, à la fin, au lieu de « 1638 », *lisez :* « 1665 ».

N° 224, après Richer, mettez « (Adrien) » entre parenthèses et ajoutez : « ,... Ouvrage dédié à le reine, et orné de très-belles gravures d'après les dessins de MM. Moreau le jeune et Marillier », et, à la fin, ajoutez en note :

« Le T. II manque. »

N° 229, après « *Desaint et Saillant* », ajoutez : « 1759 ». — Plus loin, à la note, au lieu de « La Roux », *lisez :* « Le Roux ».

N° 254, à la fin, au lieu de « *Cluuzier* », *lisez :* « *Clouzier* ».

N° 260, ligne 5 du n°, au lieu de « Xylandra », *lisez :* « Xylandro ».

N° 267, au lieu de « Θουκιδίδης... », *lisez :* « Θουκυδίδης... », et partout « Thucydides ». — Après difficillimus... , ajoutez : « (Edente Antonio Francino) ».

N° 273, au lieu de « Porticretensis », qui se trouve dans le frontispice, *lisez :* « Porti cretensis », en séparant les deux mots.

N° 287, ligne 2 du n°, au lieu de « ejusdem », *lisez :* « Ejusdem ».

Page 62, ligne 6 en remontant, au lieu de « V. *la division* ARCHÉOLOGIE », *lisez :* « V. *la division* BIOGRAPHIE ».

N° 304, au lieu de « Vignère », *lisez partout :* « Vigenère ».

N° 313, en note, au lieu de :

«Deux tomes en un vol. », *lisez :* « T. I et II en un vol. ».

N° 325, en note, vers la fin, au lieu de « equibus alter », *lisez :* « e quibus alter ».

N° 328, au lieu de « Vignère », *lisez :* « Vigenère ».

N° 353, ligne 1 du n°, au lieu de « hiC. », *lisez :* « hi C. ».

Page 77, avant le n° 358, ajoutez :

« * Caroli Sigonii fasti consulares ac triumphi acti a Romulo rege usque ad Ti. Cæsarem...¡Item de nominibus Liber... » (V. ci-après *n°* 1362.) »

Page 80, ligne 15 en remontant, au lieu de « PHILO-SOPHIE », *lisez :* « BIOGRAPHIE ».

Page 86, ligne 6, en remontant, au lieu de « collection universelle de Londres », *lisez :* « collection Roucher », et plus loin, au lieu de « n° 565 », *lisez :* « n° 564 ».

Page 101, ligne 2 en remontant, biffez « vol. in-8 ».

N° 474, à la fin, au lieu de « 2 vol. in-12 », *lisez :* « 2 vol. in-8 ».

N° 483, en note, au lieu de :

« Il nous manque le xii° vol. », *lisez :* « le v° ».

N° 502, à la fin du 1er §, après « Delalain », ajoutez « 1771 ».

N° 536, au lieu de « Sismonde », *lisez :* « Simonde ».

Page 124, ligne 4, au lieu de « continuatis », *lisez :* « continuatio ».

N° 561, au lieu de « Bernard d'Esclot », *lisez :* « Bernat d'Esclot ».

N° 562, *A*, en note, au lieu de « Bouciquant », *lisez :* « Bouciquaut ».

N° 564, au lieu de « T. X-XI », *lisez :* « T. X-XII ».

N° 565, *F*, page 126, au lieu de « J.-B. Depping », *lisez :* « G.-B. Depping ».

N° 566, *LM*, transportez cet ouvrage après l'ouvrage porté à la lettre *M*.

Page 151, ligne 9 en descendant, au lieu de « 1080-1223 », *lisez :* « 1180-1223 ».

N° 674, au lieu de « Jeanne d'Arc ». *lisez :* « Jeanne Darc ». — Après « 1820 », ajoutez « et de mémoires sur la maison de Jacques Darc et sur sa descendance. ». — Après « de Haldat », ajoutez « ,... ». — Enfin après « Grimblot », ajoutez « 1850 ».

Page 157, ligne 9 en remontant, au lieu de « 1484-98 », *lisez :* « 1483-98 ».

Page 172, ligne 2 en remontant, au lieu de « V. *ibidem* », *lisez :* « V. *la division* BIOGRAPHIE ».

Page 175, 22°, remplacez par des crochets ([ ]) la parenthèse qui renferme le mot « burlesque ».

N° 291, à la fin de la note, ajoutez :

« Malgré ce qui précède, ce vol. ne contient que Sigonius et Paterculus ».

N° 873, en note, au lieu de « Maupeoaneries », *lisez :* « Maupeouaneries ».

N° 917, ligne 1re du n°, après « révolution », ajoutez : « française ». — Ligne 5, après « M. H..., », ajoutez : « (Hennin) ».

Page 220, après le n° 943, ajoutez en tête :

Ouvrages et pamphlets divers.

N° 989, au lieu de « Regnier », *lisez :* « Reynier ».

N° 1028, après « 1848 », ajoutez : « (par de Saulcy) ».

N° 1039, après « 1852 », ajoutez : « brochure ».

N° 1064, ajoutez la note suivante :

« A la suite : « Commentarius de bello Burgundiæ, 1636 ».

Page 250, ligne 2 en descendant, au lieu de « BIO-GRAPHIE », *lisez :* « SCIENCES ET ARTS ».

N° 1128, ligne 3 du n°, au lieu de « 1822-5... », *lisez :* « 1822-47 ».

Page 261, Annales d'Aquitaine, au lieu de « V. ci-dessus n°s 1181 et 1182 », *lisez :* « 1081 et 1082 ».

Page 261, Histoire d'Aquitaine, au lieu de « V. ci-dessus n° 1183 », *lisez :* « 1083 ».

N° 1143, à la fin, après « *impr.* », au lieu de « 1629 », *lisez :* 1689 ».

N° 1292, avant « M. Jean Besly », ajoutez : « feu ».

N° 1381, au lieu de « Scanderberg », *lisez :* « Scanderbeg ».

N° 1398, 2°, au lieu de « Bélisairi », *lisez :* « Bélisaire ».

Page 330, biffez les lignes 2, 7 et 8 en descendant : — et, ligne 9, au lieu de « quatre », *lisez :* « trois ».

www.ingramcontent.com/pod-product-compliance
Lightning Source LLC
Chambersburg PA
CBHW070628270326
41926CB00011B/1853